KB179305

농경의 배신

농경의 배신

길들이기, 정착생활, 국가의 기원에 관한 대항서사

제임스 C. 스콧 지음 | 전경훈 옮김

책과함께

인류세 속으로 더욱 깊이 들어간 나의 손주들을 위해

릴리언 루이즈

그레임 오웰

애냐 줄리엣

에즈라 데이비드

위니프레드 데이지

클로드 레비-스트로스는 이렇게 썼다.

글쓰기는 중앙집중화된 계층〔화〕 국가stratified state가 자신을 복제하는
데 필수적인 것으로 보인다. (…) 글쓰기는 이상한 일이다. (…) 글쓰기
에 변함없이 동반되는 현상 하나는 도시와 제국을 형성하는 것이다.
즉, 상당히 많은 개인을 하나의 정치체제 안으로 (…) 신분과 계층의 위
계 속으로 통합한다는 말이다. (…) 그것은 인류를 계몽한다기보다 착취
하는 편인 듯하다.

일러두기

— 이 책은 James C. Scott의 AGAINST THE GRAIN(Yale University Press, 2017)
  을 완역한 것이다.
— 인용문 등 본문의 ( )는 지은이의 설명이다.
— 인용문 등 본문의 〔 〕는 옮긴이가 원문의 이해를 돕기 위해 추가한 부분이다.
— 원서의 (서명을 제외한) 이탤릭체는 강조체로 옮겼다.
— 원서의 (대화 문구를 제외한) " "는 ' '로 옮겼다.
— "food"는 문맥에 따라 "식량", "음식", "먹거리/먹을거리" 등으로 옮겼다.
— 원서의 미주와 참고문헌에서 지은이가 인용한 책의 경우 한국어판이 있으면 최대한
  그 서지사항을 달아주었다. 이때 저자명 등은 해당 한국어판의 표기를 따랐다.
— 외국 인명·지명 등의 표기는 국립국어원에서 펴낸 외래어표기법을 원칙으로 하되,
  일부는 통용되는 표기를 따르기도 했다.

독자들이 이 책에서 발견하게 될 것은 무단 침입자가 쓴 정찰 보고서다. 해명을 하자면 이렇다. 나는 2011년 하버드에서 두 차례 태너 강의를 해달라는 요청을 받았다. 요청을 받은 것은 정말 영광스러운 일이었지만, 몹시 힘들게 책 한 권을 탈고한 뒤라서 정말 어떤 특정한 목적도 마음에 두지 않고 그저 마법에 걸린 듯 '자유로운 독서'에 흠뻑 빠져 있던 참이었다. 넉 달 뒤에 어떤 흥미 있는 일을 할 수 있을까? 그럭저럭 다뤄볼 만한 주제를 찾아보다가, 지난 20년 동안 대학원에서 농경사회에 관한 수업을 진행하면서 습관적으로 학기 초반에 해왔던 두 강의가 생각났다. 인류가 동물을 가축으로 길들인 역사에 관한 강의와 초기 국가의 농경구조에 관한 강의였다. 두 강의 모두 시간이 지남에 따라 달라지지 않은 것은 아니지만 한심할 정도로 시대에 뒤떨어진 강의가 되어 있음을 나 역시 모르지 않았다. 가만 머리를 굴려보니, 길들이기 과정과 초기 국가들에 관한 최근 연구 자료들에 달려들어 보면 새로운 학계의 동향을 반영하면서도 분별 있는 나의 학생들이 믿고 들을 만한 강의를 적어도 둘 정도는 준비할 수 있을 것 같았다.

그러나 나는 깜짝 놀랄 수밖에 없었다! 강의 준비 과정에서 내가 이제껏 안다고 생각했던 것들이 상당 부분 뒤집어진 때문이었다. 선택한 주제를 제대로 다루기 위해 내가 소화해야 할 새로운 논쟁과 연구 결과가 많다는 것을 깨닫게 되었다. 따라서 실제 강의는 기존 지식을 재검토하려던 시도보다는 오히려 철저하게 다시 검토하고 또 검토해야 하는 지식의 양이 놀랄 만큼 많음을 표명하는 데에 한몫했다. 강의의 사회를 맡은 호미 바바는 아서 클라인만, 파르타 차테르지, 비나 다스, 이렇게 세 명민한 논평자를 선택했는데, 이들은 강의가 끝나고 이어진 세미나에서 나의 주장들이 사람들에게 대대적으로 제시되기에는 아직 한참 멀었다는 사실을 내가 깨닫게끔 해주었다. 이로부터 5년 뒤에야 난 적어도 내가 생각하기에 근거가 확실하고 흥미를 유발할 수 있는 초안을 겨우 가지고 나오게 되었다.

그러므로 이 책은 더 심층적으로 파고들려는 나의 노력을 반영한다. 하지만 아직은 아마추어의 성과물에 지나지 않는다. 관례적으로 보면, 나는 전형적인 정치학자이고 인류학자이자 환경주의자지만 더 심층적으로 파고들기 위해서는 선사학, 고고학, 고대사, 인류학이 교차되는 지점에서 열심히 작업을 해야 했다. 나로선 이들 분야 가운데 어느 분야에서도 특별한 전문 지식과 기술을 갖추고 있지 못하니만큼, 주제넘는 짓을 했다고 비난받아도 할 말이 없다. 이렇게 나의 전공이 아닌 전문 분야를 무단으로 넘나든 것을 마음대로 정당화할 순 없겠지만, 그래도 내가 할 수 있는 변명은 세 가지가 있다. 첫째, 해당 전문 분야에서 내 나름의 순진함에서 비롯하는 장점이 있다. 나는, 면밀한 논쟁 속에 몰입되어 있는 전문가와 달리, 인간이 식물·동물을 길들인 과정이나 인간의 정착생활이 시작된 과정, 초기 인구 중심지나 최초의 국가들에 관한 제대로 검토되지 않은 추정 대부분을 가지고 논의를 시작했다. 우리는 지난 20여 년 동안 새로운 지식에 관심을 크게 쏟지 않으면서 이 추정들을 당연한 것으로 받아들여온 것이다. 이런 측면에서, 나는 애초에 무지했고, 그래서 내가 안다고 생각해온 바들이 얼마나 잘못이었는지를 깨닫고 크게 놀라지 않을 수 없었다. 이러한 경험은 이전의 나처럼 잘못 알고 있는 독자들을 위한 책을 집필하는 데 외려 이점이 될 수 있다. 둘째, 나는 한 명의 소비자로서 이 이슈들에 관련된 생물학, 역학疫學, 고고학, 고대사, 인구학, 환경역사학 분야의 최신 지식과 논쟁을 이해하고자 성실하게 노력했다. 셋째, 나는 지난 20년 동안 현대 국가 권력의 논리를 이해하고자 했으며(《국가처럼 보기Seeing like a State》), 비국가 민족〔종족〕, 특히 최근까지 국가의 흡수를 모면해왔던 동남아시아 민족들의 실제 생활을 이해하고자 애써왔기에(《조미아, 지배받지 않는 사람들The Art of Not Being Governed》) 거기에서 얻은 배경지식을 지니고 있다.

그러므로 이것은 자의식적으로 파생된 연구 프로젝트다. 이 프로젝트는 고유한 새로운 지식이 아니라 목적을 창출한다. 야심을 가장 크게 품어보자면, 명확하게 드러내 보이는 방식이든 단지 희미하게 암시하는 방식이든, 점점이 흩어진 지식들을 '연결하는 것connect the dots'이 바로 그 목적이다. 지난 몇십 년간 과거 역사에 대한 우리의 이해는 놀라울 만큼 진보했고, 메소포타미아의 충적토 지대를 비롯한 여타 지역 최초의 '문명들'에 대해 우리가 안다고 생각했던 것들은 근본적으로 개정되거나 완전히 전복되었다. 어쨌든 우리 대부분은 인류가 식물과 동물을 길들여 기르게 된 것이 정착생활과 일정—定한 경작지에서의 농경으로 곧장 이어졌다고 생각했다. 그러나 정착생활은 식물과 동물을 길들여 기르게 된 것보다 훨씬 더 일찍이 시작되었다. 반면에 농사짓는 촌락들이 처음 등장한 것은 정착생활과 식물·동물 길들이기 과정이 모두 완성되고도 4000년이나 지나서였다. 정착생활과, 도시의 첫 등장은 관개시설과 국가가 성립된 데서 비롯된 결과로 이해하는 게 전형적인 생각이었다. 하지만 사실 그 두 현상 모두 습지의 풍요로움이 낳은 결과임이 밝혀졌다. 정착생활과 경작이 직접 국가 형성으로 이어졌다고 생각했으나, 국가가 등장한 것은 일정한 경작지에서의 농경이 시작되고 한참이 지난 뒤였다. 농경은 인류의 안녕, 영양섭취, 여가생활에서 위대한 도약을 이루었다고 생각되었으나 처음에는 정반대의 결과를 가져온 것이 사실이다. 국가와 초기 문명은 호사와 문화와 기회를 제공해 사람들을 끌어들이는 매력적인 자석처럼 여겨져왔다. 초기 국가들은 그 주민 대부분을 속박했으며, 인구 과밀 상태에서 기인한 전염병이 창궐하는 일도 잦았다. 또한 초기 국가들은 매우 취약했고 붕괴되기 쉬웠다. 이들 국가가 붕괴된 뒤에 이어진 이른바 '암흑기'에 인류 복지가 실제로 크게 향상되는 일이 많았던 것 같다. 결국, 국가 외부에서 살아가는 생활이 —'야만인'의 삶이— 적어도 문명 내부에서 살아가는 비非지배계층의 생활보다 물질적으로 더 편안하고 자유로우며 건강한 경우가 많았다는 것이 사실이다.

나는 내가 여기에 쓴 것이 길들이기, 초기 국가의 형성, 초기 국가와 그 배후지 사람들 사이 관계에 대한 최종 결론이 될 것이라는 환상 따위는 갖고 있지 않다. 내가 이 책에서 추구하는 목표는 두 가지다. 첫째, 우선은 관련된 문제들에 대해 우리가 이제까지 알게 된 최고의 지식들을 압축해서 제시하려 한다. 그런 다음 그 지식들이 국가 형성 및 인류와 환경에 일으킨 결과에 대해 함의하는 바가 무엇인지를 말하고자 한다. 물론 이것만으로도 무척이나 어려운 작업이어서, 나는 찰스 만(《1491》)과 엘리자베스 콜버트(《여섯 번째 대멸종The Sixth Extinction》) 같은 이들이 이 분야에서 설정해둔 기준들을 따르고자 노력했다. 둘째, 내가 '생각해볼 만하다'고 여기는 더욱 크고 암시적인 함의들을 이끌어내려 한다. 즉, 나는 인간이 불, 식물, 동물을 길들인 과정이 번식력에 대한 통제력을 확보하는 과정이었다고 넓게 이해하려 하며, 이는 노예, 국가의 국민state subject, 가부장제 가족제도의 여성에게도 적용될 수 있다고 본다. 곡물은 매우 독특한 특성을 지니고 있으며, 그렇기에 사실상 거의 모든 초기 국가 형성에서 핵심인 조세의 주요 수단이 되었다. 우리는 대체로 초기 국가의 인구학적 취약성을 논할 때, 인구 과밀화에서 기인한 (전염성) 질병들의 중요성을 과소평가해왔다. 나는, 다수의 역사학자와 달리, 초기 국가의 주민에게는 국가 중심을 버리고 떠나는 것이 오히려 건강과 안전에 더 요긴하지 않았을까 생각한다. 그리고 최종적으로, 최초의 국가들이 성립된 뒤에도 수천 년 동안 국가 중심의 외부에서 살아온 사람들은 삶의 질이 더 나았던 만큼 계속 그렇게 살았던 게 아닐까 하는 의문을 제기한다. 역사학과 고고학의 증거들에 대한 나의 독해로부터 나온 이 모든 함의와 암시는 새로운 논의를 촉발한다. 나의 의도는 이 분야에 대한 더 많은 숙고와 연구를 장려하는 데 있기 때문이다. 나는 내가 넘어졌던 곳들을 솔직히 드러내려 한다. 증거가 불충분해 추측 속을 헤매는 곳에서도 나는 신호를 보내려 할 것이다.

내가 다루려는 지역과 역사 시대에 대해 간단하게나마 언급해야 할 것 같다. 나는 거의 전적으로 메소포타미아, 특히 오늘날 (이라크 동남부) 바스라 지역의 '남부 충적토 지대'에 초점을 맞추고 있다. 그 까닭은 티그리스강과 유프라테스강 사이에 있는 이 지역(수메르)이 최초의 정착 생활이 이루어졌다거나, 처음으로 작물을 기르기 시작했다거나, 혹은 최초의 원형도시[原原-도시]proto-urbon가 건설되었던 곳은 아닐지라도, 세계 최초의 '원초적pristine' 국가의 중심이었기 때문이다. 내가 다루는 시대는 (길들이기의 심층 역사deep history는 예외로 하고) 대략 기원전 6500년에 시작되는 우바이드부터 대략 기원전 1600년에 끝나는 고古바빌로니아까지다. (더 오래된 시기의 정확한 연대에 대해서는 아직 논란이 있긴 하지만) 이 기간은 관습적으로 대강 다음과 같이 구분된다.

우바이드(기원전 6500~기원전 3800)

우루크(기원전 4000~기원전 3100)

젬데트 나스르(기원전 3100~기원전 2900)

초기 왕조(기원전 2900~기원전 2335)

아카드(기원전 2334~기원전 2193)

우르 제3왕조(기원전 2112~기원전 2004)

고바빌로니아(기원전 2004~기원전 1595)

이 가운데 내가 관심을 가장 크게 갖는 시대는 국가 형성에 핵심이 되었으며 기존 학계에서도 크게 집중하고 있는 기원전 4000년부터 기원전 2000년까지다.

때때로 중국의 진秦, 한漢, 초기 이집트, 고전기 그리스, 공화정과 제정의 로마, 신세계의 초기 마야 문명과 같은 초기 국가들에 대해 간단하게나마 언급하기도 할 것이다. 그 까닭은 메소포타미아에서 얻은 증거가 희박하거나 논쟁의 여지가 있을 때 비교에 근거해 어떤 패턴을 논리적으로 추론해보려는 것이다. 특히 초기 국가에서 이루어진 부자유노동unfree labor의 역할, 질병이 국가 붕괴 과정에 끼친 중요한 작용, 국가 붕괴의 결과, 국가와 '야만인' 사이 관계 등을 추론할 때 여타 고대문명에 대해서도 언급하게 될 것이다.

나는 나를 놀라게 했던, 그리고 이제 나의 독자들을 놀라게 할 사실들을 설명하면서, 내가 아주 친숙하지 않은 분과학문의 영역들에서는 상당히 많은 믿을 만한 '원주민 수색자들native trackers'에게 의지했다. 문제는 내가 밀렵을 하고 있는가 하는 게 아니다. 나는 밀렵을 할 작정이다! 문제는 내가 가장 숙련되고 신중하고 경험이 많은 현지인 수색자들과 밀렵을 했는가 하는 점이다. 여기서 나에게 중요한 안내자가 되어준 사람들의 이름을 밝히고자 한다. 그들 역시 자기들의 지식이 길을 찾아나가는 데 도움이 되는 한에서 이 기획에 참여해주었음을 밝히고 싶기 때문이다. 가장 앞자리에 놓일 이들은 메소포타미아 충적토 지대에 관한 고고학자들과 전문가들이다. 제니퍼 퍼넬, 노먼 요피, 데이비드 웬그로, 세스 리처드슨은 자신들의 시간과 비판적 조언을 내게 아낌없이 나누어주었다. 그 밖에 나를 격려하고 나에게 영감을 준 사람들을 특별한 순서 없이 떠올려보면 다음과 같다. J. R. 맥닐, 에드워드 멜릴로, 멜린다 제더, 한스 J. 니센, 레스 그루브, 기예르모 알가제, 앤 포터, 수전 폴록, 도리언 Q. 풀러, 안드레아 세리, 테이트 폴레트, 로버트 맥애덤스, 마이클 디틀러, 고든 힐먼, 칼 재커비, 헬렌 리치, 피터 퍼듀, 크리스토퍼 벡위드, 사이프리언 브러드뱅크, 오언 래티모어, 토머스 J. 바필드, 이언 호더, 조 매닝, K. 시바라마크리슈난, 에드워드 프리드먼, 더글러스 스톰, 제임스 프로섹, 아니켓 아가, 세라 오스터후트, 패드리악 케니, 가디너 보빙던, 티머시 페초라, 스튜어트 슈워츠, 애나 칭, 데이비드 그레이버, 마그누스 피스케쇠, 빅터 리버먼, 왕 하이청, 헬렌 슈, 베넷 브론슨, 알렉스 릭턴스타인, 캐시 셔프로, 제프리 아이작, 애덤 T. 스미스. 곡물과 국가에 관한 나의 주장을 긍정적으로 평가해준 리처드 매닝에게 특별히 감사한다. 매닝은 넓은 지적 도량으로 '곡물에 반대한다Against the Grain'라는 표제를 가로채서 나의 제1요소로 쓰도록 허락해주었다.

반응이 어떨지 걱정이 되긴 했지만, 그럼에도 나는 고고학자들과 고대사 전문가들을 청중으로 두고 그 앞에서 내 주장을 펼쳐보았다. 그들의 관대함과 유익한 비판에 감사를 표하고 싶다. 처음에 검토와 교정을 부탁했던 청중 가운데는 내가 2013년 힐데일 강의를 했던 위스콘신대학의 옛 동료들도 많이 포함되어 있다. 2014년 시카고대학에서 열린 '고대국가의 하부구조적 전제 권력'에 관한 콘퍼런스에 나를 초대해준 클리퍼드 안도와 그의 동료들에게도 감사를 전한다. 또한 2016년 런던의 고고학협회에서 고든 차일드 강의 기회를 준 데이비드 웬그로와 슈 해밀턴에게도 감사한다. 유타대학(O. 메러디스 윌슨 강의), 동양·아프리카대학SOAS(센테니얼 강의), 인디애나대학(패튼 강의), 코네티컷대학, 노스웨스턴대학, 프랑크푸르트대학, 베를린자유대학, 컬럼비아대학의 법이론 워크숍, 오르후스대학에서도 나의 주장들이 부분적으로 소개되었다. (그리고 낱낱이 해부되었다.) 그 가운데 오르후스대학에서는 추가적 연구와 집필 활동을 위한 유급휴가라는 호사를 누릴 수 있게 허락해주었다. 특별히 지적 관대함과 통찰력을 보여준 덴마크 동료들, 닐스 부반트, 미카엘 그라베르스, 크리스티안 룬, 닐스 브림네스, 프레벤 코를스홀름, 보딜 프레데릭손에게 감사한다.

안니키 헤라난보다 열렬한 지성을 지녔으며 정말 많은 도움을 주는 연구 조교는 그 어느 누구도, 그 어디에서도 본 적이 없을 것이다. 이제 인류학자로서 자신의 경력을 쌓기 시작한 그녀는 매주 지성의 '시식 메뉴'를 한 상 가득 차려두고 절대 실패하는 일 없이 왕성한 지적 만족을 누리도록 안내해주었다. 이 책에 실린 이미지들의 사용 허가권을 얻어낸 것은 파이자 자카리아였고, 독자들의 이해를 돕고자 준비된 지도, 도표, '막대그래프'를 능숙한 솜씨로 만들어준 것은 빌 넬슨이었다. 마지막으로, 나를 비롯해 수많은 저자가 늘 변함없이 예일대학 출판부에서 책을 내려 하는 이유는 바로 편집자 진 톰슨 블랙 때문이다. 그녀는 우리 모두가 원하지만 흔히 찾을 수 없는 자질과 배려와 효율의 기준이다. 최종 원고에 잘못된 부분, 부적절한 부분, 모순된 부분이 없게 점검하는 일은 '집행자' 댄 히턴이었다. 왕성한 혈기와 유머 덕에 완벽을 추구하는 그의 주장도 즐거움이 될 수 있었다. 물론, 혹시라도 남아 있는 실수와 오류가 있다면 그것은 어쩔 도리 없는 나의 잘못이다.

누더기가 된 이야기: 내가 알지 못했던 것

호모사피엔스사피엔스는 어떻게 종種의 역사에서 상당히 최근에 들어서야, 밀집된 정착생활 공동체 안에서, 길들인 가축과 함께 한 줌의 곡물을 가지고, 오늘날 우리가 국가라고 부르는 것의 원형에 의해 통치를 받으며 살게 되었을까? 이 새로운 생태적·사회적 복합체는 인류 역사 시대 거의 전부의 형판形板이 되었다. 인구 증가, 수력 및 풍력, 범선과 원거리 교역을 통해 광대하게 증폭된 이 형판은 화석연료 사용이 도래하기 전 6000년이 넘게 전 세계에 퍼져나갔다. 이 책의 논의들은 모두 근본적으로 농경적이고 생태적인 이 복합체의 기원, 구조, 그리고 그것이 가져온 결과에 대한 호기심에서 시작되었다.

이 과정을 이야기하는 서사敍事는 보통 진보의 이야기, 문명과 공공 질서의 이야기, 건강 증진과 여가의 이야기로 정형화되어 전달되어왔다. 이제 우리가 알게 된 사실들을 고려해보면, 이 이야기의 상당 부분은 틀렸거나 심각한 오해의 소지가 있다. 이 책의 목적은 지난 20년 동안 이루어진 고고학과 역사학의 연구 성과들에 대한 나의 독해를 바탕으로 그러한 서사에 의문을 제기하는 데 있다.

메소포타미아 지역에서 초기 농경 사회와 국가가 건설된 것은 인류역사 전체에서 가장 최근의 5퍼센트에 해당하는 시간이다. 같은 측정법에 따르자면, 18세기 말에 시작된 화석연료 시대는 인류 역사 전체에서 가장 최근의 0.25퍼센트밖에 되지 않는다. 놀라우리만큼 확실한 이유로, 우리는 이 가장 나중의 시기에 지구의 환경에 남긴 우리 자신의 발자국에 점점 더 사로잡히게 되었다. 그 영향이 얼마나 큰가 하는 것은 '인류세人類世, Anthropocene'라는 신조어를 둘러싸고 소용돌이치는 생생한 논쟁에 잘 포착되어 있다. 인류세라는 용어는 인류의 활동이 세계의 생태계와 대기에 결정적 영향을 끼치게 된 지질학적 시기를 지칭하기 위해 새로 만들어진 것이다.[1]

인간의 활동이 지구 생태계에 결정적 영향을 끼쳤다는 사실에 대해서는 의심할 바가 없지만, 언제 그렇게 되었느냐에 대해서는 논란이 많다. 어떤 이들은 최초의 핵 실험이 진행되었을 때부터라고 말한다. 핵 실험 때문에 전 세계에서 탐지가능한 방사능층이 영구적으로 자리 잡게 되었다는 것이다. 다른 어떤 이들은 인류세의 시계가 산업혁명과 과도한 화석연료 사용과 함께 작동하기 시작했다고 말한다. 한편으로는, 인류세의 시계가 인류가 산업사회에서 (특히 댐 건설을 위한) 다이너마이트, 불도저, 철근콘크리트와 같이 경관을 근본적으로 바꾸어놓을 수 있는 도구와 수단을 획득하면서 움직이기 시작했다고 할 수도 있다. 이세 후보 가운데 산업혁명은 불과 2세기 전에 일어난 일이며, 나머지 둘은 현존하는 사람들의 기억에 여전한 일들이다. 인류가 존재한 시간이 대략 20만 년 정도 된다는 점을 생각해보면, 인류세는 불과 몇 분 전에 시작된 것이나 다름없다.

나는 역사적으로 훨씬 더 심층적으로 들어간, 인류세의 또 다른 시작점을 제안하려 한다. 우리가 환경에 끼치는 영향이 질적으로나 양적으로나 급증하게 된 계기를 인류세의 전제로 받아들인다면, 불의 사용으로부터 이야기를 시작할 수 있지 않을까 싶다. 불은 환경 조성, 더 정확히는 생태적 지위 구성에 사용한 호미니드hominid 최초의 위대한 도구였다. [호미니드는 사람과family로서 현생인류와 모든 원시인류를 포괄하는 인류학 용어다.] 불이 처음 사용되었다는 증거는 적어도 40만 년 전으로 거슬러 올라가는데, 불은 어쩌면 호모사피엔스가 등장하기 이전부터 사용되었던 것 같다.[2] 1만 2000년 전쯤 시작된 영구 정착생활, 농경, 목축은 주변 경관을 변형시킬 수 있는 인류의 능력이 다시 한 번 도약했음을 보여준다. 호미니드가 남긴 발자국에 관심을 기울이면, 더욱 폭발적이고 더욱 현시대에 가까운 '두꺼운' 인류세 이전에 '얇은' 인류세가 있었음을 쉽게 알아볼 수 있을 것이다. '얇은' 인류세라고 하는 까닭은 환경을 바꾸어놓을 수 있는 도구들을 사용할 호미니드가 매우 적었기 때문이다. 기원전 1만 년경의 세계 인구는 고작 200만~400만 명 정도로 오늘날 인구의 1000분의 1도 되지 않았다. 근대 이전에 발명된 것들 가운데 가장 결정적인 영향을 끼친 것은, 불을 제외하면, 국가라는 제도다. 메소포타미아의 충적토 지대에서 최초의 국가가 등장하기 시작한 것은 겨우 6000년 전이었다. 해당 지역에서 농경생활과 정착생활을 보여주는 최초의 증거가 등장하는 시기로부터 몇천 년이 지난 뒤의 일이다. 경관 변용을 자신에게 유리한 대로 조성할 수 있는 기술을 동원하는 데

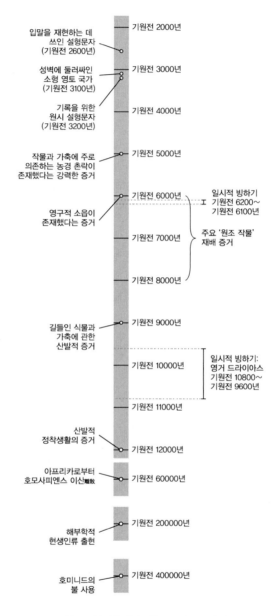

입말을 재현하는 데
쓰인 설형문자
(기원전 2600년)

성벽에 둘러싸인
소형 영토 국가
(기원전 3100년)

기록을 위한
원시 설형문자
(기원전 3200년)

작물과 가축에 주로
의존하는 농경 촌락이
존재했다는 강력한 증거

영구적 소읍이
존재했다는 증거

길들인 식물과
가축에 관한
산발적 증거

산발적
정착생활의 증거

아프리카로부터
호모사피엔스 이산離散

해부학적
현생인류 출현

호미니드의
불 사용

기원전 2000년

기원전 3000년

기원전 4000년

기원전 5000년

기원전 6000년

기원전 7000년

기원전 8000년

기원전 9000년

기원전 10000년

기원전 11000년

기원전 12000년

기원전 60000년

기원전 200000년

기원전 400000년

일시적 빙하기
기원전 6200~
기원전 6100년

주요 '원조 작물'
재배 증거

일시적 빙하기:
영거 드라이아스
기원전 10800~
기원전 9600년

최초의 불 사용에서 설형문자의 등장까지

서 국가보다 더 많이 기여한 기구機構는 없다.

우리가 어떻게 한곳에 정착해 곡물을 기르고, 가축을 돌보며, 국가라는 새로운 기구에 통치를 받는 국민으로 살게 되었는지 알기 위해서는 심층 역사 속으로 들어가보아야 할 것이다. 역사학이란, 내가 보기에, 우리가 당연히 여기기 쉬운 것들이 어떻게 지금처럼 존재하게 되었는지를 알려줄 수 있다는 점에서 가장 전복적인 분과 학문이다. 심층 역사의 매력은, 예를 들면 산업혁명, 마지막 최대 빙하기Last Glacial Maximum, 혹은 진秦을 형성하게 된 수많은 우발적 사건을 밝혀냄으로써, 아날학파 초기 세대의 프랑스 역사학자들이 말한, 단순한 공적 사건들의 연대기가 아니라 장기적 과정(장기지속longue durée)으로서의 역사에 대한 요청에 응답할 수 있다는 것이다. 그러나 '심층 역사'에 대한 오늘날의 요청은 한 생물종으로서의 인류 역사 전체에 달하는 것을 요청함으로써 아날학파의 요청을 능가한다. 이것이야말로 오늘날 내가 몸담고 있는 시대정신zeitgeist이며, '미네르바의 부엉이는 황혼녘에 날개를 편다'라는 경구를 실증하는 시대정신이다.[3]

국가와 문명 서사의 역설

국가의 형성 아래 깔려 있는 근본적인 의문은 우리(호모사피엔스사피엔스)가 어떻게 전례 없는 집중화된 공동체 안에 살게 되었을까 하는 것이다. 길들인 식물과 동물, 그리고 사람이 북적거리며 한곳에 모여 사는 것이야말로 국가의 특성이기 때문이다. 이처럼 넓은 시야에서 보자면,

국가라는 형태는 절대 자연적인 것이거나 본래 주어진 것이 아니다. 호모사피엔스는 약 20만 년 전에 하나의 아종亞種으로 등장했으며, 이 아종이 아프리카와 레반트〔그리스와 이집트 사이에 있는 동지중해 연안〕지역을 벗어난 것은 6만 년이 채 되지 않았다. 식물을 재배하고 정착생활을 했던 공동체가 등장했다는 최초의 증거는 대략 1만 2000년 전에야 나타난다. 그때까지는 즉 지구에 처음 등장한 이후 지금까지 95퍼센트에 해당하는 시간 동안 인류는 수렵·채집 생활을 하면서 이동이 자유롭고 여기저기 흩어져 있는 상대적으로 평등한 소규모 군집을 이루고 살았다. 하지만 국가 형태에 관심이 있는 이들에게는, 작지만 계층화되어 있고 세금을 징수했으며 성벽에 둘러싸여 있던 최초의 국가들이 티그리스강과 유프라테스강 유역에 기원전 3100년에야 우후죽순 등장하기 시작했다는 사실이 더욱 눈에 띌 것이다. 그러니까 처음으로 식물을 길들여 작물을 재배하고 정착생활을 시작한 뒤 4000년도 더 지나고서야 국가가 등장한 것이다. 이렇게 커다란 시간 간격이 있었다는 사실은 국가 형태를 자연적인 것으로 설명하려는 이론가들에게는 문제가 된다. 그들은 각기 국가 형성을 위한 기술적 요건과 연구학적 요건을 의미하는 작물 재배와 정착생활이 일단 성립되고 나면 정치 질서의 논리적이고 가장 효율적인 단위로서 국가/제국이 즉각 등장한다고 상정하기 때문이다.[4]

이러한 날것 그대로의 사실들은 (나를 포함한) 우리 대부분이 별다른 생각 없이 물려받은 인류 선사시대에 관한 설명에 문제를 제기한다. 역사적으로 인류는 진보와 문명의 서사에 매혹되었다. 하지만 그 서사를 성문화한 것은 최초의 위대한 농경왕국들이었다. 이 왕국들은 새로

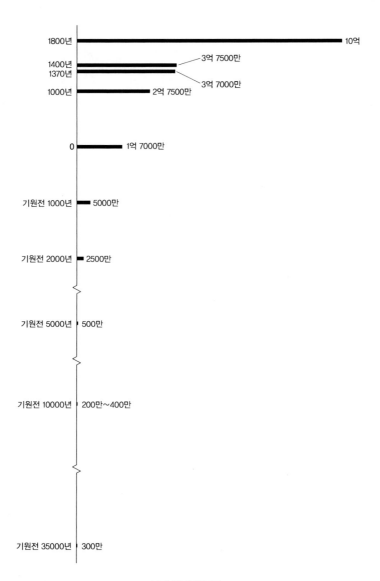

고대 세계의 인구

이 등장한 강력한 사회로서 자신들의 본래 기원이 되는 집단들, 여전히 변방에서 유혹하기도 하고 위협하기도 하는 집단들로부터 가능한 한 날카롭게 스스로를 구별 짓기로 했다. 그리고 그 핵심에는 '인간 등정ascent of man'의 서사가 있었다. 이 이야기에 따르면, 농경은 야생적이고 야만적이며 원시적인, 무법하고 폭력적인 수렵·채집민과 유목민의 세계를 대체했다. 일정한 밭에서 작물을 재배하는 것은 정착생활, 공식 종교, 사회, 법에 의한 정부의 기원이 되었다. 농경을 거부한 자들은 무지해서 거부한 것이거나, 아니면 적응하기를 거부한 것에 불과했다. 거의 모든 초기 농경 현장에서 농경의 우월성을 보증한 것은 정교한 신화였다. 강력한 신이 선택받은 민족에게 신성한 곡식의 씨앗을 맡겼다고 하는 신화가 계속해서 반복되었던 것이다.

일정한 경작지에서 농경을 하는 것이 그 이전에 인류가 먹고 살던 다른 모든 방식보다 우월하고 매력적이라는 기본 가정에 한번 의문을 제기해보면, 이 가정이 더 깊고 더 단단히 박혀 있는, 이제껏 전혀 의문시된 적 없는 또 다른 가정에 기초하고 있음이 분명하게 드러난다. 그 가정이란, 정착생활 자체가 이동생활보다 우월하고 매력적이라는 점이다. 문명 서사에서 일정한 거주가 차지하는 자리는 너무나 깊어서 거의 보이지도 않을 지경이다. 물고기는 물에 대해 이야기하지 않는 법이다! 지치고 피곤한 호모사피엔스는 수만 년에 걸친 이동생활을 끝내고 마침내 영구적으로 정착하기를 기다릴 수가 없었다는 것이다. 그러나 이동생활을 하는 민족〔종족〕들이 상대적으로 호의적인 환경에서조차 영구 정착생활에 결연하게 저항했다는 증거는 무척이나 많다. 목축을 하거나 수렵·채집을 하는 집단들은 영구 정착생활에 맞서 싸웠다. 그들은 정착생활을 질병 및 국가의 통제에 결부해 생각했으며, 이와 같은 생각은 대체로 틀리지 않았다. 많은 아메리카원주민이 보호구역 안에 정착하게 된 것은 군사적 패배에 따른 결과였다. 이동생활을 하던 다른 민족들은 유럽과의 접촉에서 제시된 역사적 기회를 잡아 처음엔 오히려 이동성을 더 늘렸다. 수족과 코만치는 말을 타고 돌아다니면서 사냥을 하고 물품을 거래하고 전쟁을 벌였으며, 나바호족은 양을 주로 기르는 목축을 하게 되었다. 목축, 수렵, 채집, 해산물 수집으로 먹고 사는 민족들이나 심지어 이동 경작을 하는 민족들까지, 원래 이동생활을 하던 민족들은 기꺼이 근대 교역에 적응하면서도 영구 정착생활에는 치열하게 저항했다. 적어도, 현대 생활의 '소여所與'인 정착생활을 인류 역사의 보편적 열망으로 해석할 수 있는 근거는 전혀 없다.[5]

정착과 농경에 관한 기본 서사는 그 바탕을 제공한 본래의 신화보다 더 오래 살아남았다. 토머스 홉스로부터 존 로크, 잠바티스타 비코, 루이스 헨리 모건, 프리드리히 엥겔스, 허버트 스펜서, 오스발트 슈펭글러, 그리고 사회적 다윈주의자들에 이르기까지, 수렵·채집 생활에서 유목생활을 거쳐 농경생활에(그리고 군집에서 촌락, 소읍, 도시에) 이르는 사회 일반의 진화와 연속적 진보에 관한 이야기들은 하나의 교의로 정착되었다. 이러한 견해는 가족으로부터 씨족, 부족, 민족(종족)을 거쳐 국가(법률 아래 살아가는 민족)를 이룬다는 율리우스 카이사르의 진화론적 도식을 흉내 낸 것이었다. 그가 말한 국가에서 로마인은 정상에 있고 켈트인과 게르만족은 그 아래 배치되었다. 이와 같은 이야기들이 기록한 문명의 진보 과정은, 그 세부 내용이 서로 다르기는 하지만, 정례 교육 과정을 통해 전달되어 전 세계 학생들의 머릿속에 각인되었다. 한 가지 생계(생존) 방식에서 그다음 생계 방식으로의 이행은 무척이나 뚜렷하고 확정적인 것으로 보인다. 농경기술을 한번 보고 나면 어느 누구도 유목민이나 채집민에 그대로 머물러 있을 수 없다는 것이다. 각각의 단계는 인류의 안녕을 향한 획기적 도약으로 간주된다. 즉, 더 많은 여가와 더 나은 영양, 더 길어진 기대수명, 그리고 마침내는 (요리·재봉·육아 등) 가정학household arts과 문명 발전을 촉진하는 안정된 생활로 나아간다는 것이다. 전 세계 사람들의 몽상 속에서 이런 서사를 몰아내기란 거의 불가능하다. 그 몽상을 무력화하는 일에는 12단계의 회복 프로그램이 필요할 정도다. 그럼에도 나는 빈약하나마 그 일을 여기서 시작해보려고 한다.

우리가 표준서사라고 부를 수 있는 이야기는 축적된 고고학적 증거 앞에서는 상당 부분 폐기되어야 한다. 수렵·채집민은 —오늘날 주변부 특정 지역에만 남은 수렵·채집민 또한—, 이전에 상정된 추정들과 달리, 굶주림에 시달려 굶어 죽기 직전인 무법자들과 거리가 멀다. 사실, 수렵·채집 생활을 하는 이들이 식사, 건강, 여가 면에서 이렇게 좋아 보인 적은 없었다. 반면에 농경생활을 하는 이들은 그들의 식단, 그들의 건강, 그들의 여가 면에서 이렇게 나빠 보인 적도 없었다.[6] '구석기' 식단(페일리오 다이어트Paleo diet)이 유행하는 것은 이런 고고학적 지식이 대중문화 속으로 침투해 들어갔음을 반영한다. 수렵과 채집에서 농경으로의 이행은 —느리고, 단속적이며, 가역적이기도 했던, 때로는 매우 불완전했으며— 적어도 이득만큼 손해도 많았다. 표준서사에서는 작물을 심게 된 것이 마치 현존하는 유토피아를 향해 내디딘 결정적 한 걸음처럼 보이지만, 그것을 처음 경험한 이들에게는 그렇게 보이지 않았다.

어떤 학자들은 그 표준서사가 아담과 이브가 에덴동산에서 쫓겨났다고 전하는 성경 속 이야기에 반영되어 있는 사실에 주목한다.

최근 연구자들의 손에 의해 표준서사에 생긴 상처들은, 내가 생각하기에, 그 생명을 위협할 만큼 심각하다. 예를 들면, 표준서사에서는 일정한 거주생활 즉 정착생활이 작물-경작지 농경에 따른 결과였다고 상정했다. 작물을 재배함으로써 많은 인구가 한곳으로 모여들어 정착할 수가 있었고, 이는 국가 형성의 필수조건을 충족시켰다는 것이다. 하지만 실제 상황은 이 표준서사에는 잘 들어맞지 않았다. 농경이 시작되기 전에도 생태적으로 풍요롭고 다채로운 환경에서는 정착생활이 이미 흔하게 이루어지고 있었다. 특히 새와 물고기 혹은 좀 더 큰 사냥감들이 계절에 따라 이동하는 길목에 닿은 습지에서 그러했다. 고대의 메소포타미아('강들의 사이'를 뜻하는 그리스어) 남부에서는 인구 5000명 정도의 집단들이 농경을 거의 하지 않거나 전혀 하지 않으면서도 정착생활을 하고 있었으며 소읍을 이루기까지 했다. 한편 이와 정반대의 사례로, 작물을 재배하면서도 이동생활을 하며, 짧은 수확 기간을 제외하고는 흩어져 사는 사람들도 있었다. 역설적으로 보이는 이런 생활 형태는 표준서사에 내포된 가정이 —사람들이 어서 빨리 이동생활을 완전히 포기하고 '정착'하기를 간절히 바랐다고 하는 추정이— 잘못된 것일 수도 있음을 우리에게 다시 한 번 일깨워준다.

아마도 가장 큰 골칫거리는 전체 서사의 중심에 있는 문명의 작용 즉 **길들이기**domestication를 규정하기가 상당히 어렵다는 사실일 것이다. 호모사피엔스 이전의 호미니드도, 결국, —대체로 불을 가지고— 저 나름의 식물 세계를 형성하고 있었다. 길들이기 과정의 루비콘강이라 할 수 있는 지점은 대체 무엇일까? 야생식물들을 건사하거나, 솎아내거나, 다른 장소로 옮겨 심는 것일까? 혹은 한 줌의 씨앗들을 비옥한 토사土砂에 흩뿌리거나 막대기로 땅을 파고 한두 개의 씨앗을 심는 것일까? [길들이기 과정에서] "아하" 하고 소리치거나 에디슨이 백열전구를 발명하던 것과 같은 갑작스러운 깨달음의 순간 따위는 없는 듯하다. 오늘날에도 아나톨리아에서는 넓은 지역에서 야생 밀이 자라고 있는데, 잭 할란이 보여줌으로써 유명해졌듯, 이 지역에서는 낫으로 3주 정도만 수확하면 한 가족이 1년 동안 먹고 살 수 있는 곡물을 충분히 얻을 수 있다. 쟁기로 일군 밭에서 계획적인 파종이 이루어지기 오래전부터, 채집민들은 이미 수확을 위한 도구, 야생 곡물 및 콩류를 처리하기 위한 키, 맷돌, 절구와 절굿공이를 개발했다.[7] 농경 전문가가 아닌 사람에게는 미리 준비된 고랑이나 구멍에 씨앗을 떨어뜨리는 것이 결정적으로 중요해 보인다. 하지만 식용 과일의 씨에서 새싹이 돋아나 무성하게 자랄 것을 알고 야영지 근처 퇴비장에 [식용 과일의 씨를] 버리는 것도 그만큼 중요하지 않을까?

고古식물학자들에게 길들인 곡물이 존재했다는 증거란 보다 큰 씨앗들과 부러지지 않는 꽃대가 달린 곡물의 발견 여부에 달려 있다. (꽃대가 부러지지 않아야 이삭이 흩어지지 않고 '수확 때까지 기다릴' 수 있었던 만큼, 인류 초기의 파종자는, 의도적으로나 비의도적으로나, 이러한 곡물들을 선호했다.) 하지만 이와 같은 형태적 변화들은 곡물이 재배되기 시작한 뒤에 일어난 것으로 밝혀졌다. 또한 이전에 양과 염소가 완전히 가축화되었다는 확실한 증거로 제시된 뼈에 대해서도 의문이 제기되었다. 이런 불확실한 모호함에서 비롯되는 결과는 두 가지다. 첫째, 길들이기 과정을 단일 사건으로 규명하려 했던 일이 자의적이고 무의미한 것이 된다. 둘째, 전적으로 야생도 아니면서 아직 완전히 길들지도 않은 식물을 가지고 이른바 '낮은 수준의 식량 생산'이 이루어진 기간이 아주 오랫동안 실재 했다는 주장이 강화된다. 식물을 길들이는 과정에 관한 매우 훌륭한 분석들이 나오면서 단일 사건으로서 길들이기 과정이라는 개념은 폐기된다. 그 대신, 강력한 유전학적 증거와 고고학적 증거에 기초해 경작 과정이 다수 지역에서 최대 3000년에 걸쳐 진행되었으며 그에 따라 주요 작물(밀, 보리, 쌀, 병아리콩, 렌즈콩) 대부분을 다중적이고 산발적으로 길들이게 되었다는 주장이 제기된다.[8]

이와 같은 고고학적 발견들이 문명에 관한 기존의 표준서사를 갈가리 찢어놓았다면, 어쩌면 이 이른 시기를 인류가 자신에게 이로운 식물과 동물의 생식 기능을 더 많이 통제하고자 개입했던, 아직도 계속되는 기나긴 과정의 일부로 볼 수도 있겠다. 우리는 식물과 동물을 선택적으로 번식시키고, 보호하고, 활용한다. 또한 이런 주장은 초기 농경국가에서 여성과 포로와 노예의 생식 활동에 가부장적 통제력을 행사했다는 사실에까지 확장·적용될 수 있을 것이다. 기예르모 알가제는 이 문제를 훨씬 더 과감하게 제시한다. "근동 지역의 초기 촌락들은 식물과 동물을 길들였고, 우루크의 도시 기관과 제도는 인류를 길들였다."[9]

국가에 제자리 찾아주기

이와 같이 국가 형성을 탐구하는 작업은 인간사를 더욱 균형 있게 이야기할 경우에 국가에 정당하게 부여되는 것보다 더 큰 특권적 지위를 [국가에] 부여하게 될 위험이 있다. 나는 이러한 위험을 피하고 싶다. 내가 이해하게 된 사실은 인류의 공평한 역사를 통해서라면 일반적으로 국가에 부여된 것보다 훨씬 더 수수한 역할을 [국가에] 부여하게 되리라는 것이다.

국가가 고고학과 역사학의 기록을 지배하게 되었으리라는 것은 이해하기 어려운 수수께끼 같은 일이 전혀 아니다. 호모사피엔스라고 하는 우리는 한 세대 또는 몇 세대라는 구성단위에서 생각하는 데 익숙해져 있어서 국가와 국가가 통치하는 공간의 영구성을 인간 조건의 불가피한 상수常數로 본다. 오늘날 국가 형태의 순전한 헤게모니는 논외로 하더라도, 세계 전역에서 고고학과 역사학은 상당 부분 국가의 후원을 받고 있으며 자귀도취적 자화상을 그리는 경우가 많다. 최근까지도 주요 유적을 발굴·분석하는 고고학의 전통은 이와 같은 제도적 편향성을 약화하고 있다. 그러므로 누군가 돌을 이용해 기념비적 건축물을 지은 뒤 그 잔해를 편리하게 한 장소에 남겨두었다면 후대에 '발견되어' 고대 역사의 여러 페이지를 장식하게 될 가능성이 크다. 하지만 나무, 대나무, 갈대 같은 것을 사용했다면 고고학적 기록에 등장하게 될 가능성은 훨씬 낮아진다. 수렵·채집민이나 유목민은 그 수가 아무리 많았다 해도 자연분해 되는 쓰레기를 경관 전체에 걸쳐 얇게 펼쳐놓았을 뿐이라 고고학적 기록에서 완전히 사라졌을 가능성이 크다.

성문 기록이 —예컨대 상형문자나 설형문자— 역사학적 기록에 한 번 등장하고 나면 그러한 편향성은 훨씬 더 분명하게 드러난다. 이런 자료들은 예외 없이 세금, 노동 단위, 조공 목록, 왕가 계보, 건국 신화, 법률 등의 국가 중심적 텍스트들이다. 이들 텍스트에는 서로 논쟁하는 이견들이 없으며, 곡물에 반대해 이들 텍스트를 읽어내려는 시도는 영웅적이면서도 유달리 어려운 일이다.[10] 남아 있는 국가 기록의 규모가 클수록, 일반적으로 말해, 그 역사적 왕국과 그 자화상에 할애된 페이지도 더욱 많아진다.

그러나 남부 메소포타미아, 이집트, 황허강 유역의 충적토 지대와 풍적토 지대에서 등장한 최초의 국가들은 인구 면에서나 지리 면에서나 매우 작았다. 이들 국가의 면적은 고대 세계 지도에 묻은 얼룩에 불과했고, 인구는 기원전 2000년에 대략 2500만으로 추산되는 지구 전체 인구에서 반올림 오차로 처리할 수 있을 정도에 그쳤다. 이들 국가는 비국가 민족(종족), 이른바 '야만인'이라고 하는 사람들이 거주하는 광대한 경관에 둘러싸인 자그마한 옹이 같았다. 수메르, 아카드, 이집트, 미케네, 올메크/마야, 하라파, 진秦이 등장했지만, 그럼에도 세계 인구의 대부분은 아주 오랫동안 국가의 직접적 통제와 국가의 조세 영역 바깥에서 계속 살아갔다. 정치 경관을 언제부터 국가가 명확하게 지배하게 되었는지 말하기는 무척 어렵고 매우 자의적인 일이기도 하다. 넉넉하게 잡아보아도, 400년 전까지도 지구의 3분의 1은 여전히 수렵·채집을 하는 사람들, 이동 경작을 하는 사람들, 목축을 하는 사람들, 독립적으로 채소를 기르는 사람들이 차지하고 있었다. 반면에 국가는 본질적으로 농경을 주로 했던 만큼 지구 표면 가운데 경작에 적합한 작은 지역에 국한될 수밖에 없었다. 그때까지 세계 인구의 상당수는 국가의 인증 각인과도 같은 세금징수원을 만나보지 못했을 것이다. 많은 이가, 아마도 절대 다수가, 국가 영역의 안으로나 밖으로 이동할 수 있었으며 생계 방식을 바꿀 수 있었다. 강압적 국가의 손아귀에서 벗어날 가능성은 상당히 컸다. 따라서 국가의 헤게모니가 확고해진 시기를 대략 기원후 1600년경으로 잡는다면, 국가가 군림한 기간은 인류 정치사 1퍼센트에서도 가장 최근의 10분의 2밖에 되지 않는다.

초기 국가들이 등장한 예외적 지역들에 관심을 집중할 경우, 세계의 나머지 대부분 지역에서는 최근까지도 국가가 전혀 등장하지 않았다는 사실을 놓치게 될 위험이 있다. 동남아시아의 고전국가들은 대략 샤를마뉴 대제의 치세(768~814)와 같은 시기에 등장했는데, 이것은 농경이 '발명'되고 6000년도 더 지난 때다. 신대륙의 고전국가들은, 마야제국을 제외하고는, 모두 훨씬 더 후대에 만들어진 결과물이다. 이 국가들역시 영토가 상당히 작았다. 국가 영역 바깥에서는 '관리받지 않는' 사람들의 무리가 역사학자들이 부르는 방식대로 부족사회tribe, 족장사회chiefdom, 군집사회band를 이루고 있었다. 이들은 국가의 통치권이 전혀 없거나 아니면 곧 사라질 듯 약한 명목상의 통치권만 존재하는 구역에서 살았다.

가장 강력한 통치자에 대한 묘사들이 곧잘 전달해주듯이, 이들 국가가 무시무시한 리바이어던(구약성경 〈욥기〉에 나오는 지상 최강의 괴이한 동물)이 되는 경우는 거의 없었고, 있더라도 그 기간은 매우 짧았다. 대부분의 경우, 권력이 공고하고 통치가 효율적으로 이루어진 시기보다는 권력이 단절되거나 분열되는 '암흑기'가 훨씬 더 흔했다. 여기에서도 다시, 우리는 —그리고 역사학자들 또한— 한 왕조의 창건이나 그 고전 시기의 기록에 매혹되기 쉽다. 반면에 분열과 난동의 시기에 대해서는 기록이 거의 남아 있지 않거나 전혀 없다. 그리스에서 4세기에 걸쳐 문해력이 사라진 듯했던 '암흑기'는 고전기의 연극과 철학에 관한 방대한 문헌자료에 비하면 거의 백지 상태로 전해진다. 우리가 우러러보는 문화적 성과물을 검토하는 것이 역사학의 목적이라고 한다면, 이는 전적으로 이해할 만하다. 하지만 그렇게 되면 국가라는 형태가 지닌 취약성과 나약함은 간과하는 일이다. 세상의 한쪽 부분에서조차 국가는 매우 강성했을 때라도 시기를 따라 흥하고 쇠하는 제도였다. 아주 최근까지도 동남아시아에서는 해마다 우기가 찾아오면 권력을 펼 수 있는 국가의 실질적 능력은 궁정 담장 안으로 줄어들었다. 대부분의 표준적 역사에는 국가의 자아상이 반영되어 있고 국가가 중심적 위치를 차지하고 있지만, 그럼에도 국가는 최초의 등장 이후 수천 년이 흐르는 동안에도 항구적이지 않고 가변적이었으며, 인류 대부분의 삶에서 매우 불안정했음을 인지하는 것이 중요하다.

이는 또 다른 의미에서 비非국가적 역사다. 이 역사는 완전히 부재하거나 희미한 흔적만 남긴 국가의 형성과 국가의 붕괴와 관련한 모든 측면을 향해 우리의 눈과 귀를 이끈다. 기후변화, 인구통계학적 변화, 토양질土壤質[토양 특질], 식단 등을 기록하는 기술이 엄청나게 발전했음에도, 여전히 물리적 유물이나 초기 문헌에서 많은 초기 국가에 대해 연대기적으로 기술된 내용을 찾기는 어렵다. 그러한 측면들은 잘 드러나지 않게 천천히 진행되는 과정이며 어쩌면 상징적으로 위협적이고 언급할 가치조차 없는 것이기 때문이다. 예를 들어, 초기 국가 영역에서 변방으로 탈출하는 일은 매우 흔했던 것으로 보인다. 하지만 이러한 사실은 그 〔초기 국가의〕 국민을 문명화하는 시혜자로서의 국가라는 서사에 배치되기에 축소되어 모호한 법률 속에서만 다루어진다. 나를 비롯한 다른 많은 이가 질병이야말로 초기 국가가 취약해진 주된 요인이라고 거의 확신한다. 그러나 질병이 끼친 영향은 기록되기 어렵다. 질병은 대체로 갑작스레 발생했고 거의 이해되지 못했으며, 게다가 수많은 전염성 질병은 사망자의 뼈에 확실한 자국을 남기지도 않았기 때문이다. 마찬가지로 노예제, 속박, 강제된 재정착 역시 기록되기 어렵다. 족쇄가 없는 상황에서 노예민과 자유민을 구분하기는 어렵다. 모든 국가가 비국가 민족〔종족〕들에 둘러싸여 있었지만, 이들 국가는 널리 흩어져 있었기 때문에 이들 국가가 오고 간 경로라든가, 이들 국가가 주변 국가들과 맺고 있던 관계의 변화, 또는 이들 국가의 정치구조는 거의 알려져 있지 않다. 한 도시가 불에 타서 무너져 내렸을 때, 그것이 가연성可燃性의 재료로 지어진 모든 고대 도시에 전염병처럼 번지던 우발적으로 발생한 불 때문이었는지, 내전 또는 폭동 때문이었는지, 아니면 외부인들의 습격 때문이었는지 단정 지어 말하기란 어려운 일이다.

나는 가능한 한도 안에서 겉만 번지르르한 국가의 자기재현으로부터 눈을 돌리고자 노력했다. 그리고 왕조의 역사와 글로 기록된 역사에 의해 체계적으로 간과되었으며 표준적인 고고학적 기술에 저항했던 역사적 세력들을 탐색했다.

이 책의 개요

1장의 주제는 불·식물·동물 길들이기와, 그것을 통해 가능해진 식량과 인구의 집중화에 관한 것이다. 우리가 국가 형성의 대상이 되려면, 그 전에 필수적으로 한데 모아야 —혹은 모여야— 하는데, 인원이 상당히 많아야 하고 당장에 끼니를 거르지 않게 되리라는 합리적 기대가 있어야 한다. 각각의 길들이기 과정은 자연 세계를 다시 정리해 광대한 환경을 한 끼 식사의 반경으로 축소했다. 인류의 옛 친척이랄 수 있는 호모에렉투스로부터 빌려온 불은 우리에게 비장의 카드가 되어주었다. 불을 사용함으로써 우리는 경관을 다시 조성해, 견과, 과실나무, 딸기나무 등의 식용 식물을 자라게 하고 원하는 사냥감을 유인할 새싹들을 만들어낼 수 있었다. 불을 이용해 음식을 익힐 수 있게 되자 이전에는 소화하기도 어려웠던 식물들을 맛도 좋고 영양가도 높게 만들어 먹을 수 있게 되었다. 조리 과정을 통해 신체 외부에서 소화를 돕는 효과 덕분에 우리는 (영장류를 포함한 여타의 포유류와 비교해) 상대적으로 큰 뇌와 상대적으로 작은 장기를 갖게 되었다고 한다.

곡물—이 경우엔 특히 밀과 보리—과 협과莢果를 길들임으로써 집중화 과정이 심화된다. 특정 품종들이 인류와 함께 공진화共進化하면서 더 큰 열매(씨앗)를 맺거나, 분명하게 숙성되거나, 타작이 가능하다는(즉 타작을 해도 부서지지 않는다는) 점에서 선택되었다. 곡물과 협과는 '도무스domus'(농장과 농장에 인접한 주변)에서 매년 심을 수 있고 상당히 믿음직한 열량과 단백질의 공급원을 제공하는데, 그것들은 흉년을 대비한 비축물이 되기도 하고 평년의 기본 식량이 되기도 한다. 길들인 동물들

—특히 양과 염소— 역시 같은 관점에서 볼 수 있다. 이 동물들은 네 발 달린 (닭, 오리, 거위 등은 두 발 달린) 헌신적 종 채집자servant forager인 셈이다. 이 동물들은 고유한 내장 박테리아를 가지고 있어서 우리 인간이 발견할 수 없고/없거나 [우리 인간의 소화기관이] 잘게 부술 수 없는 식물을 소화할 수 있다. 그리고 그 소화한 것을 우리가 무척 좋아하고 소화도 할 수 있는 '익힌' 형태의 지방과 단백질로서 우리에게 제공한다. 우리는 —예컨대 빠르게 번식하고, 가두어두어도 견딜 수 있으며, 온순하고, 고기·젖·털을 생산해내는 등— 우리가 원하는 속성을 얻기 위해 동물을 선택해 사육한다.

식물과 동물을 길들이는 것은, 앞서 지적한 대로, 엄밀한 의미에서 정착생활에 필수적이진 않았지만, 전례 없는 수준의 식량과 인구의 집중화를 위한 조건들을 창출했다. 특히 풍요로운 범람원이나 풍적토 지대에 1년 내내 물이 끊이지 않는 지역과 같이 농경에 유리한 생태 환경에서 그러한 조건들이 실현되었다. 이것이 바로 내가 그 지역들을 후기 신석기시대 다종 생물 재정착 캠프late-Neolithic multispecies resettlement camps라 부르는 까닭이다. 물론 이들 지역이 국가 형성을 위한 이상적 조건들을 제공하긴 하지만, 그것은 수렵과 채집보다 훨씬 더 고단한 일들을 수반했으며 건강에도 전혀 좋지 않았다. 주변의 위험, 배고픔, 혹은 강압에 시달려 어쩔 수 없었던 사람이 아니라면 어느 누가 수렵·채집이나 목축을 포기하고 완전히 농경에만 몰두하려 했을지 그 이유를 가늠하기란 쉽지 않다.

'길들이다domesticate'라는 말은 보통 '호모사피엔스가 쌀을 길들였고 (…) 양을 길들였다'와 같이 직접목적어를 취하는 능동형 동사로 이해된다. 하지만 이럴 경우 길드는 대상의 능동적 작용은 간과된다. 예를 들면, 우리가 개를 길들였다고 할 때, 어느 정도까지 우리가 개를 길들인 것인지 혹은 어느 정도까지 개가 우리를 길들인 것인지 명확하지 않다. 참새, 쥐, 바구미, 진드기, 빈대와 같이 인간과 '공생관계'에 있는 동물들은 어떠한가? 이들 동물은 이 재정착 캠프에 초대받기는커녕 문전박대를 당하면서도 인류와의 동거와 인류의 음식을 마음에 들어 했다. 또한 '길들이는 주체' 즉 호모사피엔스는 어떠한가? 그들 또한 길들지 않았던가? 좋아하는 곡물을 얻기 위해 매년 밭을 갈고, 씨를 뿌리고, 김을 매고, 곡물을 거두고, 키질을 하고, 밭을 가는 일에 매이고, 매일매일 가축들을 돌보는 일에 매이지 않았던가? 누가 누구의 종인지를 묻는 것은 거의 형이상학적 물음이다. 적어도 먹는 시간이 오기까지는 그렇다.

식물, 인간, 짐승을 길들인다는 의미는 2장에서 다룬다. 나는 다른 이들과 마찬가지로 길들이기가 확장적 방식으로 이해되어야 한다고 주장한다. 그러니까 길들이기는 호모사피엔스가 전체 환경을 자기가 좋아하는 형태로 조성하려는 현재진행형의 노력으로 이해되어야 한다는 것이다. 자연 세계가 작동하는 방식에 대한 우리의 허약한 지식을 고려할 때, 그러한 노력은 의도한 효과보다는 **의도하지 않은** 결과를 더 많이 가져왔다고 할 수 있겠다. 어떤 이들은 **두꺼운** 인류세가 최초의 원자탄을 투하한 뒤에 세계적으로 방사능이 축적되면서 시작되었다고 판단한다. 하지만 호모에렉투스가 적어도 50만 년 전에 불을 사용한 데서 시작해 농경과 방목을 위한 삼림 벌채 및 그에 따른 삼림파괴와 토양 유출에까지 확장되는 '얇은' 인류세도 있다. 이 초기 인류세의 영향과 속도가 증가하면서 기원전 2000년경 세계 인구가 대략 2500만까지 팽창한다.

'인류세'라는 용어를 군이 고집해야 할 특별한 이유는 없다. 여전히 모호하고 논쟁의 여지가 많은 용어이기 때문이다. 하지만 인류가 불, 식물, 초식동물(방목동물)을 길들이면서 세계적으로 환경에 미친 영향을 역설해야 할 이유는 많다.

'길들이기'는 도무스 주변의 작물과 가축 둘 다의 유전적 구성과 형태를 변화시켰다. 농경 정착지에 사는 식물, 동물, 인간의 집합체는 새롭고 대체로 인공적인 환경을 창출했다. 그리고 그 환경 안에서 다윈의 도태압(선택압)이 작용해 새로운 적응 형태를 촉진했다. 새로운 작물들은 인간이 끊임없이 보살피지 않으면 생존할 수 없는 '무능력자'가 되었다. (인간에 의해) 길든 양과 염소 또한 마찬가지여서 더 작고 더 유순하고, 주변 환경을 덜 의식하고, 성별 이형성異形性이 감소하는 쪽으로 변했다. 이러한 맥락 속에서 내가 묻고자 하는 바는 이와 비슷한 과정이 우리에게도 영향을 끼쳤을 가능성이 있지 않겠느냐는 것이다. 도무스에 의해, 국한된 환경에 의해, 과밀한 집단에 의해, 육체적 활동과 사회적 조직의 서로 다른 패턴에 의해 우리 또한 얼마나 길들었는가? 결국, 주요 곡물의 메트로놈에 묶여 지내는 농경 세계를 수렵·채집 세계와 비교했을 때, 농경생활은 경험 면에서 상대적으로 훨씬 더 좁고, 문화적 의미와 의례적 의미 둘 다에서 더욱 빈곤하다.

3장의 주제로 다루는, 초기 국가에서 비지배계층이 져야 할 삶의 짐은 상당히 무거웠다. 첫째로 비지배계층은, 앞서 언급했던 것처럼, 힘들고 단조로운 고역을 담당해야 했다. 하천이 범람한 뒤 다시 물이 물러간 땅(데크뤼décrue)에서 농사를 짓는 경우를 제외하면, 농경은 수렵과 채집보다 힘이 훨씬 더 들었다. 에스테르 보세럽을 비롯해 많은 이가 주시했듯, 대부분의 환경에서 채집민이 인구압이나 어떤 형태의 강압에 의해 강제되는 경우가 아니라면 자발적으로 농경생활로 이행할 이유는 전혀 없다. 둘째로, 농경 때문에 예상치 못한 커다란 문제가 발생했으니, 사람뿐 아니라 가축과 작물도 한곳에 집중되어 전염병이 발생했으며, 많은 기생생물이 도무스로 따라 들어오거나 그곳에서 번식했다. 오늘날 우리에게 익숙한 질병들—홍역, 볼거리, 디프테리아를 비롯해 여타의 지역획득 감염community acquired infection—은 초기 국가에서 처음 등장했다. 매우 많은 초기 국가가 제1천년기〔기원후 1~1000〕로마제국의 안토니우스역병 및 유스티니아누스역병이나 14세기 유럽의 흑사병 같은 전염병으로 붕괴되었다는 것은 거의 확실한 사실이다. 그리고 사람들을 괴롭히는 또 다른 역병이 있었으니, 국가에서 곡물·부역·징병 형태로 걷어가는 세금이었다. 이와 같은 상황에서 초기 국가는 어떻게 그 국민이 되는 인구를 모으고 유지했으며 늘리기까지 했을까? 어떤 이들은 오직 사막이나 산맥과 같이 적대적 주변부 환경에 사방이 막혀 있는 경우에만 국가 형성이 가능했다고 주장하기까지 했다.[11]

4장에서는 곡물 가설이라 불리는 것을 주로 다룬다. 사실상 거의 모든 고전 국가가 서곡黍穀을 포함한 곡물에 기초했다는 사실은 분명히 현저한 사실이다. 역사 기록에 카사바, 사고〔야자나무의 고갱이에서 얻은 전분을 굳혀 알갱이 형태로 만든 것〕, 얌, 타로, 플랜틴〔요리용 바나나〕, 브레드프루트〔익히면 빵 맛이 나는 나무 열매〕, 고구마에 의존한 국가는 없다. ('바나나 공화국들Banana republics'은 논외다! 〔'바나나 공화국'은 바나나와 같은 과일 수출에 의존하는 열대 중남미 소국, 특히 중남미 독재국을 말한다.〕) 내가 추측하기로는 오직 곡물만이 집중화된 생산, 조세, 전유, 토지 대장 정리, 저장, 배급에 매우 적합했다. 적절한 토양에서 자란 밀은 과밀하게 집중된 국가의 국민에게 농생태〔농생태학〕agro-ecology를 제공한다.

그에 반해 (마니옥 또는 유카라고도 하는) 카사바는 땅속에서 자라는데, 사람이 애써 보살피지 않아도 잘 자라고, 감추기도 쉽고, 1년 안에 익거니와, 무엇보다도 땅속에 그냥 두어도 2년 넘게 식용가능한 형태로 안전하게 유지된다. 국가에서 카사바를 원한다면 직접 와서 〔카사바〕덩이줄기를 하나씩 파내기만 하면 된다. 그러면 가치는 별로 없고 옮기기엔 너무 무거운 카사바 한 수레를 금방 얻게 된다. 근대 이전의 '세금징수원'의 입장에서 작물의 가치를 평가한다면, 주요 곡물을 (무엇보다도 관개농업으로 기른 쌀을) 가장 선호할 것이고 뿌리나 덩이줄기는 가장 덜 선호할 것이다.

그래서, 내가 생각하기에, 길들인 곡물이 주식을 이루는 상황에서 이를 대체할 다른 먹을 것이 거의 없는 경우에만 국가 형성이 가능해진다. 수렵과 채집에 의존한다든가, 화전으로 농사를 짓는다든가, 해산물을 주로 수집하는 경우처럼 생계가 몇 가지 먹이그물에 걸쳐 있을 때는 국가가 형성되기 어렵다. 가치 평가가 쉽고 접근성도 좋아서 전유의 기초로 삼을 만한 주요 품목이 없기 때문이다. 완두콩, 메주콩, 땅콩, 렌즈콩처럼 고대에 길들인 협과는 영양이 풍부하고 말려서 저장할 수 있어 조세 작물tax crop로 사용될 수 있을 것이라고 생각할 수 있다. 하지만 협과는 대부분 자라는 동안에도 딸 수 있다는 사실이 장애가 된다. 협과는 정해진 수확 시기도 없고 정확한 수확량도 파악하기 어려워 세금징수원이 필요로 하는 조건을 충족시키지 못한다.

어떤 농생태 환경은 비옥한 토사와 풍부한 수량 덕에 곡물 경작지와 인구의 집중화를 위해 '전前적응되어preadapted' 있던 것으로 간주될 수 있다. 이런 지역들은 또한 국가 형성이 가능한 장소이기도 했다. 이와 같은 환경은 아마도 초기 국가 형성을 위한 필요조건이긴 하나 충분조건은 아니다. 국가는 이러한 장소에 대해 선택적 친연성elective affinity을 가지고 있다고 할 수도 있겠다. 하지만 국가는, 이전의 추정들과는 달리, 인구 집중화의 수단으로 작물을 길들이지도 않았고 처음으로 물을 끌어와 농사를 짓지도 않았다. 작물을 길들인 것과 물을 끌어와 작물을 재배한 것 모두 국가 형성 이전에 이미 인류가 이룬 것들이다. 그러나 일단 국가가 형성되고 나면, 그 권력의 기초가 되는 농생태 환경을 유지하고 증폭하고 확대하는 경우가 많았다. 이를 가리켜 국가 경관 조성state landscaping이라고 부를 수도 있겠다. 여기에는 토사가 쌓인 수로를 정비하는 일, 새로 땅을 파서 수로를 건설하는 일, 전쟁 포로들을 경작 가능한 땅에 다시 정착시키는 일, 농사를 짓지 않거나 새로운 경작지를 개척하지 않는 국민들에게 벌을 주는 일, 화전을 일구거나 식량을 채집하는 등 조세의 대상이 되기 어려운 생계 활동을 금지하는 일, 국민들의 싸움을 방지하는 일 등이 포함되었다.

농경제의 기본 단위에는 초기 국가 대부분을 특징짓는 무언가가 있다. 밀이든 보리든 쌀이든, 옥수수든 —이 4개 곡물은 오늘날에도 세계 열량 소비의 절반 이상을 차지하는 주요 곡물인데— 이들 곡물 각각이 드러나는 패턴을 보면 가족 유사성family resemblance이 보인다. 초기 국가는 세금을 매길 수 있는 곡물이 재배되는, 판독이 쉽고 측량된, 상당히 획일적인 경관을 만들어내려 노력한다. 그리고 그러한 땅에서 부역, 징병, 그리고 물론, 곡물 생산에 동원할 수 있는 대규모 인구를 유지하고자 한다. 생태적 이유, 역학적 이유, 정치적 이유 등 수십 가지 이유 때문에 국가가 이 목적을 달성하지 못하는 경우도 많다. 하지만 그 목적은 말하자면 국가의 눈동자에서 언제나 한결같이 번득거리고 있다.

의식이 깨어 있는 독자라면 이 지점에서 물을 수도 있겠다. 국가란 무엇인가? 나는 초기 메소포타미아에 등장해 서서히 국가의 꼴을 갖추어가는 정치체들polities이 떠오른다. 내 생각에 '국가성stateness'이란 제도적 연속체인데, 이 말은 이것이냐 저것이냐의 양자택일적 명제이기보다는 더 많으냐 더 적으냐에 대한 판단이다. 왕, 전문화된 관료, 사회적 위계, 기념비적 중심, 도시 성벽, 조세 및 분배 체계가 갖추어진 하나의 정치체는 분명히 강력한 의미에서의 '국가'다. 이와 같은 국가들은 기원전 제4천년기[기원전 4000~기원전 3001]의 마지막 몇 세기 동안에 등장했다. 그리고 이러한 국가의 등장은 늦어도 기원전 2100년경 남부 메소포타미아의 강력한 우르 제3왕조의 영토적 정치체로 훌륭하게 입증된 것 같다. 그전에는 상당한 규모의 인구집단들이 있고, 그 안에 상인과 장인이 존재했으며, 도시들이 연합한 정치체들이 존재했지만, 강력한 의미에서 국가성을 충족시키는 이 특징들이 어느 정도까지 달성되었는지에 대해서는 논의의 여지가 있다.

이미 분명해진 것처럼 보이듯, 내가 지리적으로 남부 메소포타미아 충적토 지대에 중점을 두는 것은 최초의 소규모 국가들이 등장한 곳이 바로 이 지역이기 때문이다. 이 국가들을 묘사할 때 보통 '원초적pristine'이라는 형용사가 사용된다. 일정한 정착지와 길들인 곡물은 더 이른 시기에 다른 지역에서도 (예를 들면, [요르단 서부, 사해死海 서북쪽의] 예리코와 레반트를 비롯해 충적토 지대 동부의 [구릉이 많은 측면 지대인] 힐리 플랭크hilly flanks에서도) 발견되지만, 이들 지역에서는 국가가 발생하지 않았다. 메소포타미아의 국가 형태는 그 뒤를 이은 이집트와 북부 메소포타미아 그리고 이뿐 아니라 인더스강 유역에서의 국가 형성에 영향을 끼쳤다. 이러한 이유로, 아울러 현존하는 설형문자 점토판과 이 지역〔남부 메소포타미아 충적토 지대〕에 관한 엄청난 학문적 성과 때문에 나는 메소포타미아 국가들에 집중하는 것이다. 다루는 내용에 적절하게 관련된, 유사 사례나 대조 사례가 두드러지게 눈에 띌 경우에는 중국 북부, 크레타, 그리스, 로마, 마야에서 일어난 초기 국가 형성에 대해서도 그때그때 언급할 것이다.

국가는 생태적으로 풍요로운 지역에서 발생한다고 말하고 싶은 유혹이 있을 수 있다. 하지만 이런 말에는 오해의 소지가 있다. 국가 형성에 요구되는 조건은 전유할 수 있고 측량할 수 있는 주요 곡물과 그 곡물을 재배하는, 관리와 동원이 쉬운 인구 집단 형태로 이루어진 부富다. 습지대와 같이 크고 다채롭게 풍요로운 지역들은, 쉽게 파악되지 않고 변하기 쉬운 다양성을 지닌 채 이동하며 사는 무리에 선택가능한 수십 가지 생계수단을 제공하기 때문에, 성공적인 국가 형성 지대가 될 수 없다. 세금을 매길 수 있고 접근성이 좋은 작물과 사람들이라는 원리는 또한 스페인 당국이 신대륙에 건설한 레둑시온reducción이나 수많은 선교 정착지, 그리고 노동력을 막사에 수용해놓은 단일작물 플랜테이션 등에서 통제·파악 가능성을 확보하려는 더 작은 규모의 시도들에도 적용된다〔레둑시온은 식민지 시대 아메리카에서 예수회와 여타 식민 당국이 원주민의 개종·교화·통제 등을 목적으로 건설했던 마을이다〕.

5장에서 다루는 가장 큰 질문은 고대국가를 수립·유지하는 과정에서

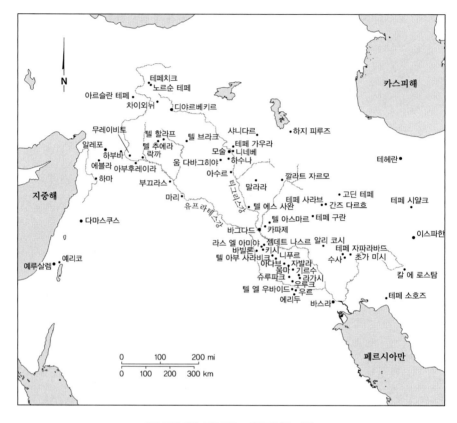

메소포타미아: 티그리스 – 유프라테스 지역

일어나는 강압의 역할과 관련된 질문이기 때문에 중요하다. 이는 뜨거운 논쟁의 주제이긴 하지만, 그럼에도 문명 진보의 전통적 서사의 핵심과 직접 연결되는 것이기도 하다. 초기 국가 형성이 대체로 강압적 기획에 의한 것이었음이 입증된다면, 홉스와 로크 같은 사회계약 이론가들에겐 너무도 소중한 국가의 비전은 재검토되어야 할 것이다. 그들은 국가가 민간의 평화, 사회적 질서, 공포로부터의 자유라는 자석으로서

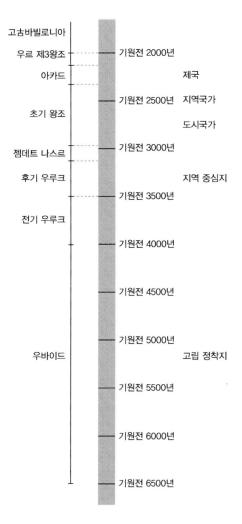

고굛바빌로니아

우르 제3왕조 ----- — 기원전 2000년

아카드 ----- 제국

초기 왕조 — 기원전 2500년 지역국가

도시국가

젬데트 나스르 ----- — 기원전 3000년

후기 우루크 지역 중심지

----- — 기원전 3500년

전기 우루크

— 기원전 4000년

— 기원전 4500년

— 기원전 5000년

우바이드 고립 정착지

— 기원전 5500년

— 기원전 6000년

— 기원전 6500년

고대 메소포타미아 연대표

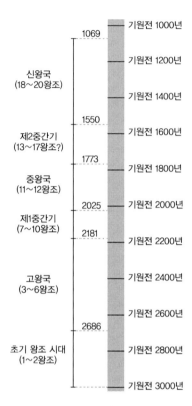

신왕국 (18~20왕조)	1069 — 기원전 1000년
	— 기원전 1200년
	— 기원전 1400년
제2중간기 (13~17왕조?)	1550 — 기원전 1600년
중왕국 (11~12왕조)	1773 — 기원전 1800년
제1중간기 (7~10왕조)	2025 — 기원전 2000년
	2181 — 기원전 2200년
고왕국 (3~6왕조)	— 기원전 2400년
	— 기원전 2600년
	2686 — 기원전 2800년
초기 왕조 시대 (1~2왕조)	— 기원전 3000년

고대 이집트 나일강 연대표

그 카리스마를 통해 사람들을 이끈다고 보았기 때문이다.

뒤에서 다시 살펴보게 되겠지만, 초기 국가는 사실 인구를 유지하는 데 실패하는 경우가 많았다. 특히 전염병, 생태, 정치 면에서 유난히 취약했으며, 붕괴되거나 분열되기 쉬웠다. 국가가 해체되는 일이 자주 일어났다 해도, 그건 국가가 발휘할 수 있었던 강압적 힘의 행사가 부족한 때문은 아니었다. 전쟁 포로, 계약 노예[죄수나 불법이민자 등으로 형을 살듯 강제로 정해진 기한 동안 노동해야 하는 사람들], 신전 노예, 노예 시장,

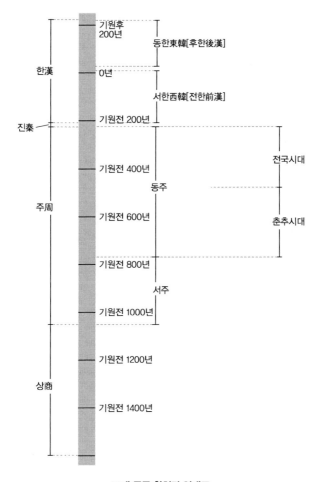

고대 중국 황허강 연대표

노동 식민지 강제 정착, 죄수 노동, (고대 스파르타의 헬롯과 같은) 공유 노예 등 부자유 노동력을 [국가가] 광범위하게 사용한 증거는 압도적으로 많다. 부자유 노동력은 도시의 성벽을 쌓고 도로를 내고, 수로를 파고, 광물과 석재를 캐고, 나무를 베고, 기념비를 세우고, 양모로 길쌈을 하고, 농사를 짓는 데 특히나 중요했다. 국가가 여성들을 포함해 국민이 되는 인구를 가축과 같은 재산으로 삼고 그들의 높은 번식력과 증식률을 조장해 '알뜰히 관리'하는 데 관심을 기울였다는 것은 명백한 사실이다. 고대 세계에서는 노예란 쟁기질하는 짐승과 같은 '일을 위한 도구'라는 아리스토텔레스의 판단이 널리 공유되고 있었다. 노예의 처지에 대한 초기의 문자 기록을 굳이 보지 않더라도, 고고학적 기록은 전장에서 돌아오는 누더기 차림의 포로 노예들을 돋을새김으로 묘사한 것을 통해 그것에 대해 웅변적으로 말해주고 있다. 또한 메소포타미아에서는 빗각 형태로 된 똑같은 모양의 작은 사발이 수천 개씩 발굴되는데, 이는, 십중팔구, 대규모 노동 집단에 보리나 맥주를 배급하는 데 사용된 것이었다.

고대 세계의 공식적 노예제는 고전기 그리스와 초기 제정 로마에서 절정에 이른다. 이 두 곳은 남북전쟁 이전의 미국 남부와 마찬가지로 완전한 의미에서 노예국가였다. 이런 종류의 〔노예를 일종의 물건으로 재산시하는〕 동산動産 노예제는 메소포타미아와 초기 이집트에도 없었던 것은 아니지만, 우르의 수출용 직물 제조를 위한 대규모 작업장에서 일하던 수천 명의 여성들과 같은 여타 형태의 부자유 노동력에 비해서는 덜 지배적이었다. 그리스와 로마 시대의 이탈리아에서는 인구의 상당 부분이 자신의 의지에 반해 억류된 사람들이었다. 이와 같은 현실은 로마 지배하 이탈리아와 시칠리아에서 노예 반란이 여러 차례 일어났다는 사실, 전시에 상대국 노예들에게 —스파르타는 아테네의 노예들에게, 아테네는 스파르타의 헬롯들에게— 자유를 부여했다는 사실, 메소포타미아에서 도주하거나 이탈한 인구에 대한 언급이 많다는 사실 등으로 입증된다. 이러한 맥락에서 오언 래티모어의 말이 떠오른다. 그는 중국의 만리장성이 야만인들이 안으로 들어오지 못하게 막으려는 것이었던 만큼 중국인 납세자들이 밖으로 나가지 못하게 막으려는 것이었다고 한다. 속박은, 시간이 지나면서 부침도 많고 수량화하기도 어렵지만, 고대국가의 존속 조건이 되었던 것처럼 보인다. 노예제 자체를 발명한 것은 초기 국가들이 아니었음이 분명하지만, 노예제를 국가 차원의 기획으로서 성문화하고 조직화한 것은 초기 국가들이었다.

초기 국가들은 역사적으로 [전에 없던] 새로운 종류의 기관이었다. 국가 운영에 관한 설명서 따위는 존재하지 않았고 마키아벨리식의 통치자들에게서 조언을 구할 수도 없었으므로, 초기 국가들이 단명하는 경우가 많았다는 사실은 그리 놀랍지도 않다. 중국의 진은 강력한 통치체계를 구축하기 위해 여러 혁신적 시도를 감행했던 것으로 유명하지만 15년밖에 유지되지 못했다. 국가 형성에 유리한 농생태는 상대적으로 안정적인 반면, 농생태가 정착된 장소에 등장하는 국가들은 불규칙적인 교통신호등처럼 명멸했다. 이런 취약성의 원인과 그것이 지닌 더 큰 의미를 이해하는 방식은 6장에서 제시된다.

고고학자들은 마야 문명의 '붕괴'라든가, 이집트의 '제1중간기'나 그리스의 '암흑기'를 설명하기 위해 많은 저술을 남겼다. 우리에게 있는 증거가 방향을 결정할 만한 단서를 제공하지 못하는 경우는 흔하다. 원인은 다중적이어서 한 가지만을 결정적인 것으로 뽑아내기는 자의적인 일이다. 겉으로 드러나지 않는 여러 근원적 질병을 앓는 환자의 경우가 그러하듯 한 가지 사망 원인을 규명하기란 쉽지 않다. 예컨대, 한 왕국에 가뭄이 들어 기아가 발생하고, 기아가 탈주와 저항으로 이어지는 상황에서 이웃 왕국이 이를 기회로 삼아 침략해와 재산을 약탈하고 주민을 이주시킨다면, 이 가운데 어느 것이 멸망의 결정적 원인이었다고 해야 할까? 문자 기록은 매우 희박하거니와 별 도움을 주지 못한다. 한 왕국이 외침이나 습격 혹은 내전이나 폭동으로 멸망했을 때, 관직을 잃은 필경사들은 오랫동안 자기 자리에 남아서 왕국의 몰락을 기록하지 못한다. 때로는 궁정이 모두 불타버렸다는 증거는 있는데, 누구에 의해 무슨 연유로 그리되었는지 분명하지 않은 사례도 많다.

여기서 나는 초기 국가가 취약할 수밖에 없었던 원인들 가운데 농생태에 내재한 것들을 특별히 강조한다. 사실은 가뭄이나 기후변화(한 지역 전체가 동시에 '붕괴'한 여러 사례와 관련된 것이 분명한)와 같은 외재적 원인들이 전반적으로 더 중요한지도 모르지만, 내재적 원인들이야말로 초기 국가의 자기-한계적 측면에 대해 더 많은 것을 알려준다. 이를 위해 나는 국가 형성 자체의 부산물인 세 단층선에 대해 고찰해보려 한다. 첫째 단층선은 작물, 사람, 가축이 기생생물 및 병원체와 함께 전례 없이 집중화된 결과로 나타난 질병이다. 나 역시, 다른 이들과 마찬가지로, 작물의 질병을 포함해 이러저러한 전염병이 적지 않은 국가의 갑작스러운 몰락의 원인이 되었다고 생각한다. 그러나 그 증거를 찾기란 쉽지 않다. 도시생활urbanism과 관개농업의 두 생태적 영향은 더욱 드러나지 않게 서서히 진행된다. 도시생활의 결과는 강변국가riverine state들의 상류 유역에서 꾸준히 진행된 삼림파괴로 나타났으며, 그에 따라 토사의 퇴적과 강물의 범람이 이어졌다. 관개농업은 토양의 염류화와 생산성 하락으로 나타났고 그에 따라 경작가능한 토지를 결국 폐기하는 데 이르렀다.

나 역시, 마지막으로, 다른 이들이 그러했듯, 이러한 사건들 가운데 다수를 묘사하는 데 '붕괴collapse'라는 단어를 사용하는 방식에 의문을 제기하고자 한다.[12] '붕괴'라는 말은 별 생각 없이 사용할 경우 위대한 초기 왕국이 그 문화적 성취들과 함께 몰락하는 문명의 비극을 의미한다. 우리는 이 단어의 이와 같은 용법을 채택하기에 앞서 잠시 멈춰야 한다. 많은 왕국이, 사실은 더 작은 정착 공동체들이 모여서 연합을 이루는 형태였으므로 '붕괴'라는 말은 단지 그 작은 공동체들이 다시금 흩어졌음을, 그리고 어쩌면 이후에 재결합하게 되었음을 의미할 수 있다. 강우량[강수량]과 작물 생산량이 줄어든 경우 '붕괴'란 다만 주기적 기후 변화에 대처하기 위한 정례적 이산離散을 의미할 수 있다. 조세, 부역이나 징병을 못 견뎌 [초기 국가의] 국민들이 탈주하거나 반란을 일으킨 경우에조차, 억압적 사회질서가 파괴되었음을 기뻐할 수는 ―적어도 슬퍼하지 않을 수는― 없는 것일까? 마지막으로, 이른바 야만인들이 침입한 경우에도 그들은 자신들이 몰아낸 기존 통치자들의 문화와 언어를 차용하기도 한다는 점을 잊어선 안 된다. 문명은 일반적으로 국가보다 더 오래 계속된다. 그러니 문명과 국가를 혼동해서는 안 된다. 또한 별달리 생각해보지도 않은 채 작은 정치 단위보다 큰 정치 단위를 선호해서도 안 된다.

초기 국가들의 시대에, 국민에 비해 분산되어 있었을 뿐 훨씬 더 수가 많았으며 지표면의 거주할 수 있는 지역 대부분을 차지하고 있던 이 야만인들은 어떠했을까? 우리가 알고 있는 이 '야만인barbarian'이란, 본래 그리스인들이 그리스어를 사용하지 않는 이들을 지칭하는 말이었다. 그 안에는 물론 생포된 노예들이 포함되어 있었지만, 이집트인·

페르시아인·페니키아인처럼 상당히 '문명화된' 이웃의 사람들도 들어 있었다. '바-바Ba-ba'는 그리스어가 아닌 언어를 조롱하듯 흉내 낸 소리였다. 이러저러한 방식으로 그[와 같은] 용어는, 국가 외부에서 온 사람들로부터 자신들을 구별 지으려는 모든 초기 국가에 의해 재창조되었다. 그러므로 이 책의 7장에서 단순히 국가의 통제력에 종속되지 않은 방대한 인구로서 '야만인'들을 다루는 것은 매우 적절한 일이다. 나는 계속해서 이 '야만인'이라는 말을 확고하게 빈정대는 방식으로 사용할 것이다. 그 부분적인 이유는, 취약한 초기 국가들의 시대란 오히려 야만인으로 살기에 좋았던 시기임을 주장하고자 하기 때문이다. 이 기간은 국가의 힘과 군사적 기술에 따라 지역마다 달랐다. 그 시기는 야만인들의 황금시대라고 할 수 있겠다. 야만인 지대는, 말하자면, 국가의 농생태를 반사하는 거울상mirror image[경상鏡像, 거울에 비친 좌우 반대의 상 곧 흡사하나 대칭적인 상]이다. 그곳은 수렵, 화전 경작, 조개류 수집, 채집, 목축, 덩이줄기와 뿌리 채취를 주로 하며 곡물은 있더라도 거의 재배하지 않는 지역이다. 또한 물리적 이동성을 갖는 지역이며 달라질 수 있는 여러 생계 전략이 뒤섞여 있는 지역이다. 한마디로 '파악불가능한' 생산이 이루어지는 곳이다. 야만인의 영역이 다양성과 복합성의 영역이라면, 국가의 영역은 농경제적으로 말해 상대적 단순성의 영역이다. 야만인이란 본질적으로 문화적 범주가 아니다. 그들은 국가에 의해 (아직?) 관리되지 않는 인구 집단을 가리키는 정치적 범주다. 야만인들이 시작되는 변방의 경계선은 조세와 곡물이 끝나는 경계선이기도 하다. 중국인들은 자신들을 야만인들과 구분하고자 '익힌 것[熟]'과 '날 것[生]'이란 말을 사용했다. 같은 언어, 문화, 친족 체계를 가진 집단 중에서도 '익힌' 혹은 더욱 '진화된' 분파는 호적을 갖고 있었으며, 명목상일지라도, 〔현령 등〕 중국인 관리들의 통치를 받는 사람들로 구성되었다. 그들은 '지도 안으로 들어왔다'고 이야기되었다. 〔일례로, 요遼에 귀화해 요의 호적에 편입된 여진족을 숙熟여진, 요에 귀화하지 않은 여진족을 생生여진이라고 불렀다.〕

정착 공동체인 초기 국가는 이동이 더 자유로운 비국가 민족〔종족〕의 침략에 취약했다. 수렵·채집을 하던 이들이 식량을 얻을 수 있는 장소를 찾아내 이용하는 데 전문가였다는 사실을 생각한다면, 사람들이 곡물, 가축, 직물, 금속성 도구를 가지고 정착 공동체를 이루어 한곳에 정주하며 모여 있는 곳은 상대적으로 손쉬운 채집 대상이 되었을 것이다. 곡물 저장고에 가서 작물을 쉽게 몰수해올 수만 있다면, 국가와 같이(!), 힘들여 작물을 재배할 이유가 없다. 베르베르족의 속담은 이러한 현실을 웅변적으로 입증한다. "습격이야말로 우리의 농사다." 어디서나 초기 국가의 토대가 되었던 농경 정착지가 늘어난 것은 비국가 민족〔종족〕을 위한 새롭고 실속 있는 채집 지역이 늘어난 것으로도 볼 수 있다. 말하자면, 한 번에 여러 가지를 구입할 수 있는 쇼핑센터가 생긴 셈이다. 아메리카원주민이 실감했던 것처럼, 길든 유럽의 소는 흰꼬리사슴보다 '사냥'하기가 훨씬 쉬웠다. 초기 국가 때문에 생겨난 결과는 상당했다. 초기 국가는 습격에 대비해 방위에 투자를 많이 하고/하거나 약탈을 하지 않는다는 조건으로 잠재적 습격자들에게 일종의 뇌물인 공물을 바쳤다. 어느 쪽이든 초기 국가의 재정적 부담과 그에 따른 취약성은 현저하게 증가했다.

야만인들의 습격은 본래부터 구경거리 요소가 많아서 초기 국가와 야만인들 사이 관계에 관한 이야기들에서는 습격이 주된 화제가 되긴 하지만, 현실에서는 습격보다 교역이 훨씬 더 중요했다. 대체로 풍요로운 충적토 저지대에 위치한 초기 국가들은 자연스럽게 주변 야만인들의 교역 상대가 되었다. 야만인들은 훨씬 더 다양한 환경에 널리 퍼져 살고 있었던 만큼 금속 광석, 통나무, 피혁, 흑요석, 꿀, 약초, 향료 등 초기 국가의 장기 존속에 반드시 필요한 물품들을 공급해줄 수 있었다. 저지대 왕국은, 장기적 관점에서 보았을 때, 약탈의 대상보다는 교역의 창고로서 더 가치가 있었다. 초기 국가는 곡물, 직물, 대추야자, 말린 생선과 같은 저지대 생산물과 교환할 수 있는 내륙지방 생산물의 크고 새로우며 수익성 높은 시장이 되었다. 해상 운송이 발전하자 원거리 교역이 가능해졌으며 교역의 규모도 폭발적으로 늘어났다. 당시 교역 증대의 효과를 추정해보려면, 유럽의 비버 털가죽 시장이 아메리카원주민의 사냥 활동에 끼친 영향을 생각해보면 된다. 교역이 확장됨에 따라 수렵과 채집 둘 다 단순한 생계 활동이기보다는 교역과 사업을 위한 모험이 되었다.

이와 같은 공생관계가 성립된 결과, 전형적인 '문명-야만'의 이분법 안에서 허용되는 것보다 훨씬 더 커다란 문화적 혼종성 cultural hybridity이 나타났다. 초기 국가 또는 초기 제국이 보통 흥망의 운명을 같이한 '쌍둥이 야만barbarian twin'이라는 그림자를 가지고 있었다는 점은 매우 설득력 있는 주장이다.[13] 로마제국 주변부에 있던 교역을 위한 켈트인의 오피둠oppidum(고대 로마의 지방 소도시를 가리키던 말. 복수형은 oppida)은 이러한 상호 의존 관계의 한 가지 실례다.

상대적으로 약한 농경국가들과 수가 많은 비국가 기마민족들이 함께 공존하던 길고 긴 시기가 야만인들의 황금시대였다고 주장할 수도 있겠다. 당시 야만인들은 초기 국가들과 교역을 하며 수익을 올렸고, 필요할 때는 공물을 받으면서 습격과 약탈을 병행했다. 그러면서 조세와 농경노동이라는 불편을 피했고, 더 다양하고 영양이 풍부한 식단과 물리적 이동성을 향유했다.

하지만 이와 같은 교역에는 우울하고 숙명적인 두 측면이 있었다. 아마도 이 교역에서 초기 국가들로 들어간 주요 상품은 바로 노예였을 것이고, 이들 노예는 대개는 야만인들 가운데서 나왔을 것이다. 고대국가들은 전쟁에서 노예를 생포하거나 교역에 전문화된 야만인들에게서 노예를 대규모로 사들임으로써 인구를 보충했다. 더욱이, 야만인 용병들을 자국의 방위 체계에 고용하지 않은 초기 국가는 거의 없었다. 초기 국가에 동료 야만인들을 팔고 전쟁 기술을 제공함으로써 야만인들은 스스로가 자신들의 황금시대가 저물게 하는 커다란 원인이 되었다.

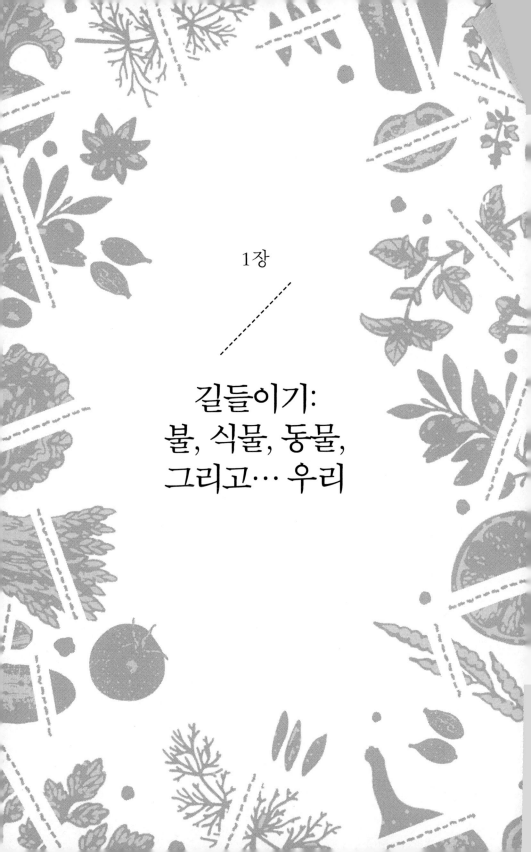

1장

길들이기:
불, 식물, 동물,
그리고… 우리

불

불이 호미니드에 그리고 궁극적으로는 나머지 자연 세계에 의미했던 바는 남아프리카의 한 동굴 유적지에 생생하게 예시되어 있다.[1] 가장 깊은 즉 가장 오래된 지층에는 탄소 침전물이 없고, 따라서 불도 없다. 큰 고양이과 동물들의 뼈가 온전하게 남아 있고, 이빨 자국이 난 여러 동물의 뼛조각들이 흩어져 있는데, 그 가운데 호모에렉투스의 뼈도 있다. 그 위에 있는 후대의 지층에서는 불의 존재를 의미하는 탄소 침전물이 발견된다. 이 지층에서는 호모에렉투스의 뼈가 온전하게 남아 있고 다양한 포유류, 파충류, 조류 등의 뼛조각들이 발견되는데, 그중에는 물어뜯긴 큰 고양이과 동물들의 뼛조각도 있다. 동굴의 '주인'이 바뀌었고, 먹고 먹히는 관계가 역전되었다는 사실은 처음으로 불을 사용할 줄 알게 된 종種이 갖게 된 불의 권력을 뚜렷하게 입증한다. 최소한, 불은 온기와 빛을 제공해주었으며 도무스나 화덕hearth의 전신은 물론 야행성 포식자로부터 상대적 안전을 확보해주었다.

불의 사용이 호미니드의 운명을 결정적으로 바꾸어놓은 바로 그것이라는 주장은 설득력이 있다. 불은 자연 세계를 개조하기 위한 인류의 가장 오래되고 가장 훌륭한 도구다. 하지만 '도구tool'란 말은 딱 들어맞는 단어는 아니다. 죽어 있는 것 같은 칼과 달리 불은 생명력을 지니고 있다. 불은, 기껏해야, '반쯤 길든' 것이고, 스스로 움직이는 듯 보이며, 주의해서 다루지 않으면 통제를 벗어나 위험하게 마음대로 돌아다니게 된다.

　호미니드가 불을 사용한 것은 역사적으로 깊고 넓게 퍼져 있는 현상이다. 불을 사용했다는 증거는 적어도 40만 년 전에 이미 등장했으며, 이는 현생인류가 등장하기 훨씬 전이었다. 호미니드 덕분에 전 세계 동식물상의 많은 부분이 불에 적응한 (즉 내화성耐火性이 있는) 종으로 이루어지게 되었는데, 불을 지르는 활동이 이를 촉진했다. 인류가 발생시킨 불의 영향은 너무나 막대해서, 자연 세계에 인간이 끼친 영향 전체를 공정하게 평가할 때, 작물과 가축을 길들여 키운 것을 압도할 만하다고 판단할 수 있을 정도다. 인간의 불이 경관 조성으로서 인류의 역사 장부에 등록되지 않은 까닭은 아마도 그것이 끼친 영향이 수십만 년에 걸쳐 있고, 그것이 '미개인savage'이라고 알려진 '문명 이전의' 민족들〔종족들〕에 의해 성취되었기 때문일 것이다. 다이너마이트와 불도저를 사용하는 우리 시대의 관점에서 보면, 불을 사용해 주변 환경을 바꾸는 작업은 슬로모션 같은 것이었다. 하지만 그렇게 해서 이루어진 전체 효과는 막대했다.

　우리 조상들이 자연발생적 들불이 경관을 어떻게 바꾸어놓는지를 알아채지 못했을 리 없다. 자연발생적 들불이 어떻게 오래된 초목을 깨끗이 제거하고 빠르게 번식하는 수풀과 관목의 성장을 북돋우는지를 우리 조상들은 보았던 것이다. 그런 수풀과 관목 가운데는 그들이 원하는 씨앗류, 장과류[딸기나 블루베리 등의 과일], 과일류, 견과류의 열매를 맺는 종도 많았다. 불은 사냥감이 되는 동물들이 길을 잃게 해 몰려나오게도 하고, 숨겨져 있던 짐승의 굴이나 새의 둥지를 드러내기도 했으며, 가장 중요하게는, 이후엔 풀을 뜯어 먹고 사는 동물들을 끌어들일 새싹과 버섯을 잘 자라나게 했다. 우리 조상들이 이 모든 변화를 알아채지 못했을 리 없다. 북아메리카원주민들은 들판에 불을 놓아서 엘크, 사슴, 비버, 토끼, 호저, 목도리뇌조[부채꼬리뇌조], 칠면조, 메추라기 등 자신들의 사냥감이 좋아하는 경관을 만든 뒤에 이 사냥감들을 잡아들였다. 이는 그들이 해당 동물들이 매력적으로 여길 서식지를 정성껏 조성해서는 의도적으로 모아들인 일종의 수확이었다고 할 수 있다.[2] 사냥터—진정한 동물보호구역—를 설정해둔 것과는 별개로, 초기 인류는 불을 사용해 더 큰 짐승들을 사냥했다. 활과 화살이 등장하지도 않았던 대략 2만 년 전의 흔적들을 보면, 호미니드는 이미 불을 사용해 떼 지어 다니는 짐승을 절벽으로 몰거나 코끼리를 늪지로 몰아 움직이지 못하게 한 다음 더 쉽게 사냥했음을 알 수 있다.

불은 인류가 자연 세계를 지배하게 된 열쇠였다. 인류는 으뜸 패를 가지고 온 세상을 독점하는 종이 된 것이다. 아마존 열대우림에는 불을 사용해 땅을 정리하고 하늘을 가리는 나뭇가지를 제거했다는 흔적이 뚜렷하게 남아 있다. 오스트레일리아의 유칼립투스 경관은 상당 부분 인간이 놓은 불 때문에 형성된 것이다. 북아메리카에서 불을 이용한 경관 조성은 그 규모가 상당했으나, 유럽인과 함께 건너온 파괴적인 전염병 때문에 갑작스레 중단되었고, 그런 까닭으로 백인 정착민 사이에서는 북아메리카가 마치 인간의 손이 닿지 않은 천연 그대로의 삼림이었다는 환상이 생겨났다. 일부 기후학자의 말을 따르면, 소빙기라고 알려진 추위가 대략 1500년부터 1850년까지 이어졌던 것은 온실가스를 유발하는 이산화탄소가 줄어든 때문이었는데, 이는 북아메리카의 토착 화전민들이 죽어 없어진 탓이었을 거라고 한다.[3]

이러한 경관 조성 기술은 오늘날 우리의 관점에서 보자면 슬로모션처럼 더디지만, 오랜 시간에 걸쳐 결국에는 더 많은 생계 자원을 더 좁은 지역으로 집중시키는 성과를 이루어냈다. 보조적으로 불을 이용한 원예horticulture 기술을 통해 야영지 주변의 더 조밀한 원 안에 인간이 원하는 식생이 조성되었고 수렵과 채집은 더 쉬워졌다. 한 끼 식사의 반경이 줄어들었다고 말할 수 있겠다. 생계 자원이 더 풍부해지고 예측가능해졌으며 언제나 손이 닿는 가까운 거리에 놓이게 된 것이다. 수렵과 채집을 더 편리하게 할 수 있게끔 인류가 불을 가지고 경관을 조성하는 곳에서는 어디에서나 영양분이 빈약한 '극상기極上期, climax'의 숲이 성장하는 것은 거의 허용되지 않았다. 아직 도무스의 황소와 쟁기와 유순한 가축들에는 이르지 못했지만, 그럼에도 완전한 작물 재배와 목축이 이루어지기 몇만 년 전에 경관이 체계적으로 집약화되고 이미 거대한 규모의 자원 관리가 이루어지는 모습이 보인 것이다. 합리적 행위자가 자연 세계를 소여로 다루면서 식량을 확보하는 데 자신의 노력을 어떻게 분배할 것인가를 묻는 최적채집이론〔최적섭이/섭식이론〕optimal foraging theory과 달리, 우리가 여기서 발견하게 되는 것은 의도적으로 교란된 생태계다. 호미니드는 더욱더 자기들의 기호에 맞추어 생물학적 다양성의 모자이크를 구성하고 자원을 분배했던 것이다. 진화생물학자들은 위치를 선정하고 자원을 재배치하고 신체적 안전을 도모하는 이러한 활동을 가리켜 생태적 지위 구성niche construction이라 부르는데, '비버'를 생각하면 이해하기 쉽다〔'생태적 지위 구성'은, 비버가 나무·돌·진흙 등으로 댐을 만드는 것과 같이 생물체가 국지적 환경의 요건과 조건 등을 적극적으로 변형해 자신에게 유리한 생태 환경과 지위를 구성·구축하는 것을 말한다〕. 이와 같은 관점에서 자원의 집중화 과정을 보자면, 고전적 문명 서사에서 획기적 사건 즉 식물과 동물 길들이기는 훨씬 더 정교하게 진행된 생태적 지위 구성 과정의 장기지속 연속체에 속한 여러 요소 가운데 하나로 새로이 평가하게 된다.[4]

불이 사람들을 집중시킨 또 한 가지 강력한 방식은 바로 음식을 익히는 것이었다. 화식火食, cooking〔조리〕의 중요성은 인류의 진화 과정에서 아무리 강조한들 지나치지 않다. 날 음식에 불을 쓰는 것은 소화 과정을 외부화한다. 곧 전분을 젤라틴화하고 단백질을 변성시킨다. 날 음식을 먹는 침팬지는 우리보다 대략 3배나 큰 내장이 필요하다. 하지만 호모사피엔스는 날 음식을 화학적으로 분해해 훨씬 더 적은 음식을 먹고 거기에서 영양분을 끌어내 훨씬 더 적은 열량을 소비할 수 있다. 이에 따르는 효과는 어마어마하다. 초기 인류는 이전보다 훨씬 더 다양한 음식을 모아서 먹을 수 있게 되었다. 불로 익히는 과정을 통해 가시가 있거나 껍질이 두꺼운 식물도 쉽게 다듬고 독소를 제거할 수 있었다. 소화하는 데 필요한 열량이 다시 보충되지 않는 단단한 씨앗이나 섬유질이 많은 음식도 맛있게 먹을 수 있었다. 작은 조류와 설치류의 살과 내장도 살균할 수 있었다. 사실 불로 음식을 익혀 먹기 전에도, 호모사피엔스는 먹이의 범위가 매우 넓은 잡식성 동물로, 날고기나 생야채를 찢고, 갈고, 으깨고, 절이고, 발효해 먹었는데, 불을 사용하면서부터 소화할 수 있는 음식의 범위가 기하급수적으로 확장되었다. 이를 입증해주는 증거가 리프트밸리Rift Valley[아시아 남서부 요르단 강에서 아프리카 동남부 모잠비크까지 이어지는 세계 최대의 지구대]에 있는 2만 3000년 전의 고고유적[지]에 남아 있는데, 당시 원시인류는 4가지 먹이그물(하천, 삼림, 초원, 사막)에 걸쳐 적어도 20가지 크고 작은 짐승과 16가지 조류, 140가지 씨앗, 과일류, 견과류, 콩류를 먹었으며, 여기에 더해 바구니를 짜고, 길쌈을 하고, 덫과 어살을 만들기 위한 용도나 치료를 위한 용도로 여러 식물을 이용한 것은 물론이다.[5]

조리를 위한 불의 사용은 인구 집중화를 위한 경관 조성 기술로서의 불의 사용만큼이나 중요했다. 후자는 원하는 음식을 더 가까운 곳에서 쉽게 얻을 수 있게 해준 한편, 전자는 그때까지 소화할 수 없었던 것들을 영양가 있고 맛도 좋은 음식으로 만들어주었다. 한 끼 식사의 반경은 훨씬 더 줄어들었다. 이뿐 아니라 불로 익혀 더 부드러워진 음식은 외부에서 미리 씹어둔 효과를 내서 젖을 뗀 어린아이나 이가 없는 노인에게도 더 쉽게 음식을 먹이는 것이 가능해졌다.

불을 이용함으로써 주변 환경을 알맞게 조성하고 그 환경으로부터 얻는 산물을 훨씬 더 많이 먹을 수 있게 되면서, 초기 인류는 화덕 가까이에 더 오래 머물 수 있었으며, 그와 동시에 전에는 접근할 수 없었던 환경에서도 새로운 화덕을 설치할 수 있었다. 네안데르탈인이 유럽을 식민지화한 것이 여기에 딱 들어맞는 사례다. 난방, 사냥, 조리에 불을 사용할 수 없었다면 상상도 할 수 없는 일이었을 것이다.

최소 50만 년에 걸친 화식[조리]의 역사에서 비롯한 유전적·생리적 효과는 어마어마했다. 우리의 영장류 사촌들과 비교해볼 때, 우리의 소화기관은 절반도 안 되고, 치아는 그보다 더 작으며, 씹고 소화시키는 데 훨씬 더 적은 열량을 소비한다. 리처드 랭엄의 주장에 따르면, 우리의 뇌가 여타의 포유류를 기준으로 신체 크기에 비해 3배 이상 커질 수 있었던 것은 대체로 이러한 영양학적 효율성을 획득한 덕분이다.[6] 고고학적 기록을 보면 [우리 인류의] 뇌 크기가 갑작스레 커진 것은 화덕을 설치하고 식사를 남기게 된 것과 때를 같이한다. 다른 동물들의 경우 식단[상용하는 먹이]과 생태적 지위의 극적 변화 이후 2만 년 만에 이처럼 큰 형태적 변화를 겪은 사례는 알려져 있지 않다.

인류가 세계에서 가장 성공적인 '침입자[침입종]'로서 번식 성공도를 보인 것 또한 상당 부분 불 덕분이다.[7] 어떤 나무류, 풀류, 균류처럼 우리도 불에 적응한 내화성 종種이라고 할 수 있다. 우리는 우리의 습성·신체·식단을 불의 특성에 적응시켜왔으며, 말하자면 그렇게 함으로써 불이 제공하는 음식과 보살핌에 얽매이게 되었다. 한 가지 식물이나 동물을 완전하게 길들였음을 말해주는 시험지가 그 식물이나 동물이 더는 우리의 도움 없이는 번식할 수 없다는 것이라면, 그렇다면 마찬가지로, 우리는 불에 너무나도 적응한 나머지 불 없이는 존재할 수 없게 되었다. 토기를 빚고, 철을 다루고, 빵을 굽고, 벽돌과 유리를 만들고, 금과 은을 세공하고, 술을 빚고, 숯을 굽고, 음식을 훈연하고, 회반죽을 만드는 등등 완전히 전적으로 불에 의존하는 기술들을 무시하더라도, 우리가 순전히 불에 의지하고 있다는 말은 절대 과장이 아니다. 불은 실제적 의미에서 우리를 길들였다. 이를 뒷받침하는 작지만 강력한 증거

는, 어떤 것도 불로 익히지 말아야 한다고 주장하는 생식주의자들이 한결같이 체중이 준다는 사실이다.[8]

집중화와 정착생활: 습지 이론

비옥한 초승달 지대에서 더 따뜻하고 더 습한 환경 덕분에 인구 증가와 정착이 이루어지던 경향은 기원전 1만 800년경에 별안간 끝나버렸다. 그 뒤로 1000년 가까이 한랭기가 이어진 까닭은 북아메리카의 빙하(애거시호)가 녹아내리면서 갑작스레 엄청난 양의 차가운 물이 동쪽으로 흘러 세인트로렌스강을 통해 대서양으로 유입되었기 때문이라고들 한다.[9] 인구는 감소했고, 남아 있던 인구마저 주변부 산간 지대로부터 기후와 식생이 더 양호한 레퓨지아refugia〔대륙 전체의 기후변화가 진행되는 시기에 변화가 적어서 기존의 생물들이 살아남은 지역〕로 축소되었다. 기원전 9600년이 되어서야 일시적 한랭기가 멈추고 빠른 시간 안에 다시 따뜻하고 습한 환경이 조성되었다. 10년 만에 평균 기온이 섭씨 7도나 올랐던 것도 같다. 나무와 포유류와 조류가 레퓨지아에서 쏟아져 나와 갑자기 더 살기 좋아진 경관 속에서 서식지를 이루었다. 물론 호모사피엔스도 다른 생물들과 함께 널리 퍼져나갔다.

고고학자들이 발견한 산재된 증거들을 보면, 같은 시기에 많은 지역이 1년 내내 사람들이 떠나지 않고 머무르는 정착지가 되었다. 남부 레반트 나투프기期와, 시리아, 중앙 터키, 서부 이란 신석기 촌락들의 '선先토기' 단계가 이에 해당한다. 이들 문화는 일반적으로 물이 풍부한 곳에서 발생했으며, 대체로는 수렵과 채집으로 생계를 유지했다. 곡물 재배와 가축 사육의 흔적이 있긴 해도 이론의 여지가 있다. 하지만 기원전 8000년에서 기원전 6000년 사이에는 이른바 '원조작물founder crops'이라는 렌즈콩, 완두콩, 병아리콩, 쓴살갈퀴, (섬유용) 아마 같은 곡류와 협과는, 규모가 크진 않더라도, 모두 재배되고 있었다. 곡물에 비해 정확히 알기는 어렵지만, 길든 염소, 양, 돼지, 소 또한 같은 2000년 동안에 등장했다. 이러한 작물 재배 및 가축 사육과 함께 최초의 소규모 도시 집적urban agglomerations을 포함해 문명의 시작으로 간주되는 결정적 농업혁명이라는 '신석기 패키지Neolithic package'가 갖춰졌다.

기원전 6500년쯤 페르시아만 근처 남부 충적토 지대 습지에서는 영구적 원형도시 정착지들이 등장한다. 남부 충적토 지대는 1년 내내 정주하는 정착생활이 최초로 이루어진 장소는 아니다. 최초로 길들인 곡물의 흔적이 남아 있는 곳도 아니다. 이러한 측면에서 이 지역은 오히려 시기적으로 뒤쳐진 곳이다. 하지만 내가 이 지역에 집중하려는 데는 두 가지 중요한 이유가 있다. 첫째, 유프라테스강 하구에 있는 이들 도시집적은 —예컨대 에리두, 우르, 움마, 우루크 등은—, 훨씬 이후이긴 해도, 세계 최초의 '소小국가statelet'가 되기 때문이다. 둘째, 이집트, 레반트, 인더스강 유역, 황허강 유역, 신대륙의 마야 등과 같은 다른 고대 사회들은 그곳 나름의 변형된 신석기혁명을 겪지만, 남부 메소포타미아는 최초의 국가 체계가 등장한 지역이거니와 이후에 이집트와 인도는 물론 중동 다른 지역의 국가 형성 과정에도 직접적으로 영향을 끼쳤기 때문이다.

임시변통으로 만든 연대기만 보더라도 —연대기의 많은 부분이 여전히 논쟁 중에 있긴 해도— 얼마나 많은 부분이 내가 말한 문명의 표준 서사에 어긋나는지를 알 수 있다. 그런 표준서사의 중심축은 정착생활과 그 뒤에 이어지는 소읍, 도시, 문명 성립의 기본 선결 조건으로서 곡물을 길들였다는 데 있다. 수렵과 채집을 통해 생계를 유지하려면 언제든 이동가능하고 널리 분산되어 있는 생활 형태가 요구되는 만큼 정착생활은 말할 것도 없이 불가능했다고 하는 것이 아직까지 흔하게 받아들여지는 추정이다. 하지만 정착생활은 곡물과 가축을 길들이기 훨씬 이전에 시작되었으며, 때로는 곡물 재배가 거의 이루어지지 않았거나 곡물 재배가 아예 없었던 환경에서 계속되기도 했다. 또한, 농경국가와 비슷한 어떤 것이 등장하기 한참 전에 길들인 곡물과 가축이 이미 알려져 있었다는 것은 절대적으로 확실한 사실이다. 최근에 발견된 증거에 기초하면, 가장 중요한 두 가지 즉 곡물 재배 및 가축 사육과 이 둘에 기초한 최초의 농경제 사이에는 대략 4000년의 격차가 있는 것으로 생각된다.[10] 분명한 것은 우리 조상들이 신석기혁명을 향해서나 초기 국가들의 품을 향해 돌진하지는 않았다는 사실이다.

더 오래된 서사를 지어낸 이들은 또 다른 측면에서도 근본적 실수를 범했다. 그들은 근래 역사에서 티그리스-유프라테스강 유역에 만연했던 예외적일 만큼 건조한 환경 조건을 서사의 출발점으로 삼으면서 충분히 합리적인 생각을 바탕으로 이처럼 건조한 환경을 농경의 여명기에까지 반영했다. 제한된 오아시스와 하곡河谷에서 벗어날 수 없으나 인구가 증가하고 있었기 때문에 경작가능한 땅에서 더 많은 것을 얻어내기 위해서는 생계 방식을 더욱 집약적으로 변화시킬 수밖에 없었을 거라고 상정한 것이다. 유일하게 실행가능했던 집약화 전략은 관개 말

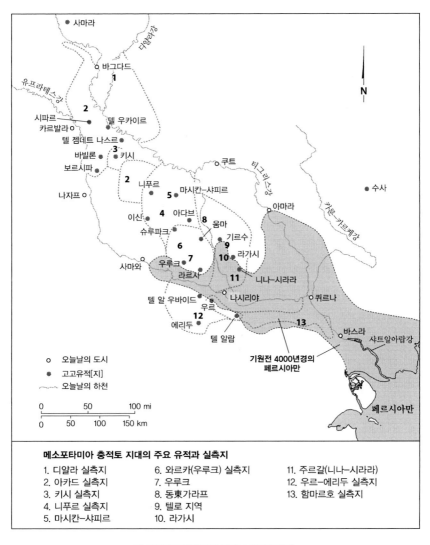

메소포타미아 충적토 지대의 주요 유적과 실측지

1. 디얄라 실측지
2. 아카드 실측지
3. 키시 실측지
4. 니푸르 실측지
5. 마시칸-샤피르

6. 와르카(우루크) 실측지
7. 우루크
8. 동東가라프
9. 텔로 지역
10. 라가시

11. 주르갈(니나-시라라)
12. 우르-에리두 실측지
13. 함마르호 실측지

메소포타미아 충적토 지대: 고고유적[지]

고는 없었으며, 관개가 이루어진 고고학적 증거가 남아 있다. 강우량이 끔찍할 만큼 부족했던 곳에서는 물을 끌어와 대는 것만으로 풍부한 수확을 보장할 수 있었다. 하지만 이와 같은 거대한 경관 변용 프로젝트에는 수로를 파고 유지하기 위한 노동력이 반드시 필요했으며, 이는 곧 그만큼의 노동력을 동원·관리할 수 있는 공권력이 존재했음을 암시한다. 그들은 집약적 농경-목축 경제를 위해 이루어진 관개 사업이 국가의 실존을 위한 조건으로서 국가 형성을 촉진했다고 상정한 것이다.

습지와 정착생활

관개농업에 의해 '사막에 꽃을 피운 것'이 최초의 실질적 정착 공동체의 토대가 되었다고 하는 지배적 관점은, 그러나, 거의 모든 면에서 잘못된 것으로 판명되었다. 앞으로 보게 되겠지만, 초기 대규모의 일정한 정착지들은 아주 건조한 환경에서가 아니라 습지에서 우후죽순 생겨났다. 이들 정착지의 주민은 생계를 위해 곡물이 아니라 압도적일 만큼 습지 자원에 의존했다. 그들은 일반적으로 이해되는 의미에서의 관개가 전혀 필요하지 않았다. 이러한 조건에서 인간에 의한 경관 조성이 필요했다면, 그건 관개가 아니라 배수였을 가능성이 훨씬 크다. 고대 수메르가 건조한 경관에서 국가가 조직적으로 시행한 관개 사업에 의해 이룩된 기적의 산물이라고 하는 고전적 관점은 완전히 틀렸다. 기원전 제7천년기[기원전 7000~기원전 6001]와 기원전 제6천년기[기원전 6000~5001]의 남부 메소포타미아 충적토 지대에 관한 제니퍼 퍼넬의 선구

적 연구는 이 분야에서 가장 종합적이고도 수정주의적인 연구 사례로 꼽힌다.[11]

당시 남부 메소포타미아는 전혀 건조한 곳이 아니라 오히려 채집민들의 습지 천국이라고 할 수 있었다. 해수면이 상당히 상승한 데다 티그리스-유프라테스강 삼각주 지역은 매우 평평했기 때문에 지금은 매우 건조해도 당시에는 바닷물이 들어오는 거대한 '해침海浸'이 있었다. 퍼넬은 리모트센싱remote sensing, 이전의 항공 측량, 수리水利 역사, 고대 퇴적층 및 하천 경로 탐사, 기후 역사, 고고학 유적 조사 등에 기초해 이 광대한 삼각주 습지대를 재현한다['리모트센싱'은 물질이 태양에너지를 받아 반사 또는 방사하는 전자파의 세기를 포착해 물질의 정체나 변화 현상을 알아내는 기술을 말한다. 자원의 탐사, 환경 감시 따위에 쓴다]. (모두는 아니더라도) 이전의 관찰자 대부분이 저지른 실수는 현재 해당 지역이 일반적으로 매우 건조하다는 사실을 1만 년 전의 과거에까지 투사했다는 점만이 아니라 이 충적토 지대가 당시에는 —그 오랫동안 침전물이 계속 쌓이기 전에는— 현재보다 10미터 이상 낮았다는 사실을 무시했다는 점이다. 오늘날 우르 유적지는 상당히 내륙인 곳에 위치해 있지만, 당시 상황에서는 페르시아만의 바닷물이 고대 우르의 문앞에서 찰랑였고 밀물은 북쪽으로 나시리야와 아마라까지 닿았다.

관개에 의한 상당한 규모의 곡물 없이도 야생의, [기생·공생 따위를 하지 않는] 자유생활[독립생활] 식물과 해양자원에 주로 의존하면서 상당한 규모의 인구 공동체들이 어떻게 생겨날 수 있는지에 대한 간단한 설명만으로도 분석에 관련된 다음의 두 이슈가 명백하게 해명된다. 첫째, 몇 가지 다양한 먹이그물에 기초한 생계유지가 상당히 안정적이었

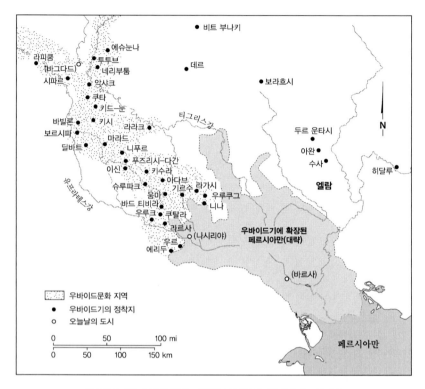

메소포타미아 충적토 지대: 기원전 6500년경, 확장된 페르시아만

(Jennifer Pournelle 제공)

거니와 풍요로웠다는 사실이 입증된다. 우바이드기(기원전 6500∼기원
전 3800, 우바이드라는 이름은 널리 퍼진 토기 양식 때문에 붙은 것이다)의 식량
은 대부분 물고기·새·거북 등 습지에 많이 있는 것들이었다. 둘째, 다
양한 생태 환경 속에서 이루어진 생계그물—수렵, 어로, 채집, 수집 활
동—은 단일한 정치적 권위의 등장에 넘을 수 없는 장애가 된다.

남부 충적토 지대는 오늘날과 같이 두 강 사이에 놓인 건조 지대이기
보다는 복잡한 삼각주 습지였다. 하천 범람기마다 합류하고 분기하는

수많은 물줄기가 이 습지를 가로질러 흘렀다. 충적토는 거대한 스펀지처럼 작용해서, 수위가 올라갈 때는 물을 흡수해 지하수면을 끌어올렸고 5월부터 시작되는 건기에는 흡수했던 물을 천천히 방류했다. 유프라테스강 하류의 범람원은 극도로 평평하다. 고도 차이를 보면, 북쪽은 킬로미터당 20~30센티미터지만 남쪽은 킬로미터당 2~3센티미터에 불과하다. 따라서 강의 경로는 상당히 불규칙하게 변화해왔다.[12] 연례적 범람이 최고조에 이르면 해마다 쌓이는 거친 침전물로 형성된 자연 두둑이나 제방 위로 강물이 넘쳐 배후 사면을 따라 인근의 저지대와 함몰 지대로 흘러든다. 하천 지류의 바닥면이 주변의 땅보다 높았기 때문에, 수위가 높아지는 시기에 사람들이 제방을 조금만 무너뜨려도 같은 결과를 가져올 수가 있었다. 우리는 이 기술을 가리켜 '인위적 자연관개assisted natural irrigation'라고 부를 수도 있겠다.[13] 종곡種穀, seed grain[씨곡 곧 씨앗으로 쓸 곡식]들은 자연에 의해 준비된 밭에 흩어 뿌릴 수가 있었다. 영양분이 풍부한 충적토는 서서히 마르면서, 길들인 염소·양·돼지뿐 아니라 야생의 초식동물이 먹을 수 있는 풍부한 먹이를 산출했다.

이런 소택지의 주민은 '터틀백turtleback[귀갑龜甲 지형]"이라 불리는, 수면보다 살짝 더 높은 조각난 땅덩이 위에서 살았다. 오늘날 미시시피강 삼각주의 셰니어chenier[소택沼澤 지대의 구릉]에 비교될 만한 터틀백은 만조 수위보다 1미터 정도밖에 높지 않았다. 이곳의 주민들은 자신들의 힘이 미치는 범위 안에 있는 습지의 모든 자원을 이용했다. 갈대와 사초莎草는 건축 재료용과 식용으로 썼으며, 그 밖에 먹을 수 있는 다양한 식물(골풀, 부들, 수련, 고랭이) 말고도, 거북, 어류, 연체동물, 갑각류, 조류, 물새, 작은 포유류, 철따라 이동하는 가젤 등이 주요 단백질 공급원이 되었다. 영양분이 풍부한 두 커다란 강어귀와 비옥한 충적토가 결합되어 예외적일 만큼 풍요로운 생명력을 강변에 선사했고, 이는 다시 먹이사슬 아래 단계의 생물을 먹고 사는 수많은 어류, 거북, 조류, 포유류를 끌어들였으니, 인간이 거기에 몰려든 것은 말할 필요도 없다. 기원전 제7천년기와 기원전 제6천년기에 팽배했던 따뜻하고 습한 환경 조건에서는 생계를 위해 야생에서 얻을 수 있는 자원이 다양하고 풍부했거니와 안정적이고 쉽게 회복되었다. [이는] 실제로 수렵-채집-목축민에게는 아주 이상적인 환경임에 틀림없었다.

먹이사슬에서 자원의 밀도와 다양성이 낮아질 경우에 정착생활이 발생할 가능성은 더욱 커진다. (물개, 들소, 순록 같은) 커다란 짐승을 주로 사냥해서 먹고 사는 사람들에 비해, 초목, 조개류, 과일류, 견과류, 작은 어류와 같이, 큰 포유류나 어류보다 영양가는 낮지만 더 밀집해 있고 더 적게 움직이는 것들을 주로 채집해서 먹고 사는 사람들은 이동생활을 할 가능성이 훨씬 더 작다. 메소포타미아 습지에는 이렇게 영양 단계가 낮은 생계 자원이 풍부해서 크고 튼튼한 정착생활 공동체가 이른 시기에 형성되는 데 특별히 유리했을 것이다.

남부 메소포타미아 충적토 지대에 등장한 일정한 최초의 촌락들은 단지 생산력이 좋은 습지대에만 있었던 것은 아니다. 몇 개의 상이한 생태적 지대에도 촌락이 있었고, 그 덕분에 주민은 그 모든 지대로부터 수확을 할 수 있어서 그중 어느 한 지대에만 배타적으로 의존하게 되는 위험을 막을 수 있었다. 그들은 해안과 강어귀의 해수 환경과, 그와는 매우 다른 상류의 민물 환경 사이 접경 지역에서 살았다. 기수汽水 brackish-water[바닷물과 민물이 섞여 염분이 적은 물. 강어귀에 있는 바닷물을 이

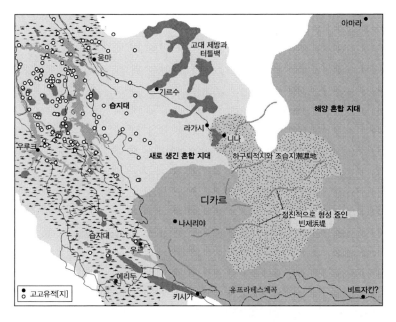

남부 메소포타미아 충적토 지대: 기원전 4500년경 고대의 물길, 제방, 터틀백
(Jennifer Pournelle 제공)

른다)와 담수(민물)가 만나 이루는 층이 조수에 따라 움직이는 경계선이
되었는데, 그렇게 평평한 지대에서는 움직이는 폭이 상당히 클 수밖에
없었다. 그래서 수많은 공동체가 한곳에 머물러 있으면서도, 경관을 가
로질러 움직이는 양쪽의 생태학적 지대로부터 생계를 유지할 수 있는
자양분을 충분히 얻을 수 있었다. 계절에 따라 일어나는 침수와 건조,
그리고 그에 따라 공급되는 자원들에 대해서도 똑같은 현상이 훨씬 더
분명하게 일어났다고 할 수 있다. 우기에는 수생 자원이 공급되고 건기
에는 육생 자원이 공급되는 교차 현상은 이 지역에서 1년을 주기로 일
어나는 커다란 파동이었다. 충적토 지대의 주민들은 한 지역에서 다른

지역으로 옮겨 다니는 대신 한곳에 정주했지만, 그러는 동안에 서로 다른 주거 환경이 그들에게 찾아온 셈이었다.[14] 남부 메소포타미아 습지에서 생계[생존]의 생태적 지위subsistence nich는 위험부담이 큰 농경에 비교하면 더 안정적이고 더 회복력도 좋았기에 매년 적은 노동만 들여도 재생이 가능했다.

유리한 위치와 시간 감각이 수렵·채집민에게 매우 중요한 또 다른 측면이 있다. 수렵민과 채집민에게 '수확'이란 매일 무작정 시도해보는 일이기보다는 가젤이나 야생당나귀와 같은 사냥감 무리의 대량 이동을 예측해(4월 말과 5월) 그것들을 잡아채는 것과 같이 매우 신중하게 계산된 활동이었다. 사냥은 언제나 조심스럽게 미리 준비되었다. 갈수록 좁아지는 기다란 통로를 미리 만들어두었고, 그 통로를 통해 짐승 떼를 한곳으로 몰아 죽였다. 짐승의 사체는 바로 그 자리에서 해체한 뒤 말리거나 소금에 절이는 방식으로 보존했다. 수렵민에게는, 다른 지역에서와 마찬가지로, 사냥감이 이동하는 단 1주일 동안에 1년치 동물성 단백질이 공급되곤 했다. 따라서 그 기간에는 할 수 있는 한 많은 사냥감을 잡기 위한 집중적인 노력이 밤낮 없이 진행되었다. 계절에 따라 이동하는 사냥감은, 환경조건에 따라 달라지기는 하지만, 큰 포유류(순록, 가젤), 물새(오리, 거위), 쉴 자리나 보금자리를 찾아가는 철새, 또는 회유하는 어류(연어, 장어, 에일와이프, 청어, 새드, 스멜트) 등으로 구성될 수 있다. 많은 경우에 '단백질 수확protein harvest'을 제한한 요소는 사냥감 부족이 아니라 사냥감을 썩기 전에 처리할 노동력 부족이었다. 여기서 요점은 바로 수렵민 대부분의 [생활] 리듬이 그들에게 가장 소중한 식량 공급원에서 많은 부분을 차지하는 [사냥감들의] 자연적 이동 주기에 지배되었다는 점이다. 허먼 멜빌이 말한 향유고래의 사례처럼, 사냥감이 된 동물이 인간의 포식 활동에 대한 대응으로 대규모로 이동하는 경우도 당연히 있다. 그러나 그런 동물의 이동이 짐승이나 물고기를 잡아서 살아가는 사람들의 생활에 농경으로 살아가는 사람들과는 근본적으로 다른 템포를 부여한다는 데는 의심의 여지가 없다. 농경민은 대개 그와 같은 〔생활〕 리듬을 게으름이라고 생각했다.

수많은 동물의 이동 경로 중 가장 흔한 것은 습지, 강어귀, 주요 수로의 하곡이었는데, 이들 지역에 〔이동 동물에게〕 영양분이 될 만한 자원이 밀도 있게 분포했기 때문이다. 철새들은 소택지와 하곡을 거치는 이동 경로를 선호한다. 철새처럼 주기적으로 이동하는 어류도 많은데, 두 가지만 언급하자면, 연어는 산란을 위해 강을 거슬러 올라오고, 그 거울상으로, 장어는 강을 따라 바다로 내려간다. 어떠한 물길이든 그 자체로 범람원, 배후 습지back swamp〔범람원이나 삼각주에 발달한 자연제방의 배후에 생긴 습지〕, 충적 선상지alluvial fan〔골짜기 어귀에서 하천에 의해 운반된 자갈과 모래가 평지를 향해서 부채꼴로 퇴적해 이루어진 지형〕에 둘러싸인 영양 공급원이 된다. 수생생물의 산란과 성장은 물이 흘러가는 수로가 아니라 물이 주기적으로 침범하는(범람의 '파동') 범람원에 의존하고, 이것이 다시 철새들의 이동을 유인한다. 그러므로 몇 개의 생태적 이행 지대가 서로 만나는 비옥한 습지에서 기후가 좋았던 시기에 사냥감 이동 경로의 길목에 자리를 잡고 있던 사람들이 이 충적토 지대에서 번성할 수 있었던 것은 아마도 중층결정된overdetermined 일이었다. 다른 지역의 초기 정착생활에 대한 수많은 설명에서도 안정된 생계〔유지〕에 가장 유리한 조건을 제공하는 것으로서 수생 자원의 중요성이 강조되었다.

소택지와 강기슭에 조성된 환경이 과도할 정도로 풍요로웠다는 사실만을 강조하다 보면 그보다 더 중요한 해안과 강변의 또 다른 이점을 간과하게 되는데, 그건 바로 교통이다. 습지는 초기 정착생활의 필수 조건이었을 것이지만, 이후에 등장한 큰 왕국들과 교역 중심지들의 발전은 수상 교역에 유리한 위치 선정에 달려 있었다.[15] 수상 교통의 이점은 수레나 당나귀를 이용한 육상 교통과 견줄 때 아무리 강조해도 과장이 아니다. [로마 황제] 디오클레티아누스[재위 284~305]의 칙령에서는 한 수레의 밀을 [육상으로] 50마일[약 80킬로미터] 운송한 경우 그 가격이 2배가 된다고 구체적으로 규정해놓았다. 수상 이동은 마찰이 극적으로 줄어들어 효율성이 기하급수적으로 증가한다.[16] 장작을 예로 들어보자. (철도와 전천후 도로가 건설되기 전의) 다양한 자료를 살펴보면, 한 수레 분량의 장작을 대략 15킬로미터가 넘는 지역에까지 운송해 판매할 경우 이윤을 남길 수 없다고 충고한다. 땅이 고르지 않은 지역에서는 그 거리가 훨씬 더 줄어든다. 목재를 대량으로 낭비하는 것이었음에도 숯이 무척이나 중요했던 거의 유일한 이유는 운송이 탁월하게 용이했기 때문이다. 숯은 같은 무게와 부피의 '날'장작보다 더 많은 열을 낼 수 있었다. 근대 이전 시기에는 크고 무거운 물품—통나무, 금속 광석, 소금, 곡물, 갈대, 토기—을 일정 거리 이상 운반해야 할 경우는 오직 수상교통을 통해서만 가능했다.

이와 같은 측면에서도 남부 메소포타미아 충적토 지대는 특별히 유리했다. 이 지대는 연중 절반은 강물이 범람해 있어 갈대배reed boat를 타고 쉽게 이동할 수 있었으며, 습지 주민이 필요로 한 물품들의 산지보다 하류에 위치해 있어서 강의 흐름을 이용할 수 있었다. 이런 초기 정착 촌락들이 스스로 생산한 것만을 소비하는 자급자족 경제였다고 생각해서는 안 된다. 수렵·채집 생활을 하던 그 조상들조차 전혀 고립되어 있지 않았고, 오히려 상당히 먼 거리를 오가며 흑요석과 다른 고급 물품들을 거래했다. 대부분의 충적토 지대에서는 수상교통을 쉽게 이용할 수 있어서 육지로 둘러싸인 환경에서보다 훨씬 더 많은 교류와 거래가 가능했다.

왜 간과되었을까?

그렇다면 초기 정착 촌락과 초기 도시생활이 습지에서 기원했다는 사실은 왜 간과되었는지 묻게 된다. 물론 부분적으로는 건조 지대에서 이루어진 관개에서 문명이 발생했다고 하는 오래된 서사 때문이다. 이러한 서사는 그 서사를 공식화한 이들이 관찰하고 있던 당시의 경관에 잘 들어맞았다. 하지만 나는 이와 같은 역사적 근시안의 더 큰 맥락은 문명을 밀, 보리, 쌀, 옥수수 등의 주요 곡물과 결부하는 지울 수 없는 관행에서 온다고 믿는다. (〈아름다운 아메리카America the Beautiful〉라는 노래에 나오는 '곡식의 황금물결amber waves of grain'이란 구절을 생각해보라.) 이 관점에서는 늪지, 소택지, 습지는 일반적으로 문명의 거울상으로 여겨졌다. 길들지 않은 자연이고 인적미답의 땅이며 건강과 안전을 위협하는 장소였던 것이다. 소택지와 관련해서 문명이 벌인 일은 바로 **배수** 작업을 통해 잘 정리된 생산적 곡물 경작지와 촌락을 조성하는 것이었다. 건조 지대의 문명화는 곧 관개를 의미한다. 물이 찬 늪지대의 문명화는 곧 배수를 의미한다. 각각의 경우에 동일한 목적은 곡물을 재배할 수 있는 땅을 만들어내는 것이다. H. R. 홀은 초기 메소포타미아에 대해 "문명이 배수 작업과 수로 건설을 시작하기 전 남부 바빌로니아의 (충적) 선상지는 물이 반이고 땅이 반인 혼돈의 상태"[17]였다고 썼다. 뒤에서 보게 되겠지만, 문명이 벌인 작업 더 정확히 말하자면 국가가 벌인 작업은 진흙을 제거하고 그 자리에 땅과 물이라는 더 순수한 구성 요소를 채워 넣은 것이다.[18] 고대 중국에서나 네덜란드에서나, 혹은 잉글랜드 동부의 펜fen이라는 소택지에서나, 결국 [베니토] 무솔리니에 의해 개간된 이탈리아의 폰티노 습지와 사담 후세인에 의해 물이 빠진 이라크 남부의 잔여 소택지처럼, 국가는 기술을 동원해 경관을 개량함으로써 통제불가능한 습지를 징세가능한 곡물 경작지로 바꾸어놓았다.

풍요로운 습지의 절대적 핵심 역할이 메소포타미아에서만 무시된 것은 아니다. 예리코에서 가까운 초기 정착 공동체들과 나일강 하류의 초기 정착지들 모두 습지에 기반하고 있었으며, 단지 아주 미미하게 심어 기른 곡물에 의존하고 있었다. 초기 신석기시대의 허무두문화河姆渡文化가 자리 잡았던 항저우만에 대해서도 같은 이야기를 할 수 있다. 기원전 제5천년기[기원전 5000~기원전 4001] 중반, 대부분 물에 뒤덮여 있던 동중국해의 작은 땅덩어리였던 이 지역에는 아직 길들지 않은 수생 식물이었던 야생 쌀이 풍부했다. 인더스강의 초기 정착지인 하라파와 하리푼자야[하리푼차이] 역시 이러한 설명에 잘 들어맞으며, 동남아시아의 호아빈 유적 또한 그러하다. 멕시코시티 인근의 테오티우아칸이나 페루의 티티카카호와 같이 고도가 높은 고대의 정착지들도 몇 가지 생태학적 지대가 겹쳐드는 환경에서 어류, 조류, 조개류, 작은 포유류를 풍성하게 수확할 수 있는 광대한 습지에 자리 잡았다.

정착생활의 기원이 된 습지는 여러 다른 이유 때문에도 상대적으로 눈에 띄지 않은 채로 남아 있었다. 지금 우리가 다루는 습지에 형성된 문화들은 오늘날 우리가 참고할 수 있는 성문 기록을 전혀 남겨놓지 않은 구술문화(구전문화)였다. 더욱이 갈대, 사초, 대나무, 등나무, 목재 등 썩기 쉬운 재료를 건축에 사용한 탓에 그 흔적이 상대적으로 더 흐릿해지고 말았다. (지금의 인도네시아) 수마트라섬의 스리위자야(대략 7세기에서 11세기까지 수마트라섬의 팔렘방을 중심으로 강력한 해상권을 가졌던 도시국가)와 같이 문자를 사용하는 이웃 사회의 성문 기록을 통해 그 존재를 알 수 있는 후대의 소규모 사회들에 대해서도 그 흔적들이 물과 토양과 시간에 의해 원래 상태로 돌아가고 말았기 때문에 정확히 기술하기가 거의 불가능하다.

마지막으로, 습지 사회들이 알려지지 않은 이유 가운데 좀 더 확실치 않은 추측에 근거하는 것이 한 가지 더 있다. 이 사회들은 환경적으로 위로부터의 집중과 통제에 저항적이었고 그런 상태로 계속 유지되었다는 점이다. 이들은 모두 오늘날 '공유자원common property resources'이라 불리는 것 즉 사회 구성원 전체가 접근권을 갖는 자유생활(독립생활) 식물·동물, 수생생물에 기반을 두고 있었다. 쉽게 세금을 부과할 수 있는 것은 물론이고 중앙에서 독점하거나 통제할 수 있는 단일한 지배적 자원이 없었다. 이들 지역에서 생계를 유지한 방식은 매우 다양하고, 가변적이며, 그 주기 또한 다중적이어서 그 어떤 집중화 시도에도 저항할 수 있었다. 이들 사회에서는, 우리가 나중에 검토해볼 초기 국가들과 달리, 그 어떤 중앙 권력도 경작지, 곡물, 혹은 관개용수에 대한 접근권을 독점할 수 없었고, 따라서 그것들을 배급할 수도 없었다. 그런 만큼 (보통 차등을 둔 무덤의 부장품으로 측정되는) 어떠한 위계가 존재했다는 흔적도 거의 없다. 이러한 지역에서 한 문화가 발전하는 것은 당연한 일이었지만, 그처럼 상대적으로 평등한 정착지들이 왕조는 말할 것도 없고 족장이나 왕을 추대했을 가능성 또한 작다. 한 국가는 ─작은 원형국가[원생국가]proto-state에 불과할지라도─ 우리가 이제껏 검토한 습지 생태계보다 훨씬 더 단순한 생계 환경을 필요로 한다.

시간 격차에 주목하기

길들인 곡물과 동물이 최초로 등장하는 시기와, 초기 문명과 결부된 농경-목축 사회들의 합체가 이루어진 시기 사이에는 4000년이라는 놀라울 만큼 큰 시간 격차가 있으며, 우리는 이 격차에 주목해야 한다. 역사에서 고전적 농경사회의 구성 요소가 모두 마련되었으나 서로 결합되지 못하고 있던 이례적 기간에 대해서는 설명이 필요하다. '문명의 진보'라는 표준서사에서는 일단 길들인 곡물과 가축을 이용할 수 있게 되면 거의 자동적으로 그리고 신속하게, 완전히 형성된 농경사회가 발생한다는 가정을 기정사실인 양 전제하고 있다. 하지만 어떤 새로운 기술이 도입될 때는 으레 사람들이 망설이고 주저하는 터라, 새로운 생계 활동이 일상으로 정착하기까지는 1000년 정도의 시간이 걸릴 수도 있었을 거라 예상할 수 있다. 하지만 대략 160세대에 해당하는 4000년은 온갖 꼬인 것을 다 풀어내는 데 필요한 것보다 훨씬 더 긴 시간이다.

한 고고학자는 이 긴 시간의 특성을 '낮은 수준의 식량 생산low-level food production' 시기라고 표현했다.[19] 하지만 이런 용어는 매우 부적절하다. 이 용어가 '생산'을 강조한 것은 한 사회가 열등하고 불만족스러운 균형 상태에 빠져 '꼼짝할 수 없게' 되었음을 함의하기 때문이다. 인류의 길들이기 과정에 관한 뛰어난 이론가인 멜린다 제더는 이와 같은 목적론을 피한다. 제더는 당시 사람들이 필요한 열량을 얻기 위해 일정한 경작지에서 자라는 곡물에 완전히 의존하는 것을 피하고 있었으며 자신들이 하고 있던 바를 정말로 잘 알고 있었음을 시사했다. "길들인 작물과 가축에 주로 의존하는 농업경제학이 중동에서 확고하게 자리를 잡기 전, 자유생활을 하고 관리되는 자원과 완전하게 길들인 자원이 혼합된 토대 위에서 안정적이고 상당히 지속가능한 생계 경제[생존 경제, 자급 경제]subsistence economy가 4000년 이상 지속되었던 것으로 보인다."[20] 제더의 관점에서 보자면, 근동은 이런 측면에서 절대 유일한 지역이 아니었다. 아시아, 메소아메리카, 북아메리카 동부에 관한 연구 성과를 인용하면서 제더는 다음과 같이 주장했다. "재배종과 가축이 생계 전략의 일반적 경로 안으로 통합되는 데는 수천 년이 걸렸으며 그 과정에서 전통적인 수렵·채집 생활 방식으로부터의 갑작스러운 단절은 일어나지 않았다."

대신에, 재배종과 가축은 부가적인 —대개는 매우 중요하지는 않은— 식량을 제공했는데, "[재배종과 가축은 그것을] 안전하게 확보하기 위해서는 수렵이나 채집을 하지 않고 번식을 시켜야 한다는 점에서만 야생 자원들과 달랐다. (…) 그러므로 길들거나 길들일 수 있는 자원이 존재했다는 사실이나 식량 생산 기술이 확산되었다는 사실이 생계 경제의 지도적 원칙으로서 식량 생산의 채택을 유도하는 충분조건은 아니다."[21]

역사적 행위자들에 관해 가장 신중하게 상정해야 할 첫 번째 사항은 그들이 자신들이 가진 자원과 지식을 고려해 자신들의 즉각적 이익을 확보하고자 합리적으로 행동했다는 것이다. 이 의미에서, 그리고 이 경우에 행위자들이 직접 스스로를 위해 말할 수 없다는 이유에서, 그들을 다양하지만 또한 가변적이며 잠재적으로 위험하기도 한 환경의 기민한 항해사라고 보는 것은 매우 일리가 있다. 수렵과 채집으로 살아가던 이들이 그들의 습지 환경이 제공하는 다양한 생계수단의 선택지들을 유리하게 이용하면서 초기 정착생활의 선구자들이 되었던 것처럼, 우리는 이 긴 시간을 이런 환경에 대한 실험과 관리가 지속된 시기라고 볼 수 있다. 그들은 아주 폭이 좁은 식량 자원에만 의존하기보다는 몇 가지 먹이그물에 걸친 생계수단을 유지하며 기회에 따라 두루두루 이용했던 것으로 보인다.

메소포타미아 충적토 지대는, 레반트 지역과 마찬가지로, 세계의 다른 어느 곳보다도 좁은 지역 안에서 강우량과 식생에서 편차가 크다. 강우량의 계절 변동도 예외적일 만큼 크다. 메소포타미아 충적토 지대는 이러한 다양성 덕분에 여러 자원을 가까이에서 손쉽게 구할 수 있긴 하지만 변화에 대처하려면 다양한 생계 전략을 미리 갖추고 있어야 했다. 또한 기원전 3500년경 최초의 농경왕국들이 등장하기 전 수천 년 동안에는 민족 공유 기억folk memory 속에 '대홍수'와 같은 흔적을 남긴 훨씬 더 큰 대大기후적 사건들도 있었다. 대략 기원전 1만 2700년~기원전 1만 800년의 더 따뜻하고 더 습한 기간이 지나자 기원전 1만 800

년~기원전 9600년의 극도로 추운 시기(영거 드라이아스[드리아스]기)가 이어졌고, 이 시기에 초기 정착지들은 버려지고 살아남은 인구는 좀 더 따뜻한 강변 저지대와 해안 지대의 레퓨지아로 물러났다['드라이아스'는 담자리꽃(나무)로 추운 지방에서 잘 자라는 식물이다]. 영거 드라이아스기 이후에는 수렵·채집 생활을 확장하기에 전반적으로 유리한 환경이 조성되었지만, 그럼에도 기후가 역행해 (기원전 6200년경부터) 100년 가까이 춥고 건조한 날씨가 지속되기도 했는데, 당시 기후는 1550~1850년 근세 유럽에 닥친 이른바 소빙기["근세 소빙기"]보다 더 혹독했다. 고고학자들은 기원전 1만 년 이후 대략 5000년 동안 여러 차례에 걸쳐 인구가 증가하고 정착생활도 늘어난 사례들이 있었다는 데 대체로 동의한다. 춥고 건조한 시기가 찾아오면 사람들이 레퓨지아에 몰려든 결과 정착생활이 늘어났고, 따뜻하고 습한 시기가 돌아오면 인구가 늘고 분산되었다. 여러 변화와 위험이 있었다는 걸 고려하면, 초기 인구가 생계를 위해 폭이 좁은 자원들에 의존했으리라는 것은 말이 되지 않는다.

이제까지 우리는 기후와 생태에 관련된 소여 조건과 그것이 인구 분산 및 정착에 끼친 영향만을 살펴보았다. 이와 같은 변동의 일부나 대부분까지도 전적으로 질병, 전염병, 인구 급증, 지역 자원 및 사냥감 고갈, 사회적 갈등, 폭력 등 광범위하게 인적 원인들에 의한 것일 수 있긴 하지만, 이 모든 것이 고고학적 기록에 뚜렷한 흔적을 남겨놓은 것은 아니다.

국가 이전 우리 조상들의 기민성과 적응성은 확실히 과소평가되었다. 이러한 과소평가는 문명의 표준서사 속에 붙박이로 고정되어 있다. 문명의 표준서사에서는 수렵·채집민, 이동경작민, 목축민을 사실상 호모사피엔스의 아종으로 재현하며 각각의 생계 형태를 인류 진보의 한 단계로 표시한다. 하지만 실제 역사적 증거를 보면, 비옥한 초승달 지대와 여러 지역에서 사람들은 기꺼이 이들 서로 다른 생계 방식 사이를 넘나들었으며 그것들을 창조적으로 결합하기도 했다는 사실이 입증된다. 일례로, 영거 드라이아스기의 추위가 계속되는 동안 메소포타미아 충적토 지대에서 준準정착생활을 하던 사람들은 해당 지역에서 구할 수 있는 생계 자원이 줄어들자 이동성이 더 큰 생계 전략을 채택했다. 나중이긴 하지만 (대략 5000년 전에) 타이완에서 동남아시아로 이동한 사람들도 마찬가지였다. 그들은 새롭고 풍요로운 숲속에 자리를 잡고 살면서 작물을 심고 가꾸기를 포기하고 수렵과 채집 생활로 이행하는 경우가 많았다.[22] 20세기 초에 역사에 대한 지리학적 시각을 주창한 주요 인물이 있었는데, 그[프랑스의 역사가 뤼시앵 페브르]는 수렵·채집민, 목축민, 농경민을 범주로 하여 구분하기를 거부하고, 대부분의 사람들이 만약을 대비해 적어도 둘 이상의 생계[생존]의 생태적 지위에 걸쳐 있기를 선호했다고 강조했다—"필요할 경우를 대비해 언제나 활에는 시위를 두 줄 걸어두는 법이다."[23]

따라서 우리는 문명과 국가의 부상에 관한 역사 서사에 생기를 불어넣은 기초 용어들에 대해 호전적 불가지론자로 남아 있어야 한다. 지적 회의주의와 최근에 나온 증거 모두가 같은 방향을 가리키고 있다. 일례로, 식물을 길들인 과정과 영구적 정착지를 형성한 과정을 둘러싼 논의들은 대부분 크게 고심하지 않고도, 초기 인류가 한 장소에 정착하기를 더는 기다릴 수 없었다는 가정을 기정사실처럼 전제한다. 그러한 가정은 이동생활을 하는 사람들에게 원시적이라는 낙인을 찍은 농경국가의 표준 담론을 부당하게 복창하는 것이다. '정착생활을 향한 사회적 의지'[24]를 당연한 것으로 인정해서는 안 된다. 또한 '목축민', '농경민', '수렵민', '채집민' 같은 용어들 역시 적어도 그 본질주의적 의미에서는 당연한 것으로 여겨져서는 안 된다. 이 용어들은 고대 중동에 살았던 종족들을 분리하기보다는 생계 활동의 스펙트럼을 정의하는 것으로 이해되는 편이 더 낫다. 친족 집단과 촌락은 통합된 경제의 일부로 목축도 하고, 수렵도 하고, 곡식도 길렀을 것이다. 한 가족이나 촌락이 작물 재배에 실패했다면 전적으로나 부분적으로나 동물을 치는 쪽으로 선회할 수도 있었다. 반대로 목축민이 자신들이 치던 동물을 모두 잃었다면 작물을 심는 쪽으로 선회할 수도 있었다. 갈수기나 습윤기 동안은 지역 전체가 근본적으로 생계 전략을 변경할 수도 있었다. 이처럼 서로 다른 활동에 종사하던 이들을 서로 다른 생활 세계에 살고 있는 본질적으로 서로 다른 종족들로 다루는 것 역시 훨씬 더 후대에 농경국가들이 목축민에 찍어놓은 낙인을 다시 복창하는 것에 지나지 않는다. 〈길가메시 서사시〉의 여러 이본에 대한 앤 포터의 통찰력 있는 독해를 살펴보면, 이러한 변화에 대한 두드러진 설명을 찾아볼 수 있을 것이다.[25] 가장 이른 판본의 〈길가메시 서사시〉에서는 길가메시의 영혼의 동반자 엔키두가 단순히 목축민으로 나오는데, 이것은 작물을 기르는 사람들과 동물을 기르는 사람들이 혼합되어 있는 사회를 드러내는 표상이다. 1000년 뒤의 판본에서는, 엔키두는 짐승들 사이에서 자라나 인간이 되려면 여자와 섹스를 해야만 하는 인간 이하의 존재로 묘사된다. 엔키두는, 달리 말하자면, 곡물·주택·도시를 모르고 '무릎을 꿇을 줄도' 모르는 위험한 야만인이 된 것이다. 뒤에서 다시 살펴보겠지만, '후기의' 엔키두

역시 무르익은 농업국가의 이데올로기가 낳은 산물이다.

　메소포타미아 충적토 지대의 사람들은 염소와 양은 물론 일부 곡류와 협과를 길들여서 목축과 농경을 겸하고 있었고, 그러면서도 수렵·채집 생활을 버리지 않았다. 야생에서 풍부하게 자라나는 식량을 거두어들일 수 있고, 해마다 이동하는 물새와 가젤을 사냥할 수 있는 한, 노동집약적 농경과 가축 사육에 배타적으로는 물론 대체적으로 의존하는 위험을 감수해야 할 이유는 조금도 없었다. 그들 스스로의 안전과 상대적 풍요를 보장하는 최선의 방법은 주변에 풍부하게 존재하는 다양한 자원을 골고루 활용하고, 그렇게 함으로써 단일한 기술이나 식량 원천에 특화되기를 피할 수 있는 역량을 유지하는 것이었다.

도대체 왜 심어서 길러야 하나?

수많은 초기 신석기시대 유적에는 야생 곡류를 재배했다는 확실한 증거와 일부 식물을 길들였다는 (논란 중인) 증거가 있다. 그 지역에서 야생으로 빽빽하게 자라는 곡류와 여타의 자원이 존재했다는 사실을 놓고 보면, 문제는 왜 우리 조상들이 농경에 급히 뛰어들지 않았느냐 하는 것이 아니라 도대체 왜 작물을 재배했느냐는 것이다. 그 대답은 흔히, 곡물은 수확한 다음 키질을 해서 몇 년 동안이나 창고에 저장할 수 있으며, 혹시라도 갑작스럽게 야생 자원이 부족해질 경우엔 밀도 높은 탄수화물과 단백질을 공급하는 비축 식량이 될 수 있다는 것이었다. 곡물 재배에는 노동력이 많이 들긴 하지만, 그래서 논쟁이 있지만, 곡물 재배는 곡물을 심어 기를 줄 알았던 수렵·채집민에게는 일종의 생계 보험이었다는 말이다.

이러한 설명은, 좀 더 날것 그대로의 형태로, 정밀한 조사를 근거로 내세우지 못한다. 다만, 기른 작물에서 수확하는 것이 야생으로 자란 곡물에서 산출하는 것보다 더 믿을 만하다는 추정을 사실처럼 상정하고 있을 뿐이다. 하지만 오히려 그 반대가 사실에 부합할 가능성이 더 크다. 당연한 일이겠지만 야생의 씨앗이 그것이 잘 자랄 수 있는 장소에서 발견되기만 한다면 말이다. 더욱이 이러한 시각은 정착생활에 결부된 생계 위험을 간과한다. 작물을 재배하는 일에는 그것을 심고, 돌보고, 지켜야 하는 것도 수반되기 때문이다. 역사적으로, 수렵민과 채집민의 생계 안전성은 그들의 이동성과, 자기 것으로 거두어들일 수 있는 다양한 식량 자원에 달려 있었다. 그 무엇보다도, 생태적으로 다양한 많은 자원—다른 곳에서는 한층 더 공간적으로나 시간적으로나 산개해 있는—에 접근할 수 있는 흔치 않은 특징이 메소포타미아 충적토 지대에서 가장 먼저 초기 정착생활을 가능하게끔 했다. 정착생활을 하는 수렵·채집민들이 농경으로 인해 그 잠재적 이동성이 제한될 경우, 이른 시기에 이동하는 새나 물고기에 즉각 반응할 수 없게 되어 식량안보food security가 향상되기보다 오히려 약화되었을 것이다. 이 오랜 시기 전반에 걸쳐 사람들이 정착지를 버리고 목축생활이나 이동 채집생활로 돌아갔다는 간헐적인 증거가 있으며, 이는 정착생활이 나중에는 하나의 이데올로기가 되지만 원래는 하나의 생계 전략이었음을 입증한다.

좀 더 날것 그대로의 '식량 저장food storage 가설'은 또한 충적토 지대와 그 밖의 다른 지역에서도 동시에 사용되고 있던 온갖 저장 기술에 대해 유달리 근시안적이다.[26] 식량을 '발굽 위on the hoof[살아 있는]' 형태로 저장하기 곧 가축 형태로 저장하기는 가장 뚜렷한 저장 방식이다. "소는 하우사족의 곡식 저장고"라는 말은 이러한 식량 저장 방식을 완벽하게 포착한다. 필요할 때 손쉽게 즉시 얻을 수 있는 지방과 단백질의 공급원을 가지고 있다는 점은 작물을 심고 길러 보는 실험을 덜 위험해 보이도록 했을 것이다. 실제로 초기 농경에 관한 일부 이론가는 가축이 상대적으로 부재했을 경우 작물 재배의 확산이 훨씬 더 늦어질 수 있었을 거라고 짐작한다. 믿을 만한 대비책도 없이 작물을 길러본다는 것은 위험 부담이 너무나 컸다. 여타의 식량도 그 종류에 따라 서로 다른 기간 동안 보존할 수 있었다. 어류와 육류는 소금에 절이거나 말리거나 훈연했고, 병아리콩이나 렌즈콩 같은 협과는 말려서 보관했으며, 과일류와 곡물류는 발효시켜 증류했다. 우루크의 신전 일꾼에게는 발효시킨 보리맥주 한 사발이 매일 배급되었다. 더 넓은 시각에서 보면, 채집민이 보던 대로 경관을 볼 수 있을 것이다. 고대 채집민에게 주변 환경은 어류, 연체동물, 조류, 견과류, 과실, 근채류根菜類, 덩이줄기, 식용 골풀과 사초, 양서류, 작은 포유류와 큰 사냥감으로 가득한 거대하고 다양한 살아있는 창고처럼 보였을 것이다. 어떤 해에 한 식량 공급원이 부족해지면, 다른 식량 공급원은 풍부해졌을 것이다. 이 살아 있는 창고 복합단지 안에 워낙 다양하고 변화무쌍한 내용물이 들어 있던 덕분으로 안정된 생계가 유지될 수 있었다.

사회진화론자들 사이에서 한동안 선호되었던 이론적 경향은 농경을 문명의 중대한 도약으로 묘사하는 것이었는데, 농경이 '지연된 보상delayed-return' 활동이었기 때문이다.[27] 경작민이란, 지연된 보상 이론이 주장하는 바에 따르면, 밭을 미리 준비해두었다가 씨를 뿌리고, 그런 다음 김을 매고 작물을 돌보면서 그것이 자라나 (그의 희망대로) 수확할 식량을 생산해낼 때까지 기다려야 하므로, 질적으로 새로운 인간이다. 하지만 여기서 잘못된 것은 —내가 보기에 근본적으로 잘못된 것은— 농경민에 대한 묘사가 아니라 수렵·채집민에 대한 묘사다. 이 주장에서는 함의된 대비를 통해 수렵·채집민은 앞날을 생각하지 않고 충동에 따라 즉흥적으로 살아가면서 운 좋게 사냥감을 발견하거나 나무나 수풀에서 따 먹을 만한 뭔가 좋은 것을 찾아내길 ('즉각적 보상immediate return'을) 바라면서 경관을 헤집고 다니는 존재라고 암시한다. 이것은 전혀 사실에 부합하지 않는다. 주기적으로 이동하는 가젤, 어류, 조류를 대량으로 포획하는 모든 작업에는 협동이 요구되는 정교한 사전 준비가 수반된다. 도살장으로 연결되는 '사냥감 몰이용 통로'를 끝이 좁아지는 형태로 만들어놓아야 하고, 어살·그물·덫을 미리 준비해야 하며, 육류나 어류를 건조하거나 훈제 또는 염장하기 위해 미리 땅을 파거나 필요한 시설을 준비해놓아야 한다. 이들 모두가 아주 훌륭한 '지연된 보상' 활동이다. 이 과정에는 여러 도구 일체와 기술이 사용되며, 농경에서보다 훨씬 더 높은 수준의 협동과 조직이 요구된다. 그리고 대량 포획 활동 가운데 이 모든 것보다 장관을 이루는 것은, 앞서 살펴보았듯, 수렵·채집민이 오랜 세월에 걸쳐 경관을 필요에 맞게 변형하는 것이었다. 이들은 식량과 원료를 생산할 수 있는 식물의 성장을 촉진하고, 수풀을 태워 사료를 만들고 사냥감을 유인했으며, 원하는 곡물과 덩이줄기를 솎아냈다. 써레질과 씨뿌리기만 제외하면, 수렵·채집민 역시 농경민이 작물을 재배하기 위해 하는 활동을 모두 다 했다.

길든 곡물이 제한적으로만 이용되었다는 사실은 역사적 기록에서 확인되지만, '식량 저장' 가설이나 '지연된 보상' 가설은 모두 그에 대한 그럴듯한 이유가 되지 못한다. 나는 물과 불 사이 단순한 유비에 기초해 작물 파종에 대한 상당히 다른 설명을 제시하고자 한다. 농경—특히 쟁기질 농법—과 관련된 일반적 문제는 거기에 노동이 집약적으로 동원되어야 한다는 것이다. 그러나 이와 같은 노동의 문제를 제거하는 한 가지 농법 형태가 있으니, 바로 '범람–퇴각flood-retreat(데크뤼)' 농법이다. 일반적으로 이 농법에서는 매년 강물의 범람으로 형성된 비옥한 토사 위에 씨앗을 흩어 뿌린다. 여기서 말하는 비옥한 토사란 물론 상류의 영양분이 '침식에 의해 옮겨져' 쌓인 것이다. 이러한 경작 방식은 나일강 유역은 말할 것도 없고 티그리스–유프라테스강 범람원에서 가장 먼저 등장한 농법이었음이 거의 확실하다. 이 농법은 오늘날에도 여전히 널리 시행되고 있으며, 재배 작물에 상관없이, 노동력을 가장 절약해주는 농법이라는 사실이 입증되어왔다.[28]

이 경우에서 강물의 범람은 수렵·채집민이나 화전민이 놓았던 불이 경관을 바꿔놓은 것과 똑같은 역할을 하는 것으로 볼 수 있다. 강물이 범람하면 경쟁관계에 있는 모든 식물을 쓸어내고 수장시킴으로써 '밭'을 깨끗이 정리해준다. 그리고 이 과정에서, 부드러워서 일구기 쉽고 영양분도 풍부한 토사층을 깔아놓고는 물이 물러난다. 그 결과, 상황이 좋을 경우, 노동을 전혀 투입하지 않고도, 거의 완벽하게 써레질되고 거름까지 뿌려진 밭이 파종을 위해 준비되는 것이다. 우리 조상들은 땅에 불을 놓으면 땅이 깨끗하게 정리되면서 빠르게 번식하는 (r식물r plants이라 알려진) 종의 자연천이自然遷移가 이루어진다는 점을 알았듯이 강물의 범람에 의해서도 똑같이 자연천이가 이루어진다는 점을 틀림없이 알아챘을 것이다.[29] 그리고 초기 곡식은 풀(r식물)이기 때문에 토사 위에 흩뿌려진다면 경쟁관계의 잡초보다 먼저 자라나 번성했을 것이다. 작은 규모의 범람-퇴각 농법을 촉진하려 자연 제방에 작은 구멍을 내기도 했을 거라고 상상하는 것이, 앞서 살펴보았듯, 무리한 억측은 아니다. 바로 이것이야말로 똑똑하면서도 일하기 싫어하던 수렵·채집민들이 시작했을 농경이다.

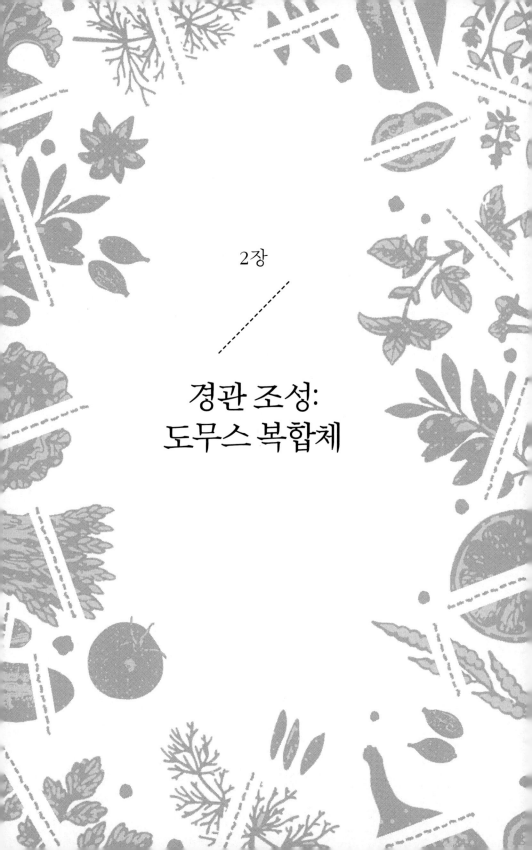

2장

경관 조성:
도무스 복합체

전통적인 서사와는 반대로, 호모사피엔스가 숙명의 선을 넘어 수렵·채집에서 농경으로, 선사에서 역사로, 야만에서 문명으로 진입한 마법의 순간 따위는 존재하지 않는다. 준비된 토양에 씨앗이나 덩이줄기를 심던 그 순간은 ―그것 자체로는 그 행위자에게 매우 의미심장하지는 않았지만― 호모에렉투스가 불을 사용하면서 경관 변용을 시작한, 길고도 역사적으로 매우 깊은 실타래 안에서 일어난 하나의 사건으로 보는 것이 더욱 적절하다.

물론, 우리가 스스로에게 유리하게끔 환경을 변용한 유일한 종은 아니다. 비버가 가장 눈에 띄는 사례가 되겠지만, 코끼리·프레리도그·곰 등이 ―사실상 거의 모든 포유류가― '생태적 지위' 구성 즉 자기 주위 경관의 물리적 특성 변화, 식물군·동물군·미생물의 종 분포 변화에 관여한다. 곤충들, 특히 '사회적' 곤충들―개미·흰개미·벌 같은―도 같은 활동을 한다. 보다 넓고 심층적인 역사적 관점에서 보면, 식물도 적극적으로 광대한 경관 변용에 관여한다. 최종빙기〔마지막 빙기〕last glaciation 이후 '떡갈나무 지대oak belt'가 확장하면서 오랜 시간에 걸쳐 그 자체의 토양, 그늘, 길동무 식물들을 만들고, 수십 가지 포유류, 그중에서도 다람쥐와 호모사피엔스에게 매우 요긴한 도토리를 공급했다('최종 빙기'는 제4기 빙하기의 마지막 빙기, 곧 주기적으로 반복한 빙기·간빙기 중 가장 최근의 빙기를 말한다. 구석기시대와 중석기시대를 나누는 기준이 되기도 한다).

많은 이가 '제대로 된' 농경이라 생각할 만한 활동이 이루어지기 오래전에, 호모사피엔스는 이미 의도적으로 주변의 생물 환경을 재조정하고 있었으며 이로부터 의도한 결과와 의도치 않은 결과 모두를 불러일으켰다. 대체로는 불을 이용할 줄 알았던 덕에, 이처럼 수천 년에 걸쳐 실행된 집약도가 낮은 원예 활동 또한 자연 세계에 상당한 영향을 끼쳤다. 1만 1000~1만 2000년 전에 비옥한 초승달 지대에서는 사람들이 그 지역에서 자라는 '야생' 식물 군락들을 자신들에게 유리하게끔 조정하는 데 관여하고 있었음을 보여주는 확실한 증거가 있는데, 이는 고고학적 기록에 나타난 길들인 곡물에 관한 확실한 형태학적 증거보다 수천 년 앞서는 것이다.[1] 우리가 길들인 곡물의 등장 시기를 추정할 수 있는 것은, 경작지를 적극적으로 일구고 돌보았음을 특징적으로 드러내는, 감출 수 없이 뚜렷한 잡초군에 의해서인데, 그런 잡초군은 이렇게 관리된 환경에 대한 적응력이 떨어지는 토착 식물의 뚜렷한 감소와 동시에 등장한다.[2]

경관 조성의 증거는 초기 인류가 그 어느 곳보다 아마존 범람원의 숲에 살기 시작한 것에 관한 우리의 이해에 영향을 끼쳤다. 오늘날 보기에, 아마존강 유역은 사람들이 많이 살고 있었고, 나무들의 경관을 잘 관리한 덕에 거주하기 적합한 곳으로 만들어진 듯 보인다. 야자나무, 과실나무, 브라질너트, 대나무를 통해 차츰 문화적으로 인간이 변조한 숲이 형성된 것이다. 마법을 부리는 데 드는 충분한 시간을 고려해보면, 슬로모션에 가까운 이런 종류의 숲 '텃밭gardening'은 풍요로운 생계〔생존〕의 생태적 지위에 해당하는 토양과 식생을 창조해낼 수 있다.[3]

이와 같은 맥락에서 보면, 씨앗이나 덩이줄기를 심는 것은 인간에게 가치가 있긴 하지만 형태적으로 야생식물의 생산성, 밀도, 건강 상태를 향상시키기 위한 수백 가지 기술 가운데 하나일 뿐이다. 이런 기술에는 원치 않는 식물군 태워버리기, 선호하는 식물과 나무의 경쟁자를 제거하기 위해 잡초 뽑기, 가지치기, 솎아내기, 선택적으로 수확하기, 다듬기, 옮겨심기, 덮기〔멀칭mulching. 농작물이 자라고 있는 땅을 짚이나 흙 따위로 덮는 일〕, 보호곤충 배치, 환상박피環狀剝皮〔과실나무를 가꿀 때에 결실을 좋게 하기 위해 굵은 나뭇가지의 겉껍질을 고리 모양으로 벗기는 일〕, 저목림작업低木林作業, 물 주기, 거름 주기 등이 있다.[4] 동물의 경우, 아직 완전히 가축으로 길들인 상태가 아니어서 수렵민은 사냥감의 먹이가 되는 새싹의 성장을 북돋우고, 생식가능연령의 암놈들을 남겨두고, 좋지 않은 놈들은 도태시키고, 생애 주기와 개체수에 기초해 사냥을 하고, 물고기를 선택적으로 잡고, 강과 시내의 물길을 관리해 물고기의 산란지와 조개의 서식지를 조성하고, 새와 물고기의 알이나 새끼를 옮기고 서식지를 조성하고 때로는 어린 새끼들을 기르기도 했다.

이러한 기술들을 실행한 심층 역사와 그 대규모 효과를 고려하자면, 길들이기 과정은 단순한 재배와 목축보다 훨씬 넓게 볼 필요가 있다. 종의 시초부터, 호모사피엔스는 종뿐 아니라 환경 전체를 길들여왔다. 산업혁명 이전에, 환경 전체를 길들이는 데 사용된 가장 탁월한 도구는 쟁기가 아니라 불이었다. 그리고 이렇게 환경 전체를 길들임으로써 우리 인류라는 종의 적응성이 좋아지고 번식률이 높아졌으며, (훨씬 뒤의 일이긴 하지만) 우리는 세계에서 가장 성공적으로 급속히 퍼져나간 포유류가 될 수 있었다. 우리가 그것을 생태적 지위 구성이라고 하든, 환경 길들이기, 경관 변용, 아니면 인간에 의한 생태계 관리라고 하든, 장기적 관점에서 볼 때, 완전하게 길들인 밀·보리·염소·양에 기초한 최초의 사회들이 메소포타미아에 등장하기 훨씬 이전부터 인간 활동에 의해 (인위 개변人爲改變, anthropogenic에 의해) 세계의 많은 부분이 형성되었다. 이런 이유에서, 결국은, 관습적인 생계 방식—수렵·채집·목축·농경—에 따른 '아종'은 역사적으로 아무런 의미가 없는 것이다. 동일한 종족이 이 4개 방식을 모두 실행하기도 했고, 어떨 때는 한 사람이 일생 동안 이 4개 방식을 모두 실행하기도 했다. 이 4개 활동은 서로 결합될 수 있고, 실제로 수천 년 동안 결합되어 실행되었으며, 그 각각의 활동은 인류가 자연 세계를 정렬해온 광대한 연속체를 따라 인접한 다른 활동 속으로 눈에 띄지 않게 번져 들어간다.

신석기 작물 재배에서 식물 우리까지: 경작의 결과

초기의 곡물을 길들이는 과정에서 결정적 한 순간을 찾아내려는 작업이 무의미한 헛수고라고 해도, 기원전 5000년경에는 이미 비옥한 초승달 지대에서 완전히 길들인 곡물을 주식으로 재배하는 수백 개 촌락이 있었다는 것은 의심할 수 없는 사실이다. 그런데 이것이 왜 그러했는가는 여전히 논쟁이 일고 있는 수수께끼다. 최근까지도 지배적이었던 설명은 쟁기 농경에 관한 '궁지backs-to-the-wall' 이론인데, 이 이론은 훌륭한 덴마크 경제학자 에스테르 보세럽[1910~1999]과 결부되어 있다.[5] 보세럽은 일반적으로 쟁기 경작이 수렵·채집보다 얻을 수 있는 열량에 비해 훨씬 더 많은 수고를 들여야 했다는 난공불락의 전제로부터 출발해, 완전히 농경만 하게 된 것은 하나의 기회로서가 아니라 다른 어떠한 대안도 가능하지 않게 되었을 때 마지막 방법으로서 시작된 것이었다고 추론했다. 인구는 증가하는데 수렵과 채집으로 얻을 수 있는 야생의 단백질과 영양가 있는 야생 식물군은 줄어드는 상황에서 사람들은 접근가능한 땅으로부터 더 많은 열량을 뽑아내기 위해 내키지 않아도 할 수 없이 더 열심히 일해야만 했을 것이다. 에덴동산에서 쫓겨나 밭을 갈고 땀을 흘려 살아가게 된 성경 속 아담과 이브의 이야기는 인류가 고된 노동의 세계로 이행하게 된 과정을 비유적으로 표현한 것이라고들 한다.

궁지 이론은, 분명한 경제적 논리가 있음에도, 최소한 메소포타미아와 비옥한 초승달 지대에서 발견되는 증거에는 잘 들어맞지 않는다. 이지역에서 쪼들리며 살고 있던 채집민들이 결국 주변 환경의 수용능력〔환경용량〕에 직면하게 되었고, 그래서 처음으로 경작을 채택했다고 추측할 수 있겠다. 하지만 실제로는 자원이 결핍된 지역보다는 풍요로웠던 지역에서 경작이 시작되었던 것 같다. 앞서 언급했듯, 이들 지역에 살던 사람들이 강물의 범람-퇴각을 이용한 농법을 실행하고 있었다면, 보세럽의 주장이 깔고 있는, 경작은 아주 고된 노동을 필요로 한다는 중심 전제는 유효하지 않다. 결국, 경작의 시작을 수렵할 동물과 채집할 식물의 소멸과 결부할 만한 확실한 증거는 없는 것 같다. 농경에 관한 궁지 이론은 (최소한 중동 지방에 관한 한) 너덜너덜해진 누더기가 되었다. 하지만 궁지 이론을 대체해 경작의 확산을 만족스레 설명할 수 있는 대안적 이론 또한 아직 나오지 않았다.[6]

도무스, 진화의 모듈

질문 자체는 생각보다 덜 중요할지 모른다. 경작은, 끔찍할 정도로 노동집약적이지 않는 한, 초기 정착 공동체의 여러 환경공학 기술 가운데 하나에 불과했을 것이다. 씨를 뿌리고 땅을 갈아 작물을 재배하는 일이 더 확산되어 일반화된 이유보다 더 중요하게 보이는 것은 곡물과 동물을 길들인 결과가 끼친 지대한 영향이다. 이것이 이제 우리가 다루려는 주제다.

생계를 위해 길들인 곡물과 동물에 더 많이 의존하게 된 이유가 무엇이든, 그것은 경관 변용에서 질적 변화가 일어났음을 의미했다. 작물 품종이 변형되었으며 가축도 변형되었다. 작물과 가축이 의존하는 토양과 사료도 변형되었다. 특히 호모사피엔스가 변형되었다. 여기서 '길들이기domestication'라는 말은 다소 축자적逐字的으로 다룰 필요가 있다—이 말은 가구[집]를 뜻하는 [라틴어 단어] '도무스domus'에서 왔다. 도무스는 경작지, 씨앗과 곡식 저장고, 사람들과 사육되는 동물들이 전례 없이 한곳에 집중화된 독특한 장소였다. 이 모두가 한곳에 모여 공진화共進化하면서 이전에 누구도 예상하지 못했던 결과들을 낳았다. 도무스는 진화의 한 모듈로서 중요한 곳이었던 만큼이나, 사람들이 불러들이지 않았지만 그 주변을 어슬렁거리던 동물들에겐 거부할 수 없이 매력적인 곳이기도 했다. 말 그대로 수천 가지 동물이 이 작은 생태계에서 번성했다. 그 가운데 최고는 이른바 인간과 공생하는 동물들이었다. 예컨대, 참새, 생쥐, 쥐, 까마귀, 그리고 (사람들이 반쯤은 불러들인) 개, 돼지, 고양이에게는 이 새로운 노아의 방주야말로 진정한 사육장이었다. 이들 공생동물은 제각기 기생생물—벼룩, 진드기, 거머리, 모기, 이, 응애 같은—도 끌어들였지만 자신을 잡아먹는 포식동물 또한 끌어들였다—개와 고양이가 거기 있었던 것은 대체로 생쥐와 쥐와 참새 때문이었다. 이 후기 신석기시대 다종 생물 재정착 캠프에서 체류한 뒤 아무런 영향도 받지 않은 채 본래의 모습으로 헤쳐 나온 생물은 단 하나도 없었다.

고古식물학자들은 주요 곡물인 밀과 보리의 형태적 변화와 유전적 변화에 주로 관심을 기울였다. 초기의 밀—외알밀과, 특히, 에머밀—은 보리와 '원조' 콩류—렌즈콩, 완두콩, 병아리콩, 쓴살갈퀴bitter vetch, 아마까지—와 함께 광범위하게는 '곡물' 계통에 속한다고 할 수 있겠다. 이것들은 매년 자화수분自花受粉〔자가수분의 한 종류로, 식물 한 개체에 피어있는 한 꽃에서 수분이 이루어지는 일〕을 하면서 (호밀과는 달리) 그들의 야생 원종原種과는 쉽게 교배하지 않는다. 식물 중에는 자라는 시기와 장소에 까다로운 종이 많다. 길들이기 과정에 가장 적합한 식물들은, 식량으로서의 가치는 논외로 할 때, (갈아 놓은 경작지의) 교란 토양disturbed soil에서도 번성할 수 있고, 밀집되어 있어도 자랄 수 있으며, 쉽게 저장될 수 있는 '일반종generalist〔많은 종류의 먹이자원이나 천연자원을 이용할 수 있으며 다양한 환경 조건이나 서식지에서 생존이 가능한 종〕'이었다. 농경민이 되려는 인류가 직면한 문제는 야생 식물에게 가해지는 자연도태압이 농경민을 좌절시킬 특성들을 조장한다는 것이었다. 야생 곡물은 보통 작고 쉽게 흩어지는데, 이를 통해 스스로 자신의 씨앗을 흩뿌린다. 야생 곡물은 고르게 성숙하지도 않아서, 그 씨앗은 오랫동안 휴면 상태로 남아 있다가도 다시 싹을 틔울 수 있다. 야생 곡물의 씨앗에는 방목 가축이나 새의 식욕을 떨어뜨리는 까끄라기, 받침껍질〔영포穎苞〕glume, 씨앗껍질〔종피, 種皮〕seed coat 같은 부속물도 많다. 이 모든 특징은 야생에서 살아남도록 선택된 것이며, 또한 농경민에 맞서기 위해 선택된 것이다. 무임승차하듯 밭에서 공생하면서 밀과 보리를 괴롭히는 주요 잡초들도 이러한 특징을 갖추고 있다. 잡초들은 갈아 놓은 경작지는 좋아하지만 수확자나 방목 가축은 똑같이 회피한다. 귀리는 원래 갈아 놓은 경작지에서 자라는 (작물을 흉내 내서 거기서만 살 수 있는 해로운) 잡초로서 농작물로서의 이력을 시작했다가 결국에 부차적 작물이 되었을 게 분명하다.

밭을 갈고, 씨를 뿌리고, 김을 매는 작업은 전적으로 다른 선택의 영역이다. 농경민은 익은 뒤에도 이삭이 터져서 흩어지지 않는(열개裂開되지 않는) 곡물을 원한다. 그래야 손상 없이 곡물을 수확할 수 있고, 곡물의 성장 과정과 성숙한 상태를 정확히 확인할 수 있기 때문이다. 길들인 곡물의 특징 가운데 많은 것이 씨를 뿌리고 수확하는 과정을 오래 거치면서 나타난 결과에 지나지 않는다. 그러므로 껍질이 얇고 (그래서 빨리 싹이 트고 경쟁관계의 다른 잡초들보다 빨리 성장할 수 있는) 더 큰 씨앗을 더 많이 생산할뿐더러, 일정하게 익고, 타작하기가 쉽고, 확실하게 싹이 트고, 까끄라기 같은 부속물이 적은 식물들이 불균형적으로 수확에 기여할 것이며, 따라서 그 식물들의 후손이 이듬해 파종에서도 선호될 것이다. 지속적으로 선택되고 재배된 종과 그것의 조상이 되는 야생 종 사이의 형태적 차이는 시간이 지남에 따라 커진다. 밀의 경우, 야생으로 자라는 밀과 재배되는 밀 사이의 차이는 쉽게 눈에 띄긴 하지만, 이 차이는 〔재배되는〕 옥수수와 그 원종〔원형종原型種〕인 〔야생의〕 테오신테 사이의 차이만큼 두드러지진 않는다. 옥수수와 테오신테는 같은 종에 속한다고 상상하기조차 어렵다.

초기 농경지는 그 바깥 세계보다 훨씬 더 단순해졌고 '개량'되었다. 이와 동시에, 농경지는 소출을 위해 번식하지 못하는 교잡종과 복제작물을 주로 기르는 산업적 농업 현장보다 훨씬 더 복잡했다. 초기 농경은 어떤 면에서 둘 이상의 목적을 가지고 기르는 재배종 작물과 원시종 작물의 일람표와 같았으며, 이들 재배종 작물과 원시종 작물은 평균 소출 때문이 아니라 다양한 스트레스·질병·기생생물에 대한 저항성과 생계에 필요한 요구사항을 충족해줄 수 있는 확실성 때문에 의도적으로 신중하게 선택된 것이었다. 작물과 그 아종의 다양성은 생태와 기후의 다양성이 큰 자연환경에서 더욱 컸고, 의존할 수 있는 물과 성장 조건을 갖춘 충적토 저지대에서는 더욱 작았다.

들과 텃밭을 경작하는 목적은 바로 재배종과 경쟁하는 다른 이종 생물 대부분을 제거하는 것이다. 사람이 조성해서 보호하는 이런 환경에서 다른 식생은 불, 홍수, 쟁기, 괭이에 의해 뿌리째 제거되고, 조류, 설치류, 새싹을 뜯어 먹는 짐승들은 겁을 줘서 쫓아내거나 담장으로 접근을 막는다. 그리고 정성스레 물을 주고 거름을 줘서 우리가 좋아하는 작물들만 잘 자라는 이상적 세계를 만들어내는 것이다. 우리는 꾸준하게 애지중지 길러내어 완전히 길들인 식물을 창조해낸다. '완전히 길들

였다'는 말은, 사실상, 우리가 창조해냈다는 말이다. 완전히 길든 식물
은 우리가 돌보지 않으면 더는 스스로 살아남아 번성할 수 없다. 진화
의 관점에서 보면, 완전히 길든 식물이란 전문화된 '기능이 마비된' 식
물이며, 그 식물의 미래는 전적으로 우리에게 의존된다. 그 식물이 더
는 우리 마음에 들지 않게 되면, 그것은 버려지고, 죽어 없어질 게 거의
확실하다.[7] 하지만 어떤 식물과 동물(귀리, 바나나, 수선화, 원추리, 개, 돼지
등)은 길들긴 했지만, 우리가 이미 알고 있는 것처럼, 그 능력의 정도만
다를 뿐 여전히 도무스 바깥에서도 생존해 번식할 수 있다

수렵민의 사냥감에서 농경민의 가축으로

우리는 어떻게 개, 고양이, 그리고 돼지까지도 수렵민과 도무스에 이끌
렸는지 확실히 이해할 수 있다. 그건 사람들이 약속하는 먹이, 온기, 집
중된 사냥감 때문이었다. 이들 동물은 ―적어도 그 일부는― 강제로 끌
려오기보다는 제 발로 도무스에 찾아왔다. 그다지 환영받지는 못했겠
지만, 생쥐와 (집)참새 또한 완전히 길들지는 않았어도 스스로 도무스
를 찾아왔을 것이다. 하지만 염소와 양의 경우 중동에서 인간과 공생관
계에 있지 않았으면서도 인간에게 길든 최초의 동물들로서 포유류에게
근본적 혁명을 이루었다. 이 동물들은 수천수만 년 동안 호모사피엔스
의 사냥감이었다. 그런데 신석기시대 촌락민들은 단순히 이 동물들을
잡아 죽이는 대신 우리에 가두어서 다른 포식자들로부터 보호하고, 먹
이고 번식시켜서 그 후대後代, progeny를 늘리고, 이들 동물이 살아 있는

동안에는 그 젖과 털과 피를 이용하고 이들 동물을 죽인 다음에는 수렵민이 하듯이 그 사체를 이용했다. 이 동물들이 단순한 사냥감에서 '보호받는' 혹은 '사육되는' 종으로 변화되는 과정에서 인간과 가축 양쪽 모두에 엄청난 결과를 가져왔다. 호모사피엔스가 역사상 가장 성공적으로 가장 크게 불어난 종으로 판단된다면, 이 미심쩍은 성과는 호모사피엔스가 작물 재배와 가축 사육으로 이루어진 연합 부대를 사실상 지구 구석구석까지 함께 데리고 다닌 덕분에 이룰 수 있었던 것이다.

호모사피엔스의 사냥감이었던 모든 동물이 길들이기 과정에 적당한 후보는 될 수 없었다. 이 지점에서 진화생물학자들과 박물학자들은 '전적응'되어 있던 종들이 있었음을 강조한다. 곧 어떤 동물들은 야생에서도 도무스 쪽으로 쉽게 이끌릴 만한 특징을 갖추고 있었던 것이다. 그중 무엇보다도, 무리행동〔군집행동〕을 하고 그에 따라 사회적 위계를 세우는 습성,[8] 달라지는 환경조건을 견딜 수 있는 능력, 다양한 먹이를 소화할 수 있는 능력, 밀집된 생활과 질병에 적응할 수 있는 능력, 우리에 갇혀 있는 상황에서도 새끼를 낳아 기를 수 있는 번식력, 그리고, 마지막으로, 외부 자극에 대한 상대적으로 억제된 도피-투쟁 반응fright-and-flight response이 중요하다. 길들인 주요 동물(양, 염소, 소, 돼지)이 무리지어 생활하는 것들이긴 하지만, 그중 〔짐을 운반하는 데 쓰이는 동물인〕 역축役畜(말, 낙타, 당나귀, 물소, 순록)의 경우처럼 반드시 무리 생활을 하는 동물만 길들인 것은 아니다. 일례로 가젤은 수천 년 동안 인류가 가장 빈번하게 사냥했던 동물이다. 북부 메소포타미아에서는 (사막 연desert kite이라고 부르는) 기다란 깔때기 모양의 짐승 몰이용 방책이 발견되는데, 해마다 무리지어 이동하는 동물들을 중간에서 잡아들이기 위해 만들어진 것이다. 하지만 이 바람직한 단백질 공급원[가젤]은, 소·염소·양과는 달리, 길들이기 과정을 견디지 못한다.

하지만 길든 동물들은 전적으로 새로운 세계에 들어섰다. 자유생활을 하던 사냥감이었을 때 경험한 것과는 근본적으로 다른 진화 압력에 직면하게 된 것이다. 가장 이른 시기에 가장 흔하게 길든 양·염소·돼지는 무엇보다도 자신이 원하는 대로 어디든 갈 수 있는 자유를 잃었다. 또한 포획된 동물들은 이동이 제한된 것처럼 식단도 제한되었고, 울타리, 와디wadi[아라비아·중동·북아프리카 등 건조 지대에서 우기 때 외에는 물이 없는 계곡·수로], 동굴에 갇혀서 진화의 역사에서 일찍이 볼 수 없었던 정도로 과밀하게 살아야 하는 경우가 많았다. 이런 과밀화 때문에, 뒤에서 다시 보겠지만, 이들 동물의 건강 상태와 사회적 조직에는 커다란 변화가 나타났다. 이들을 잡아둔 주요 목적은 번식을 최대화하려는 것이었다. 이와 같은 목적은 오늘날과 마찬가지로 어린 수컷과 생식연령이 지난 늙은 암컷을 도태시킴으로써 생식력이 왕성한 암컷과 그 후대의 수를 최대한 늘리는 방식으로 달성되었다. 고고학자들이 대량으로 발견된 양이나 염소의 뼈가 야생의 것인지 길들인 가축의 것인지 알고자 할 때, 연령과 성비 구성을 보면 적극적인 인위적 관리와 선택이 있었는지의 여부를 알 수 있다. 인간이 보호하고 관리한 가축들은 밭에서 재배된 작물처럼 야생에서 겪는 (포식자, 먹이 경쟁, 짝짓기 경쟁 등의) 선택압[도태압]을 겪지 않는 대신, 자신들의 '주인'이 강요하는 계획적이면서도 비의도적인 새로운 선택압을 겪어야 했다.[9]

새로운 선택의 영역은 호모사피엔스의 계획에만 한정될 수는 없고 오히려 더 광범위하게 도무스의 밭, 작물, 주거, 그리고 그곳에 모여들어 공생하는 동물, 새, 벌레, 기생생물에서 박테리아에 이르는 전체 도무스 복합체domus cpmplex의 미크로[협역狹域] 생태학microecology과 미기후microclimate에까지 적용된다[미기후는 지면에 접한 대기층의 기후를 말한다. 보통 지면에서 1.5미터 높이 정도까지를 그 대상으로 하며, 농작물의 생장과 밀접한 관계가 있다]. 인간의 직접적 관리로부터 독립되어 있는 도무스 복합체의 효과에 관한 증거는 쥐, 참새, 이뿐 아니라 돼지 같은 (돼지 역시 인간의 정착지에서 풍부한 먹이를 쉽게 구하려고 스스로 도무스를 찾아왔을 것이다) 공생생물 역시 완전히 길든 가축과 똑같은 신체적 변화를 보여준다는 사실이다.[10]

도무스에서 근본적으로 새로운 선택압을 받게 된 주요 가축은 생리적으로나 행동적으로나 전혀 다른 동물이 되었다. 더욱이 이러한 변화들은 진화 과정에서 보자면 정말 눈 깜빡할 새 일어난 것이었다. 메소포타미아에서 발견된 길든 동물의 유해를 야생 상태로 남아 있던 조상이나 사촌관계에 있는 동물의 유해와 비교해보면 그와 같은 사실을 알 수 있거니와, 또한 좀 더 최근에 이루어진 길들이기 실험들을 통해서도 같은 사실을 확인할 수 있다. 러시아에서 은빛여우를 길들여보려던 유명한 실험은 매우 두드러진 한 가지 사례다. 이 실험에서는 130마리 은빛여우 가운데 가장 덜 공격적인(가장 온순한) 개체들을 선택해 번식시킨 뒤 다시 그 가운데서 가장 덜 공격적인 개체들을 선택해 번식시키기를 반복했다. 그 결과, 단 10세대 만에 후대의 18퍼센트가 집에서 기르는 개와 같이 극도로 온순한 행동—낑낑거리고 꼬리를 흔들거나 사람이 손으로 쓰다듬거나 만지는 것에 호의적으로 반응하는 등—을 보이는 결과를 얻을 수 있었다. 그리고 20세대까지 실험을 반복하자 극도로 온순한 은빛여우의 비율은 〔10세대 실험의〕 2배에 가까운 35퍼센트까지 올라갔다.[11] 행동의 변형에는 신체적 변형까지 수반되었다. 귀가 처지고, 털에는 얼룩무늬가 생기고, 꼬리가 올라갔는데, 어떤 이들은 이와 같은 변화에 대해 아드레날린 분비가 감소하는 유전적 변화와 연관된 것으로 보기도 한다.

인간에 의해 길든 동물과 동시대에 야생에 그대로 남아 있는 동물을 갈라놓는 행동의 차이점은 외부자극에 대한 반응 역치閾値, threshold가 낮아졌다는 것과 —호모사피엔스를 비롯해— 다른 종의 동물에 대한 경계심이 전반적으로 낮아졌다는 것이다.[12] 이러한 특징들이 나타나는 것은 순전히 의식적인 인위선택〔인위도태〕이라기보다 부분적으로 '도무스 효과'에 따른 것일 수 있다. 집비둘기, 쥐, 생쥐, 참새 같은 인간이 불러들이지 않았지만 스스로 도무스에 공생하게 된 동물들 역시 반응성과 경계심이 낮아진 모습을 보이기 때문이다. 예를 들어, 인간의 추적과 포획을 피하면서 인간에 의존해서 살아가기에는 더 작고 덜 눈에 띄는 쥐와 생쥐가 선택에서 더 유리하다. 20년 넘게 직접 양을 키우며 살고 있는 나는 양 떼라는 말이 겁먹은 군중 행위의 동의어로 사용될 때면 늘 기분이 상했다. 우리 인류는 지난 8000년 동안 울타리를 벗어나려는 공격적인 양들을 먼저 도살함으로써 유순한 양들을 선택해 번식시켰다. 그렇다면 어떻게 우리가 이제 와 감히 뒤돌아서서 정상적 무리 행위와 인간이 선택해온 특징들의 결합체인 동물을 비방할 수 있겠는가?

이러한 행동 변화의 과정에는 다양한 신체적 변화도 결부된다. 물리적 변화에는 보통 암수 차이(성별 이형성)의 감소가 포함된다. 예를 들어, 수컷 양은 뿔이 작아지거나 아예 없어지는데, 더는 포식자를 쫓아내거나 짝짓기를 위해 다른 수컷과 경쟁할 필요가 없어져 선택되지 않기 때문이다. 길든 가축들은 같은 친족관계의 야생동물보다 번식력이 훨씬 좋다. 또 한 가지 길든 가축 사이에서 흔하게 눈에 띄는 형태상의 변화는 유형성숙幼形成熟〔네오테니neoteny, 동물이 성적으로 완전히 성숙된 개체이면서 비생식기관은 미성숙한 현상〕이다—많은 가축이 상대적으로 이른 시기에 성체가 되고, 성체가 된 후에도 자유생활을 하던 조상 세대의 유아기적 형태와 —특히 두개골과— 행동을 그대로 유지한다. 안면과 턱이 짧아진 결과 어금니도 짧아지며, 말 그대로, 두개골 전체가 작아지면서 빽빽해지는 것이다.

뇌 크기의 감소와, 다소 추측에 근거한 것이지만, 그 결과는 길들인 동물 일반에 대해 '온순함tameness'이라 부르는 것의 총체를 일으키는 데 결정적 역할을 하는 것 같다. 양은, 야생의 조상들과 비교하면, 1만 년 동안 길들이기 과정을 거치면서 뇌 크기가 24퍼센트나 작아졌다. 페럿〔유럽산 긴털족제비를 길들인 아종. 식육목 족제비과 중에서 유일하게 가축화된 동물이다〕은 (훨씬 더 최근에 길들었음에도) 야생 긴털족제비보다 뇌 크기가 30퍼센트나 더 작다. 돼지(멧돼지)는 그 조상보다 3분의 1 이상 뇌가 작다.[13] 길들이기의 새로운 최전선—수중양식—의 사례를 보아도, 포획되어 길러지는 무지개송어의 뇌는 야생 송어의 뇌보다 더 작다.

전체적인 뇌 크기가 작아진 것보다 더욱 두드러지는 특징은 뇌의 부분들이 영향을 받는 정도가 고르지 않아 보인다는 사실이다. 개·양·돼지의 사례를 보면, 뇌에서 가장 많은 영향을 받은 부분은 외부의 위협과 자극에 대한 신경계 반응과 호르몬 활성화를 담당하는 변연계(해마, 시상하부, 뇌하수체, 편도체)다. 변연계가 축소된다는 것은 공격, 추격, 공포가 촉발되는 역치가 높아지는 것과 관련된다. 이것은 결과적으로 길든 동물이 사실상 모두 보이는 두드러진 특징들을 설명하는 데 도움이 된다. 다시 말하자면, 길든 동물은 일반적으로 감정적 반응성이 떨어진다. 이와 같은 감정 약화 현상은 과밀한 도무스에서 인간의 감시 아래 살아가야 하는 생활을 위한 조건으로 볼 수 있다. 도무스에서는 포식자와 사냥감에 대한 즉각적 반응이 더는 강력한 자연선택압으로 작용하지 않는 것이다. 물리적 보호와 영양 공급이 더욱 안전하게 보장되기 때문에 길든 동물은 친족관계의 야생동물보다 주변 환경에 덜 집중하며 덜 기민해질 수 있다.

인간의 정착생활이 인간의 이동성 감소와 함께 촌락과 도무스 안에서의 밀도 증가를 의미하듯, 상대적으로 제한된 장소에서 과밀하게 살아가게 된 가축들의 건강 상태에도 즉각적 결과가 나타났다. 한곳에 갇혀 살면서 스트레스를 받고, 신체적 외상을 입고, 식단의 범위가 줄어들고, 같은 종의 개체들이 밀집해 있으면서 질병이 더 쉽게 확산될 수도 있어서 가축들은 여러 병리학적 문제를 겪게 된다. 반복된 감염, 상대적 비활동성, 빈약한 식단으로 특히 뼈에 여러 증상이 흔하게 나타난다. 고고학자들은 고대 가축의 잔해를 분석할 때 만성관절염, 잇몸병의 흔적, 뼈의 특징 등을 예상하게 되었다. 이 결과는 또한 새로 태어난 가축의 훨씬 더 높은 사망률로 이어졌다. 가둬두고 기르는 야마의 경우 갓난 새끼의 사망률이 50퍼센트에 이르는데, 이는 야생 야마(과나코)보다 훨씬 더 높은 수치다. 이런 차이는 가두어 기르는 데서 비롯한 결과였다. 배설물이 뒤섞인 진흙투성이 우리에서는 치명적인 클로스트리듐 clostridium〔흙이나 사람·동물의 똥에 널리 분포하는 세균의 속명〕 박테리아가 다른 기생생물과 마찬가지로 주변에서 풍부하게 공급되는 숙주를 쉽게 찾아내 번성하기 마련이다.

　가축 새끼의 사망률이 매우 높다는 것은 인간에 의한 관리의 목적을 좌절시키는 것으로 보일 수 있다. 인간이 동물을 기르는 것은, 곡물의 수확을 최대화하려는 것과 마찬가지로, 대체로 동물성 단백질의 재생산을 최대화하려는 것이라는 점에서 그렇다. 하지만 갓난 새끼의 높은 사망률로 인한 손실을 모두 상쇄하고도 남을 만큼 가축의 번식력이 극적으로 상승한 듯하다. 그 원인이 전적으로 분명한 것은 아니지만, 길든 동물은 일반적으로 더 이른 시기에 번식가능한 연령에 도달하며 배란과 임신 또한 더 빈번하고 번식 가능 기간 또한 더 길다. 러시아에서 실험을 통해 길든 은빛여우는 발정기를 길들지 않은 은빛여우들이 1년에 1번 겪는 것과 달리 1년에 2번 겪었다. 쥐의 경우, 야생 상태에서 도무스에 공생하는 동물로서 다른 가축에 비해 단지 추축에 근거한 확실치 않은 영향만을 받았을 뿐인데도 이러한 패턴이 더욱 두드러지게 나타난다. 포획된 야생 쥐는 번식률이 매우 낮다. 하지만 포획된 상태에서 8세대만(짧게도!) 지나고 나면 번식률이 64퍼센트 증가하며, 25세대가 지난 뒤에는 94퍼센트나 증가하는 것으로 나타났다. 사람에게 포획된 상태로 살아가는 쥐가 '포획되지 않은' 쥐보다 번식력이 2배나 높아지는 것이다.[14] 가축의 번식력은, 전체적으로 보면 동종의 야생동물보다 거의 3배나 높다. 한편으로는 상대적으로 건강 상태가 불량해지고 갓난 새끼의 사망률도 더 높아지지만, 다른 한편으로는 번식력이 높아지는 이런 역설은, 뒤에서 다시 살펴볼 테지만, 수렵·채집민이 줄고 농경민이 폭발적으로 늘어나는 인구학적 변화와 직접 연결된다.

인간에게도 나타난 유사 현상

호모사피엔스가 정착생활, 과밀한 생활공간, 점점 더 곡물 위주로 변하는 식단에 적응하면서 경험한 (위의 가축 사례와) 유사한 형태학 및 행동상의 변화를 어느 정도까지 찾아보아야 그럴듯해 보일까? 조사의 경로는 흥미를 불러일으키지만 그만큼 추측에 근거한 것이다. 하지만 나는 그런 조사가 매우 가치 있다고 믿는다. 도무스의 다른 모든 종들이 우리의 길들이기 과정에서 나온 산물이듯, 우리 자신도 의도한 방식으로나 의도하지 않은 방식으로나 스스로 도무스에 길든 산물이라고 생각하기 때문이다.

9000년 전에 죽은 한 여자가 정착생활을 하며 곡식을 기르는 공동체에서 살았는지, 아니면 채집생활을 하는 군집과 살았는지를 결정하는 한 가지 방법은 간단하게 그녀의 허리·발가락·무릎의 뼈들을 검사해보는 것이다. 곡물을 재배하는 촌락에 살던 여성들은 발가락이 아래로 굽고 무릎이 변형된 특징을 보였다. 오랜 시간 무릎을 꿇고 앞뒤로 몸을 움직이며 곡식을 갈았기 때문이다. 이는 새로운 일상의 생계 방식이 ─ 오늘날이라면 반복사용스트레스증후군repetitive strain injury/RSI이라고 하는데─ 우리의 육체를 새로운 목적에 맞게끔 다시 형성한, 작지만 매우 강력한 방식이다. 이는 더 늦게 길들어 사람 대신 일을 하게 된 동물들─소·말·당나귀─의 뼈에 규칙적으로 반복되는 노동의 흔적이 남겨진 것과 다르지 않다.[15]

가축과 인간 사이 이러한 유사성은 잠재적으로 아주 지대한 영향을 끼칠 수 있다. 확산된 정착생활이 호모사피엔스를 이전보다 훨씬 더 무리지어 사는 동물로 바꾸어놓았다고 주장할 수도 있을 것이다. 사람이 전례 없이 과밀하게 집중화되어 살아가게 되자, 무리 지어 사는 다른 동물들의 경우와 마찬가지로 전염병과, 기생생물 공유에 이상적 조건이 형성되었다. 하지만 이는 단순히 1가지 종의 무리가 집적된 것이 아니라 여러 포유류 무리가 집적되어 병원체를 공유하고, 사상 처음으로 도무스 근처에 모여 살게 되었다는 사실 하나만으로 전적으로 신종 인수공통전염병들을 만들어낸 것이었다. 바로 이와 같은 이유로 '후기 신석기시대 다종 생물 재정착 캠프'라는 말이 나올 만하다. 우리 모두가 똑같은 방주에 몰려 탄 채로 똑같은 미세환경microenvironment을 공유하고, 병균과 기생생물을 교환하며, 그 안의 공기를 〔함께〕 호흡하고 있었다고 말할 수도 있겠다.

주로 도무스 안에서 생활했음을 나타내는 고고학적 징표들이 인간과 짐승 모두에 대해 현저하게 유사하다는 사실은 전혀 놀랍지 않다. 예를 들어, 도무스에 '거주하는' 양은 야생의 조상보다 일반적으로 더 작다. 이런 양은 길든 생활의 감출 수 없는 징표인 골격 이상을 지니고 있었으니, 이는 뚜렷하게 영양이 결핍된 식단과 과밀한 환경에서 비롯되는 것이다. 도무스에 '거주하는' 호모사피엔스의 골격 또한 수렵·채집민의 골격과 비교했을 때 뚜렷이 구분된다. 그들은 더 작다. 그들의 뼈와 이빨엔 영양 부족의 흔적이 남아 있는 경우가 많다. 특히, 식단이 점점 더 곡물로 구성되던 생식가능연령의 여성에게는 무엇보다도 철분결핍빈혈이 뚜렷한 흔적을 남겼다.

이렇게 상응하는 유사성은 물론 공통된 환경에서 비롯한다. 가축과 인간 모두 이동성이 더욱 제한되고, 과밀한 공간에서 살고, 교차 감염의 가능성이 커지고, 식단이 한정적이고(채식동물에게는 덜 다양한 식단, 호모사피엔스 같은 잡식동물에게는 덜 다양할뿐더러 단백질이 더 적은 식단), 도무스 바깥에 숨어 있는 포식자의 자연선택압에서 어느 정도 자유로워졌던 것이다. 하지만 호모사피엔스의 경우 스스로를 길들이는 과정이 그보다 훨씬 이전에 (일부는 '사피엔스'가 되기도 전에) 불을 사용하고, 음식을 조리하고, 곡물을 길들이면서 시작되었다. 그러므로 치아가 작아지고, 얼굴이 짧아지고, 신장이 줄고, 뼈가 약해지고, 성별 이형성이 감소한 것은 신석기보다 훨씬 오래된 역사를 거친 진화의 결과다. 하지만 그럼에도 정착생활, 과밀한 생활공간, 점점 더 곡물 위주로 변한 식단은 고고학적 기록에 즉각적이고 뚜렷한 흔적을 남긴 혁명적 변화였다.

가장 큰 의미에서 길들이기란 우리가 인류와 길든 가축 양쪽 모두에서 작용하는 것을 볼 수 있는 유비類比 과정일 가능성이 있다. 이런 가능성을 가장 강력하게 웅변적으로 주장한 이는 헬렌 리치다.[16] 리치는 홍적세(최신세. 인류가 발생해 진화한 시기) 이후 인류의 체격과 신장이 줄고 (곡물식이 일반적으로 신장이 줄어든 것과 관련이 있다), 치아 크기도 작아지고, 얼굴과 턱이 작아지는 비슷한 추세가 진행되었음을 지적하고, 인류가 점점 공통 환경을 공유한 데서 비롯한 길들이기의 '특이 증후군'이 있지 않았을지 날카롭게 질문한다. 리치가 의미하는 '공통 환경'은 단지 정착생활과 곡물만이 아니라 도무스 전체의 집합체다. 우리는 이것을 '도무스 모듈domus module'로 생각할 수 있겠는데, 이 모듈은 앞으로도 계속되어 결국 세상 대부분을 식민지로 만들게 된다.[17]

길들이기를 그 가장 넓은 의미에서 가구 안에서의 생활에 적응(순응)하는 것으로 보고 그 개념을 확장해 집과 다른 별채들 곧 우리·텃밭(채소밭]·과수밭을 통합함으로써, 우리는 길들이기 규준의 일부를 우리가 도무스라 부르는 문화적으로 변형된 인공적 환경에서의 생활이 불러온 생물학적 변화로 간주할 수 있다.

집-우리 복합체가 겨울 몇 달 동안 정착지의 모든 거주자를 보호해주었다. 거주자들 중에는 인간이 불러들인 공생생물과 그렇지 않은 공생생물도 포함되었다. 작게 조각난 것, 먹다 남은 것, 상한 것, 식물의 특정 부분을 빻거나 갈아서 준비한 것들이 개에게 돌아갔고, 이후 신석기시대에는 가구 결합체에서 기르는 돼지에게 돌아갔다. 인간과 개와 돼지가 공유하는 식단은 —꾸준히 더 부드러워지고 있었으며— 이들 종에서 나타난 진화에 따른 골骨부피 감소와 두개안면頭蓋顏面 및 치아 감소의 부분적 원인이 된 것 같다.[18]

길들이기의 결과로 인간과 짐승 모두에게 일어난 형태학적 변화와 생리학적 변화 너머에는 체계적으로 정리하기가 더욱 어려운 행동과 감각의 변화가 놓여 있다. 신체적 영역과 문화적 영역은 서로 긴밀하게 연결되어 있다. 이를테면, 정착생활을 하며 곡식을 재배하고 도무스에 거주하게 된 사람들은 [자신들이] 길들인 가축과 마찬가지로 감정적 반응성이 줄어들었고 주변 환경에 덜 경계하게 되지 않았을까? 그렇다면 그것은, 가축의 경우에서처럼, 공포·공격·도피 반응을 관장하는 변연계에서의 변화와 연결되어 있지 않았을까? 이 문제에 직접적으로 관련된 증거를 나는 하나도 알지 못하며, 또한 어떻게 하면 이 문제를 객관적 방식으로 다룰 수 있을지 생각하기도 쉽지 않다.

농경 자체에 결부된 생물학적 변화에 관한 한, 우리는 갑절로 신중해야 한다. 〔자연〕 선택은 유전과 변이를 통해 작동하는데, 인류는 농경을 처음으로 시작한 이래 단지 240세대가 지났을 뿐이며, 농경이 널리 확산된 이후로는 겨우 160세대만 지났을 뿐이다. 그런 만큼 우리는 포괄적 결론에 도달할 수 있는 위치에 있지 않다.[19] 이런 영역의 이슈는 우리가 풀어 밝힐 수 있는 능력을 넘어서긴 하지만, 정착생활을 하고 식물과 동물을 길들이고 주로 곡물로 이루어진 식단에 의존하게 되면서 우리의 행동과 일상과 건강이 어떻게 형성되었는지에 대해서는 더 많이 이야기할 수 있을 것이다.

우리를 길들이기

우리는, 하나의 종으로서, 스스로를 길들이기 서사의 '행위 주체'로 보려는 경향이 있다. '우리'가 밀, 쌀, 양, 돼지, 염소를 길들였다는 것이다. 하지만 아주 조금 다른 각도에서 문제를 다시 살짝만 들여다보더라도, 우리가 길들인 것은 바로 우리 자신이라 주장할 수 있을 것이다. 마이클 폴런은 텃밭 일을 하다 갑작스레 깨달은 잊지 못할 통찰 속에서 문제를 이런 식으로 바라보고 있다.[20] 폴런은 무성하게 자라난 감자줄기 주변에서 김을 매고 괭이질을 하고 있다가 부지불식간에 자신이 감자의 노예가 되어버렸다는 생각이 들었다. 그는 무릎으로 기어 다니며, 매일, 김을 매고, 거름을 주고, 엉킨 줄기를 풀고, 보호하면서, 자신의 감자가 기대할 만한 이상적 환경을 조성하고 있었던 것이다. 이런 각도에서 보자니, 누가 누구의 명령을 수행하고 있는 것인가 하는 물음은 거의 형이상학적 문제가 되어버린다. 우리가 길들인 식물이 우리의 도움 없인 잘 자랄 수 없다면, 하나의 종으로서 우리의 생존 또한 마찬가지로 [우리가] 길들인 한 줌의 작물에 의존하게 되었다는 것 역시 똑같이 사실이다.

[우리가] 길들인 동물 또한 사실상 동일한 관점에서 볼 수 있다. 사람들이 소와 다른 가축을 돌봐주고, 초원으로 데려가고, 사료를 먹이고, 보호해주는 동안 누가 누구를 위해 봉사하고 있는지는 간단한 문제가 아니다. [영국의 사회인류학자] 에번스-프리처드[1902~1973]는 궁극적인 소몰이꾼인 누에르족[수단 남부 나일강 유역에서 목축을 하며 살아가는 부족]에 관한 유명한 논문에서 누에르족과 그들의 소에 관해 폴런이 자신의 감자에 대해 깨달은 것과 같은 통찰을 보여주었다.

누에르족은 소에 붙어사는 기생생물이라는 이야기가 있다. 그러나 이와 마찬가지로, 소가 누에르족의 기생생물이라고 말할 수도 있다. 소의 안녕을 보장하느라 누에르족의 삶이 소진되기 때문이다. 누에르족은 소의 안락을 위해 외양간을 짓고, 불을 밝히고, 우리를 청소한다. 소의 건강을 위해 촌락에서 야영지로, 야영지에서 또 다른 야영지로, 다시 야영지에서 촌락으로 이동한다. 그리고 소를 보호하기 위해 야생동물에게 맞서고, 소의 장신구를 만든다. 이런 누에르족의 헌신 덕분에 소는 온화하고, 게으르고, 느릿느릿한 삶을 산다.[21]

하지만 결국에 누에르족은 그들 자신의 소를 먹고 (팔고, 교환하고, 가죽을 무두질하고), 폴런 역시 자신의 감자를 먹는다는 점을 생각하면, 에 번스-프리처드의 추론에 당연히 반대할 수 있다. 감자와 소가 최종적 으로 어떻게 처리되는지는 분명하다. 하지만 이렇게만 볼 경우, 감자와 소는 그들의 안녕과 안전에 필요한 힘들고 세심한 반복적 노동의 대상 이 된다는 사실을 간과하게 된다.

그러므로 우리의 뇌와 변연계가 길들이기 과정을 통해 어떻게 형성 되었는가 하는 큰 물음에 대한 답은 여전히 알아낼 수가 없지만, 그럼 에도 우리는 도무스 안에서 가축들과 맺고 있던 관계에 의해 후기 신석 기시대 인류의 삶이 어떻게 형성되었는지에 대해서는 무언가를 말할 수 있다.

우선 수렵·채집민의 생활 세계와, 가축이 있든 없든, 농경민의 생활 세계를 넓게 비교해보자. 수렵·채집민의 생활을 주의 깊게 관찰해보면 짧은 시간에 집중적 활동이 가끔씩 이루어진다는 사실이 눈에 띈다. 그 러한 활동 자체는 매우 다양하다. 수렵, 채집, 어로, 덫과 어살 제작 등 이러저러한 방식으로 자연의 템포를 이용해 때에 따라 얻을 수 있는 식 량을 구하기 위한 일들이다. 내가 생각하기에 여기서 핵심이 되는 것은 바로 '템포'다. 수렵·채집민은 자연의 리듬을 면밀히 관찰하고 그 리듬 을 따라 자신들의 활동들을 정렬했음에 틀림없다. 그들은 무리지어 이 동하는 사냥감(사슴, 가젤, 영양, 돼지), 철따라 이동하는 조류, 특히 물새, 강물을 따라 내려가거나 거슬러 올라가는 물고기 떼를 그들이 쉬어가 는 곳이나 머무르는 곳에 가두거나 그물로 잡을 수 있었다. 또한 과일 과 견과를 그 주기에 맞추어, 다른 경쟁자들이 먹어버리거나 [과일과 견 과들이] 썩기 전에 따야 했다. 언제 나타날지 예측하기가 더 어려운 사냉감, 물고기, 거북, 버섯 따위는 그것들이 나타나는 즉시 잽싸게 활용해야 했다. 수렵·채집 대상과 그에 따른 활동 목록은 거의 무한대로 확대될 수 있겠지만, 이런 활동의 몇 가지 측면은 특별히 두드러진다. 첫째, 각각의 활동에는 서로 다른 '도구 일습'이 필요했으며, 포획하거나 채집하기 위한 숙달된 기술이 요구되었다. 둘째, 채집민이 야생으로 자라는 곡물을 오랫동안 거두어들였고, 이를 위해 신석기시대의 도구들과 연결되는 낫, 탈곡용 바구니와 깔개, 맷돌 등의 모든 도구를 이미 개발해 사용했다는 사실을 잊어서는 안 된다. 셋째, 이 각각의 활동은 또한 그에 맞는 협동과 분업이 이루어져야 한다는 문제를 보여준다. 마지막으로, 메소포타미아 충적토 지대의 초기 촌락에서처럼 이와 같은 활동들은 몇 가지 먹이그물—습지, 숲, 사바나, 건조 지대—에 걸쳐 있으며, 그 각각의 먹이그물은 저마다의 뚜렷한 계절변동[계절특성]을 보인다. 수렵·채집민은 필수적으로 이러한 리듬에 의존하면서, 그와 동시에 풍요로운 자연에서 산발적으로 찾아오는 기회를 이용하기 위해 언제나 주의를 기울인다.

식물학자들과 박물학자들은 수렵·채집민이 그들 주변의 자연 세계에 대해 가지고 있는 지식의 폭과 깊이에 늘 감탄한다. 수렵·채집민의 식물 분류 체계는, 린네식 분류법을 따르는 것은 아니지만, 더 실용적이고(먹기에 좋은 것, 상처를 치료하는 것, 푸른색으로 염색하는 것 등) 또 그만큼 더 정교하다.[22] 반면에 미국에서 농업 관련 지식을 체계화한 것들은 전통적으로 《파머스 올머낵Farmer's Almanac (농부 책력)》의 형식을 취했는데, 이 책은 무엇보다도 옥수수를 언제 심어야 하는지 알려준다. 이런 맥락에서, 수렵·채집민에게는 필요한 책력이 모두 갖추어져 있다고 생각할 수도 있겠다. 예컨대, 자생으로 자라는 곡물에 대한 책력은 다시 밀과 보리와 귀리에 대한 세부 책력으로 나뉘어 있고, 숲에서 얻는 견과류와 과일류에 대한 책력은 도토리, 너도밤나무열매, 장과류에 대한 세부 책력으로 나뉘어 있을 것이다. 또한 어로에 대한 책력은 조개, 장어, 청어, 섀드에 대한 세부 책력으로 나뉠 것이다. 어쩌면 이런 책력이 있다는 것만큼이나 놀라운 사실은, 과거 경험의 역사적 깊이를 포함하는 이 진정한 지식의 백과사전이 전적으로 군집의 집단기업〔집합기억〕 collective memory과 구전 속에 보존되어 있다는 것이다.

템포의 개념으로 돌아가보자면, 수렵·채집민이 매우 다양한 자연적 리듬의 분명한 메트로놈에 매우 주의를 기울일 거라고 생각할 수 있겠다. 농경민 특히 일정한 경작지에서, 곡물을 기르는 농경민은 대체로 단일한 먹이그물에 한정되어 있고, 그들의 일상생활은 특정한 템포에 맞추어 톱니바퀴처럼 돌아간다. 한 줌의 곡물을 성공적으로 길러내 수확하는 일은 무척이나 힘들고 어려운 일임에 틀림없다. 하지만 그 일은 대체로 한 가지 지배적 전분 작물에 필요한 사항들이 주를 이룬다. 복잡한 정도를 따지자면, 수렵과 채집은 곡물 재배가 오늘날 조립 공정의 반복 작업과 차이가 나는 것만큼이나 곡물 재배와 차이가 난다. 이전 단계에서 다음 단계로의 이동은 활동의 초점이 실질적으로 더 좁아지고 과업이 더 단순해졌음을 의미한다.[23]

그렇다면, 궁극적으로는 일정한 경작지에서의 영농으로 대표되는 식물 길들이기란 우리를 1년 단위로 반복되는 일정한 활동 속에 얽어 넣는 것이었다. 그리고 그 1년 단위의 일정한 활동은 우리의 노동생활, 정착 패턴, 사회구조, 도무스의 환경을 비롯해 우리 의례생활의 많은 부분까지 조직했다. (불, 쟁기, 써레 등을 이용해서) 밭을 고르는 일부터, 씨를 뿌리고, 김을 매고, 물을 주고, 작물이 여물어가는 동안 꾸준히 지켜보는 일에 이르기까지, 우리 생활시간표의 많은 부분을 주요 작물이 결정한다. 수확 작업 역시 그 자체로 또 다른 일련의 일정한 반복 작업들을 설정해놓는다. 곡물의 경우, 수확 후에도 베고, 묶고, 털고, 모으고, 짚을 골라내고, 쭉정이를 까부르고, 체로 거르고, 말리고, 구분하는 작업을 해야 하는데, 그 대부분은 역사적으로 보통 여성이 하는 일로 분류되었다. 그런 다음에는 1년 내내 날마다 곡물을 소비하기 위한 일—찧고, 갈고, 불을 지피고, 굽고, 조리하는 일—이 도무스의 템포를 설정한다.

이 꼼꼼하고, 힘들고, 서로 맞물린 의무적인 1년 단위 및 1일 단위의 반복 작업들은 '문명화 과정'에 관한 어떠한 종합적 해설에서든 그 중심에 속해 있다고 나는 주장하고자 한다. 이 반복 작업들은 세밀하게 연출된 안무의 스텝 같은 일상에 농경민을 묶어놓는다. 또한 농경민의 신체 형태를 결정하고, 도무스의 건축 방식과 평면 배치를 결정한다. 그리고, 이를테면, 어떤 협동과 조율의 패턴을 강제한다. 은유를 사용해 말해보자면, 이 반복 작업들은 도무스 배경음악의 기본 박자다. 호모사피엔스가 한번 숙명적 발걸음을 옮겨 농경의 세계로 들어간 이상, 우리 인류는 몇 가지 식물의 —메소포타미아에서라면 특히 밀과 보리의—까다로운 유전적 시계 태엽장치가 고된 노동을 시키는 엄숙한 수도원에 들어간 것이나 다름없다.

노르베르트 엘리아스는 중세 유럽에서 전례 없이 과밀해진 인구 사이에서 의존성의 사슬이 확대되면서 상호 수용과 규제에 이르게 된 과정을 '문명화 과정the civilizing process'이라고 명명하고 설득력 있게 기술했다.[24] 하지만 엘리아스가 묘사한 사회적 변화가 일어나기 수천 년 전에, 그리고 우리 뇌 변연계의 가설적 변화와는 별개로, 인류는 이미 우리가 기르는 작물의 메트로놈에 종속되고 규율되었다.

초기 중동에서 곡식이 주식으로 자리를 잡게 된 뒤, 곧이어 농사력農事曆이 공적 의례생활을 결정하게 된 과정 또한 두드러진다—사제나 왕이 행하는 쟁기질 의식, 수확제, 풍년을 기원하는 기도의식과 희생의식, 특정 곡물을 관장하는 신 등. 사람들이 추론에 쓰는 비유에서도 길들인 곡물과 길들인 동물이 점차 주를 이루게 되었다. '뿌릴 때가 있고 거둘 때가 있다'라든가, '착한 목자牧者' 같은 표현들이 그 예다. 구약성경에는 이러한 이미지를 사용하지 않는 구절이 하나도 없을 정도다. 도무스 주변에서 이루어지는 생계와 의례생활이 이처럼 체계적으로 정리되었다는 것은 길들이기 과정을 통해 호모사피엔스가 광범위한 식물군을 한 줌의 곡물과 맞바꾸고, 광범위한 야생동물상을 한 줌의 가축으로 대체한다는 강력한 증거가 된다.

나는 후기 신석기혁명이 대규모 사회에 기여한 바가 있지만 그렇다해도 그건 일종의 탈숙련화deskilling였다고 보고 싶다. 애덤 스미스는 분업을 통한 생산성 향상을 설명하기 위해 핀 공장을 사례로 제시했다. 이제는 하나의 아이콘이 된 이 사례에서, 핀을 만드는 각각의 세세한 단계는 여러 개의 과업으로 나뉘고 한 과업은 각기 다른 노동자에 의해 수행된다. 알렉시스 드 토크빌은 [스미스의] 《국부론The Wealth of Nations》을 호의적으로 읽었지만 이렇게 물었다. "인생의 20년을 핀 만드는 데 써버린 사람에게서 무엇을 기대할 수 있을까?"[25]

이런 관점은, 문명을 가능하게 했다고 인정받는 혁신을 너무 암울하게 바라보는 것이라 해도, 적어도 우리 인류가 자연 세계에 대해 가지고 있는 관심과 실용적 지식의 축소, 식단의 축소, 공간의 축소, 의례생활의 축소를 나타낸다고는 할 수 있을 것이다.

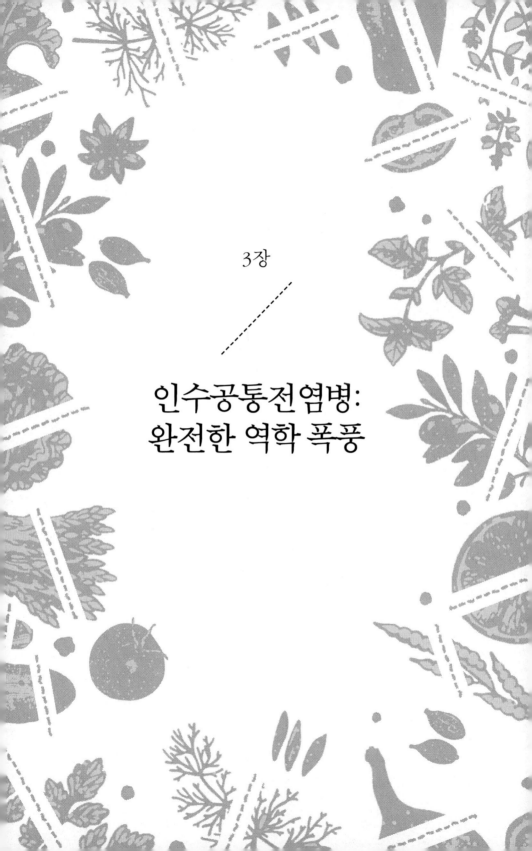

3장

인수공통전염병:
완전한 역학 폭풍

고된 노동과 그 역사

국가가 출현하기 이전에, 땅을 갈아서 농경을 하는 동시에 가축을 키우는 농경-목축이 메소포타미아와 비옥한 초승달 지대에 널리 퍼졌다. 하천의 범람-퇴각에 의존하는 농경이 더 유리한 곳들은 예외이긴 하지만, 농경-목축이 이렇게 확산되었다는 사실은 내가 보기에 여전히 만족스럽게 설명되지 않는 한 가지 역설을 의미한다. 채집민이 무슨 이유에서 일정한 경작지에서의 농경과 목축을 선택한 걸까? 말하자면 누군가 관자놀이에 총을 가져다 대고 협박한 것도 아닌데 그들이 제정신으로 그런 선택을 했다면 도대체 왜 그런 걸까? 우리가 알기로, 오늘날 여전히 수렵·채집민은 자원이 빈약한 환경으로 물러나 살고 있지만 생계유지를 위한 노동에는 시간을 절반밖에 쓰지 않는다. 수렵·채집에서 완전히 성숙한 농경으로의 이행 과정을 전부 추적할 수 있는 메소포타미아의 흔치 않은 고고유적지(아부후레이라)를 연구한 학자들이 말하듯, "사계절 내내 다양한 야생 식량을 제공할 수 있는 생산력 좋은 지역을 점유한 수렵·채집민이라면 어느 누구도 자진해서 고칼로리의 주식을 농경을 통해 재배하는 일을 시작했을 것 같지 않다. (그 일은) 에너지 수익 대비 에너지 투입 비율이 너무 높았을 것이다."[1] 그 학자들이 내린 결론에 따르면, 영거 드라이아스기(기원전 10500~기원전 9600)의 갑작스러운 추위가 '수렵·채집민들의 관자놀이에 겨누어진 총'이 되었다. 추위 때문에 풍부했던 야생 식물들이 줄어들고, 주변 집단들이 적대적으로 변하면서 수렵·채집민들의 이동성이 제한되었다는 것이다. 하지만 앞서 살펴본 대로 이러한 설명은 실제 증거와 논리 양쪽 측면에서 모두 이론의 여지가 많다.

사람들이 지배적 생계수단으로 농경을 택하도록 수천 년에 걸쳐 몰아간 원인이 무엇인가를 둘러싼 논쟁을 나는 물론 해결할 수도 없을뿐더러 판결할 수 있는 위치에 있지도 않다. 오랫동안 일반적으로 수용되어왔기에 사실상 하나의 정통이 되어버린 설명이 한 가지 있긴 하다. 이 설명은 6000년이나 되는 긴 시간에 걸쳐 생계 활동이 심화되었다고 하는, 지적으로는 무척이나 만족스러울 만한 서사였다. 그 심화 과정의 첫 번째 약동은 이른바 '광역혁명(넓은 스펙트럼 혁명)broad spectrum revolution/BSR'으로, 하위 영양 수준에서 더욱 다양한 생계 자원을 이용하게 된 것을 가리킨다('광역혁명'은 보다 크기가 작고 에너지 효율이 적은 동물 자원 등에 치중하게 되면서 그에 따라 이동식 수렵·채집의 빈도가 줄어들고 출산률이 증가하게 된 상황 등을 말한다. 1968년 고고학자 켄트 플래너리Kent Flannery에 의해 제안된 가설이다). 이와 같은 이행 과정이 일어난 것은 비옥한 초승달 지대에서 야생 단백질 공급원—오록스(17세기에 멸종한 유라시아 지역 야생 소), 오나거(아시아의 야생 들당나귀), 붉은사슴, 바다거북, 가젤 등―이었던 큰 사냥감이 (남획 탓에?) 줄어들었기 때문이다. 비유를 섞어 말하자면, 옛날 사냥의 '낮게 달린 열매'가 없어진 것이다. 그에 따른 결과는, 어쩌면 인구압에 의해 어쩔 수 없이 초래된 것일 수도 있는데, 어찌 되었든 사람들은 풍부하긴 하지만 더 많은 노동을 요구하고 맛이 덜하거나/덜하고 영양가가 덜한 자원까지도 이용할 수밖에 없게 되었다. 이러한 광역혁명에 대한 증거는 고고학적 기록에서 보편적으로 발견된다. 큰 야생동물의 뼈는 줄어들고, 전분이 더 많은 식물, 조개, 작은 조류와 포유류, 홍합, 달팽이가 우위를 차지하기 시작한 것이다. 이 정통 이론의 기초를 놓은 이들에게는, 광역혁명과 농경 채택의 배경에 놓인 논리는 동일하거니와 더욱이 세계적으로 통하는 것이었다. 특히 기후가 나아지기 시작한 기원전 9600년 이후로는 지구 전체에서 인구가 증가했지만 그와 동시에 큰 사냥감이 줄어들면서 (중동 지방과 신대륙 지역에서는 분명한 증거들이 남아 있다), 수렵·채집민은 채집 활동을 심화할 수밖에 없었다. 그들은 주변 환경이 제공하는 자원의 수용능력을 훨씬 더 강하게 밀어붙이면서 생계를 위해 더 열심히 일해야만 했다. 이런 관점에서 보면, 광역혁명은 오랜 시간에 걸쳐 고된 노동이 증가하는 기나긴 과정의 첫 단계였다. 그리고 이 과정은 결국에 땅을 일구어 농사짓고 가축을 기르는 더욱더 부단하게 반복되는 고역이라는 논리적 귀결에 이르렀다. 이와 같은 서사에서 광역혁명과 농경은 대체로 영양 면에서도 해로웠고, 건강 악화와 사망률 상승이라는 결과를 가져왔다.

광역혁명에 대해, 인구 증가에 따라 자원의 수용능력에 압력이 가해졌다는 설명은 여러 지역에서 발견되는 증거와 상치되는 듯 보인다. 실제로 이 '혁명'은 자원에 가해지는 인구압이 거의 없어 보이는 환경에서 일어났다. 또한 기원전 9600년 이후에는 메소포타미아 충적토 지대에서처럼 더 습하고 더 따뜻한 기후 조건 때문에 쉽게 채집할 수 있는 식물들의 성장이 훨씬 더 촉진되었다. 물론 이런 사실이 고고학적 기록에서 관찰되는 영양 결핍을 설명해주지는 못한다. 광역혁명이 실제로 일어났다는 데는 의심의 여지가 없다. 하지만 광역혁명의 원인이나 결과를 이해하려고 하면 아직 판단이 서질 않는다.

그러나 대략 3000~4000년 뒤에 이루어지는 엄밀한 의미에서의 농경 발달에 관해서는 판단을 내릴 수 있다. 그때는 인구압이 분명히 있었다. 한곳에 정착한 수렵·채집민은 이제 이동이 더 어려워졌다는 것을 깨달았고, 그래서 더 많은 노동을 비용으로 치르면서 주변 환경으로부터 더 많은 자원을 이끌어냈다. 또한 이와 동시에 큰 사냥감은 대부분 줄어들거나 사라졌다. 그렇다면 이것은 인류의 발명과 필연적 진보에 관한 이야기가 절대 아니다. 인류는 오래전부터 작물 재배 기술을 알고 있었고 이따금씩 그 기술을 실제로 사용했으며, 야생 식물을 반복적으로 채집했고 그 씨앗을 저장했다. 곡물 처리 과정에 필요한 모든 도구 또한 이미 갖추어져 있었다. 그리고 산 채로 잡아와서 가두어놓은 동물이 한두 마리는 늘 있었던 것 같다. 그럼에도 작물 재배와 가축 사육을 **지배적** 생계수단으로 삼는 일은 거기에 요구되는 노동 때문에 할 수 있는 한 오랫동안 회피되었다. 단순화된 인공적 경관이 다시 자연 상태로 돌아가지 않게끔 그 경관을 지킬 필요가 있었고, 대부분의 노동은 거기에서 발생했다. 여타 식물(잡초), 조류, 풀을 뜯는 동물, 설치류, 곤충류, 그리고 녹균rust과 진균fungal 등 단일 작물 경작지를 위협하는 자연을 몰아내야만 했던 것이다. 사람들이 일군 농경지는 집약된 노동을 요구했거니와 연약했고 취약했다.

후기 신석기시대 다종 생물 재정착 캠프: 완전한 역학 폭풍

기원전 1만 년 시기의 세계 인구는, 매우 신중하게 추정해볼 때, 대략 400만 명 정도다. 그로부터 5000년이 지난 기원전 5000년 시기의 세계 인구는 겨우 500만 명으로 늘었다. 이는 신석기혁명을 통해 정착생활과 농경이라는 문명의 성취를 이루었음에도 인구가 폭발적으로 증가하지는 않았음을 의미한다. 하지만 그 뒤로 다시 5000년이 지나는 동안 세계 인구는 거의 20배까지 늘어나 1억 명을 넘어선다. 5000년에 걸친 신석기시대의 과도기는 그래서 인구학적 병목 구간이었다. 이는 당시 인류의 번식력이 거의 정체 상태에 있었음을 의미한다. 인구성장률이 계속해서 [인구]대체수준replacement level[인구를 현상 유지 하는 데 필요한 출산율의 수준]보다 살짝만 높았더라도 (예컨대 0.015퍼센트 정도) 5000년이 지나는 동안 세계 인구는 2배 넘게 늘었을 것이다. 인류가 생계를 위한 기술 면에서는 진보했지만 그토록 오랜 기간 인구 증가가 정체되었다고 하는 이 역설을 설명할 만한 한 가지 가설은 이 시기가 인류 역사에서 역학疫學적으로 가장 치명적인 시기였다는 것이다. 바로 신석기혁명의 결과로, 메소포타미아는 만성적이고 치명적인 전염병 확산의 중심이 되었고 그곳 주민은 파멸에 파멸을 거듭했다.[2]

고고학적 기록에 남아 있는 증거를 구하기는 어렵다. 그러한 질병은 영양실조와 달리 인간의 뼈에 흔적을 거의 남기지 않기 때문이다. 전염병은 신석기의 고고학적 기록에 남아 있는 '가장 시끄러운' 침묵이라고 나는 믿는다. 고고학은 다만 그것이 복원해낼 수 있는 것만을 가늠할 수 있어서, 질병에 대해서는 구체적 증거를 넘어서 추정해야 한다. 그럼에도, 가장 이른 시기에 등장한 인구 집중 지역들이 갑작스레 붕괴한 것은 파괴적 전염병 때문이었다고 추측할 이유는 많다.[3] 이전에 인구가 많았던 특정 장소들이 달리 설명할 수 없는 이유로 갑작스레 버려졌다는 증거도 되풀이해서 등장한다. 인류에 불리한 기후변화나 토양염류화가 일어났다면 인구 감소를 예상할 수 있겠지만, 그 경우 전체 지역에 걸쳐 보다 단계적으로 인구가 줄어들었을 것이다. 인구가 많은 지역의 갑작스러운 소개疎開나 소멸에 대해 내전, 정복, 홍수 같은 원인으로 설명하는 일도 물론 가능할 것이다. 하지만 신석기혁명을 통해 전례 없이 과밀하게 모여 사는 일이 가능해졌다는 사실을 고려하고, 일단 성문 기록이 남아 있어 알 수 있는 질병의 막대한 영향력을 바탕으로 판단해본다면, 전염병이야말로 가장 개연성 있는 원인이다. 이 맥락에서 사용하는 전염병의 의미는 호모사피엔스에게만 한정되지 않는다. 전염병은 후기 신석기시대 다중 생물 재정착 캠프에 과밀하게 집중된 가축과 작물에도 영향을 끼쳤다. 한곳에 모여 사는 인구 집단은 그들을 직접 위협하는 역병에 의해 괴멸되는 것만큼이나 그들의 가축 무리나 곡물 경작지를 휩쓸고 지나는 질병에 의해서도 쉽게 괴멸될 수 있었다.

하지만 일단 성문 기록이 남아 있는 시대로 들어오면, 그보다 이른 시기에도 매우 치명적인 전염병이 돌았다는 방대한 증거를 조심스레 읽어낼 수 있다. 〈길가메시 서사시〉는 아마도 그 가장 강력한 증거가 될 것이다. 이 서사시에는 역병으로 죽었을 시체들이 유프라테스강을 따라 떠내려 오는 장면을 묘사하면서, 주인공이 자신의 명성은 자기가 죽은 뒤에도 계속되리라 주장하는 장면이 있다. 메소포타미아인들은 죽음을 초래하는 전염병의 계속되는 위협의 그림자 속에서 살았던 것으로 보인다. 그들은 집단 발병을 예방하고자 부적을 지니고, 특별한 기도를 드리고, 액막이 인형을 가지고 다녔으며, '치유'의 신을 모시는 ― 그중 가장 유명한, 니푸르에 있는 신전과 같은― 신전들을 지었다. 물론 전염병은 당시에는 제대로 이해되지 못했다. 당시 사람들은 전염병이 돌면 신이 인간을 '게걸스레 잡아먹는 것'이라거나, 죄에 대한 형벌이라 여겼고, 거기에는 희생양을 제물로 바치는 것을 포함해 잘못을 벌충하기 위한 의례가 요구된다고 생각했다.[4]

최초의 성문 기록 역시 옛날 메소포타미아인들이 전염병을 퍼트리는 '[접촉]감염'의 원리를 이해하고 있었음을 분명히 보여준다. 그들은 최초로 식별가능한 발병자가 나타나면, 가능한 한 그를 제한된 구역 안에 가두고 어느 누구도 거기에서 나오거나 그 안으로 들어가지 못하게 했다. 메소포타미아인들은 또한 상인이나 병사 같은 장거리 여행자들이 병을 옮길 가능성이 많음을 알고 있었다. 그들이 고립과 회피 정책을 펼쳤던 것은 르네상스 시대 항구에 설치된 격리병원의 전신이었던 셈이다. 감염에 대한 이해는 병균이 옮은 사람만이 아니라 그 사람의 잔, 접시, 옷, 침대보까지 회피했던 데서 암묵적으로 드러난다.[5] 군사작전을 마치고 돌아오는 병사들은 질병을 옮긴다고 의심되어 도시 안으로 들어가기 전에 옷과 방패를 소각해야 했다. 고립과 격리가 실패했을 때는, 할 수 있는 자들은 죽어가는 이들과 병든 이들을 남겨둔 채 모두 도시를 떠났다가 전염병이 완전히 물러가고 난 한참 뒤에야 돌아왔다. 하지만 그렇게 함으로써 그들은 틀림없이 외딴 지역에까지 전염병을 옮겼을 것이고, 새로이 격리와 도피를 반복해야 했을 것이다. 내가 생각하기에, 역사에 기록되어 있지 않은 그 이전의 갑작스러운 인구 감소나 증발은 정치보다는 질병에 의한 것이라는 데 의심의 여지가 없다.

기원전 제4천년기 중반 이전에 인간과 가축과 작물의 질병에서 병원체의 역할은 필연적으로 추측에 의한 것일 수밖에 없다. 하지만 성문 기록이 급증함에 따라 전염병에 대한 증거도 비례해 증가한다. 카렌 레아 네메트-네자트가 주장하듯, 여러 문헌에서 결핵·발진티푸스·선 腺페스트·천연두를 언급하고 있다.[6] 가장 광범위하게 입증된 최초의 전염병 사례 가운데 하나는 유프라테스강 강변의 마리에서 기원전 1800년에 발생한 대단히 파괴적인 전염병이다. 보통 어떤 질병이었는지 구체적으로 알긴 어렵지만, 그럼에도 전염병 사례 목록은 길다. 사르곤 2세의 아들이며 아시리아의 왕이었던 센나케리브의 군대가 기원전 701년 전염병에 의해 전멸했다는 이야기는 구약성경에도 실려 있다. 오늘날 추측하기로는, 작전 수행 중인 군대의 전통적인 골칫거리인 티푸스나 콜레라가 아니었을까 한다. 기원전 430년 아테네를 휩쓴 참담한 역병에 관한 이야기는 투키디데스에 의해 기록되었다. 로마에서 발생한 안토니우스역병과 유스티니아누스역병은 초기 '제국'의 역사에서 매우 결정적인 역할을 한다. 이 시대에 인구가 증가하고 원거리 교역이 성장했던 점을 고려하면, 전염병이 이전보다 더 많은 사람과 지역을 건드렸으리라는 데는 의심의 여지가 없다. 그럼에도, 전염병에 관한 한 역사적으로 매우 새로운 환경을 제공했던 것은 기원전 제4천년기 후반의 메소포타미아였다. 기원전 3200년경 우루크는 세계에서 가장 큰 도시였다. 인구가 2만 5000~5만 명 정도로 추산되며, 거기에 더해 함께 있던 작물과 가축을 생각하면 전기 우바이드기의 인구 밀집 지역들은 왜소하게 보일 정도다. 남부 충적토 지대는 인구가 가장 밀집한 지역이었기에 전염병에 특히 더 취약했다. 전염병을 가리키는 아카드어 단어는 "문자 그대로 '확실한 죽음 certain death'을 의미했으며, 이는 사람의 전염병은 물론 동물의 전염병에도 똑같이 사용될 수 있었다."[7] 사람과 가축과 작물이 한곳에 집중되고 전에 없던 교역의 흐름이 생겨나자 과밀화에서 비롯된 질병들에 대한 유례없이 새로운 취약성이 드러났다.

 길들인 작물의 재배가 확산되기 오래전부터, 단지 정착생활을 시작한 것만으로도 이상적 병원체 '배양장'이나 다름없는 과밀화된 환경이 만들어졌다. 메소포타미아 충적토 지대에서 큰 촌락과 작은 도시가 성장했다는 사실은 인구밀도가 10~20배는 늘어났음을 의미했으며, 이는 일찍이 호모사피엔스가 경험해보지 못한 일이었다. 과밀화와 질병 전염 사이 논리적 관계는 매우 분명하다. 예를 들어, 우리 안에 닭 10마리가 있는데, 그 가운데 1마리가 배설물을 통해 옮는 기생충에 감염되었다고 생각해보자. 얼마 뒤에 ―우리의 크기, 닭의 활동성, 전염의 용이성 등에 따라 다르겠지만― 다른 닭 1마리가 감염이 될 것이다. 이제 같은 울타리 안에 닭이 10마리가 아니라 500마리가 있다고 생각해보자. 그렇다면 다른 닭 1마리가 감염될 확률은 적어도 50배 높아지며, 그렇게 감염되는 닭의 수는 기하급수적으로 늘어날 것이다. 닭 2마리가 기생충을 배설하면 새로운 감염가능성은 2배가 되기 때문이다. 닭의 수를 늘리게 되면 닭의 배설물도 그만큼 늘어난다는 사실을 상기해보면,

우리가 작을수록 닭이 병원체와의 접촉을 피하게 될 가능성도 줄어들기 마련이다.

우선 지금 당장은 과밀화와 질병 사이 논리를 호모사피엔스에게만 적용하고 있지만, 위에서 든 닭의 예에서 보듯, 식물이든 동물이든 질병에 걸릴 수 있는 어떤 유기체에도 같은 논리가 적용될 수 있다. 새 떼, 양 떼, 물고기 떼, 순록이나 가젤 무리, 곡식이 자라는 밭에 이르기까지 모두 똑같이 과밀화 현상이 적용된다. 유전적으로 더 유사할수록―변이가 더 적을수록― 동일한 병원체에 모두가 취약해질 가능성은 더욱 크다. 인간의 이동 범위가 확장되기 전까지는, 무리지어 옮겨 다니는 철새들이 장거리 이동과 과밀화 현상을 결합해 질병을 멀리까지 확산하는 주요 매개체가 되었을 것이다. 전염이 과밀화 현상과 결부되어 있음은 실제 질병의 매개체들을 알게 되기 전에도 이미 잘 알려져 있었고 또 활용되기도 했다. 수렵·채집민은 큰 정착지를 기피할 줄 알았고, 흩어져 사는 것을 전염병과의 접촉을 피하는 방법으로 오래전부터 인식했다. 중세 후기 옥스퍼드대학과 케임브리지대학에서는 시골에 전염병자 숙소를 만들어두었고, 역병에 걸린 첫 징후가 나타나는 즉시 해당 학생을 그곳으로 보냈다. 집중화는 치명적일 수 있었다. 제1차 세계대전이 끝났을 때 참호, 동원해제 캠프demobilization camp, 병력 수송선 등은 치명적이었던 1918년 인플루엔자 대유행〔스페인독감〕이 세계적으로 유행할 수 있는 이상적 조건을 제공했다. 과밀한 사회적 장소들은―박람회, 군대 진영陣營, 학교, 감옥, 빈민가, 메카 같은 종교적 순례지 등은―역사적으로도 사람들이 전염병에 걸리는 곳이었고, 또 그 결과 전염병이 널리 확산되는 곳이었다.

정착생활의 중요성과 정착생활이 허용한 과밀화를 과대평가하기란 불가능하다. 특별히 호모사피엔스에게 적응한 미생물에서 기인하는 전염병은 모두 지난 1만 년 사이에 생겨나게 되었으며, 그 가운데 다수가 아마도 지난 5000년 사이에 등장했을 것이다. 그러므로 이 다수의 전염병은 매우 강력한 의미에서 '문명의 결과'였다. 역사적으로 완전히 신종질병이었던 콜레라, 천연두, 볼거리, 홍역, 인플루엔자[유행성 감기, 독감], 수두, 그리고 아마도 말라리아 등은 도시생활뿐 아니라 농경이 시작된 결과로서 발생했다. 이들 질병은 최근까지도 전반적 인류 사망의 주요 원인이었다. 정착생활 이전의 사람들에게 기생생물이나 질병이 없었던 것은 아니다. 하지만 당시에 인간이 걸린 질병들은 과밀화에 따른 게 아니었다. 장티푸스, 아메바성 이질, 포진, 트라코마[클라미디아로 일어나는 결막의 접촉 감염병], 나병, 주혈흡충증住血吸蟲症, 필라리아증[사상충증絲狀蟲症] 등 당시 질병들은 잠복기가 길고 감염원이 인간이 아니라는 특징이 있었다.[8]

과밀화에서 비롯한 질병은 밀도 의존적 질병density-dependent diseases이라고도 불리고, 오늘날 공공보건 분야의 용어를 따라 급성지역감염acute community infections이라고도 불린다. 인간 숙주에 의존하게 된 많은 바이러스성 질병의 경우, 전파 경로, 전염 가능 기간, 감염 후 획득 면역력의 지속 기간을 앎으로써, 새로운 숙주의 부족으로 더 이상의 감염이 완전히 사라지지 않게 되는 데 필요한 최소한의 인구를 추론하는 게 가능하다. 전염병학자들[유행병학자들]은 고립된 페로제도에서 발생한 홍역을 사례로 들길 좋아한다. 1781년 선원들이 들여온 이 질병이 페로제도 전체를 휩쓸었는데, 이때 홍역에 걸리고도 살아남은 이들에게는 평생 지속되는 [홍역] 면역력이 생겼고, 한동안 페로제도는 홍역 청정 지역이 되었다. 65년이 지나 1846년 다시금 홍역이 돌았을 때는 이전에 이 전염병을 경험하고 살아남았던 노인들을 제외하고는 모든 주민이 홍역에 걸렸다. 그리고 30년이 더 지나 홍역이 다시 돌았을 때는 30세 미만의 주민만 감염되었다. 전염병학자들은 구체적으로 홍역의 경우에, 영구적 전염을 유지하려면 매년 새롭게 감염될 수 있는 숙주가 적어도 3000명가량 요구된다고 추산했으며, 인구가 대략 30만 명은 되어야 이 정도의 새로운 숙주를 제공할 수 있으리라고 예상했다. 인구가 이 최저한계치 미만이었던 페로제도에서 홍역이 다시 돌기 위해선 매번 외부에서 그것을 '수입'해야만 했던 것이다. 마찬가지로, 물론 이 사실은 신석기시대의 인구 집중 이전에는 이러한 질병이 전혀 존재하지 않았음을 의미한다. 이는 또한 신대륙 주민이 왜 일반적으로 생기가 넘치고 건강했는지를 —그리고 이후에는 구대륙의 병원체에 왜 그렇게 취약했는지를— 설명해준다. 그러한 질병이 발생하기 이전인 기원전 1만 3000년경에 베링해협을 몇 차례에 걸쳐 건넜던 무리들은 집단의 규모가 너무 작았기에 과밀화로 인한 질병을 유지할 수도 없었다.

　　신석기의 전염병에 관한 설명은 길들이기의 역할 즉 가축, 공생생물, 재배된 곡류와 협과의 핵심 역할을 언급하지 않고는 절대 완전해질 수 없다. 과밀화의 핵심 원칙이 여기에서도 작동한다. 신석기는 전례 없이 사람들이 모여 살기 시작한 시기였거니와 동시에 양, 염소, 소, 돼지, 개, 고양이, 닭, 오리, 거위가 전례 없이 한데 모여 살기 시작한 시기이기도 했다. 이 동물들은 이전에 이미 어느 정도 '무리'나 '떼'를 이루고 살았던 정도에 따라 과밀화에서 기인하는 종 특유의 병원체를 보유하고 있었을 것이다. 그런데 처음으로 도무스 근처에 모두 모여 살게 되면서 가까이에서 끊임없이 서로 접촉하게 된 결과, 광범위한 전염성 유기체를 빠르게 공유하게 되었다. 추정치들이 제각각이긴 하지만, 인체전염 병원체는 1400종인데 그중 800~900종이 인간이 아닌 숙주에서 비롯하는 '인수人獸공통'전염병〔'인수공통'감염병〕'zoonotic' diseases이다. 이들 병원체 대부분에 호모사피엔스는 〔감염될 수는 있지만 증식하거나 확산할 수는 없는〕 최종적인 '종결' 숙주'dead-end'host가 된다. 곧 인간은 이 병원체들을 다시 인간이 아닌 숙주에게로 옮기지 않는다는 말이다.

다종 생물 재정착 캠프는 포유류가 전례 없이 근접해 한데 모여 있는 역사적 집합체였을뿐더러 포유류에 의지해 살아가는 온갖 박테리아, 원생동물原生動物, 유충류螺虫類, 바이러스의 집합체이기도 했다. 말하자면, 이 전염병 경주에서 이긴 승리자는 도무스의 새로운 숙주들에 재빨리 적응해 증식할 수 있었던 병원체였다. 사상 처음으로 종의 장벽을 뛰어넘는 대규모의 병원체 급증 현상이 일어났으며, 이로써 전적으로 새로운 역학疫學 질서가 성립되었다. 이러한 침해에 관한 서사는 당연히 (겁에 질린) 호모사피엔스의 시각에서 이야기된다. 하지만 어차피 도무스에 자진해서 들어오지 않았던 염소나 양의 관점에서 이야기한다 하더라도 그 못지않게 우울한 서사가 되었을 것이다. 전지적 시점의 염소가 신석기시대에 이루어진 질병 전파의 역사를 이야기해준다면 그것이 얼마나 값진 서사가 되겠는가는 독자의 상상에 맡기겠다.

도무스에서 인간이 가축 및 공생생물과 공유한 질병의 종류는 놀랄 만큼 그 수가 많다. 새로 조사를 한다면 훨씬 종류가 많을 게 분명하지만, 옛날 자료만 보더라도 우리 인류가 다른 동물과 공유하는 질병은 가금과 26가지, 쥐 및 생쥐와 32가지, 말과 35가지, 돼지와 42가지, 염소 및 양과 46가지, 소와 50가지나 되며, 가장 오래되고 많이 연구된 개와는 무려 60가지를 공유한다.[9] 홍역은 양과 염소에게 있는 우역牛疫바이러스rinderpest virus로부터, 천연두는 낙타와 우두牛痘를 보유하고 있던 설치류 조상으로부터, 인플루엔자는 물새를 길들이는 과정으로부터 대략 4500년 전에 발생한 것이라 생각된다. 종과 종 사이를 건너뛰는 인수공통전염병은 인간과 짐승의 수가 늘고 장거리 접촉이 더욱 빈번해지면서 함께 증가했다. 이와 같은 현상은 오늘날에도 계속 이어지고 있다. 그렇다면 지구상에서 호모사피엔스, 돼지, 닭, 오리, 거위와 야생동물 시장이 대규모로, 가장 과밀하게, 역사적으로도 가장 깊게 집중화되어 있는 중국 동남부 특히 광둥 지방이 조류인플루엔자와 돼지인플루엔자의 변종을 키워내는 배양접시가 되어왔다는 것은 그리 놀랄 일도 아니다.

후기 신석기시대의 질병 생태계는 단순히 사람과 가축이 일정한 정착지에 과밀하게 모여 살게 된 결과만은 아니었다. 그것은 오히려 하나의 생태 모듈로서의 전체 도무스 복합체의 효과에서 비롯된 효과였다. 사람들이 농경과 새로운 가축의 방목을 위해 땅을 정리한 결과 완전히 새로운 경관 곧 햇빛이 더 많이 비치고 토양이 더 많이 노출되는 전적으로 새로운 생태적 지위가 만들어진 것이다. 그리고 그 안으로 일련의 식물, 동물, 곤충, 미생물이 옮겨오면서 이전의 생태 패턴은 교란되었다. 일어난 변형 가운데 일부는 작물 재배에서 나타난 변형과 같이 인간이 기획한 것이었지만, 대부분은 도무스를 발명한 데 따른 2차적이거나 3차적인 부수적 효과였다.

이 부수적 효과 중에서 가장 대표적인 것은 인간과 짐승이 배출하는 오물 특히 배설물이 집중화되었다는 것이었다. 정착생활을 하는 인간과 가축, 그리고 그들이 배출하는 오물은 상대적으로 이동성이 떨어지는 탓에 동일한 종류의 기생생물에 감염되는 현상이 쉽게 반복되어 나타난다. 빈번히 질병의 매개체가 되는 모기와 절지동물은 이 오물을 번식과 섭이攝餌에 가장 이상적인 장소로 여긴다. 이와 대조적으로, 이동하는 수렵·채집민은 기생생물을 뒤에 남겨둔 채 기생생물이 번식할 수 없는 새로운 환경으로 자주 옮긴다. 인간, 가축, 곡물, 배설물, 식물 쓰레기까지 한데 모여 있는, 정지된 도무스는 쥐와 제비로부터 먹이그물의 하위에 있는 벼룩과 이, 박테리아와 원생동물에 이르는 수많은 공생생물이 번성할 수 있는 이상적 환경을 제공한다. 이렇게 역사적으로 완전히 새로운 생태계를 창조해낸 선구자들은 그들이 무심코 불러들이고 있는 질병 매개체를 알지 못했을 것이다. 사실, 인류가 만성적으로 치명적 질병에 감염되며 큰 대가를 치르고 있었던 것이 깨끗한 물, 위생시설, 하수 배제 방법의 부재 탓이라는 게 분명해진 것은 19세기 말에 이르러서야 미생물학의 창시자 로베르트 코흐와 루이 파스퇴르가 밝혀낸 사실들 덕분이었다. 그때까지는 새로운 질병이 인류를 휩쓸 때마다 그 원인을 알 수 없던 사람들 사이에서는 민간 이론과 요법이 빠르게 확산되었다. 오직 한 가지 성공적인 처방만이—'소개疏開'만이— 과밀화가 근본 원인임을 암시적으로 규명할 뿐이었다.

후기 신석기시대 다종 생물 재정착 캠프의 주민을 괴롭힌 밀도 의존적 질병들은 그들의 조상들이 경험한 적 없는 병원체로부터의 새롭고도 철저한 선택압을 의미했다. 정착생활을 시작한 사람들이 모여 살던 초기 인구 밀집 지역 중 적지 않은 곳들이 사실상 아무런 저항도 하지 못한 채 여러 질병에 의해 전멸했다. 소규모의 문자 이전 사회들에 대해서는 전염병이 사망률을 높이는 데 어떤 역할을 했는지 확실하게 알기가 불가능하고, 옛 묘지에서 나온 증거들은 대부분 어떤 결론을 내릴 만큼 확실하지 않다. 하지만 과밀화에 따른 질병들은 특히 인수공통 전염병 초기 신석기시대에 일어난 인구학적 병목 현상의 주원인이었다. 이윽고 때가 되자 ―얼마나 오래 걸렸는지는 확실하지 않고 병원체에 따라 다르긴 했지만― 과밀화된 인구가 여러 병원체에 어느 정도 면역력을 갖게 되었고, 이는 안정적이고 덜 치명적인 병원체-숙주 관계를 나타내는 풍토병으로 자리를 잡았다. 결국은, 질병을 견뎌낸 자들만 살아남아 자식을 낳았던 것이다! 일부 질병―예컨대 백일해와 수막염 같은―은 여전히 어린아이들을 위험에 빠뜨릴 수 있지만, 대부분의 다른 질병들은 어릴 때 그 병에 걸렸던 사람들에게 상대적으로 덜 해로우며 면역력을 부여했다―소아마비, 천연두, 홍역, 볼거리, 전염성 감염 등이 그러하다.[10]

어떤 질병이 정착생활을 하는 인구 사이에서 풍토병으로 자리 잡고 나면 〔그 질병은〕 훨씬 덜 치명적인 질병이 되는데, 질병이 대부분의 병원체 보유자들 사이에서 별다른 증상 없이 전파되어 순환하는 경우도 많다. 하지만 해당 병원체에 노출된 적이 없는 사람은 그에 대한 면역력이 없기 때문에 이 병원체를 풍토병으로 가지고 있는 사람과 접촉하게 될 경우 유달리 그 병에 취약해질 수밖에 없다. 전쟁 포로, 노예, 멀거나 고립된 촌락에서 온 이주민 등, 면역력이 있는 사람들과 떨어져 있던 이들은 질병에 대한 방어력이 약하고, 그래서 정착생활을 하던 사람들이 대체로 오랜 시간에 걸쳐 면역력을 형성한 질병에 걸리기 쉽다. 바로 이러한 이유 때문에 구대륙과 신대륙의 만남이 면역학적으로 순수했던 아메리카원주민에게는 대재앙이 되었다. 그들은 1만 년 넘게 구대륙의 병원체로부터 격리되어 살아왔던 것이다.

후기 신석기시대에 정착생활과 과밀화에서 비롯한 질병들은 점점 더 농경에 의존하는 식단 곧 여러 필수 영양소가 결핍된 식단과 결합되어 나타난 현상이었다. 한 사람이 전염병을 견디고 살아남을 가능성은, 특히 어린아이와 임산부의 경우, 다른 조건이 모두 같다면 그 사람의 영양 상태에 따라 크게 달라졌다. 초기 농경사회에서 유아사망률[영아사망률]이 극도로 높았던(40~50퍼센트) 것은 특히 취약한 이들을 더욱 약화시키는 식단과 그들을 죽음으로 몰고 가는 새로운 전염성 질병들이 결합되어 나타난 결과였다.

초기 농경민의 식단이 상대적으로 제한되었고 빈약했다는 증거는 같은 시기에 서로 가까이에 살았던 농경민과 수렵·채집민의 유골을 비교·조사한 자료에서 나온다. 수렵·채집민이 농경민보다 평균적으로 키가 수 인치 더 컸다. 짐작하건대, 이와 같은 사실은 수렵·채집민의 식단이 더 다양하고 풍부했음을 반영하는 것이다. 수렵·채집민의 식단은, 앞서 설명했듯, 과장하기가 어려울 만큼 다양했다. 수렵·채집민의 식단은 몇 가지 먹이그물—바다, 습지, 숲, 사바나, 건조 지대—에 걸쳐 있었거니와 각각의 먹이그물은 계절마다 달라졌다. 게다가 수렵·채집민의 식물성 음식만 고려해보아도, 농경민의 기준으로 보면, 그 다양성이 어마어마했다. 일례로, 수렵-채집 단계에 있던 아부후레이라의 고고유적지에는 192가지 서로 다른 식물의 잔해가 남아 있었으며, 그중 142

가지가 확인될 수 있었고, 다시 그중 118가지는 오늘날의 수렵·채집민도 소비하는 것으로 알려져 있다.[11]

신석기혁명이 전 세계 인류의 건강에 끼친 영향을 평가하기 위해 열린 한 심포지엄에서는 고古병리학paleopathology 데이터에 기초해 다음과 같은 결론을 내렸다.

(영양 섭취에 관한) 스트레스는 (…) 정착생활, 인구밀도, 농경의존도가 상당히 높은 단계까지 진행되고 난 뒤에야 널리 퍼져 흔한 현상이 되었던 것으로 보인다. 이 단계에서 (…) 생리학적 스트레스physiological stress(생물이 생명을 유지해가는 데서 여러 현상이나 기능에 이상이 발생하는 것. 곧 생리장애)의 발생빈도가 크게 늘고 평균 사망률도 눈에 띄게 증가한다. 농경민 대부분에게서 다공성多孔性뼈과다증porotic hyperostosis(영양실조에 때문에, 특히 영양실조와 관련된 철분 결핍으로 인해 빈약하게 형성된 뼈가 웃자라는 증상)과 안와천공(눈확위벽구멍)cribra orbitalia(다공성뼈과다증이 안와(눈구멍)에 국부적으로 생기는 증상)이 매우 빈번하게 나타난다. 그리고 (치아) 에나멜질형성부전(에나멜 질감형성)enamel hypoplasis과 감염성 질병에 결부된 이상 증세가 더 많이 나타나고 더 심각해진다.[12]

우리가 '농경 여성'이라 부를 수 있는 유골에서 감지되는 영양실조의 대부분은 ─여성이 월경으로 혈액 손실blood loss이 커서 가장 심하게 영향을 받았기에─ 철분 결핍 때문으로 보인다. 농경 이전의 여성은 수렵한 짐승, 물고기, 식물성 기름에서 나오는 오메가6와 오매가3 지방산이 풍부한 식단을 유지했다. 이런 지방산은 체내에서 산소를 운반하는 적혈구 형성에 반드시 필요한 철분의 흡수를 용이하게 해주기 때문에 무척 중요하다. 하지만 곡물이 주가 되는 식단은 필수 지방산이 부족할 뿐 아니라 철분의 체내 흡수를 억제한다. 따라서 후기 신석기시대에 처음으로 곡물 중심 식단(밀, 보리, 서곡)이 점차 심화된 결과 나타난 현상은 철분결핍빈혈이었으며, 이는 과학적 분석을 통해 분명히 알아낼 수 있는 흔적을 뼈에 남겨놓았다.

지금까지 없던 새로운 전염병에 더욱 취약해지게 된 것은 대부분 야생에서 얻을 수 있는 음식과 고기가 빠지고 상대적으로 탄수화물 함량이 높아진 단순한 식단에 의존한 때문으로 보인다. 필수 비타민이 부족하고 단백질이 결핍되었을 가능성이 높다. 가축을 잡아서 그 고기를 가끔씩 즐길 수 있었겠지만, 이런 고기는 수렵으로 잡아온 야생동물의 고기에 비하면 필수 지방산이 매우 적었다. 발병 원인을 신석기시대의 식단으로 돌릴 수 있는 질병 중 뼈에 흔적을 남기는 것, 예컨대 구루병 같은 질병은 기록을 통해 입증될 수 있다. 하지만 인체의 연조직[뼈나 연골을 제외한 조직]에 영향을 미치는 질병은 (잘 보존된 미라가 남아 있는 경우를 제외하곤) 그렇게 하기가 훨씬 더 어렵다. 그럼에도, 식단에 관한 지식을 토대로 하면, 그리고 같은 지식에 근거해서 그 이전부터 존재했을 거라고 추정할 수 있는 질환들에 관한 성문 기록을 토대로 하면, 영양 상태에 관련된 질병(각기병, 펠라그라, 리보플라빈결핍, 콰시오르코르[단백 결핍성 소아영양 실조증] 등)은 발병 원인을 신석기시대 식단으로 돌릴 수 있다.

작물은 어떠했을까? 작물 역시 일정한 경작지와 과밀화된 환경 조건에 기초한 일종의 '정착생활'뿐 아니라 인간이 주도하는 새로운 선택압[도태압]에 종속되었다. 사람들은 자신들이 원하는 특징을 갖춘 개체만을 선택했고, 이러한 선택압은 작물의 유전적 다양성을 감소시켰다. 또한 작물 역시, 앞으로 살펴보겠지만, 밀도 의존적 질병에 걸리기 쉬웠다. 한스 J. 니센과 페터 하이네는 다음과 같이 주장한다. "목축과 농경모두 전염병, 흉작, 아니면 불운에 시달리는 일이 많기" 때문에 초기 농경민은 가능한 한 수렵, 어로, 채집에 의지하기를 선호했다.[13] 여기서도고고학적 기록은 그다지 도움이 되지 않는다. 이전에 인구가 많았던 한지역이 갑자기 버려졌음을 보여주는 것은 가능하다. 하지만 성문 기록이 있기 전까지는, 그 지역이 왜 버려졌는지 알아내는 것은 또 다른 문제다. 작물에 진균, 녹균, 해충이나, 다 익은 작물을 파괴하는 폭풍은 인체의 연조직에 감염되는 질병처럼 거의 아무런 흔적도 남기지 않는다. 성문 기록이 남아 있을 경우에도 구체적 원인을 밝히기보다는 그저 '흉작'이나 기아가 발생했음을 기록해놓았을 가능성이 큰데, 많은 경우에피해자들은 그 원인을 이해하지 못했기 때문이다.

작물은 그 자체로 완벽한 '식물군' 역학疫學 폭풍을 대변한다. 한 가지 병원체나 곤충의 입장에서 신석기 농업 경관agricultural landscape의 매력들을 고려해보자. 농업 경관은 과밀화되어 있었을뿐더러, 야초지野草地에 비교하면 대체로 두 주요 곡물 즉 밀과 보리에 집중되어 있었다. 게다가, 1~2년 작물을 재배한 뒤 10년 넘게 놀려두는 화전과 비교할때 일정한 경작지에서는 작물을 대략 연속적으로 재배했다. 해마다 반복되는 경작 활동은 사실상 —불가피한 잡초들은 말할 것도 없고— 식물 관련 해충과 질병의 영구적 배양장을 마련해주는 셈이었다. 그 결과, 일정한 경작지에서 단일 작물을 재배하기 이전에는 존재했을 리 없는 수준의 개체군이 형성되었다. 필연적으로 대규모 정착 공동체 인근에는 경작지가 많이 있었고, 그곳에서 유사한 각양의 작물이 자라고 있었다. 이런 상황은 그에 상응하는 해충 개체군 형성을 활성화했다. 인간의 과밀화에서 비롯되는 전염병의 경우처럼, 신석기시대 경작민을 괴롭힌 수많은 작물 병충해 역시 그토록 영양분이 풍부한 농업생태계를 유리하게 이용하고자 진화한 새로운 병원체들이었다고 생각하는 게 타당한 것 같다. 그리스어에 뿌리를 둔 '기생생물parasite'이란 말은 축자적으로 '곡물 곁에beside the grain'라는 뜻이다.

작물은 인간이 그러했듯 박테리아, 진균, 바이러스병으로부터 위협을 받았거니와 달팽이, 민달팽이, 곤충, 조류, 설치류, 그 밖의 다른 포유류까지 다수의 크고 작은 포식자를 대면하게 되고, 게다가 아주 다양하게 진화하는 잡초와 양분·물·빛·공간을 두고 경쟁해야 한다.[14] 땅에 심긴 씨앗은 애벌레(유충), 설치류, 조류의 공격을 받는다. 생장하고 곡물이 형성되는 동안에도 동일한 해충들이 활동을 하고 진딧물은 수액을 빨고 질병을 옮긴다. 이 단계에서는 백분병白粉病, 흑수병黑穗病, 깜부깃병, 녹병, 맥각병(사람이 이 맥각을 먹었을 경우 '성 안토니오의 불St. Anthony's Fire'이라 불린 맥각중독에 걸리는 것으로 유명하다) 등의 곰팡이에 의한 질병이 특히 파괴적이다(“성 안토니오의 불”이라는 명칭은 맥각중독이 발생한 유럽 중세시대에 성 안토니오가 이 병의 치유를 후원했고, 이 병이 손발 끝이 불에 타들어 가는 듯한 심한 통증을 수반한 데서 유래한 것으로 알려져 있다. '안토니오의 화염'이라고도 한다). 포식자로부터 살아남은 작물은, 쟁기질로 갈아놓은 토양에 특별히 적응해서는 작물처럼 보이는 특정한 잡초와 경쟁해야 한다. 또한 포식자로부터 살아남은 작물은 수확이 끝나서 창고에 저장된 다음에도 바구미와 설치류와 균류의 공격을 당하기 쉽다.

오늘날 중동 지방에서도 몇 가지 작물이 곤충, 조류, 질병 때문에 손실을 입는 일이 매우 흔하다. 북유럽에서 실시된 실험에서는 오늘날의 보리를 기르면서 비료만 주고 현대적 제초제나 살충제를 사용하지 않았더니 생산량이 절반으로 줄었다. 20퍼센트는 작물 병 때문에, 12퍼센트는 동물 때문에, 18퍼센트는 잡초 때문이었다.[15] 과밀화와 단일 작물 재배에서 비롯된 질병에 위협당하는 작물이 수확물을 생산해내기 위해서는 인간 관리인들에 의한 끊임없는 보호가 필요하다. 초기 농경이 위압적일 정도로 노동집약적이었던 것은 대부분 이러한 이유에서다. 이에 필요한 노동을 줄이고 생산량을 늘리기 위해 다양한 기술이 고안되었다. 밭을 여기저기 산발적으로 만들어 밭이 서로 인접하지 않게끔 했고, 밭에 휴한기를 두거나, 몇 가지 작물을 교대로 심는 윤작을 실시했다. 유전적 균일성genetic uniformity을 줄이기 위해 씨앗을 먼 곳에서 구해오기도 했다. 익어가는 작물은 농경민과 그 가족들이 철저히 지켰고 허수아비를 이용하기도 했다. 그러나 이미 질병에 취약해진 농생태에서 작물이 모든 포식자의 공격을 피해 궁극적 보호자이자 포식자인 농경민의 입속으로 들어갈 것인지는 확실히 보장할 수 없는 매우 불안한 문제였다.

문명의 진보에 관한 더 오래된 서사는, 한 가지 기초적 관점에서만큼은, 의심할 수 없이 옳다. 식물과 동물 길들이기는 어느 정도의 정착생활을 가능케 했고 정착생활은 초기의 문명 및 국가와 그 문화적 성취들의 바탕을 형성했다. 하지만 그것은 극도로 빈약하고 허약한 유전적 기반 위에서 이루어졌다. 한 줌의 작물, 몇 가지 가축, 근본적으로 단순하게 바뀐 경관은 배제된 자연에 의해 다시 정복되지 않게 끊임없이 보호되어야만 했다. 동시에, 도무스는 자급자족과는 거리가 멀었다. 도무스는, 말하자면, 배제된 자연이 계속해서 보조를 해주어야만 유지될 수가 있었다. 연료용·건축용 목재를 비롯해서, 어류, 연체동물, 목초지, 작은 수렵감, 산채류, 과일류, 견과류 등을 자연에서 조달해야만 했다. 기아가 닥치면 농경민은 수렵·채집민이 의존했던 도무스 바깥의 자원에 의지했다.

또한 도무스는 인간이 불러들이지 않은 공생생물, 크고 작은 해충, 작디작은 바이러스가 창궐하기에 너무도 적합한 장소였다. 도무스는 바로 이런 집중화와 단일성으로 인해 유별나게 붕괴하기 쉬웠다. 후기 신석기시대의 농경은 선호되는 소수의 식물종과 동물종의 생산량을 최대화하기 위해 특별한 기술들을 발전시킨 여러 단계 중 첫 번째 단계였다. 한 가지 질병(작물이나 가축이나 사람의), 한 차례의 가뭄, 한 차례의 폭우, 한 차례의 메뚜기나 쥐나 새의 무리에 의해 전체 체계가 눈 깜짝할 사이에 무너질 수 있었다. 신석기시대 농경은 협소한 먹이그물에 기초했기에 집중화된 방식으로 생산력을 훨씬 더 높일 수 있었지만, 이동성과 다양한 음식에 대한 의존성을 결합한 이동식 경작이나 수렵·채집 생활보다 훨씬 더 취약했다. 일정한 경작지에서 농사를 짓는 도무스 모듈이 그러한 취약성에도 농생태학적으로나 인구학적으로나 헤게모니를 장악한 불도저가 되어 세상의 많은 부분을 자기 형상대로 바꾸어놓았다는 것은 기적과도 같은 일이다.

번식력과 인구에 관한 단상

신석기 곡물 복합체가 궁극적으로 세계를 지배하게 된 것은 도무스의 역학적 상황으로는 도무지 예상할 수 없는 일이었다. 여기까지 주의 깊게 읽은 독자라면 농경 문명의 부상에 당황했을 뿐 아니라 신석기시대 경작민이 대면했던 병원체들을 고려할 때, 이 새로운 형태의 농경 생활이 번성하는 것은 고사하고 어떻게 살아남을 수 있었는지 궁금해 할 것이다.

이에 대한 짧은 답은, 내가 알기엔, 정착생활 그 자체다. 정착생활을 하는 농경민은 수렵·채집민에 비하면 전반적으로 건강 상태가 불량하고 유아사망률과 모성사망률maternal mortality이 높았음에도 전례 없이 번식률이 높았다. 곧 전례 없이 높았던 사망률을 보상하고 남을 만큼 인구 재생산율이 높았던 것이다. 정착생활로의 이행이 인구 재생산율에 끼친 영향은 오늘날의 연구 조사에서도 기록에 의해 설득력 있게 입증되었다. 리처드 리는 새로운 정착민 여성과 여전히 이동생활을 하는 쿵족!Kung 부시먼 여성을 비교했으며, 다른 연구자들은 농경민과 채집민의 인구 재생산율을 보다 종합적으로 비교했다.[16] 〔쿵족은 아프리카 남부 보츠와나와 남아프리카공화국에 걸쳐 있는 칼라하리사막 북부에 사는 수렵·채집 민족이다. !는 치경흡착음으로, 앞니 뒤에 혀를 대며 강하게 발음하라는 것이라고 한다.〕

정착생활을 하지 않는 사람들은 보통 인구 재생산을 의도적으로 제한한다. 이들은 야영지를 규칙적으로 옮겨야 해서 둘 이상의 아이를 동시에 데리고 다니는 것이 불가능하지는 않더라도 매우 부담스러운 것이다. 그 결과, 수렵·채집민은 자녀 터울을 대략 4년씩 두는데, 이 4년 터울을 맞추기 위해서는 젖떼기를 늦추거나, 낙태를 유도하거나, 혹은 영아를 방치하거나 살해하는 방식을 취했다. 수렵·채집민은 더욱이 대체로 기름기가 적고 단백질이 풍부한 식단을 유지하면서도 격렬한 신체 활동을 한 만큼 사춘기가 더디게 왔고, 배란은 덜 규칙적이었으며, 폐경기는 일찍 왔다. 정착생활의 농경민에게는, 이와는 대조적으로, 자녀 터울이 적더라도 이동 수렵·채집민보다 그 부담이 적었다. 그리고 뒤에서 다시 살펴보겠지만, 자녀는 농경에 동원할 수 있는 노동력이 되는 만큼 그 가치는 더욱 컸다. 정착생활로 초경이 빨라졌고, 곡물 식단으로 유아의 젖떼기가 이유식에 의존해 더 빨리 이루어질 수 있었으며, 탄수화물이 풍부한 식단으로 여성의 배란이 촉진되었고 가임 기간이 늘어났다.

농경사회의 질병과 그 취약성을 고려할 때 농경민이 수렵·채집민에 비해 인구학적으로 '유리한 점'은 상당히 적었을 것이다. 하지만 이 맥락에서 기억해야 할 것은, 5000년 동안 ─마치 복리複利의 '기적'처럼─ 〔농경민과 수렵·채집민 사이〕 최종적 격차는 엄청나게 벌어지고 말았다. 일례로, 서로 다른 인구 재생산율에 대한 배가倍加 시간을 계산해보면, 연간 인구 재생산율이 0.014퍼센트일 경우 5000년이 지나야 인구가 2배가 되지만, 인구 재생산율이 0.028퍼센트일 경우에는 인구가 2배가 되는 데 그 절반의 시간(2500년)밖에 걸리지 않아서, 똑같이 5000년이 지난 뒤에는 인구가 4배가 되는 것이다. 시간이 충분했다는 것을 생각하면, 농경민의 인구 재생산율이 조금 더 높았다는 점은 사실 굉장히 유리한 점이었다.[17]

400만 년에서 500만 년에 걸친 인구 팽창(우리가 사용하고 있는 대략적인 자릿수가 사실적이라면)은 지난 5000년에 걸친 세계 인구 증가에 비하면 미미해 보일 뿐이다. 수렵·채집민 대비 신석기 농경민의 비율은 기원전 1만 년보다 기원전 5000년에 훨씬 더 컸으므로, 이 인구학적 병목 시기에조차 곡물을 재배하던 전 세계 농경민은 인구학적으로 수렵·채집민을 능가하고 있었을 가능성이 크다. 다른 두 가능성 있는 대안이 있는데, 하나는 다수의 수렵·채집민이 선택에 의해서든 강압에 의해서든 농경을 시작했다는 것이다. 다른 하나는 농경민에게 풍토병이 되어 덜 치명적이게 된 농경사회의 병원체들이 면역학적으로 여전히 순수했던 수렵·채집민을 괴멸시켰다는 것이다. 유럽의 병원체들이 다수의 신대륙 주민들을 죽음으로 몰아넣었던 것처럼 말이다.[18] 이러한 일들이 일어났을 가능성들을 확정짓거나 거부할 명백한 증거는 없다. 하지만 어찌 되었든, 레반트, 이집트, 중국의 신석기시대 농경공동체들은 확장되고 있었으며 충적토 저지대를 향해 확산되고 있었다. 그 과정의 대가로 비정착민이 희생된 것은 분명하다. 아무리 희미할지라도, 상황이 나빠졌으리라는 징후는 분명히 있었다.

4장

초기 국가의
농생태

은을 가진 자는 누구나, 보석을 가진 자는 누구나, 소를 가진 자는 누구나, 양을 가진 자는 누구나 곡물을 가진 자의 문간에 자리를 잡고 앉아서 시간을 보내게 될 것이다.

— 수메르 텍스트: 양과 곡식 사이의 논쟁

궁극적으로 사람들은 보물을, 곡식을, 재물을 탈취할 수 있고 실제로 과감하게 탈취해 사람들에게 다시 나누어주는 사람이나 일단의 사람들에게 고개를 숙인다.

— D. H. 로런스

문명을 국가가 성취한 것이라고 판단하고 고대 문명이 정착생활, 농경, 도무스, 관개, 도시를 의미하는 것이라고 생각할 경우, 이는 실제 역사적 순서와는 근본적으로 상치된다. 신석기시대 인류가 이룩한 이 모든 업적은 메소포타미아에서 국가와 비슷한 그 어떤 것이 나타나기도 전에도 이미 있었다. 오히려 정반대다. 우리가 지금 알고 있는 것들에 기초했을 때, 배아 상태의 국가는 후기 신석기시대 곡물과 인력 모듈을 통제와 전유의 기초로 활용함으로써 생겨난다. 이 모듈은, 나중에 다시 보게 되겠지만, 국가를 기획하는 데서 사용가능한 유일한 발판이었다.

길들인 곡물을 기르는 정착 인구 집단들과 1000명 이상의 주민이 상업을 촉진하는 작은 도시들은, 신석기시대의 자율적 성과물로서, 기원전 3300년경에 최초의 국가들이 등장한 것보다 거의 2000년 먼저 자리를 잡고 있었다.[1] 이 초기의 도시들은 "광대한 삼각주 습지대의 중심과 변방에 위치해 있는, 습지 같은 평원에 점점이 박혀 있는 섬이라고 상상하는 편이 낫다"는 사실을 퍼넬은 우리에게 상기해준다. "물길은 관개 수로보다는 운송 경로로 더 많이 이용되었다."[2] 남부 충적토 지대 외부 지역에는 더 이른 시대의 원형도시 정착지가 있긴 했지만, 습지대의 풍요로움 덕분에 다른 어떤 곳에서보다도 충적토 지대에서 도시생활이 내구성과 회복성을 지닌 채 끊임없이 지속되었다는 것만은 확실해 보인다.[3]

그러나 이러한 복합체는 그것이 '포획'된다면 —거기에 '기생'한다는 말도 너무 심한 말은 아니겠지만— 〔그곳을〕 정치적 권력과 특전의 강력한 교점으로 만들 수 있는, 인력과 경작가능한 토지와 영양분이 새롭고 독특하게 집중화된 지역의 전형이었다. 신석기시대 농경 복합단지는 국가 형성의 필수조건이었지만 충분조건은 아니었다. 곧 그것은 국가 형성을 가능하게는 했지만 보장하지는 않았다. 베버주의자들의 관점에서 보면, 우리는 여기서 원인과 결과라기보다는 무언가 '선택적 친연성'에 가까운 것을 다루고 있다. 그래서 당시에는 정착생활을 하는 농경 인구 집단이 국가 없이도 충적토 지대에서 관개를 하는 것이 가능했고 그것이 드문 일도 아니었다.[4] 그러나 충적토 지대의 곡물 경작 인구 집단에 의존하지 않는 국가 같은 것은 전혀 존재하지 않았다.

이와 같은 맥락에서 국가를 구성하는 것은 무엇일까? 변질되지 않은 최초의 원초적 국가를 어떻게 알아볼 수 있을까? 이에 대한 답은 절대 확정적이지 않다. 나는 '국가성'이란 것을, 이것 아니면 저것이라는 식의 명제가 아니라 덜하고 더한 식의 명제로 보고자 한다. 국가성에 대한 그럴듯한 속성은 많고, 한 정치체가 그러한 속성을 많이 가지고 있을수록 국가라고 불릴 가능성도 더 커진다. 채집민, 경작민, 목축민이 정착해 살면서 집단으로 여러 일을 처리하고 바깥 세계와 교역을 하면서 작은 배아 상태의 도시들을 이루고 살았다고 해서 이 도시들이, 그 사실 자체로, 국가인 것은 절대 아니다. 또한 표준적 베버식 기준에 따라 일정한 영토에서 적절한 강제력 행사를 독점하는 정치적 단일체라고 하는 것도 국가는 아니다. 우리는 —곡물로든, 노동으로든, 정금正金으로든— 세금을 부과하고 징수하는 데 전문화되어 있으며 통치자 혹은 통치자들에게 책임을 지는 관리 계층을 제도적으로 갖춘 조직을 국가라고 생각한다. 우리는 국가란 노동의 분업(직공, 장인, 사제, 대장장이, 서기, 병사, 경작민 등)이 이루어진 상당히 복잡하고 계층화된 위계적 사회에서 행정적 권력을 행사하는 것이라고 생각한다. 어떤 이들은 국가에는 군대, 방벽, 의례를 행하는 기념비적 중심 혹은 궁궐이 있어야 하며, 어쩌면 왕이나 여왕도 있어야 한다는 식으로 보다 엄격한 기준을 적용하려 할 것이다.[5]

이처럼 다양한 속성이 있다는 걸 고려할 때, 초기 국가의 탄생을 정확히 집어내려는 것은 상대적으로 자의적인 일이다. 확실한 고고학적·역사적 증거가 있는 유적지가 몇 군데 안 되기 때문이다. 국가의 여러 특징 중에서도 나는 국가의 영토성territoriality과 국가기구state apparatus(성벽, 세금 징수, 관리)를 우선 고려할 것을 제안한다. 이들 기준에 의하면, 우루크의 '국가'가 기원전 3200년에 단단히 자리를 잡았다는 것은 의심할 바 없이 확실한 사실이다. 니센은 기원전 3200년에서 기원전 2800년까지를 중동의 '고도 문명 시대era of high civilization'라고 부른다. 이 시기에 "바빌로니아는 의심의 여지 없이 가장 복잡한 경제적·정치적·사회적 체제들을 산출한 지역이었다."⁶ 수메르의 한 정치체를 확립하는 상징적 근본 행위가 도시의 성벽을 쌓는 일이었다는 것은 절대 우연이 아니다. 실제로 우루크의 성벽은 기원전 3300년에서 기원전 3000년 사이에 쌓은 것인데, 이때는 길가메시가 통치했다고 여겨지는 시기이기도 하다. 우루크는 이후 메소포타미아 충적토 지대 전역에서 20개 정도의 경쟁적 도시국가들 혹은 '대등 정치체들peer polities'이 그대로 따라하게 될 국가 형태의 선구자였다. 이 정치체들은 중심에서 외곽 경계까지 하루면 걸어갈 수 있을 만큼 소규모였다.

기원전 제4천년기 수메르의 도시 우루크는 적당한 농촌 배후지를 지배하고, 체계적 도시 정부를 갖추고 있어서 도시국가의 기준을 충족했다. 처음엔 그만 한 크기와 힘을 지닌 곳은 우루크가 유일했다. 하지만 이후 기원전 제3천년기 상반기 500년 동안에는 키시, 니푸르, 이신, 라가시, 에리두, 우르 같은 주요 도시들이 우루크와 같은 범주에 들게 되었음을 보여주는 충분한 증거가 있다.⁷

초기 국가 형성에 관한 검토 과정에서 우루크가 크게 드러난다면, 그것은 단지 우루크가 최초의 국가로 보이기 때문만이 아니라 우루크에 관한 고고학적 자료가 가장 많이 남아 있기 때문이기도 하다. 우루크와 비교할 때, 메소포타미아 지역의 다른 초기 국가 중심state center에 관한 우리의 지식은 굉장히 단편적이다. 당시 우루크는 물리적 크기에서나 인구에서나 세계에서 가장 큰 도시였다는 게 거의 확실하다. 인구는 2만 5000명에서 5만 명에 이르렀던 것으로 추정되며, 200년에 걸쳐 주민 수가 3배로 늘었던 것은 당시의 높은 사망률을 감안하면 자연적 인구증가로는 보이지 않는다. 우르Ur·우루크Uruk·에리두Eridu 같은 지명 자체는 수메르어에서 기원한 것으로 보이지 않는데, 이는 외부에서 이주해온 주민들이 본래 살고 있던 주민을 대체하거나 흡수했음을 암시한다. 목에 차꼬를 찬 전쟁 포로들이 묘사된 저부조低浮彫는 인구를 증가시킨 또 다른 수단이 있었음을 시사한다.

우루크의 성벽은 250헥타르[250만 제곱미터]에 이르는 지역을 둘러싸고 있었던 것으로 보인다. 이 정도 면적은 거의 3000년 뒤에 등장하는 고대 아테네의 2배 정도 되는 크기다. 대략 1만 명의 인구가 있었던 또 다른 수메르 도시인 아부살라비크가 주변 10킬로미터 반경 안에 드는 시골 지역을 지배했을 거라고 하는 J. N. 포스트게이트의 계산을 고려하면, 우루크의 배후지는 적어도 그보다 2~3배는 컸을 것이다.[8] 더욱이 음식이나 맥주를 배급하는 데 사용되었다고 판단되는 수천 개의 표준화된 그릇 말고도, 농경과 그 밖의 다른 일들을 위해 신전에서 상당한 작업 인력을 동원했음을 보여주는 증거가 많다. 국가성을 드러내는 다른 흔적들로는 특화된 서기 계층, 갑옷을 갖춘 (상근?) 병사, 도량형을 표준화하려는 시도들이 있었다. 그러므로 초기 국가에 관한 나의 논의는, 별다른 언급이 없는 한, 대체로 우루크에 관한 광범위한 자료에 의존할 것이며, 때로는 우루크 근처 지역에서 그보다 1000년 뒤에 등장해 짧게 유지되었으나 자료가 많이 남아 있는 우르 제3왕조를 참조할 것이다.

국가 형성이 충적토 지대에서 곡물과 인력이 집중된 곳을 통제·유지·확장하는 데 달려 있었다고 하면, 초기 국가가 어떻게 이 인구-곡물 모듈을 지배할 수 있었는지 묻게 된다. 이 가설에 근거한 국가의 국민이 될 사람들은 매개체 없이 물에 직접 접근할 수 있었을뿐더러 하천의 범람-퇴각에 의존하는 농경과 그 밖의 다양한 생계수단을 가지고 있었다. 이들이 어떻게 국가의 국민으로 집결하게 되었는지를 설명할 수 있는 설득력 있는 가설은 기후변화다. 니센은 적어도 기원전 3500년에서 기원전 2500년에 이르는 시기에 해수면이 빠르게 내려가면서 유프라테스강의 유량도 줄어들었음을 보여준다. 기후가 더욱더 건조해졌다는 것은 강물이 줄어들어 본류로만 흐르고 사람들은 남아 있는 물길 주변으로 모여들었던 반면, 물이 물러간 지역의 토양은 염류화되어 경작가능한 땅이 급격히 줄어들었음을 의미했다. 이 과정에서 인구는 현저하게 집중화되었다. 즉, 더 '도시적'이 된 것이다. 관개 사업이 더 중요해졌거니와 더 노동집약적으로 변했다. 이제는 물을 끌어올리는 일까지 필요했고, 인공적으로 파낸 수로에 대한 접근성이 생존에 필수 요소가 되었다. 도시국가들은 (움마와 라가시의 사례처럼) 경작가능한 땅과 관개가능한 물에 대한 접근성을 확보하기 위해 서로 싸웠다. 시간이 흐르면서 더욱 그물처럼 촘촘해진 수로 체계가 부역과 노예노동을 통해 건설되었다. 기후가 건조해지고 그에 따라 인구가 집중화되었다고 하는 확실한 증거에 기초한 니센의 시나리오를 받아들인다면, 국가 형성에 관한 한 가지 매우 그럴듯한 설명을 들을 수 있다. 관개용수가 부족해지자 인구는 점점 더 물을 잘 댈 수 있는 지역으로만 모여들었고 그곳에서 벗어날 수 없게 되었으며, 수렵과 채집 같은 대안적 생계 방식들은 사라지거나 줄어들었다. 니센이 묘사하듯, "우리는 이미 이전 시대에 이와 같은 일이 벌어졌음을 본 적이 있다. 정착지들이 보다 큰 강줄기 근처로 집중되었던 반면 강 사이 지역은 점점 더 비어갔다."[9] 기후변화는 일종의 도시화를 강제했다. 인구의 90퍼센트가 30헥타르〔30만 제곱미터〕 정도의 정착지 안에서 살게 되었고, 그 결과 곡물-인력 모듈을 강화해 국가 형성에 이상적 환경이 마련되었다. 건조함이야말로 국가 형성의 시녀였음이 판명되었다. 말하자면, 건조함은 집결된 인구와 집중된 곡물을 배아 상태의 국가 공간으로 몰아주었던 것이다. 그렇지 않았다면, 그 시대에 국가 공간은 절대 다른 방식으로 형성될 수 없었을 것이다.

메소포타미아만이 아니라 사실상 다른 모든 지역에서도 초기 국가는 이 새로운 생계 원천에 기대어 배를 불린다. 곡물과 인력이 그것들을 지탱할 수 있는 토양으로만 ―충적토나 풍적토 지대로만― 집중되자 전유, 계층화, 불평등의 발생가능성이 최대화되었다. 국가 형태는 이러한 핵을 생산적 토대로 식민지화하고, 확장하고, 강화하고, 때로는 황금알을 낳는 거위를 살찌우고 보호하고자 ―교통과 관개를 위한 수로 같은― 기반 시설을 추가하기도 한다. 앞서 취했던 관점에서 보자면, 이러한 형태의 강화 작업들을 지배층의 생태적 지위 구성이라 생각할 수도 있다―즉 거주지의 생산성을 강화하기 위해 경관과 생태를 변용하는 것 말이다. 물론, 농경과 인구 증가를 그 이상으로 강화하기 위한 생태적 역량은 비옥한 토양과 이용가능한 물이라는 맥락에서만 가능했다. 마찬가지로 최초의 관료제 국가들도 그러한 환경에서만 등장할 수 있었다.

메소포타미아 지역의 국가 발전이 단선적으로 이루어진 것은 절대 아니다. 충적토 지대의 소국가는 그 주민과 마찬가지로 기대수명이 매우 짧았다. '통치'보다 통치 부재가 더 흔했으며, 붕괴와 분열의 기나긴 사건도 흔했다. 앞서 살펴보았듯, 후기 신석기시대 원형도시 복합체는 최선의 환경에서조차 잠시 스치듯 일어났다 사라지는 현상과도 같았다. 폭우, 홍수, 역병 등이 그 존재를 위협했으며, 작물이나 가축 또는 인간이 걸리는 질병도 얼마든지 정착지를 쓸어버리거나 그곳 주민을 흩어버려서 다시금 수렵과 채집과 유목으로 생계를 유지하게 만들 수 있었다.

과밀화된 신석기시대의 복합단지에는 이미 위험 요소가 상당히 많았는데, 거기에 국가가 겹쳐지자 [국가의] 취약성과 불안정 또한 한층 더해졌다. 세금과 전쟁은 더해진 취약성을 잘 예시해주는 역할을 할 수 있다. 현물(곡물이나 가축)과 노동을 세금으로 내야 했다는 것은, 농경민이 도무스를 유지하기 위해 생산 활동을 하고 있었거니와 지배층이 그들 자신의 생계와 과시를 위해 전유했던 지대를 공급하고 있었음을 의미했다. 그럼에도 바로 그 지배층은 기아가 닥쳐올 때면 그들의 인구를 온전하게 유지하기 위해 모아놓았던 곡식을 풀어서 쓸 수 있었다. 이러한 세금이 얼마나 부담이 되었는지를 단정하기는 쉽지 않았으며, 여하튼, 세금은 시대에 따라 정치체에 따라 변했다. 농경의 역사 일반으로부터 판단해보면, 곡물로 걷은 세금이 수확의 5분의 1보다 적지는 않았을 것이다. 경작민은 사실상 생계의 궁지에 몰려 있었다. 이들은 세금을 내지 않을 때에도 흉년이 들면 끼니를 걸러야 했는데, 국가가 세금을 걷어간 뒤로는 굶어 죽어야 할 지경이 되었다.

남부 충적토 지대에서 경쟁관계에 있던 정치체들이 자주 전쟁을 벌였다는 증거는 넘치도록 많다. 당시 전쟁에서 얼마나 많은 사람이 피를 흘렸는지는 정확히 알기 어렵다. 하지만 모든 초기 국가에서 인구 자체가 무척이나 소중했다는 점을 고려하면, 당시 전쟁은 피를 많이 흘리기보다는 시설을 파괴하는 쪽에 가까웠을 것이다. 충적토 지대의 대등 정치체 사이에서 일어난 전쟁에 관한 한 가지 설명에 따르면, 전쟁에서 승리한 군대가 전리품과 공물을 가지고 돌아올 때를 제외하곤 사람들은 대체로 생계를 겨우 유지하는 수준으로 살았다.[10] 승자의 이득은 패자의 손실로 상쇄되었다. 전쟁은 그 자체로 시체를 불태우고, 곡식 저장고를 탈취하고, 가축과 가재도구를 몰수한다는 것을 의미했다. 하지만 한 국가의 군대는 적의 군대만큼이나 생계에 큰 위협이 되었다. 초기 국가는 날씨와 같아서 생계에 도움을 줄 때보다 위협을 가할 때가 더 많았다.

국가 형성의 농업지리학

고대국가는, 아주 투박한 물질적 관점에서 보자면, 모두 농경국가였으며 비생산자(서기, 장인, 병사, 사제, 귀족을)를 먹여 살리기 위해서는 전유가능한 농경-목축 생산물의 잉여가 반드시 필요했다. 고대 세계의 교통수단을 고려할 때, 고대국가의 이러한 상황은 최대의 경작가능한 땅과 일할 수 있는 인력이 최소의 좁은 반경 안에 집중되어 있었음을 의미한다. 후기 신석기시대에 비옥한 충적토 지대에 위치해 있던 정착지는 이미 존재하고 있던 사람들과 곡물의 핵을 이루고 있었으며, 바로 이 핵으로부터 국가가 정교하게 만들어질 수 있었다.

우리는 국가 형성을 위한 지리적 조건을 더욱 구체적으로 논할 수 있다. 가장 비옥한 토양만이, 밀집된 지역 안에 있는 거대한 인구를 부양하고 세금 징수가 가능한 잉여를 생산하기에 충분한 단위 면적당 생산성을 보이고 있었다. 실제로 이런 조건을 만족하는 토양이란 (바람에 날려 와 쌓인) 풍적토 지대와 (하천의 범람에 의해 쌓인) 충적토 지대의 토양을 의미한다. 티그리스강과 유프라테스강, 그리고 그 지류들이 해마다 범람하며 가져다준 역사적 선물인 충적토 지대는 메소포타미아 지역 국가 형성의 현장이 되었다. 충적토 없이는 국가도 없었다.[11] 재해로까지 번지지 않는, 신뢰할 만한 범람이 일어나는 곳에서는, 작업하기에 쉽고 양분이 풍부한 토사 위에서 (나일강의 이집트에서처럼) 하천의 범람-퇴각을 이용한 농사를 지을 수 있었다. 이런 경우 인구밀도는 훨씬 더 높아질 수 있었다. 중국에서 발생한 초기의 국가 중심들(진·한)에 대해서도 같은 이야기를 할 수 있다. 황허강을 따라 형성된 이 풍적토 지대의 인구밀도는 산업화 이전 사회에서는 보기 드문 수준에 이르렀다. 중국 국가의 발전 과정을 따라가보는 것은 그것을 가능하게 했던 농생태를 따라가보는 것이다. 래티모어는 다음처럼 말했다. "고대 중국의 풍적토 핵심부에서 이루어진 관개사업은 극적인 성과를 냈다. 토양은 부드러워서 작업이 쉬웠고, 돌도 없었으며, 기후는 다양한 작물 재배가 가능했다. 땅만 적당하다면 농경 복합체는 멀리멀리 뻗어나갔다."[12]

물은 물론 생존에 필수적이었다. 물이 풍부한 습지에는, 앞서 보았듯, 최초의 실질적 정착 공동체가 형성될 수 있는 토대가 이미 마련되어 있었다. 물이 충분히 공급되는 충적토 지대만이, 강우[강수]에 의해서든 관개에 의해서든, 국가가 형성될 수 있는 장소였다. 그러나 물은 또 다른 방면으로도 중요했다. 범람원이나 그 근처에 위치해 있으면서 곡물 농경에 전문화되어 있던 메소포타미아 지역의 초기 국가 중심 가운데 외따로 떨어져서 경제적으로 자급자족한 곳은 한 곳도 없었다. 모두들 다른 생태 권역에서 나오는 수많은 생산물을 필요로 했다—목재, 장작, 가죽, 흑요석, 구리, 주석, 금, 은, 꿀 등.[13] 이들 초기 국가 중심들은 이런 물품을 받는 대가로 토기, 옷감, 곡물, 공예품을 주었다. 이와 같은 물품 대부분은 육로보다는 수로를 통해 운반해야 했다. 나는 "수상교통 없이, 국가 없다"라고 말하고 싶은데, 이건 크게 과장된 말은 아니다.[14] 우리는 이미 앞에서 선박이나 작은 바지선을 이용한 운송이 당나귀나 수레를 이용한 운송보다 기하급수적으로 더 경제적일 수 있음을 강조했다. 이 둘 사이 차이는 1800년까지 (증기선이나 기차가 등장하기 전까지) 배를 타고 잉글랜드의 사우샘프턴에서 [아프리카의] 희망봉까지 가는 것이 승합마차를 타고 런던에서 에든버러까지 가는 것만큼이나 빨랐다는 현저한 사실이 여실히 보여준다.[15] 물론 선박은 엄청나게 더 많은 화물을 운송할 수 있다. 수상운송을 통해 그만큼 마찰 저항을 줄일 수 있었다는 기적은 초기 국가 중 해안이든 하천이든 배가 다닐 수 있는 인근 수로에 의존하지 않은 국가는 매우 드물었음을 의미했다. 티그리스강과 유프라테스강이 갈라지는 지점에 위치했던 초기의 충적토 지대 국가들은 또한 물의 흐름을 이용해 통나무 같은 대형 물품을 떠내려 보냄으로써 운송에 드는 노동력을 최소화할 수 있었다. 〈길가메시 서사시〉의 중간 부분에는 거대한 숲을 지키고 있던 거인을 죽인 뒤 삼나무로 만든 뗏목을 —나중에 새로이 건설되는 도시의 정문이 될 뗏목을— 강 하류로 띄워 보내는 이야기가 나오는데, 이는 결코 우연이 아닐 것이다.

운송에서 일반적으로 마찰력을 줄이는 일이 국가 형성에 중요한 역할을 했다. 연중 대부분의 기간에 물결이 잔잔해서 배가 다닐 수 있는 물길은 전형적인 핵심 요소다. 땅이 평평한 것도 도움이 된다. 범람원은 당연히 기본적으로 평평한 땅이다. 반면에 기복이 심한 땅에서는 운송비용이 기하급수적으로 커진다. 국가 형성에 잠재된 생태학을 파악하면서 이븐 할둔은 아랍인들이 평평한 땅을 정복할 수 있었지만 산과 골짜기에 좌절했음을 특별히 언급했다.[16]

기초적 국가 형성의 조건을 구체적으로 따져보면, 그와 정반대의 조건 즉 국가 형성의 개연성이 떨어지거나 정말로 [국가 형성의] 불가능한 조건을 제대로 평가하는 데 도움이 된다. 인구 집중은 국가 형성을 용이하게 하는 데 반해, 인구 분산은 국가 형성을 좌절시킨다. 인구 집중을 가능하게 하는 것은 물 공급이 잘되는 비옥한 충적토 지대이므로, 비非충적토 생태는 초기 국가의 발생 장소가 되기 어렵다. 건조한 사막과 (산 사이 비옥한 분지들을 가로막고 있는) 산악 지대에서는 사실상 분산된 생계 전략이 필요하며, 그래서 국가 형성의 핵이 생기지 못한다. 이 '비국가 공간들'에서는 상이한 생계 패턴과 사회 조직—유목, 채집, 화전 경작 등— 때문에 국가 담론에 의해 '야만'으로 낙인찍히는 경우가 많다.

국가 '모듈'에선 반드시 한곳에 집중된 인력이 필요하다. 구체적으로 말하자면, 주로 일정한 경작지에서 농사를 짓는 인력이 필요하다. 물론 〔인구〕 집중만으로는 충분하지 않다. 중동에서 확고한 정착생활이 처음으로 발생한 남부 메소포타미아 충적토 지대의 습지 생태계는 그 적절한 사례다.[17] 그곳은 인구가 매우 많았고, 어떤 작물들이 재배되긴 했지만, 그곳의 초기 도시들은 고고학적 기록에 고유한 흔적을 뚜렷하게 남기는 쟁기질된 일반적 경작지 유적을 전혀 내놓지 않는다. 이곳의 생계 수단은, 앞서 묘사했듯, 예외적으로 다양했다. 습지대에서 수렵과 채집을 병행하고, 야생 갈대와 사초를 수확하고, 양과 염소와 소에게 풀을 먹였다. 인구는 조밀하고 사람들은 풍족했지만, 농사를 짓는 것은 아니었다. "새로이 시각화된 이 도시들의 심장부는 관개에 의한 곡물 재배에 의해 추동된 사회 변화의 모델을 뒷받침하기보다는 정착지의 진전이 (…) 연안 지역 생물량에 대한 우발적 의존성으로 시작되었음을 암시한다."[18] 습지는 부와 도시를 산출했지만 이후 1000년이 넘는 시간 동안 국가는 등장하지 않았다. 습지에서의 활기차고 다양한 생계 활동은, 밭을 갈아 경작하는 농업 경관과 달리, 국가 형성에 유리하게 작용하지 않았다. 큰 강의 삼각주 지역이 초기 국가 형성에 도움이 되지 않았다는 의혹을 확인하는 데는 나일강의 삼각주가 그 비교 사례를 제공한다. 초기 이집트 국가들은 삼각주에서 떨어진 강의 상류 지역에서 생겨났다. 삼각주 지역에는 이미 인구가 많았고 생계 자원이 풍부했지만 그것들이 국가 형성의 토대가 되지는 않았다. 그렇기는커녕, 삼각주 지역은 국가에 적대적이고 저항적인 지역으로 인식되었다. 메소포타미아 습지의 주민처럼 나일강 삼각주의 인구는 터틀백〔귀갑 지형〕에서 어류를 잡고, 야생 갈대를 채취하고, 조개류를 먹으면서 생활했지만, 농사는 짓지 않았다. 그들은 왕조 시대로 접어든 이집트에 속하지 않았다.

황허강을 따라 형성된 초기 국가들의 중심 역시, 유사하게, 끊임없이 변화하며 요동치는 삼각주 지역이 아니라 상류 지역에 있었다. 서곡 농사이긴 했지만, 메소포타미아 국가들에서 밀과 보리가 중요했듯, 중국의 국가 형성 핵에서도 경작은 생존에 필수적이었다. 중국의 국가 건설 프로젝트는 복잡하고 다양한 황허강 삼각주와 그 사이에 있는 양쪽의 언덕진 땅덩이들('내부의' 야만 지역들)은 제쳐둔 채, 경작가능한 풍요로운 풍적토 지대 한 곳에서 또 다른 곳으로 폴짝폴짝 건너뛰었다고 할 수 있다.

곡물이 국가를 만든다

메소포타미아, 이집트, 인더스강 유역, 황허강 지역에 등장한 초기의 주요 고대 농경국가들은 하나같이 생계의 토대가 현저하게 서로 비슷했다. 이 국가들은 모두 곡물 국가였다. 밀과 보리를 길렀고. 황허강에서는 서곡을 길렀다. 그 이후의 초기 국가들 역시, 관개를 통해 재배한 쌀을 주식 목록에 추가하고 신대륙에서는 옥수수를 주식으로 기르긴 했지만, 여전히 똑같은 패턴을 따랐다. 이것의 부분적 예외는 잉카문명의 국가인데, 이 국가는 주로 옥수수와 감자에 의존했지만, 옥수수는 주로 조세 작물로 재배된 것 같다.[19] 하나의 곡물 국가에서는 한두 곡물이 주요 식용 전분을 공급하고, 현물 조세 단위로 사용되며, 패권적 농사력曆의 토대를 제공했다. 그러한 국가들은 충적토 토양과 이용가능한 물 덕분에 형성된 생태적 지위에 한정되었다. 여기서 뤼시앵 페브르의 '가능론possibilism'이 다시 한 번 강조되어야 한다. 그러한 생태적 지위는 국가 형성에 필수조건이었지만 (생태적 지위는 수로 건설이나 계단식 경지 조성 같은 경관 관리를 통해 확장될 수도 있었으나) 충분조건은 아니었다.[20] 그리고 이 경우에서, 인구 집중은 국가 형성과는 구분되어야 한다. 앞서 살펴보았듯, 습지의 풍요로움은 초기 도시생활과 상업을 유도했지만 대규모 곡물 재배 없이는 국가 형성으로 이어지지 않았다.[21]

그렇다면 초기 국가들에서 곡물이 왜 그렇게 커다란 역할을 했던 걸까? 이미 길들인 다른 작물도 있었고, 특히 협과 역시 중요했다. 중동에서는 렌즈콩과 병아리콩과 완두콩이, 중국에서는 타로와 메주콩이 이미 길들어 있었다. 이것들은 왜 국가 형성의 기초가 되지 못했을까? 더욱 넓게 말하자면, 왜 '렌즈콩 국가'라든가, 병아리콩 국가, 타로 국가, 사고 국가, 빵나무 국가, 얌 국가, 카사바 국가, 감자 국가, 땅콩 국가, 바나나 국가는 역사에 등장하지 못했을까? 이들 작물 가운데 다수는 밀과 보리보다 재배면적당 더 많은 칼로리를 산출하고, 어떤 것은 더 적은 노동력이 들며, 그것만 섭취하거나 다른 것과 함께 섭취했을 때 [밀과 보리와] 비슷한 기본 영양소를 공급한다. 달리 말하자면, 이 작물 중 다수가 다른 곡물만큼이나 인구밀도와 영양가라는 농업인구학적 조건을 모두 충족한다. 오직 관개농업으로 재배되는 쌀만이 단위면적당 열량 가치의 순수한 집중도라는 측면에서 이들을 능가한다.[22]

곡물과 국가 사이 단단한 결합관계의 핵심은 오직 곡물만이 조세의 토대로 사용될 수 있다는 데 있다. 곡물은 쉽게 눈으로 볼 수 있고, 나눌 수 있고, 가치 산정이 가능하고, 저장할 수 있고, 운송할 수 있고, '배급'

할 수 있기 때문이다. 협과, 덩이줄기, 전분 식물도 국가 운영에 적절한 속성을 지니고 있긴 하지만, 곡물의 이런 이점을 모두 다 가지고 있지는 못하다. 곡물 특유의 이점을 제대로 평가하려면, 무엇보다 쉽고 효율적인 전유 가능성에 관심을 두는 고대 세금징수원의 입장에서 생각해보면 쉽다.

곡물이 거의 동시에 땅위로 자라나 여문다는 사실은 세금징수원의 일을 그만큼 더 쉽게 만들어준다. 군대와 세금징수원이 알맞은 때에 도착하면, 일거에 전체 수확 곡물을 베고, 탈곡하고, 징발할 수 있다. 적군의 입장에서는 곡물 덕분에 초토화 작전이 더 쉬워진다. 수확 때가 다 된 곡물 경작지를 태워버리면 경작민은 도망가거나 굶을 수밖에 없다. 하지만 세금징수원에게나 적군에게나 곡물 수확이 모두 끝나 탈곡과 저장이 다 마무리될 때까지 기다렸다가 곡물 저장고의 내용물 전부를 몰수하는 편이 훨씬 나았다. 실제로 중세시대 십일조의 경우 경작민은 탈곡하지 않은 곡물을 단으로 묶어 밭에 두어야 했고, 그러면 십일조 징수원이 와서 10개의 단마다 1개의 단을 취했다.

이 상황을 감자나 카사바/마니옥 같은 덩이줄기 작물을 주식으로 하는 농경민의 경우와 비교해보자. 덩이줄기 작물은 익는 데 1년이 걸리지만, 땅속에서 1~2년은 더 상하지 않고 안전하게 유지될 수 있다. 따라서 필요할 때마다 캐서 먹고, 나머지는 그대로 땅속에 묻어두면 된다. 군대나 세금징수원이 이 덩이줄기 작물을 원한다면, 농경민이 하듯 하나씩 파내기만 하면 된다. 하지만 한 수레의 감자는 한 수레의 밀보다 (열량 면에서나 시장 가격 면에서나) 훨씬 가치가 떨어지고 더 빨리 상한다.[23] 프로이센의 프리드리히 대왕[재위 1740~1786]은 백성에게 감자를 심으라고 명령했는데, 덩이줄기 작물을 재배하는 이들은 적군에 의해 그렇게 쉽게 흩어질 수 없다는 점을 알고 있었던 것이다.[24]

곡물은 '땅 위에서' 동시에 익는다는 점에서 국가의 세금징수원이 곡물에 대해 쉽게 판별할 수 있고 그 가치를 쉽게 평가할 수 있다는 엄청난 이점이 있었다. 이러한 특징 때문에 밀·보리·쌀·서곡·옥수수는 최고의 **정치적** 작물이 되었다. 보통 세금을 매길 때는 토양질에 따라 경작지에 등급을 매기고, 그 토양에서 특정한 작물이 평균 얼마나 생산될 수 있는지에 근거해 세금으로 바칠 곡물 양을 정한다. 매년 세금 조정이 필요하다면, 경작지를 조사하고 수확철이 오기 전에 그 특정 재배연도의 추정 생산량에 맞추어 대표 경작지에서 작물을 베어내 가져갈 수 있다. 나중에 다시 보겠지만, 국가 관리들은 문명의 기술을 강제해 작물 수확과 현물 세금을 늘리려고 애썼다. 메소포타미아의 국가 관리들은 쟁기질을 반복해서 커다란 흙덩어리를 부수고, 써레질을 반복해서 작물이 뿌리를 잘 내리고 양분이 잘 전달되게 하라고 계속 요구했다. 요점은 곡물을 주로 재배하고 토양을 미리 준비하게 되면서, 작물을 심고 가꾸고 수확하는 과정 모두를 살펴보고 평가하기가 훨씬 더 쉬워졌다는 사실이다. 예를 들어, 이것을 시장에서 구매자와 판매자의 상업 활동을 평가하려는 시도와 비교해보자. 중국에서 공공연하게 상인 계층을 불신하고 그들에게 오명을 씌웠던 한 가지 이유는 상인들의 재산은 쌀을 재배하는 농부의 재산과 달리 쉽게 파악되지 않아 감추기도 쉽고, 가지고 도주하기도 쉽다는 단순한 사실 때문이었다. 시장에 세금을 매길 수도 있고, 상품과 거래가 투명하게 들여다보이는 도로나 강물의 교차점에서 통행세를 걷을 수도 있겠지만, 상인에게 세금을 부과하고 징수하는 것은 세금징수원에게는 악몽과도 같은 일이었다.

측량하고 분할하고 사정하는 용도를 고려할 때, 수확한 곡식이 최종적으로 작은 낟알 상태가 된다는 사실은 어마어마한 행정상 이점을 제공한다. 곡식 낟알은 설탕이나 모래의 낟알과 마찬가지로 점점 더 작은 단위로 거의 무한정 나눌 수 있으며, 회계 용도로 아주 정확하게 그 무게와 부피를 측정할 수도 있다. 곡물 단위는 교역과 조공을 위해 다른 물품들의 가치를 계산할 수 있는 측량과 가치의 기준으로 사용될 수 있었다. 메소포타미아의 움마에선 최하층 노동자들에게 거의 정확히 2리터에 해당하는 보리가 매일 배급되었는데, 이때 보리의 양을 재는 데 쓰인 빗각 형태의 사발은 이 지역에서 가장 흔하게 발견되는 고고학적 유물 가운데 하나다.

그렇다면 병아리콩 국가나 렌즈콩 국가는 왜 없는 걸까? 콩류는 영양도 풍부하고 집중적으로 재배도 가능한 작물이다. 게다가 그 수확물은 말려서 오래 보관할 수 있는 낟알 형태로 되어 있어서 곡물만큼이나 쉽게 소분해 배급할 수도 있다. 이렇게 보자면 곡물이 지닌 가장 결정적 장점은 [곡물은] 성장기가 확정되어 있다는 점, 따라서 사실상 동시에 여물어간다는 점이다. 세금징수원의 입장에서, 대부분의 협과가 지닌 문제점은 [콩류는] 더 오랜 기간 계속해서 열매가 열린다는 점이다. 콩이나 완두콩은 익으면 익는 대로 곧바로 수확될 수 있고 또 실제로 그렇게 수확된다. 세금징수원이 일찍 도착한다면 대부분의 작물은 아직 익지 않았을 것이고, 세금징수원이 늦게 도착한다면 납세자들이 이미 수확량의 대부분을 먹었거나 감추었거나 팔았을 것이다. 세금징수원의 입장에서는, 자라고 익는 시기가 확실한 작물을 가지고 원스톱

빗각 형태의 (배급용?) 사발

(Susan Pollock 제공)

쇼핑으로 세금을 걷어가는 게 최선이다. 이런 의미에서 구대륙의 곡물은 국가 형성에 전적응되어 있었다. 신대륙에는 ─익으면 익는 대로 수확될 수 있고 밭에 그대로 두어 숙성되고 건조되도록 기다릴 수도 있는 옥수수를 제외하고는─ 정해진 기간에 경작지 전체에서 동시에 익는 작물은 없는 만큼 구대륙 농사력曆을 지배하는 수확 축제의 전통도 전혀 없다. 그렇다면 신석기시대 경작민이 일정한 기간에 모두 함께 익는 작물을 선택한 것이었는지를 생각해보게 된다. 그렇다고 한다면, 일정한 기간에 함께 익는 병아리콩과 렌즈콩은 왜 선택되지 못했던 걸까?

그렇다 하더라도 곡물 조세가 완전히 잘못될 염려가 없는 것은 아니다. 주어진 곡물은 한번 심겨서 자라면 동시에 익는다 해도, 계절적 변동에 따라 심는 날짜가 달라질 수 있는 만큼 경작지마다 익는 시기 또한 약간씩 달라질 수 있다. 경작민이 세금을 피하려고 완전히 익지 않은 곡물을 미리 수확해 감추어두는 일은 그리 드물지 않다. 고대국가들은 할 수 있는 한 주어진 구역에서 정해진 파종 시기를 강제하려고 애를 썼다. 관개농업으로 재배하는 쌀의 경우, 이웃한 논에는 모두 거의 같은 시기에 물을 댔다. 이것만으로도 (옮겨)심는 시기를 강제하게 되는 것이다. 이러한 조건 아래 재배될 수 있는 작물은 쌀밖에 없음은 말할 필요도 없다.

곡물은 또한 대량 수송에도 유리하다. 고대의 수송 환경에서도 곡물은 거의 모든 다른 식품보다 훨씬 더 멀리까지 이익을 남기고 판매될 수 있었다. 더욱이 수상 운송 수단을 사용할 수 있는 곳에서라면 많은 양의 곡물을 상당히 멀리까지 운반할 수 있었으며, 그렇게 해서 초기 국가는 지배하길 희망하던 농업 중심지를 확장하고 거기서 세금을 거두어들일 수 있었다. 우르 제3왕조(기원전 제3천년기 후반) 때는 우르 지역 전체에서 수확한 보리의 절반을 바지선을 통해 왕실 저장고로 운반했다고 한다.[25] 다시 말하지만, 옛날 메소포타미아의 세금징수원에게는, 그리고 적어도 19세기까지 같은 이유로, 배를 띄울 수 있는 강이나 해안과 농경국가의 결합은 하늘에서 맺어준 것이었다. 일례로 로마에서는 곡물과 포도주를 육로로 100마일〔약 160킬로미터〕 넘게 운반해야 할 경우 (주로 이집트로부터) 지중해를 통해 운반하는 게 비용이 덜 든다는 점을 발견했다.[26]

곡물은 거의 모든 다른 식품보다 단위 부피와 무게당 가치가 더 높다. 그리고 비교적 저장이 쉬워서 생계와 조세를 위한 이상적 작물이 된다. 또한 곡물은 사용할 때까지 껍질을 벗기지 않은 상태로 둘 수도 있다. 따라서 인부와 노예에게 배급하거나, 공물로 요구하거나, 병사나 부대에 지급하거나, 식량 부족 또는 기아를 완화하거나, 포위당한 도시의 주민들을 먹여야 할 때 매우 이상적인 수단이 된다. 곡물은 초기 국가의 힘줄이며 뼈대를 이루고 있었다. 이런 곡물 없이 초기 국가가 성립되었으리라 상상하는 것은 쉬운 일이 아니다.

곡물 재배가 멈추고, 그래서 농경 기반의 조세가 멈춘 곳에서는 국가의 권력도 약해지기 시작했다. 중국의 초기 국가들이 지녔던 권력은 황허강과 양쯔강의 경작가능한 배수 유역에 한정되었다. 일정한 경작지가 있고 관개에 의한 쌀 재배가 이루어지는 이 생태적·정치적 중심 너머에는 세금 징수가 어려운 이동하는 목축민, 수렵·채집민, 화전민이 있었다. 그들은 '아직 지도 안으로 들어오지 않은' '날것' 야만인으로 정의되었다. 로마제국의 영토는 그 모든 제국적 야망에도 곡식 재배 한계선을 많이 넘어가지 않았다. 로마의 알프스 이북 지배는, 고고학자들이 공예품이 처음 발견되었던 스위스의 유적지 이름을 따서 라텐 지역이라 부르는 곳에 집중되어 있었다. 이 지역은 인구밀도가 더 높았고, 농경 생산 또한 더 활기찼으며 (오피둠oppidum이라는) 도시들도 더 컸다. 이 지역 바깥에는 인구밀도가 낮고, 목축과 화전을 특징으로 하는 '야스토르프 유럽 Jastorf Europe'이 있었다.[27]

이와 같은 대비는 세계 대부분의 지역과 인구는 여전히 최초의 곡물 국가 바깥에 남아 있었음을 효과적으로 상기시켜준다. 곡물 국가들은 집약적 농경에 유리한, 협소한 생태적 지위에 한정되었다. 그 경계 너머에는 전용불가능한 생계 방식이라 부를 수 있는 생활이 존재했는데, 그중에서도 가장 중요한 것들은 수렵과 채집, 바다낚시, 수집, 원예, 이동식 경작, 전문화된 목축이었다.

국가 세금징수원의 입장에서, 이러한 생계 방식들은 재정적으로 무효했다. 그 생계 방식들을 통제하는 데 드는 비용을 그것들은 되갚아줄 수 없었다. 동물을 사냥하거나, 식물을 채집하거나, 바다에서 먹거리를 거둬들이는 사람들은 너무 흩어져 있었고 자유로이 이동했다. 그들의 '획득물'은 너무 다양하고 쉽게 상했다. 그들에게 세금을 부과하고 징수하는 것은 말할 것도 없고 그들의 위치를 추적하는 것마저도 불가능했다. 채소나 과일을 기르는 이들은 곡물이 처음으로 재배되기 이전에 이미 뿌리나 덩이줄기 작물을 길들였을 것이다. 그들은 숲속의 작은 장소를 감추고 그곳에 땅에서 얻은 소출을 숨겨두었다가 필요할 때 꺼내 먹을 수 있었다. 화전민은 곡물을 심어 기르는 경우도 많긴 했지만, 전형적인 화전 경작에서는 생장과 성숙 시기가 서로 다른 수십 가지 작물을 함께 길렀다. 게다가 화전민은 몇 년에 한 번씩 경작지를 옮겼고 때로는 거주지까지도 옮겼다. 전문화된 목축은 농경에서 비롯된 것으로 여겨지긴 하지만 분산과 이동이라는 비슷한 문제 때문에 세금징수원과 충돌한다. 오스만제국은 목축민에 의해 건설되었지만 가축을 치는 이들에게 세금을 부과하고 징수하는 일이 극히 어렵다는 걸 깨달았다. 그래서 1년에 1번 양들이 새끼를 낳고 털을 깎기 위해 한곳에 모여들 때 이들에게 세금을 징수하려는 시도를 해보았으나 이마저도 수송에 어려움이 많았다. 루디 린드너가 내린 결론처럼, "오스만제국이 꿈꾼 평화로운 농경민으로부터 예측가능한 세금을 거두어들이는 정주 낙원에는 유목민을 위한 자리는 없었다." "유목민은 좋은 목초지와 물에 대한 접근성을 최대화하고자 소규모 기후변화를 따라 이동했다. 그 결과 그들은 언제나 이동 중에 있었다."[28]

이러저러한 방식으로 곡물 농사를 짓지 않는 종족들은 —세상의 대부분을 차지하고 있었고— 조세를 물리친 생계 방식과 사회 조직의 형태를 구현했다. 예컨대 물리적 이동성, 분산, 가변적 규모의 집단 및 공동체 규모, 다양한 비가시적 생계 물품, 장소가 고정되어 있지 않은 자원 등을 들 수 있다. 그러나 그들이 완전히 동떨어진 세상에 살고 있었던 것은 아니었다. 오히려 앞서 살펴보았듯, 교환과 교역이 활발하게 이루어졌다. 교환은 강제된 것은 아니었으며, 한쪽 생태계 지역에서 다른 지역으로 상호 간의 이익에 따라 바람직한 물품을 물물교환하거나 교역하는 데 의존했다. 특정한 한 가지 생계 방식으로 살아가는 사람들은 교역관계를 맺고 있다 해도 다른 종류의 종족으로 여겨지게 되었다. 일례로 로마인에게 야만인들을 규정할 수 있는 핵심 특성은 그들은 유제품과 고기를 먹고 로마인처럼 곡물은 먹지 않는다는 것이었다. 메소포타미아 사람들에게 '야만인'이었던 아모리인은 이른바 도리라는 걸 모르는 사람들이었다. 아모리인은 "곡물을 알지 못하고 (…) 익히지 않은 고기를 먹고 시신을 묻지 않는다"라고 알려져 있었기 때문이다.[29]

위에서 묘사한 다양한 형태의 생계 방식을 절대 다른 것이 섞여들 수 없는 자족적 범주들로 보아서는 안 된다. 당시 인구 집단들은 여러 생계 방식을 넘나들 수 있었고 실제로 그렇게 했으며, 여러 방식을 혼합해 사는 경우도 많았기 때문에 그들을 범주화하기가 쉽지 않다. 또한 실제 생계 방식의 선택은 국가에 대한 위치성positionality 결정이라는 정치적 선택이기도 했다는 가능성 또한 무시해선 안 된다.

성벽이 국가를 만든다: 보호와 가둠

메소포타미아 충적토 지대에 있던 대부분의 도시들은 기원전 제3천년기 중반에 이르면 모두 성벽wall에 둘러싸여 있었다. 국가가 사상 처음으로 방어용 외피를 발달시킨 것이다. 일반적으로 유적지들은 그 규모가 그리 크지 않지만 —어디든 평균적으로 10~30헥타르[10만~33만 제곱미터] 정도인데— 둘레에 그러한 방어 시설을 짓고 유지하는 일은 조금씩 나누어서 진행한다 하더라도 노동이 집중적으로 투입되어야 했다. 하나의 성벽이란, 아주 대략적인 의미에서도, 외부로부터 보호하거나 격리되어야 할 무언가 소중한 것이 그 안에 있음을 말해준다. 성벽의 존재는 영속적 경작과 식량 저장이 이루어지고 있다는 확실한 징표였다. 양자 사이 관계를 더욱 확실하게 확인해주는 사실은, 그와 같은 도시국가가 붕괴하고 성벽이 파괴될 때면 영속적 경작 또한 그 지역에서 사라지는 경우가 많았다는 것이다. 한 도시가 다른 도시를 정복할 때면 패배한 도시의 성벽을 완전히 무너뜨리는 게 흔한 관례였다. 한곳에 고정되고, 집중되어 있으며, 약탈이 가능한 소중한 자원들이 존재하게 되면서 그것들을 보호하기 위한 강력한 장려책이 발명되었다는 것은 자명한 사실이다. 그런 자원들은 공간적으로 집중화되어 있었기에 보호하기가 더 쉬웠고, 소중한 것들이었기에 수고해서 보호할 가치가 있었다. 소농들이 그들의 경작지와 과수밭, 그들의 집과 곡식 저장고, 그들의 가축을 마치 죽고 사는 문제처럼 붙들기 위해 할 수 있는 일을 모두 한 데는 그럴 만한 이유가 있다. 〈길가메시 서사시〉에서처럼 국가를 처음 세우는 왕이 그 백성을 보호하기 위해 도시에 성벽을 쌓는 것은 그리 놀랄 일도 아니다. 이것만 전제로 하더라도 국가 창립을 경작민과 그 지배자가 그들의 수확과 가족과 가축을 외부의 공격으로부터 보호하기 위해 벌인 합작 사업으로 ―어쩌면 사회계약으로― 보아도 되지 않겠는가?

그러나 문제는 좀 더 복잡하다. 농경민이 자신의 작물을 인간 포식자와 인간이 아닌 포식자 모두로부터 보호해야 하듯, 국가의 지배층은 권력의 힘줄을 안전하게 지키는 데 압도적일 만큼 많은 관심을 기울인다. 그들은 경작민과 그들의 곡식 창고, 그들의 특권과 재산, 그들의 정치적 권력과 의례적 권력을 지켜주어야 하는 것이다. 래티모어를 비롯한 여러 학자는 중국의 만리장성에 대해, 야만인들(유목민들)을 안으로 들어오지 못하게 하는 만큼이나 세금을 납부하는 중국인 경작민들을 밖으로 나가지 못하게 하는 용도로 지어진 것이라고 말했다. 도시 성벽은 국가 유지에 핵심적 요소들이 밖으로 나가지 못하게 잡아두기 위해 기획된 것이었다. 티그리스강과 유프라테스강 사이에 쌓은 이른바 항抗아모리인 성벽 역시 아모리인이 국가 '구역' 안으로 들어오는 것을 막기보다는 경작민들이 그 구역 밖으로 빠져나가는 것을 막기 위해 기획되었을 것이다. (아모리인들은 이미 상당수가 충적토 지대에 정착해 있었다.) 한 학자의 견해에 따르면, 성벽이란 우르 제3왕조 시대에 엄청나게 증대된 집중화의 결과였으며, 국가의 통제를 피해 달아나려는 이동가능한 주민들을 그 안에 가두거나 혹은 강제적으로 추방된 이들에 맞서 국가를 보호하기 위해 세워졌다. 어떤 경우든, 장벽은 '정치적 통제력의 한계를 규정하기 위해 기획된' 것이었다.[30] 도시 성벽의 존재 이유와 기능이 인구를 통제하고 한정하는 것이란 주장은 국민의 도주가 초기 국가의 진짜 심각한 걱정거리였음을 입증하는 데 크게 의존한다. 이 문제는 5장의 주제로 다룰 것이다.

글이 국가를 만든다: 기록 작성과 판독가능성

통치받는다는 것은 모든 사업과 모든 거래가 명시되고, 등록되고, 계산되고, 과세되고, 날인되고, 측정되고, 번호 붙고, 평가받고, 허가받고, 공인받고, 경고받고, 금지되고, 개정되고, 교정되고, 처벌받는 것이다.

— 피에르 - 조제프 프루동

현장에서 국정 운영 기술을 오랫동안 경험한 소농들은 국가가 기록과 등록과 측정의 장치라는 것을 늘 이해하고 있었다. 정부 측량사가 측량용 평판을 가지고 도착하거나 인구조사원이 서류판과 질문지를 가지고 각 가구를 방문할 때면, 한 국가의 국민들은 징병, 부역, 토지 몰수, 인두세 같은 근심거리가 닥쳐오거나 경작지에 새로운 형태의 세금이 부과되리라는 걸 안다. 그들은 이 강압적 기구 뒤에는 서류 더미가 놓여 있다는 것을 암암리에 이해하고 있다. 장부, 문서, 조세 대장, 인구 명부, 규칙, 청구서, 명령서 등 대부분의 서류는 그들의 이해를 넘어서고 그들을 미혹한다. 그들이 마음속으로 자신들에 대한 압제의 원천과 서류를 동일시했다는 사실은 수많은 소농 반란에서 처음으로 취한 행동이 지방의 기록보관소를 불태워버리는 것이었다는 데서 확인된다. 국가에서 토지와 국민을 기록 작성을 통해 본다는 사실을 파악한 소농들은 국가의 눈을 가리는 것이 자신들의 걱정을 끝내줄 거라 암묵적으로 믿었던 것이다. 고대 수메르의 속담은 이를 적절히 표현한다. "왕도 있고 영주도 있겠지만, 무서워해야 할 사람은 세금징수원이다."[31]

남부 메소포타미아는 기원전 3300년에서 기원전 2350년 사이에 단 1개가 아니라 몇 개의 서로 연결된 국가 형성 실험의 중심이었다. 전국 시대의 중국이나 도시국가 시대의 그리스처럼 남부 충적토 지대는 흥망성쇠를 거듭하는 경쟁적 도시-정치체들의 격전장이었다. 그 가운데 가장 잘 알려진 것으로는 키시, 우르, 그리고 무엇보다도, 우루크가 있었다. 당시에 참으로 주목할 일이 일어나고 있었는데, 이에 대응할 다른 일이 역사에 없었다. 한쪽에서는 사제들과 실력자들과 지역 족장들이 이전엔 오직 친족관계만을 이용했던 권력 구조의 규모를 키워 제도화하고 있었다. 그들은 오늘날 우리가 보는 관점에서 이해할 수는 없겠지만, 우리가 국가라고 부를 만한 것의 진행 과정을 따라 무언가를 처음으로 만들어내고 있었다. 반면에, 다른 한편으로는 수천수만 명의 경작민, 장인, 상인, 인부 등은 말하자면 그 용도가 국민으로 변경되고 있었으며, 이를 위해 인구조사가 이루어지고, 세금이 부과되고, 군대에 징병되고, 부역에 동원되고, 그리하여 〔그들은〕 새로운 형태의 통제력에 종속되었다.

대략 이와 비슷한 시기에 글writing이 처음으로 등장했다.[32] 원초적 국가와 원초적 글이 우연히 동시에 등장했다는 사실만 보면, 국가를 건설하려던 이들이 국정 운영 기술에 핵심이 되는 표기법을 발명했다는 어설픈 기능주의적 결론을 내리기 쉽다. 하지만 아무리 가장 이른 시기의 국가라 해도 수치를 기록하는 체계적 기술이 없었다고 생각하기란 사실상 불가능하다. 잉카에서는 줄로 매듭을 만드는 독특한 방식(결승結繩 문자quipu)을 취하기는 했지만 그 나름의 기록 방식이 있었다. 국가 전용을 위한 최초의 조건은 (그 목적이 무엇이든) 사용가능한 자원—인구, 토지, 작물, 가축, 창고의 재고 등—을 조사해 목록으로 정리하는 것이다. 하지만 이러한 정보는 토지 측량 자료처럼 조금만 시간이 흘러도 실제와 잘 맞지 않는다. 전유가 계속 이어지려면 지속적으로 기록—곡물 배달, 부역 실시, 요청서, 영수증 등—을 해야 한다. 한 정치체에 속한 인원이 수천 명에만 이르러도, 인간의 기억과 구전 전통을 넘어서는 형태의 표기법과 기록법이 요구된다.

국가 행정과 글이 서로 연결되어 있음을 보여주는 강력한 사례가 있다. 메소포타미아에서는 근본적으로 부기簿記 용도로 글이 사용되기 시작했다. 이는 우리가 보통 생각하듯 글이 문명의 영광을 반영해 문학, 신화, 성가, 왕들의 목록과 족보, 연대기, 종교 문헌을 기록하기 시작한 것보다 500년 이상 앞서는 것이다.[33] 일례로, 〈길가메시 서사시〉는 우르 제3왕조(기원전 2100년경)에 쓰인 것인데, 이는 설형문자가 처음으로 국가와 상업에 쓰인 이후 1000년이나 지난 뒤였다.

그렇다면 설형문자 점토판을 보고 무엇을 추론할 수 있을까? 수메르에서 실제로 이루어진 통치 방식에 관한 내용을 담고 있는 점토판들을 보면, 통치자들과 성전 관리들이 체계적 표기법을 통해 그 사회와 그 사회의 인력 및 생산을 명확히 파악하고, 그로부터 곡물과 노동을 뽑아내고자 엄청난 노력을 기울였음이 드러난다. 우리는 현대 관료제에 대해 충분히 알고 있는 만큼, 실제 사실과 기록은 별개이며 그 사이에 어떠한 필연적 관계도 없다는 것 또한 깨달아 알고 있다. 문서는 개인의 이익을 위해서나 상관을 기쁘게 하기 위해 위조되고 조작된다. 문서에 꼼꼼하게 기재되어 있는 규정과 규칙은 사실상 사문死文에 불과할 수 있다. 토지 기록은 변질되었거나, 부재하거나, 아니면 그냥 단순히 부정확할 수 있다. 기록보관소의 질서는 마치 연병장의 질서처럼 실제 행정과 전장에 만연한 무질서를 감추어버리는 경우가 너무나 많다. 하지만 기록은 우리에게 국정 운영 기술 속의 이상적인, 린네식의 질서에 관해 무언가를 말해줄 수 있다. 그 질서는 기록 관리의 이치, 그 범주, 거기 쓰이는 측량 단위, 그리고 무엇보다도 그것이 관심을 기울이는 것들에 함축되어 있다. 내가 '병참국가quartermaster state'라고 여기는 것의 '번득이는 눈'은 매우 많은 정보를 준다. 이와 같은 열망의 표시로서, 수메르에서 왕권의 상징은 바로 '막대기와 줄'이었는데, 이는 측량사의 도구들을 나타낸 것이 거의 확실하다.[34] 우리는 메소포타미아와 초기 중국의 행정 관행을 간단히 살펴봄으로써 이러한 국가의 이미지가 작동한다는 것을 볼 수 있다.

기원전 3300년에서 기원전 3100년경 사이에 우루크(4기 지층)에서 만들어진 가장 이른 시기의 행정용 점토판들은 대체로 곡물과 인력과 세금 내역을 적은 목록들이다. 현존하는 점토판의 주제들을 그 빈도수에 따라 나열하면, 보리(배급과 징세), 전쟁 포로, 남녀 노예 순이다.[35] 우루크 4기와 이후의 다른 국가 중심들에서 가장 몰두했던 것은 바로 주민 명부다. 고대 왕국은 모두 인구를 최대로 늘리는 일에 강박적일 만큼 집착했다. 인구가 늘어나면 대체로 새로운 영토 정복은 필요하지 않게 되었다. 생산자, 병사, 노예 등의 인구는 국가의 부를 나타냈다. 기원전 2255년경에 제작된 점토판들이 대량으로 발견된 움마는 우르에 종속된 도시였지만 일찍부터 발전했던 곳이었다. 이 도시에는 100헥타르〔100만 제곱미터〕의 넓이에 1만~1만 2000명이 살고 있었는데, 당시로서는 관리하기에 많은 인구였다. 움마의 자원을 쉽고 명확하게 파악하기 위한 핵심 프로젝트는 인구조사 사업이었다. 인두세 징수와 부역 및 징병의 기초 자료로 삼기 위해 장소, 연령, 성별에 따라 인구를 조사했다. 이런 인구조사는 신전 경제와 의존 노동력이 없으면 절대 실행되지 않는 '내재적' 프로젝트였다. 신전과 개인이 소유한 토지는 모두 그 크기와 토양질, 예상 수확량에 따라 명시되었고, 이는 세금 사정의 근거로 이용되었다. 수메르의 어떤 정치체들은 특히 우르 제3왕조는, (서류상으로, 아니 점토판상으로 판단하면) 상당히 중앙 집중화되어 있었고, 군사화되어 있었으며, 연대처럼 조직화된 지휘 및 통제 경제였던 것으로 보인다. 말하자면, 고대 그리스 도시국가들 가운데 군사화되어 있던 스파르타의 경제와 비슷했다. 점토판 기록에 따르면, 840단위의 보리가 배급되었다고 하는데, 아마도 (대량생산된?) 빗각 형태의 1리터짜리 사발을 이용해 배급되었을 것이다. 그 밖에도 맥주, 통밀, 밀가루 등이 배급되었다고 한다. 전쟁 포로나 노예, 또는 부역 나온 인부로 이루어진 작업반은 보편적으로 어디에나 있었던 것 같다.

초기 국가 형성의 과정은 전적으로 노동, 곡물, 토지, 배급의 단위를 다루는 데 반드시 필요한 일종의 표준화 및 추상화 작업이었다. 글을 통해 모든 필수 범주—영수증, 작업 명령서, 노동 비용 등등—에 관한 표준 명명법을 발명해내는 것이야말로 국가 형성을 위한 표준화 작업에 필수적이다. 새로 만들어져 도시국가 전역에서 시행된 성문 법전은 지역마다 달랐던 판결들을 갈아치웠다. 성문 법전은 그 자체로 작은 영

저장 창고의 비축 물자와 인출 물자를 기록한 설형문자 점토판

(영국박물관 제공)

역 전체를 쥐고 흔드는 원격 파괴 기술이었다. 쟁기질, 써레질, 또는 씨 뿌리기 같은 작업들을 위해 노동 표준안이 개발되었다. 작업량의 대차 貸借를 표시하기 위해 '노동 점수work point〔농민의 노동량과 노동 보수를 계산하는 단위〕'와 같은 것이 고안되기도 했다. 어류, 기름, 직물의 질과 등급 표준안도 구체적으로 마련되었다—직물은 그 무게와 짜임에 따라 차등을 두었다. 가축, 노예, 인부는 성별과 연령에 따라 구분되었다. 배아적 형태이긴 했지만, 토지와 주민으로부터 가능한 한 많은 가치를 뽑아내려는 국가의 사활이 걸린 통계학이 이미 등장했다는 흔적도 남아 있다. 이러한 규격화된 통제가 실제로 얼마나 가공할 것이었는지는 별개의 문제다.

초기 중국에서는 이보다 1000년이 넘게 지난 뒤에야 황허강 유역에서 처음으로 글이 등장한다. 얼리터우=里頭문화 지역에서 이미 글이 시작된 것으로 보이지만 남아 있는 증거는 없다. 가장 잘 알려진 것은 상왕조(기원전 1600~기원전 1050) 시대에 점을 치는 데 사용된 갑골문이다. 한자는 이후 전국시대(기원전 476~기원전 221)를 거쳐 꾸준히 사용되었으며, 특히 국가 행정을 위한 용도로 쓰였다. 널리 알려져 있는, 개혁적이었으나 단명했던 진(기원전 221~기원전 206)은 우르 제3왕조와 비슷하게 체계와 질서에 집착했던 정권이어서 국가 안의 자원을 총체적으로 동원할 수 있는 종합적 비전을 마련했다. 이는 적어도 문헌상으로 보기에는 훨씬 더 야심찬 기획이었다. 중국은 물론 메소포타미아에서도 글은 본래 말을 재현하는 수단으로 고안되지 않았다.

진이 겨냥한 표준화와 단순화를 위한 선행 조건은 문자 체계의 개혁과 통일이었다. 기존 표의문자의 4분의 1가량이 제거되고 모양은 더욱 직선적으로 바뀐 문자 체계가 영토 전역에 적용되었다. 문자 체계란 본래 구어체 방언을 옮겨 적기 위한 것이 아니었으므로 본래부터 일종의 내재적 보편성을 지니고 있었다.[36] 이른 시기에 빨리 발달한 다른 국가에서와 마찬가지로, 표준화 과정은 동전 주조에도 적용되었고 무게·거리·부피의 단위[도량형] 제정에도 적용되었는데 특히 곡물과 토지의 측정에 적용되었다. 표준화의 의도는 지역마다 다른 독특한 측정 관행들을 없애고, 그리하여, 최초로, 중앙의 통치자가 자신이 마음대로 처분할 수 있는 재산과 물산과 인력을 명확히 파악할 수 있게 하려는 것이었다. 표준화가 겨냥한 것은 단순히 별자리처럼 늘어서 있는 반半독립적 위성 도시들로부터 이따금씩 공물을 받아내는 데 만족하는 강한 도시국가가 아니라 완전한 중앙 집권 국가였다. 한[전한]의 역사가 사마천은 진을 엄격한 전쟁 기계로 빚어낸 상앙의 업적을 호의적으로 평가했다. "그는 경작지에 천阡과 맥陌(논밭에 난 남북방향의 길과 동서방향의 길)을 내고 경계를 정했다." "그는 징병과 지세를 균등하게 하고 부피와 무게와 길이의 단위를 표준화했다."[37] 그 이후에 작업 규범과 도구 또한 표준화되었다.

한 지역에서 소규모 국가들이 군사적으로 경쟁을 벌이고 있던 맥락에서 보자면, 국가는 자기 영역 안에서 가능한 한 많이 짜내는 것이 중요했다. 이를 위해서는 당시 사용가능했던 기술들을 고려하면, 되도록 완전한 자원 목록을 만들고 이를 자주 갱신할 필요가 있었다. 인두세 징수와 징병을 용이하게 하는 꼼꼼한 호적 정리는 인구 규모와 인구 증가만큼이나 강력한 권력을 드러내는 표지였다. 포로들은 궁정 근처에 정착시켰고, 여러 규제를 통해 인구 이동을 제한했다. 초기 농경왕국들의 국정 운영 기술 중 가장 두드러지는 것 하나는 인구를 제자리에 잡아두고 허가받지 않은 이동을 막았다는 것이다. 물리적 이동과 분산은 세금징수원에겐 커다란 골칫거리다.

토지가 움직이지 않는다는 것은 그나마 세금징수원에게 무척 다행스러운 일이다. 진에서는 개인의 토지 소유를 인정하면서, 꼼꼼한 토지 측량을 통해 해당 경작지와 그 소유주/납세자를 연결하는 토지대장을 공들여 만들었다. 땅은 토양질, 재배 작물, 강우량 변동에 따라 분류되었고, 이를 토대로 세무 관리들이 예상되는 수확량을 계산해 세율을 결정했다. 진의 조세 체계는 해마다 수확 이전의 작물을 바탕으로 수확량을 추산해 세금을 부과해서 적어도 이론적으로는 실제 수확량에 따라 세금을 조절하는 것이 가능했다.

이제까지 우리는 국가 관리들의 의도를 집중해서 살펴보았다. 그들은 문자, 통계, 인구조사, 측량 등을 통해 순전한 강탈을 넘어 좀 더 합리적으로 노동과 식량을 국민들로부터 뽑아내려 했다. 이러한 기획은 어쩌면 더 풍요롭고, 더 파악하기 쉽고, 더 전유에 순응적인 정치체 경관을 조성하기 위해 한 국가가 시도하는 가장 중요한 정책은 되겠지만 유일한 정책은 아니다. 초기 국가가 관개와 치수를 처음 개발한 것은 아니지만, 관개와 수로를 확장해 운송을 용이하게 하고 곡물 경작지를 넓힌 것은 사실이다. 초기 국가는 할 수 있을 때면 언제든지 국민과 전쟁 포로를 강제로 이주시켜 재정착하게 함으로써 생산인구를 늘리고 그들을 명확하게 파악하고자 했다. 진의 '균전均田, equal field' 개념은 모든 국민이 충분한 토지를 소유함으로써 세금을 납부하고, 징병 인구를 공급할 수 있게 보장하려는 것이었다. 진에서는 인구의 중요성을 고려해 국가에서 국민의 도주를 금했을 뿐 아니라, 아이를 낳아 새로운 국민을 생산한 여성과 그 가족에게는 세금을 감면하는 출산 장려 정책을 실시했다. 후기 신석기시대의 정착지들이 초기 국가들의 핵이 되긴 했지만, 초기 국정 운영 기술의 많은 부분은 전유를 용이하게 하기 위한 인위적 정치 환경 조성에 할애되었다. 더 넓은 곡물 경작지, 더 많고 더 집중화된 인구를 확보하고, 성문 기록을 통해 가능해진 정보 소프트웨어를 가지고 국가가 이 모두에 접근하는 것이 가능해졌다. 하지만 이런 정치적 환경 조성을 위한 지나칠 만큼 철저한 노력들은 가장 야심 찬 초기 국가들의 실패 원인이 되었던 것 같다. 과도할 만큼 엄격하게 조직화된 우르 제3왕조는 100년도 가지 못했고, 진은 고작 15년간 유지되었다.

글이 처음 등장한 것이 국가 형성과 불가분의 관계로 연결되어 있다면, 국가가 사라질 때는 무슨 일이 벌어질까? 우리가 가진 증거는 매우 적지만, 그 증거를 토대로 추정해보면, 관리 구조, 행정 기록, 전달 체계가 없어지면 모두가 글을 읽지 못하게 되지는 않더라도 문해율은 크게 떨어진다. 이러한 사실은 초기 국가에서 문해력은 아주 소수에게만 한정되었고 그들 대부분이 국가의 관리였다는 점을 생각하면 그리 놀랍지 않다. 기원전 1200년에서 기원전 800년 사이에 그리스의 도시국가들은 (그리스) 암흑기라고 알려진 시기를 맞아 해체되었다. 문해력이 회복되었을 때는, 옛날 선문자 BLinear B는 이미 모두 사라지고 페니키아에서 빌려온 완전히 새로운 문자 체계를 사용했다(선문자는 그리스 최고最古의 문자인 크레타 문자의 하나로, 그림 문자에 대해 선線 형태로 된 문자를 이른다. 수백 개 글자로 된 A와 200여 개 글자로 된 B의 두 종류가 있는데, 선문자 A는 아직 해독되지 않았고 선문자 B는 1952년에 영국의 마이클 벤트리스가 해독했다). 하지만 그 암흑기 동안에 그리스의 문화가 모두 사라졌던 것 같지는 않다. 대신 구어 형식을 취했을 뿐이다. 〈오디세이아〉와 〈일리아스〉는 둘 다 이 시기 구어 형식의 그리스 문화에서 나온 것으로 글로 옮겨진 것은 보다 후대의 일이다. 제정 로마에서는 글을 읽고 쓰는 전통이 좀 더 광범위하게 퍼져 있었음에도, 제정이 붕괴되고 5세기에 이르자 몇몇 종교기관을 제외한 그 바깥 세계에서는 라틴어를 읽고 쓰는 능력이 거의 사라져버렸다. 초기 국가들에서 글은 국정 운영 기술의 하나로서 발전했고, 그래서 국가 그 자체만큼이나 연약했고 쉽게 사라진 것 같다.

작물 재배가 여러 생계 기술의 하나이듯, 최초의 사회에서 문해력이 한 가지 소통 기술에 지나지 않았다고 생각해보면 어떨까? 작물 재배 기술은 널리 확산되어 이용되기 훨씬 전부터 잘 알려져 있었지만, 오랫동안 오직 특정한 생태학적·인구학적 환경에서만 이용되었다. 같은 의미에서, 글이 발명될 때까지 세계가 '암흑'이었던 것 같지도 않고, 글이 발명된 뒤에는 모든 사회에서 글을 사용했거나 사용하길 열망했던 것 같지도 않다. 또한 최초의 글은 국가 형성, 인구 집중, 계층구조에서 나온 인공물이었다. 다른 조건에서는 적용불가능한 것이었다. 메소포타미아 지역의 옛 글을 연구하는 한 학자는, 추측에 의한 것임을 인정하면서도, 메소포타미아 이외의 다른 지역에서는 글을 거부했다고 말한다. 글이란 국가 및 세금에 결부되어 있음을 부인할 수 없기 때문이다. 이는 부인할 수 없이 고된 노동과 결부된 쟁기질이 오랫동안 거부되었던 것과 같다.

변방의 모든 독특한 공동체는 (왜) 남부 메소포타미아의 복합성에 노출된 그토록 많은 고고학적 문화와 함께 글의 사용을 거부했을까? 복합성에 대한 이런 거부는 의식적 행위였다고 주장할 수 있다. 그 이유는 무엇일까? (…) 어쩌면, 변방 종족들은 복잡성을 다룰 수 있는 지적 자질이 떨어졌기 때문이 아니라 오히려 충분히 똑똑했기 때문에, 군사적 정복에 의해 복합성이 강제되었을 때에도 그 억압적 지휘 구조들을 적어도 500년 동안 피할 수 있었을 것이다. (…) 모든 사례에서, 심지어 복합성에 직접 노출된 후에도, 변방은 애초에 복합성을 채택하길 거부했다. (…) 그리고 그렇게 함으로써 이후 500년 동안 국가의 철창을 모면했다.[38]

5장

인구 통제:
속박과 전쟁

백성이 많은 것은 임금의 영광이고 국민이 적은 것은 제후의 멸망이다.

— 잠언 14장 28절

많은 백성이 흩어져 유지될 수 없다면, 도시국가는 폐허 더미가 될 것이다.

— 초기 중국의 통치 교범

내가 인정하는바, (시암 왕국은) 나의 왕국보다 더 넓다. 그러나 골콘다의 왕은 사람들 위에 군림하는 반면, 시암의 왕은 삼림과 모기 위에 군림한다는 것을 그대도 인정해야 할 것이다.

— 골콘다의 왕이 시암인 방문객에게 전한 말(1680년경)

하인이 많은 큰 집에선 문을 열어두어도 괜찮다. 하인이 적은 작은 집에선 문을 반드시 닫아두어야 한다.

— 시암 속담

위에 인용한 글은 모두 인구의 획득과 통제에 대한 관심과 우려가 초기 국정 운영 기술의 핵심이었음을 잘 드러낸다. 비옥하고 물이 풍부한 충적토 지대를 지배한다 해도 그 땅을 일구어 작물을 재배할 인구가 없다면 아무 소용이 없었다. 초기 국가들을 '인구 기계population machines'라고 보는 것도 그렇게 틀린 것은 아니다. 이 '기계'라는 것이 잘 정비되지 않아 자주 고장이 났다는 것만 잘 이해하고 있다면 말이다. 물론 그것은 국정 운영 기술의 실패 때문만은 아니었다. 목동이 양 떼를 관리하고 농민이 작물을 관리하듯이, 국가는 '길들인' 국민의 수와 생산성에만 집중하고 있었다.

사람들을 모으고, 그들을 권력의 핵심부 근처에 정착시키고, 그들을 그곳에 계속 붙잡아두면서 그들의 필요를 넘어서는 잉여를 생산하게끔 해야 하는 절박한 필요성이 초기 국정 운영 기술의 많은 부분을 움직이게 했다.[1] 그 이전에 정착해서 살고 있던 인구가 없고 그래서 국가 형성의 핵이 될 인구도 없던 곳에서는 의도적으로 인구를 한데 모아야만 했다. 이것이 바로 신대륙과 필리핀 등지에서 실행된 스페인 식민지 건설의 기본 원칙이었다. 스페인 권력이 뻗어나간 중심 근처에 형성된 레둑시온이라고 하는 원주민의 (많은 경우에 강제로) 집중화된 정착지들은, 문명화 프로젝트의 일부로 여겨졌지만, 스페인 정복자들[콘키스타도레스]conquistadores에게 식량과 각종 편의를 제공하기 위한, 결코 사소하지 않은 용도로도 쓰였다. 그리스도교 선교 거점들은 —그 명칭이 무엇이었든— 분산되어 있던 주민 중 생산가능한 인구를 거점 근처로 모아들이는 동일한 방식으로 시작되었고, 그 거점으로부터 개종 활동이 주변으로 뻗어나갔다.

인구를 모아들여 잉여를 생산하게끔 하는 데 쓰인 수단 자체는, 이 맥락에서, 생산인구가 생산 활동에 참여하지 않는 지배층이 사용할 잉여를 생산한다는 사실 자체보다는 덜 중요하다. 이와 같은 잉여는 배아 상태의 국가가 그것을 창출하기 전까지는 존재하지 않는다. 국가가 잉여를 끌어내어 전유할 때까지, 남아도는 생산 여력이 있다면 그것은 여가와 문화 활동에 모두 '소비'된다. 국가와 같은 좀 더 집중화된 정치구조가 창출되기 전에는, 마셜 살린스가 말한 가내 생산 방식이 지배적이었다.[2] 자원—토지, 목초지, 사냥감 등—을 부족, 군집, 일족, 집안 등 어떤 집단이 통제하든 그 집단 구성원에게는 누구에게나 자원에 대한 접근권이 개방되어 있었다. 집단에서 쫓겨나지 않는 한, 그 집단이 처분권을 지닌 어떤 생계수단이든 그것에 대한 한 개인의 직접적이고 독립적인 접근권이 부정되는 일은 있을 수 없었다. 그리고 자본주의적 축적에 대한 강제나 기회가 없었기 때문에 해당 지역에 널리 퍼져 있는 생계와 안녕의 기준을 넘어설 만큼의 생산을 유도할 동기도 없었다. 이 관점에서 보면, 먹고 사는 데 충분한 양을 생산하고 있다면 그 이상을 생산하기 위해 고된 농사일을 굳이 더 해야 할 이유는 전혀 없었다. A. V. 차야노프는 이런 변종 소농 경제peasant economy의 논리를 설득력 있는 경험적 세부 자료를 통해 밝혀냈다. 그는 다른 무엇보다도 한 가정에서 일하지 않는 부양가족보다 일을 하는 구성원이 더 많을 경우 먹고 살 만큼 충분한 양을 생산한다는 게 보장되기만 하면, 그 가정은 전체 노동량을 줄였다는 사실을 입증했다.[3]

중요한 핵심은 소농들이 —그들의 기본 욕구를 충족할 만큼 충분히 생산하고 있다고 여긴다면— 지배층이 전유할 수 있는 잉여를 자동적으로 생산하려 한 것이 아니라 그렇게 강요당한 게 틀림없다는 사실이다. 초기 국가 형성의 인구학적 조건 아래서, 전통적 생산 방식들이 여전히 풍부했고 독점되지 않았던 상황에서는 —부역, 곡물이나 기타 생산물 강제 출하, 채무 변제 노동, 농노, 공동의 속박과 공물 가운데— 한두 형태의 부자유 강제노동을 통해서만 잉여 생산이 나오게 되었다. 초기 국가들은 제각각 그곳만의 혼합된 강제노동 방식을 사용하면서도, 뒤에서 다시 보게 되겠지만, 한쪽으로는 국가 잉여를 최대화하면서 동시에 국민의 대규모 탈주를 유발할 수 있는 위험을 최소화하는 미묘한 균형점을 찾아야 했는데, 국가의 경계가 개방되어 있는 곳에서 특히 그러했다. 시간이 훨씬 지난 뒤에야 즉 세상에 사람들이 가득 차고 생산수단이 국가 지배층에 의해 사적으로 소유되거나 통제되기 시작했을 때에야, 속박의 제도 없이 생산수단(토지)을 통제하는 것만으로 잉여 생산을 일으킬 수 있게 되었다. 다른 생계수단들이 있는 한, 보세럽이 고전이 된 자신의 저술에서 지적했듯, "하층계급 개개인의 자유를 빼앗지 않았다면 그들이 다른 생계수단을 찾지 못하도록 막는다는 건 불가능하다. 인구밀도가 매우 높아져서 토지를 통제할 수 있게 되면 하층계급을 속박 상태에 묶어둘 필요도 없어진다. 그때는 노동계층으로부터 독립적 경작민이 될 권리를 빼앗는 것으로 충분하다." 즉 수렵민, 수렵·채집민, 화전민, 목축민 등으로 돌아가지 못하게 하는 것이다.[4]

초기 국가들의 경우 하층계급을 확실히 자유롭지 못하게 만든다는 것은 그들을 곡물 핵심부grain core에 잡아두고 고된 노역 그리고/또는 속박을 피해 달아나지 못하게 막는 것을 의미했다.[5] 고대국가에서는 국민의 도주 의욕을 꺾고, 도주한 이들을 처벌하기 위해 할 수 있는 일을

다 하려 했지만 —초기의 법전들은 이러한 경고로 가득하다— 정상적 상황에서 어느 정도의 인구 유출을 막을 수단을 충분히 갖고 있지 못했다. 그래서 흉작이나 평소보다 과도한 세금, 또는 전쟁 등으로 어려운 시기가 닥치면 인구 유출은 상당한 출혈로 이어졌다. 인구 유출을 막을 방법이 부족해서 대부분의 고대국가들은 전쟁에서 포로를 잡아오거나 노예 사냥꾼들로부터 노예를 사들이거나, 다른 공동체들을 모두 곡물 핵심부 근처로 이주시켜 재정착시키는 등 온갖 방법을 동원해 인구 유출을 대체하고자 했다.

곡물 국가가 충분한 양의 비옥한 토지를 통제하고 있다고 상정할 경우, 그 국가의 총인구는 상대적 부와 군사적 기량을 보여주는, 절대 확실하지는 않더라도, 신뢰할 만한 지표였다. 교역 루트와 수로에서 유리한 위치에 있다거나 영리한 통치자들이 있다는 것과는 별개로, 전쟁 기술과 농업 기술은 모두 상대적으로 변동이 없고 대체로 인력에만 의존했다. 인구가 가장 많은 국가는 일반적으로 가장 부유하고, 보통은 규모가 작은 경쟁 국가들보다 군사적으로도 우세했다. 전쟁의 포상이 영토보다는 포로였다는 사실은 이런 근본적 사실을 잘 보여준다. 이는 곧 패자들도, 특히 여성과 아동은 목숨을 건졌음을 의미한다. 이와 같은 인력의 논리는 여러 세기가 지난 뒤에 투키디데스에 의해서도 인정되었는데, 투키디데스는 스파르타의 장군 브라시다스가 평화로이 항복한 이들과 협상을 벌여 스파르타 사람들의 목숨을 전혀 희생하지 않고도 스파르타의 세금과 인력 토대를 확장한 것을 두고 그를 칭찬했다.[6]

우루크기(기원전 3500~기원전 3100)부터 다음 2000년 동안 메소포타미아 충적토 지대에서 전쟁이란 영토 정복보다는 인구를 국가의 곡물 핵심부 근처로 모아들이기 위한 수단이었다. 세스 리처드슨의 독창적이고 꼼꼼한 작업 덕분에, 충적토 지대에서 벌어진 전쟁의 절대 다수가 더 크고 잘 알려진 도시 정치체들 사이 전쟁이 아니라 노동인구를 증대하고 그럼으로써 그 권력을 확장하기 위해 배후지에 있던 더 작은 독립적 공동체들을 정복하려는 소규모 전쟁이었음을 알 수 있다. 정치체들은 '만족하지 못한' '흩어진' 사람들을 모아들이고 "비국가 고객들을 무력과 설득을 모두 동원해 국가의 질서 속으로 떼 지어" 모아들이는 것을 목표로 했다.[7] 리처드슨이 언급했듯, 국가들이 동시에 "국가를 구성하고 있던 인구를 비국가 집단들에" 잃고 있는 한 이 과정은 계속적으로 요청되는 긴요한 과제일 수밖에 없었다. 국민을 부드럽게 다루었다 하더라도, 국가는 도주와 사망으로 인한 인구 손실을 보충하려 그때까지 "세금이 부과되지도 않았고 규제를 당하지도 않았던" 외부 인구에서 새로운 국민들을 잡아들이는 강제적 군사작전을 벌이며 끊임없이 애를 쓰고 있었다. 고古바빌로니아의 법전은 도망자와 탈주자 문제에 집중했고, 그들을 본래 지정된 집과 일터로 돌아오게 하려고 공을 들었다.

국가와 노예

노예제는 국가에 의해 발명된 것이 아니다. 개인이든 집단이든, 비국가 주민을 대상으로 다양한 형태의 노예제가 널리 시행되었다.. 페르난도 산토스-그라나로스는 풍부한 자료를 통해 콜럼버스 이전의 라틴아메리카에서도 여러 형태의 집단적 노예제가 실행되었으며, 그 가운데 다수는 유럽인들에 의한 정복 이후에도 식민지 노예제와 함께 지속되었다는 사실을 입증했다.[8] 노예제는, 보통 노예의 동화와 지위 상승 가능성을 통해 누그러지긴 했지만, 인력이 늘 부족했던 아메리카원주민 사이에 만연했다. 최초의 국가가 등장하기 전까지 고대 중동에서 인간을 속박한다는 것은 알려져 있지 않았음이 분명하다. 초기 국가는, 국가 이전에 시작된 정착생활 및 곡물 재배를 통해 했던 것처럼, 생산인구와 전용가능한 잉여 생산을 최대화하는 필수 수단으로 노예제를 정교하게 만들고 그 규모를 키웠다.

최근에 이르기까지 국가 발전 과정에서 이러저러한 형태로 예속이 집중되어왔다는 것은 거의 과장할 수 없는 사실이다. 애덤 혹스차일드가 말하듯, 1800년대까지도 세계 인구의 4분의 3은 속박된 신분으로 살았다고 말할 수 있다.[9] 동남아시아의 초기 국가들은 모두 노예제 국가였으며, 다른 국가들을 노예로 만들었다. 19세기 말까지도 동남아시아 섬 지역 말레이 무역업자들에게 가장 소중했던 화물은 노예였다. 말레이반도의 토착민(오랑 아슬리orang asli)이라고 하는 사람들과 북부 타이의 산간 민족(종족)의 노인들은 그들의 부모와 조부모가 전해준 무시무시한 노예사냥에 관한 이야기들을 여전히 기억하고 있다.[10]

속박이 오랜 시간에 걸쳐 다양한 형태를 취할 수 있다는 사실을 계속 염두에 둔다면, 이렇게 주장하고 싶은 마음이 들 것이다. "노예 없이 국가 없다." 모지스 핀리가 던진 질문은 유명하다. "그리스 문명은 노예노동에 기초했던가?" 핀리는 여러 증거를 통해 그렇다고 답했고, 그 답은 오래도록 길게 울려 퍼졌다.[11] 노예는 아테네 사회의 분명한 다수—아마도 인구의 3분의 2—를 차지했다. 그리고 아테네 사회에서 노예제는 완전히 당연하게 여겨졌다. 노예제 폐지 주장이 이슈가 된 적은 전혀 없었다. 아리스토텔레스가 주장했듯, 어떤 종족은 이성의 능력이 부족한 탓에 천성적으로 노예이며 역축처럼 도구로 이용될 때 가장 잘 이용되었다. 스파르타에서도 노예가 인구의 더 큰 부분을 차지했다. 나중에 다시 살펴보게 되겠지만, 아테네와 스파르타 사이 차이점은, 아테네의 노예가 대부분 그리스어를 하지 않는 다른 민족 출신의 전쟁 포로였던 반면, '헬롯'이라고 하는 스파르타의 노예는 대체로 스파르타에 정복당한 지역의 토착민 경작민이었는데 이후 스파르타의 '자유민'을 위해 공동으로 일하고 생산하도록 강제당한 사람들이었다는 점이다. 이러한 모델에서는 무장한 국가 건설자들에 의해 기존 정착지 곡물 복합체의 전유가 이루어졌음이 훨씬 더 명백하다.

로마제국은, 동시대에 동쪽 멀리의 중국 한漢만이 경쟁 상대가 될 수 있던 규모의 정치체로, 지중해 전역을 거대한 노예 시장으로 만들어놓았다. 병사들은 개인적으로 잡아들인 전쟁 포로를 노예로 팔거나 몸값을 받고 풀어줌으로써 부자가 되기를 꿈꿨다. 추산하기로, 갈리아전쟁에서만 100만 명에 가까운 새로운 노예가 산출되었으며, 아우구스티누스 시대에는 노예가 로마와 이탈리아 인구의 4분의 1~3분의 1을 차지할 정도였다. 노예가 하나의 상품으로서 도처에 편재했다는 사실은 '표준화된' 노예 하나가 측량의 한 단위가 되었다는 사실에서 드러난다. 한때 아테네에서는 —시장이 변동을 거듭하긴 했지만— 한 쌍의 노새는 노예 3명만큼의 값어치가 나갔다.

메소포타미아의 노예와 속박

더 이른 시기에 메소포타미아에 존재했던 작은 도시 정치체들에 관한 자료는 더 적게 남아 있긴 하지만, 그 도시들에도 노예제를 비롯한 다른 형태의 예속이 존재했다는 사실에는 의문의 여지가 없다. 핀리는 확신에 차서 다음처럼 주장한다. "그리스 문명 이전의 세계 즉 수메르, 바빌로니아, 이집트, 아시리아 등등의 세계는 어떤 아주 근본적인 의미에서 자유민이 없는 세계였다. 서방 세계에서 자유민이란 개념을 이해하게 된 의미에서는 그러하다."[12] 하지만 정말 문제가 되는 것은 노예제 자체의 정도, 노예제가 취한 형태이며, 그리고 노예제가 정치체의 기능에서 얼마나 중심적 역할을 했는가 하는 점이다.[13] 이에 대해 일반적으로 일치된 견해는 노예제가 존재했다는 것은 확실한 사실이지만 노예제가 경제 전체에서는 상대적으로 작은 구성요소에 지나지 않았다는 것이다.[14] 증거가 매우 적다는 걸 인정하긴 하지만, 그 적은 증거에 대한 나의 독해에 근거하자면, 나는 이러한 일치된 견해를 반박하려 한다. 메소포타미아에서도 노예제는, 고대 아테네, 스파르타, 로마에서처럼 엄청나게 중추적이지는 않았지만, 세 가지 이유에서 결정적으로 중요했다—노예제는 가장 중요한 수출 품목인 직물을 제조하는 노동력을 제공했다. 노예제는 가장 힘든 (수로를 파거나 성벽을 쌓는 것 같은) 일을 하는 처분가능한 무산자 계층을 공급했다. 노예제는 지배층의 지위에 대한 상징이자 보상이었다. 메소포타미아 정치체들에서 노예제의 중요성을 보여주는 사례는 매우 설득력이 있다. 부채 변제 노동, 강제된 이주와 재정착, 부역 등 여타 형태의 부자유 노동을 고려할 때, 국가 중심에서 곡물-노동 모듈의 유지 및 확장을 위해 강제된 노동력이 중요했다는 사실은 부인하기 어렵다.

고대 수메르에서 노예제가 얼마나 중추적 역할을 했는지를 둘러싼 논쟁의 일부는 용어의 문제이기도 하다. 견해들이 다른 까닭은 부분적으로, '노예slave'를 의미하면서도 또한 '하인servant', '부하subordinate', '아랫사람underling', '종bondsman'을 의미할 수도 있는 용어가 너무 많기 때문이다. 그럼에도 사람을 사고 판 —동산動産 노예제chattel slavery의— 산재된 사례들은, 얼마나 흔한 것이었는지는 몰라도, 아주 잘 입증되었다.

노예 중 가장 모호하지 않은 범주는 생포된 전쟁 포로였다. 노동력 수요는 끊이지 않았다는 점을 고려하면, 전쟁은 대부분 포로 생포를 위한 전쟁이었으며, 전쟁의 성공 여부는 포로—남성, 여성, 아동—의 수와 질에 의해 결정되었다. I. J. 겔브가 규명한 종속적 노동력의 여러 근원에는 태생적 노예, 채무 노예, 납치되어 시장에서 매매되는 노예, 정복당한 뒤 집단으로 끌려와 강제로 정착한 인구, 전쟁 포로 등이 있는데, 마지막 두 가지가 가장 중요했던 것으로 보인다.[15] 이 두 범주는 전쟁의 노획물이다. 전쟁 포로 167명의 이름이 기록된 한 명부에는 수메르인이나 아카드인의 이름이 (즉 토착민의 이름이) 거의 보이지 않았다. 그중 대다수는 산간 지대와 티그리스강 동편 지역에서 온 이름들이었다. 기원전 제3천년기에 메소포타미아에서 '노예' 표의문자는 '산'을 나타내는 표시와 '여성'을 나타내는 표시를 결합한 것이었다. 이는 산간 지대 습격 중에 잡았거나 다른 교역 물품과 물물교환 된 여성을 나타내는 것으로 보인다. '남성'이나 '여성'을 '이국 땅'과 결합한 표의문자 또한 노예를 가리키는 것으로 생각된다. 전쟁의 목적이 대체로 포로를 손에 넣는 것이었다면, 당시 군사적 원정 사업은 전통적 전쟁보다는 노예 사냥의 맥락에서 보아야 그 의미가 더 잘 통한다.

우루크에서 유일하게 실질적 자료를 통해 입증된 노예 기관은 국가의 감독 아래 운영된 직물 작업장인데, 9000명이나 되는 여성들이 그곳에 종사했다. 대부분의 출처에서 이 여성들은 노예라고 묘사되는데, 그중에는 채무자와 빈민과 고아와 과부도 있었다고 하니, 우루크의 직물 작업장은 어쩌면 빅토리아 시대 잉글랜드의 노역장과 비슷했던 것 같다. 이 시기를 연구하는 몇몇 역사학자는 전쟁 포로로 잡힌 여성과 미성년자, 그리고 거기에 더해진 채무자들의 부인과 자녀가 직물 생산 노동력의 핵심이었다고 주장한다. 이처럼 규모가 큰 직물 '산업'을 분석한 학자들은 이 산업이 지배층의 지위에 얼마나 결정적으로 중요했는지를 강조한다. 당시 지배층은 권력을 유지하기 위해, 자원이 부족한 충적토 지대 외부에서 꾸준히 유입되는 금속(특히 구리)과 다른 원재료에 의존했기 때문이다. 이러한 국가 기업은 필수품과 교환될 수 있는 핵심 교역 물품을 제공했다. 작업장들은 종교와 내정과 군사 영역의 지배층으로 이루어진 새로운 계층 체계를 떠받치는 생포된 노동력의 격리된 '강제 노동 수용소'를 이루었다. 이것이 인구학적으로 중요하지 않았던 것은 물론 아니다. 다양한 추산 자료에 따르면, 기원전 3000년경 우루크의 인구는 4만~4만 5000명에 이르렀다. 다른 전쟁 노예와 여타 경제 분야의 노예는 고려하지 않고 9000명의 직물 노동자만 따지더라도 우루크 주민의 20퍼센트에 이른다. 이 노동자들을 포함해 국가에 의존하는 다른 노동자들에게 곡물을 배급하려면 곡물의 조사와 수거와 저장

을 위한 어마어마한 국가 기구가 반드시 필요했다.[16]

우루크에 관련된 다른 자료들은 부자유 노동자들과 특히 외지에서 온 여성 노예들에 대해 빈번하게 언급하고 있다. 알가제에 따르면, 이 여성 노예들은 우루크의 국가 행정력이 마음대로 처분할 수 있는 노동력의 주된 원천이었다.[17] (외지 노동자와 본토 노동자를 모두 포함하는) 노동 집단들에 관한 필사 요약본에서는 '국가에서 통제하는 가축'에 적용되는 것과 똑같은 연령과 성 범주가 사용되었다. "그러므로 우루크 필경사들의 사고방식과 그들을 고용한 기관들의 시각으로는 그러한 노동자들이 전적으로 가축과 지위가 동등한, '길든' 인간으로 개념화되었던 것으로 보인다."[18]

포로와 노예의 조직과 일과 대우에 대해 그 밖에 우리가 이야기할 수 있는 것은 무엇이 있을까? 림-아눔의 치세 기간에 (기원전 1805년경) 우루크로 끌려와 '포로들의 집'[19]에 잡혀 있던 469명의 노예와 전쟁 포로에 대해 면밀히 검토해보면, 단편적 자료에 불과하긴 하지만, 예외적이고 매우 자세한 그림을 얻을 수 있을 것이다. "포로들의 집은 메소포타미아와 고대 중동의 다른 지역에도 존재했을 가능성이 크다."[20] 이 '집'은 일종의 노동 공급 사무소처럼 기능했다. 포로들은 다양한 기술과 경험을 가지고 있어서, 선원, 정원사, 수확철 인부, 목동, 요리사, 연예인, 동물 조련사, 방직공, 도공, 기능공, 양조업자, 도로 수리공, 곡물 분쇄공 등으로 개인, 신전, 군사 장교에게로 분배되었다. 이 집에선 —분명히 노역장은 아니었던 것 같은데— 제공한 노동의 대가로 밀가루를 받았다. 반란이나 도주의 위험을 최소화하기 위해, 함께 일하는 작업반은 작은 규모로 주의를 기울여 조직되었고 수시로 이전되었다.

노예와 전쟁 포로에 관한 다른 증거들은 그들이 잘 대우받지 못했음을 보여준다. 많은 이가 목에 차꼬가 채워지거나 육체적 위압을 당했던 것으로 보인다. "원통 인장cylinder seal을 보면 통치자가 자기 부하들을 감독하고 있고, 그 부하들은 쇠고랑을 찬 포로들을 곤봉으로 때리고 있는 다양한 장면을 자주 만나게 된다."[21]〔'원통 인장'은 기원전 3200년경~기원전 2700년경에 메소포타미아, 이집트, 이란, 아나톨리아, 크레타섬 등에서 널리 사용된, 돌·조개·유리 등으로 된 원통형 재료에 문양이나 장면을 음각한 인장을 말한다.〕 포로를 고의적으로 눈멀게 만들었다는 이야기가 많은데, 이와 같은 일이 얼마나 흔하게 일어났는지는 알 수가 없다. 아마도 이런 잔인한 처우를 보여주는 가장 강력한 증거는 노예 인구는 스스로를 재생산하지 못했다는 학자들의 일반적 결론일 것이다. 포로들의 명부를 보면, 강요된 행군 때문이었는지 과로와 영양실조 때문이었는지는 분명치 않지만, 눈에 띌 만큼 많은 포로가 사망자로 기록되어 있다.[22] 소중한 인력이 그토록 조심성 없이 파괴된 까닭은 전쟁 포로에 대한 문화적 멸시 때문이기보다는 새로운 전쟁 포로가 많았고 포획이 상대적으로 쉬웠기 때문일 것이다.

노예와 전쟁포로에 관한 가장 강력한 정황 증거는, 예상대로, 우르 제3왕조 이후에 설형문자 텍스트가 더 풍부해졌던 후대로부터 나온다. 그 증거에 대한 독해를 제3왕조 시대나 우루크기(기원전 3000년경)에까지 적용할 수 있는지는 상당히 의문스럽다. 설형문자 텍스트가 풍부해진 후대에는 노예 '관리' 기구가 있었다는 것이 분명하게 드러난다. 포상금을 노리고 달아난 노예를 찾아내 되돌려주는 전문 사냥꾼들이 있었다. 달아난 노예는 '최근의' 도망자, 오래전에 사라진 도망자, '사망

목에 차꼬를 차고 있는 포로들

(이라크박물관 Dr. Ahmed Kamel 제공)

한' 도망자, '반환된' 도망자로 분류되긴 했지만, 달아난 노예가 다시 붙
잡힌 경우는 거의 없었던 듯하다.[23] 이러한 출처들 전체로부터 도시에
서 탈출한 사람들에 관한 이야기들이 전하는데, 기아, 압제, 전염병, 전
쟁 등 그 이유도 다양하다. 그 가운데 전쟁 포로도 많이 있었다는 것은
의심의 여지가 없다. 하지만 그들이 도시에서 탈출해 [그들이] 원래 살
던 곳으로 돌아갔는지, [그들을] 반겨줄 또 다른 도시로 갔는지, 아니면
유목생활을 하게 되었는지는 알 수 없다. 어떤 경우든, 주민의 무단이
탈은 충적토 지대 정치체에서 골몰하던 문제였다. 더 후대에 나오는,
그 유명한 함무라비법전은 노예의 도주를 돕거나 사주하는 행위에 대
한 형벌로 가득 차 있다.

　우르 제3왕조에서 노예와 노예화된 채무자가 처한 조건을 확인해주

기원전 제2천년기 초반 [시리아] 에블라의 궁궐에 있던, 곡식을 갈던 작업장

(J. N. Postgate의 *Early Mesopotamia: Society and Economy at the Dawn of History*에서 전재)

는 흥미로운 내용이 '곡물에 반대하는' 이상향 찬가에서 나온다. 주요한 신전 건설(에닌누 신전)에 앞서, 철저하게 평등주의적인 순간을 위해 '평시'의 사회적 관계들을 의례적으로 중단하는 일이 있었다. 한 운문 텍스트에서는 이 예외적인 의례에서 일어나지 않는 일을 묘사하고 있다.

여성 노예는 여주인과 동등했다

노예는 그 주인 옆에서 나란히 걸었다

고아는 부자에게 넘겨지지 않았다

과부는 권력자에게 넘겨지지 않았다

채권자는 채무자의 집에 들어가지 않았다

그(통치자)는 채찍을 풀고 회초리를 내려놓았다

주인은 노예의 머리를 치지 않았다

여주인은 여성 노예의 얼굴을 때리지 않았다

그는 빚을 탕감해주었다[24]

가난하고 힘없고 속박된 이들이 겪는 비애를 부정함으로써 이상향을 그려내는 이 글은 오히려 그들이 처한 일상의 조건을 알기 쉽게 보여준다.

이집트와 중국

고대 이집트에 —적어도 고왕국(기원전 2686~기원전 2181)에— 노예제가 있었는지는 뜨거운 논쟁거리다. 내가 이 논쟁의 결론을 내릴 만한 입장에 있지는 않지만, 이 문제는 무엇을 '노예'라고 볼 것인지, 고대 이집트의 어느 시대를 논할 것인지에 따라 달라진다.[25] 이 쟁점은, 최근의 한 해설자가 말했듯, 국민에게 지워진 부역과 작업 할당량이 너무나 부담스러웠다는 점을 고려하면, 별 차이도 없는 구분이 될지 모른다. 필경사가 되라는 당대의 훈계가 국민이 지고 있던 부담을 잘 포착해서 보여준다. "필경사가 되어라. 그러면 힘든 고역을 면하고 온갖 노동을 피할 것이다. 괭이와 곡괭이를 드는 일도 없고, 바구니를 나르는 일도 없으며, 노를 젓는 일도 없을 것이다. 많은 주인과 상관 밑에 있지 않으니 고뇌를 덜 것이다."[26]

이집트 제4왕조 시대(기원전 2613~기원전 2494)에는 메소포타미아식의 생포 전쟁이 벌어졌으며, '외지 출신' 전쟁 포로들은 낙인이 찍히고는 노동 할당을 요구하는 왕실의 '플랜테이션'이나 신전 및 국가 기관에 강제로 배치되었다. 내가 모을 수 있는 자료로 판단하건대, 초기 노예제의 규모는 확실히 알 수 없지만, 중왕국 시대(기원전 2155~기원전 1650)에 일종의 동산으로서의 노예가 대규모로 존재했음은 분명해 보인다. 포로들은 군사작전에서 끌려와 노예 상인들에 의해 소유되고 판매되었다. "쇠고랑 수요가 너무 많아서 여러 신전에서는 정기적으로 〔쇠고랑〕 제작 주문을 넣을 정도였다."[27] 노예는 상속 재산 목록에 가축과 사람이 모두 올라 있던 것을 고려하면 유산으로 대물림되었던 것 같다. 부채 변제 노동〔부채 담보 노예〕 또한 흔했다. 후대의 신왕국(기원전 16세기~기원전 17세기) 치하에서는, 레반트에서 이른바 바다 민족〔또는 바다의 민족들〕sea peoples에 맞선 대규모 군사작전이 펼쳐졌고 이를 통해 수천수만의 포로가 생겨났다〔'바다 민족'은 청동기시대 말기(기원전 1200년경~기원전 900년경)까지 오리엔트 문명, 그리스, 키프로스, 이집트 등을 침략한 해양 민족의 총칭이다. 그 정체는 아직 정확하게 밝혀지지 않았다.〕 이들 포로 가운데 다수는 이집트로 끌려와 집단으로 재정착해 농사를 짓거나, 종종 위험한 채석장과 광산에서 힘들게 일해야 했다. 아마도 이 포로들 가운데 어떤 이들은, 왕의 무덤을 건설하는 데 동원되었다가 제때 식량을 배급하지 않는 왕궁 관리들에 맞서 역사상 최초로 기록된 파업을 일으키는 데 참가했을 것이다. 한 필경사는 그들의 편에서 다음처럼 적었다. "우리는 지금 극도로 궁핍한 (…) 모든 주식이 부족한 상태다. (…) 정말로 우리는 이미 죽어가고 있으며, 우리는 더는 살아 있지 않다."[28] 정복당한 다른 집단들은 매년 금속과 유리 등으로 조공을 바치라는 요구를 받았는데, 노예 또한 조공 품목에 포함되었던 것으로 보인다. 이집트 고왕국과 중왕국에 대해 의심스러운 점은, 내가 생각하기에, 노예제와 매우 비슷한 무언가가 존재했느냐가 아니라 그것이 이집트 국정 운영 기술에서 전반적으로 얼마나 중요했느냐다.

우리가 단명한 중국의 진秦과 그 뒤에 오는 한漢에 대해 알고 있는 사실에 따르면, 초기 국가들이 가능한 모든 수단을 동원해 인력 베이스를 최대화하려는 인구 기계였다는 인상은 더욱 강해진다.[29] 그런 수단의 하나가 바로 노예제다. 진은 총체적이고 체계적인 통칙을 구현하려 한 그 명성에 완전히 부응했다. 노예 시장을 운영하되 말과 소를 거래하는 시장과 동일한 방식으로 운영했다. 국가의 통제력이 미치지 않는 외곽에서 도적들이 잡아다 팔 수 있는 사람은 모조리 잡아서 노예 시장에 내다 팔거나, 몸값을 받고 풀어주었다. [진·한] 두 왕조의 수도는 모두 국가, 장군, 사병에게 포획된 전쟁 포로들로 가득했다. 옛 전쟁이 대부분 그러했듯, 당시 군사작전은 '사략私掠, privateering'과 뒤섞여 있었고, 가장 값어치가 나가는 노획물은 내다팔 수 있는 포로들이었다['사략'은 개인이 국가로부터 특허장을 얻어 선박을 무장해서는 적측의 상선을 노략질·포획하는 것을 이른다]. 진의 경작 활동은 대체로 포로 노예, 채무 노예, 형벌로 종살이를 하도록 선고받은 '범죄자' 노예에 의해 수행되었다.[30]

그러나 가능한 많은 국민을 모아들이는 가장 주된 기술은 정복한 영토의 인구 전체를 —하지만 특히 여성과 아동을— 강제 이주 시켜 다시 정착하게 하는 것이었다. 포로들이 의례를 행하던 중심은 파괴되었고, 그 복제물이 진의 수도 함양咸陽〔센양〕에 건설되어 새로운 상징적 중심이 되었다. 한 지도자의 기량과 카리스마는, 아시아를 비롯해 다른 지역에서도 초기 국정 운영 기술에선 으레 그러했듯, 그의 궁정에 수많은 사람을 모아들일 수 있는 능력으로 표시되었다.

'인적 자원' 전략이 된 노예제

결국, 전쟁은 한 가지 위대한 발견에 도움을 주었다 — 즉 동물만이 아니라 사람도 길들일 수 있다는 것이다. 패배한 적을 죽이는 대신 노예로 만들 수 있다. 목숨만은 살려주고 열심히 일하게끔 만드는 것이다. 이러한 발견은 동물을 부릴 수 있게 된 것에 견줄 만큼 중요한 것이었다. (…) 초기 역사에서 노예제는 고대 산업의 토대이자 자본 축적의 강력한 도구였다.

— V. 고든 차일드, 《신석기혁명과 도시혁명Man Makes Himself》

인력 수요를 책임지는 병참 장교의 순전히 전략적인 관점을 잠깐 취해본다면, 보통 전쟁 포로로 구성된 노예제가 다른 형태의 잉여 생산물 전유에 비해 몇 가지 이점을 가지고 있었음을 명확히 이해하는 데 도움이 될 것이다. 그 가장 뚜렷한 이점은 다른 사회의 비용으로 양육된 노동 가능 연령대의 포로들을 잡아와서 그들의 최대 생산 수명을 착취한다는 것이다. 수많은 사례를 보면, 대체로 정복자들은 유용하게 쓰일 수 있는, 미술, 무용, 음악은 물론이고, 선박 건설, 방직, 금속 제련, 갑옷 제조, 금은 세공 등의 특별한 기술이 있는 포로들을 잡아오려 애를 썼다. 이런 의미에서 노예를 구해오는 것은 인력과 기술을 스스로 발전시킬 필요 없이 습격과 약탈을 통해 공급함을 뜻했다.[31]

포로들이, 대개의 경우 그렇듯, 여기저기 산개한 위치와 배경에서 포획되어 그들의 가족과 분리된다는 점을 고려하면, 그들은 해산되었거나 원자화되었고 그래서 통제와 흡수가 쉬워졌다. 전쟁 포로들은, 거의 모든 측면에서 포획자에게 낯선 사회에서 온 경우, 동일한 사회적 배려를 받을 자격이 있다고 여겨지지 않았다. 이들 포로들은, 원래 그 지역에 살고 있던 국민들과 달리, 사회적 유대관계를 갖고 있는 경우가 거의 없어서 집단적 반발을 일으킬 수도 없었다. 예로부터 통치자들은 예니체리 Janissaries〔주로 발칸지방 기독교인 소년들을 징병해 구성한 오스만제국의 황제 친위대〕, 환자宦者〔내시〕, 궁정 유대인〔중세 유럽에서 귀족들을 상대로 대부업을 했던 유대인〕과 같이 사회적으로 고립된 자들을 종복으로 삼았다. 이는 특별히 숙련된 기능이 있으면서도 정치적으로 중립화된 참모들로 자기 주변을 둘러싸려는 기술로 여겨진다. 하지만 어떤 시점에 이르러 노예 인구가 많아지고 집중화되면서 그들이 민족적 연대를 이루게 될 경우, 국가에 바람직한 원자화는 더 이상 유효하지 않게 된다. 그리스와 로마에서 노예 반란은 거의 고질병처럼 발생했지만, 메소포타미아와 이집트(적어도 신왕국 때까지는)에서는 노예가 그 정도 인구 규모에 이르지 않았던 것 같다.

여성과 아동은 노예로서 가치가 특별했다. 여성 노예는 가정으로 데

려가 부인, 첩, 또는 하인으로 삼는 예가 많았으며, 아동 노예는 열등한 지위에 머무르긴 했어도 빨리 동화될 수가 있었다. 이들 여성 포로 노예와 아동 포로 노예의 후대는 한두 세대만 지나고 나면 지역사회에 완전히 통합될 가능성이 높았다. 아마도 새롭게 잡아온 노예들이 그들 아래에서 새로운 층위를 형성했을 것이다. 아메리카원주민 사회나 말레이 사회처럼 인력이 부족한 정치체들이 역사적으로 암시하는 바는, 노예들이 문화적으로 빠르게 동화되고 사회적으로도 유동적으로 움직이면서 사회 속으로 스며드는 일이 흔했다는 사실이다. 일례로 말레이의 남성 포로가 그 지역 아내를 취하고, 시간이 지나, 그 자신이 노예사냥 원정대를 조직하게 되는 일도 드물지 않았다. 노예가 꾸준히 공급되었다는 사실을 고려하면, 그러한 사회들은 계속 노예사회로 남았을 것이다. 하지만 몇 세대 뒤 옛 포로들은 그들을 포획한 이들과 거의 구별할 수 없게 변해 있었을 것이다.

여성 포로는 적어도 노동력을 제공할뿐더러 생식능력을 제공한다는 점에서도 중요했다. 초기 국가에서는 유아사망률 및 모성사망률이 높았고, 가부장제 가정과 국가 둘 다 농업 노동력을 필요로 한 만큼 여성 포로는 인구배당demographic dividend〔효과〕인 셈이었다〔'인구배당 효과'는 생산 가능 인구가 증가함에 따라 부양률이 하락하면서 경제성장이 촉진되는 효과를 말한다〕. 여성 포로의 생식력은 집중화와 도무스에서 비롯된 유해한 결과들을 완화하는 데 주요한 역할을 했을 것이다. 이 지점에서 나는 가축을 길들이는 경우와의 뚜렷한 유사성을 무시할 수 없는데, 그것은 가축을 기를 때에도 그 생식능력을 통제해야만 한다는 점이다. 길들인 양 떼에는 암컷은 많고 수컷은 적은데, 그렇게 해야 번식 잠재력을 최대화할 수 있기 때문이다. 같은 의미에서, 생식 가능 연령의 여성 노예는 초기 국가의 인력 기계에 기여하는 바가 컸기에 소중하게 여겨졌다.

사회 체계의 바닥으로 노예들을 계속 흡수한 것이 초기 국가의 인증과도 같은 사회 계층화 과정에서 주요한 역할을 했다고도 볼 수 있다. 더 이른 시기의 노예들과 그 후대가 기존 사회 속으로 편입됨에 따라 하위층은 계속해서 새로운 포로들로 다시 채워졌고, '자유로운' 국민과 속박 상태에 있는 국민 사이 경계선은 시간이 지나면 통과 가능성이 생기긴 했지만 그럼에도 더욱더 강화되었다. 또한 고된 육체노동에 배정되지 않은 노예들은 대부분 초기 국가의 정치 지배층에 독점되었다고 생각할 수 있다. 그리스나 로마의 지배층 가정이 여타 가정과 구별되는 점이라면 하인, 조리사, 장인, 무용수, 음악가, 애첩을 고루 갖추고 있었다는 것이었다. 사회의 바닥층을 채워준 전쟁 포로 노예들과 이 노예들에 의존해 사회의 꼭대기를 아름답게 장식한 지배층이 없었다면 초기 국가들에서 최초의 정교한 사회 계층화가 발생했으리라고는 상상조차 하기 어렵다.

물론 가정 바깥에는 많은 남성 노예가 있었다. 그리스-로마 세계에서 생포된 적의 전투병들은 —특히 완강하게 저항했을 경우엔— 처형될 수도 있었지만, 대체로는 몸값을 받고 적국에 돌려주거나 전리품으로 끌고 왔다. 생산자가 드문 인구 집단에 의존하는 국가에서 핵심적 전리품을 허비할 리 없다. 메소포타미아에서 남성 전쟁 포로를 어떻게 처분했는지에 대해서는 아주 조금밖에 알려져 있지 않지만, 그리스-로마에서는 [남성 전쟁 포로를] 마음대로 처분할 수 있는 일종의 무산자로 취급해, 은광이나 동광, 채석장, 벌목장, 갤리선 등 가장 거칠고 위험한 현장에 배치했다. 이런 노예들은, 그 수가 어마어마하게 많았지만, 대체로 자원 채취 현장에서 일했기에 궁정 중심court center 근처에서 일했을 경우보다 눈에 띄지 않았고, 그래서 공공질서에 위협이 되는 일도 훨씬 더 적었다.[32] 집단노동과 높은 사망률을 특징으로 한다는 점에서 그와 같은 작업장을 초기 형태의 강제노동 수용소라고 여기기는 전혀 과장된 생각이 아닐 것이다. 이러한 영역의 노예노동은 특히 두 측면에서 강조되어야 한다. 첫째, 채광·채석·벌목은 국가 지배층의 기념비적 사업과 군대에 절대적으로 중요하다. 이에 대한 수요는 메소포타미아의 소규모 도시국가에선 그다지 크지 않았지만 그렇다고 필수적이지 않았던 것은 아니다. 둘째, 마음대로 처분할 수 있고 교체할 수 있는 무산자를 부릴 수 있는 사치는 자국 국민에게 모멸적인 고된 노동을 면해주고, 그렇게 함으로써 그런 노동이 초래할 수 있는 폭동을 미연에 방지하는 동시에 중요한 군사적·기념비적 야망들을 충족시킨다. 채광·채석·벌목은 오직 절박한 상황에 있거나 보수를 많이 받는 남성들만이 자발적으로 할 수 있는 일인데, 여기에 수레 운반, 양치기, 벽돌 제조, 수로 파기, 토기 제작, 숯 생산, 노 젓기 등이 더해질 수 있다. 초기의 메소포타미아 국가들이 이러한 물품 중 많은 것을 얻기 위해 교역을 했고, 그렇게 함으로써 고된 노동과 노동력 통제를 외부에 위탁했을 수 있다. 그럼에도 국가 형성의 실체성은 많은 부분 그러한 작업에 주로 의존하며, 그러한 작업을 하는 이들이 노예인지 일반 국민인지는 중요한 문제가 된다. 베르톨트 브레히트는 자신의 시 〈책 읽는 노동자의 의문(Fragen eines lesenden Arbeiters)〉에서 다음처럼 물었다.

누가 일곱 개의 성문을 가진 테베를 세웠는가?

책에서는 왕들의 이름을 읽게 될 것이다.

왕들이 바위덩어리를 직접 끌어 올렸는가?

바빌로니아는 여러 번 무너졌는데

누가 몇 번이나 그 도시를 일으켜 세웠는가?

약탈 자본주의와 국가 건설

초기 국가들이 —비옥한 초승달 지대든 그리스 또는 동남아시아든—
인력 확보에 몰두했음을 드러내는 확실한 징후는 그 국가들의 연대기
에서 영토를 확보했음을 자랑하는 일이 매우 드물다는 것이다. 아무리
살펴보아도 20세기 독일에서 부르짖은 〔국민〕생활권(lebensraum)과 비슷
한 것은 찾을 수 없다〔국민생활권 곧 레벤스라움은 1890년대부터 1940년대까
지 독일 내에 존재했던 농본주의와 연관된 식민 이주 정책의 개념과 정책을 지칭한
다〕. 그 대신, 성공적 군사작전을 경축하는 이야기는 대체로 장군과 군
대의 무용을 찬양한 다음 전리품의 양과 가치를 늘어놓으며 읽는 이에
게 강한 인상을 남기려 한다. 이집트가 카데시전투(기원전 1274)에서 레
반트 지역 왕들을 무찌르고 거둔 승리의 노래는 파라오의 용맹함에 대
한 찬가이거니와 전리품에 관한 특히 가축과 포로에 관한 —그토록 많
은 말과 양과 소, 그리고 그토록 많은 사람에 관한— 기록이기도 하
다.[33] 다른 곳에서와 마찬가지로 이곳에서도 인간 포로들은 가진 기술
과 직능 때문에 따로 구분되는 경우가 많았으며, 정복자들이 얻어낸 인

재들의 명부 같은 것이 있었을 거라고 생각된다. 정복자들은 포괄적 인력을 찾았으며, 이와 동시에, 그들의 궁정을 더 아름답게 빛내줄 장인과 예인을 노리고 있었다. 패배한 민족들의 도시와 촌락은 일반적으로 파괴되어 사람들이 돌아갈 수 없게 되었다. 전리품은 이론적으로 통치자에게 속했으나, 실제로는 장군들과 개개의 병사들에게 분배되었다. 그들 각자는 계속 소유하거나 몸값을 받고 돌려주거나 혹은 시장에 내다 팔 가축과 포로를 갖게 되었다. 투키디데스는 펠로폰네소스전쟁을 기록한 역사서에서 그와 같은 정복에 관한 이야기를 하면서 대부분의 전쟁이 곡식이 여물 때 벌어졌다는 사실을 덧붙이고 있는데, 이는 여문 곡식을 전리품으로나 식량으로나 강탈하려 했기 때문이다.[34]

막스 베버의 '약탈 자본주의booty capitalism'라는 개념은, 경쟁관계의 국가를 대상으로 한 전쟁이든, 변방 지역의 비국가 민족[종족]을 대상으로 한 전쟁이든, 그러한 수많은 전쟁에 적용될 수 있을 것이다. 전쟁에서 '약탈 자본주의'란 단순히, 영리를 목적으로 한 군사작전을 의미한다. 한 가지 형태를 예로 들면, 한 무리의 군사 지도자들이 금과 은을 몰수하고 가축과 포로를 잡아들이는 데 혈안이 되어 다른 작은 영역에 대한 침략 계획을 꾸미는 것이다. 그건 일종의 '합자회사'였고 그 주된 사업은 약탈이었다. 이 사업은 공모자들 각자가 제공하는 병사, 말, 무기에 의존하는 만큼 예상되는 수익은 각 참가자의 투자 비율에 따라 분배된다. 이 사업은 물론 상당히 우려스럽다. 공모자들이 (단순히 재정적으로만 후원한 것이 아니라면) 잠재적으로 목숨을 잃을 위험이 있기 때문이다. 이런 전쟁에는 반드시 교역로를 장악한다거나 경쟁국을 궤멸한다거나 하는 다른 전략적 목적이 있었을 것이다. 하지만 초기 국가들에 전리품

특히 인간 포로를 챙기는 것은 단순한 전쟁의 부산물이 아닌 핵심 목표였다.[35] 지중해 지역의 많은 초기 국가는 인력 수요를 감당하려는 방책의 일환으로 노예를 얻기 위한 전쟁을 체계적으로 수행했다. 많은 사례에서 —초기의 동남아시아와 제정 시기의 로마에서— 전쟁은 부와 안락으로 이어지는 길로 여겨졌다. 지휘관부터 일반 병사에 이르기까지 모두가 전리품에서 자기 몫을 보상으로 받게 될 것을 기대했다. 징병 연령에 해당하는 남성들이 노예를 얻기 위한 원정에 참여하는 정도에 따라 국내의 곡물 및 가축 생산 노동력 공급에 문제가 생기기도 했다. 때맞춰 노예가 대량으로 유입되면 지주들은 —그리고 소농 병사들은— 징병 대상이 아닌 노예로 농업 노동력을 대체할 수 있었다.

메소포타미아와 초기 이집트의 노예 규모에 관한 구체적 증거가 상대적으로 없는 편이긴 하지만, 그럼에도, 초기 국가에서 곡물 모듈 위에 세워진 노예 부문은 규모가 그리 크지는 않더라도 강력한 국가를 창출하는 데 매우 중요한 필수 요소였다. 포로 노예들이 간헐적으로 대량 공급 되면, 그렇지 않았을 경우 인구학적으로 어려움에 직면했을 국가의 인력 수급을 원활하게 했다. 아마도 가장 결정적인 사실은, 특별한 기술을 갖춘 이들은 예외지만, 일반적으로 노예들이 가장 모멸적이고 위험한 노동 현장에 집중되어 있었고, 이런 곳은 대체로 도무스에서 멀리 떨어져 있었으나, 국가의 권력을 이루는 물질적 뼈대와 상징적 힘줄을 이루는 데서 가장 중요한 중심이 되었다는 점이다. 국가가 국가의 핵심을 이루는 국민으로부터 그러한 노동력을 뽑아내야 했다면 [국민의] 도주나 폭동 또는 그 둘은 모두 유발하는 큰 위험에 직면했을 것이다.

메소포타미아 노예제의 특이성

역사학자들과 고고학자들은, 앞서 우리가 보았던 것처럼, "증거의 부재가 부재의 증거는 아니다"라고 말하길 좋아한다. 우리가 이미 검토한 노예제와 속박의 증거는 없는 것은 아니지만 흔한 것은 아니어서 노예제와 속박이 그리 대단치 않은 것이었다고 확신하는 학자들도 많다. 이어지는 글에서 나는 그리스나 로마에서보다 메소포타미아에서 노예제의 증거가 덜 눈에 띄고 덜 중요해 보이는 이유들을 제시하고자 한다. 이 이유들은 메소포타미아 지역 정치체들의 작은 규모와 지리적 범위, 노예들의 출신지, 부자유 노동의 '하도급' 가능성, 국민의 부역이 차지하는 중요성, 공동체적 속박 형태의 잠재력 등과 관련이 있다. 메소포타미아의 노동에 관한 연구 자료를 검토하는 과정에서 나는 다음과 같은 내용을 알게 되었다. 적어도 어떤 기념비적 건설 사업을 진행하는 경우에, (노예가 아닌) 국민에게 요구되는 노동력은 보통 짐작하는 것보다 적었을 것이고, 그 건설 사업이 완성되었을 때는 의례적 축제가 열렸을 것이라는 점이다.[36]

기원전 제3천년기 메소포타미아가 아테네나 로마보다 노예를 덜 소유하고 있던 사회로 보이는 분명한 세 이유가 있다. 곧, 더 이른 시기 정치체들은 인구가 적었고, 이 정치체들이 남겨놓은 자료가 상대적으로 더 드물었으며, 이 정치체들은 지리적 범위가 상대적으로 소규모였다는 것이다. 아테네와 로마는 자기들이 알고 있던 세계 전역으로부터 노예를 들여온 가공할 해상국가였다—사실상 그리스어와 라틴어를 쓰지 않는 모든 사회로부터 노예를 끌어왔다. 이러한 사회적·문화적 사실은,

한편으론 국가 민족을 문명과 연결 짓고 다른 한편으론 비국가 민족〔종족〕을 야만과 연결 짓는 기준의 많은 토대를 제공했다. 메소포타미아의 도시국가들은, 이와 대조적으로, 훨씬 더 본국에 가까운 지역에서 포로들을 취했다. 이러한 이유에서 당시 포로들은 그들의 포획자들과 같은 문화를 공유했을 가능성이 더 컸다. 이를 전제로 생각하면, 허락만 된다면 이 노예들은 주인의 문화와 관습에 더 빨리 동화되었을 것이다. 가장 가치가 높은 포로로 여겨지던 젊은 여성 포로와 아동 포로는, 혼인제도나 축첩제도의 도움으로 몇 세대를 거치는 동안 그들의 사회적 출신을 지워버릴 수도 있었다.

전쟁 포로의 출신지는 더 복잡한 인자다. 메소포타미아의 노예제 자료들은 대부분 아카드어도 쓰지 않고 수메르어도 쓰지 않는 전쟁 포로들에 관한 것이다. 그러나 충적토 지대에서 도시 간에 전쟁이 빈번하게 일어났다는 것은 분명한 사실이다. 사실 포로들 가운데 상당한 비율이 도시 간 전쟁에서 왔고, 따라서 그때까지 독립적이었던 같은 지역의 공동체 출신이라고 한다면 서로 문화를 공유하고 있었을 것이므로, 포로들이 크게 고생하지 않고도 —어쩌면 공식적으로 노예가 되지 않고도— 포획자 도시국가의 평범한 국민으로 편입되었으리라는 추측도 가능하다. 노예와 그 주인 사이에 문화와 언어의 차이가 클수록 사회적·법률적 분리를 실행하기가 더 쉬워지며, 이는 노예제 사회에서 전형적으로 등장하는 경계선을 분명하게 긋는 데 한몫한다.

일례로 기원전 5세기 아테네에는 보통 '외국인 거주자'로 번역되는 메틱metic 계층이 있었는데, 이들은 아테네 전체 인구의 10퍼센트가 넘었다. 이들은 아테네 안에서 거주와 교역을 자유로이 할 수 있었으며,

시민으로서의 의무(세금 납부와 병역 등)는 있지만 특권은 없었다. 메틱 가운데 상당수가 이전에 노예였다. 메소포타미아 도시국가들이 채워지지 않는 노동 수요의 상당 부분을 문화적으로 유사한 인구 집단들로부터 나온 포로나 피난민을 흡수함으로써 충당했는지는 의심스러울 수밖에 없다. 그러했다면, 이 포로나 피난민은 노예가 아니라 특별한 범주의 '국민'으로 보였을 것이고, 아마도 때가 되면 완전히 국민으로 동화되었을 것이다.

오늘날 서구 소비자들이 자기 생활의 물적 토대가 재생산되는 조건을 직접 경험하지 않듯이, 아테네의 그리스인들에게도 대략 노예 인구의 절반이 되는 채석장, 광산, 삼림, 갤리선에서 일하는 노예들은 대체로 눈에 띄지 않았다. 그만큼 큰 규모는 아니었지만, 초기 메소포타미아 국가들 또한 돌을 캐고, 무기용 구리를 캐고, 건축용 통나무와 땔감과 숯을 공급하는 남성 노동력이 필요했다. 이러한 작업은 범람원으로부터 상당히 떨어진 곳에서 수행되어야 한 만큼, 국가 지배층이 아니어도, 중심 지역에 있는 국민에게는 상대적으로 잘 보이지 않았을 것이다. '우루크 팽창Uruk Expansion' 현상—우루크의 배후지와 자그로스산맥에서도 우루크의 문화적 공예품이 발견되는 현상—은 충적토 지대에서는 구할 수 없는 필수 물품을 확보하기 위한 교역로를 만들거나 지키기 위한 시도인 듯 보인다.[37] 노예들이 이 팽창 지역에서 포획되었다는 것은 확실하지만, 그럼에도 우루크에서 이렇게 잡아들인 노예와 전쟁 포로를 직접 부렸는지 아니면 예속된 공동체로부터 이러한 원재료들을 공출했는지, 다시 말해, 실제로는 노예와 전쟁 포로를 주고 곡물·옷감·사치품들을 구입했는지는 분명하지 않다. 하지만 어떤 경우든, 그와 같은 강제노동은 우루크에서 어느 정도 떨어진 곳에서 이루어졌을 테고 —아마도 교역 상대에 하도급 형태로 맡겨졌을 것이므로— 그러하기에 이에 관한 설형문자 기록은 거의 남기지 않았을 것이다.

마지막으로, 많은 초기 국가에서 널리 실행되었고 노예제와 가족 유사성 이상을 공유하지만 성문 기록에선 우리가 생각하는 노예제처럼 등장할 가능성이 적은 두 가지 집단적 속박이 있다. 그중 하나는 집단적 강제 정착과 짝지어진 대량 유배라 부를 수 있는 것이다. 이를 가장 잘 보여주는 사례는 이런 형태의 집단적 속박이 대규모로 실시된 신新아시리아제국(기원전 911~기원전 609)에서 나온다. 신아시리아제국은 우리가 주로 초점을 맞추고 있는 시대보다 훨씬 후대에 등장하긴 하지만, 그러한 형태의 속박이 그보다 훨씬 이전인 메소포타미아, 이집트 중왕국, 히타이트제국에서도 실시되었다고 주장하는 학자들도 있다.[38]

신아시리아제국에서 대량 유배와 강제 정착은 정복된 지역에서 체계적으로 적용되었다. 정복된 땅의 전체 인구와 가축은 왕국 변방으로부터 중심에 더 가까운 지역으로 끌고 와서 강제로 정착시켰다. 이렇게 끌려온 사람들은 대체로 경작민이 되었다. 어떤 포로들은, 노예를 포획한 다른 전쟁에서와 마찬가지로, '사적으로' 전유되었고, 다른 노예들은 노동집단을 형성해 일해야 했음에도, 유배와 강제 정착이 대별되는 점은 대규모의 포로 공동체가 손상되지 않은 채 생산 활동이 더 쉽게 감시되고 전유될 수 있는 장소로 옮겨졌다는 사실이다. 여기에서도 인력 및 곡물 집중화 장치가 작동하지만, 전체 농업 공동체들을 대규모 수준에서 모듈로서 취해 국가의 처분 아래 둔다는 점이 다르다. 필경사들이 과장했을 거라는 점을 감안하더라도, 이러한 규모의 인구 이동은 전례 없던 것이었다. 일례로, 20만 명이 넘는 바빌로니아인들이 신아시리아제국의 중심으로 옮겨졌으며, 전체 유배 규모는 어마어마하게 보인다.[39] 이와 같은 대량 강제 유배에 특화된 전문가들이 있었다. 관리들은 포획된 인구의 명부를 —그들의 소유물, 기술, 가축까지 포함해— 면밀하게 작성했으며, 새로운 정착지로 이동하는 중에 발생할 손실을 최소화하기 위해 책임지고 그들에게 식량을 공급했다. 어떤 경우에는 포로들이 이전에 다른 국민이 살다가 버리고 간 땅에 정착해야 했는데, 이는 아마도 대량 탈출이나 전염병으로 인한 결과를 대체하려는 노력의 일환이었던 것 같다. 포로 중 많은 수가 '사크누투saknutu'라고 불렸는데, 이는 '흙을 다지게 만들어진 포로'라는 뜻이다.

신아시리아제국의 정책은 역사적으로 전혀 새로운 것이 아니다. 메소포타미아에서도 흔하게 이루어졌는지는 알 수 없지만, 이러한 정책은 역사를 통틀어 정복자 정권에서는 —특히 동남아시아와 신대륙에서는— 늘 실시했던 것이다. 하지만 우리가 의도한 목적을 고려할 때 가장 중요한 점은 이렇게 대량으로 강제 유배 되어 다시 정착된 인구 집단이 역사적 기록에 반드시 노예로 등장하는 것은 아니라는 사실이다. 그들은 일단 다시 정착하고 나면, 특히 문화적으로 두드러지게 다르지 않다면, 일반적인 국민이 될 수도 있었고, 시간이 지나고 나면 농업에 종사하는 다른 국민들과 거의 구별이 불가능했을 것이다. 옛 수메르어의 어휘(예컨대 '에린erin')들을 국민subject으로 번역해야 하는지, 아니면 '전쟁 포로prisoner of war' 또는 '군사적 식민지 주민military colonist'이라고 번역해야 하는지, 그것도 아니면 단순히 '소농peasant'이라 번역해야 하는지를 둘러싼 혼란은 국민들 가운데 그 출신을 반영하는 다양한 계층이 존재했다는 데서 비롯한다.

역사적으로 흔한 것이었지만 역사 기록에 노예로 등장하지 않는 또 하나의 속박 형태는 스파르타의 헬롯helot 유형이다. 헬롯은 스파르타가 지배한 라코니아와 메시니아에 있던 농업 공동체들이었다. 이 공동체들이 어떻게 스파르타의 지배를 받게 되었는지는 논쟁이 되는 문제다. 메시니아는 전쟁으로 정복당한 듯 보이지만, 헬롯은 전쟁에 참여하지 않기로 했던 공동체거나 이전에 반란을 일으켜 집단적으로 처벌당한 공동체라고 주장하는 이들도 있다. 헬롯은, 어떤 경우든, 노예와는 구분된다. 헬롯은 전체 공동체가 원위치에 그대로 남아 있었고, 다만 연례적인 스파르타의 의례에서 모욕을 당했으며 모든 고대 농경국가의 국민과 마찬가지로 곡물·기름·포도주를 자신들의 주인에게 제공해야 했다. 헬롯은 전쟁으로 유배되어 강제로 다시 정착한 것이 아니라는 점을 빼곤 다른 모든 측면에서 전적으로 군사화된 사회에 예속된 농경 노비였다.

그렇다면 여기서, 국가 형성의 잉여 생산 모듈로 사용될 수 있는 필수적 인력 및 곡물 복합체가 형성되는 고대의 또 다른 공식 하나가 발견된다. 메소포타미아 도시국가 중 일부는 외부의 군사 지배층이 원래 그 지역에 있던 농경 인구를 정복하거나 대체한 데서 기원했다고 생각해볼 수는 있으나, 정말 그랬는지 정확히 알기는 어렵다. 이와 같은 맥락에서 니센은 비국가 민족[종족]들에게 낙인을 찍는 수사법에 무게를 두지 말라고 경고하며, 산간 지대와 저지대 사이에 끊임없는 상호교환이 일어났음을 기억하도록 촉구한다. "기원전 제4천년기 중반 메소포타미아 평원의 대형 정착지도 이러한 과정의 일부였을 것이다."

"성문 기록에 현혹되어 우리는 (…) 저지대 주민의 관점을 내재화했다."[40] 우르·우루크·에리두와 같이 그 어원이 수메르어가 아닌 지명들은 기존 농경사회의 무장 파벌에 의한 기습이나 통제권 장악이 일어났을 가능성을 암시한다. 곡물 재배 중심지가 도시국가의 배후지와 다른 도시국가들에서 온 전쟁 포로들의 강제된 재정착에 의해 확장되고 보충되었다고 생각할 수도 있다. 하지만 어떤 경우에도 그러한 초기 사회들이 표면적으로 노예사회였던 것으로 보이지는 않았을 것이다. 그리고 실제로도 그러한 사회는 아테네나 로마와 같은 노예사회는 아니었을 것이다. 그러나 초기 농경국가의 곡물-인력 결합체를 만들고 유지하는 데 예속과 강압이 중심 역할을 했다는 사실은 매우 분명하다.

길들이기 과정과 노역 및 노예에 관한 짧은 추론

우리는 국가가 노예와 인간 속박을 발명하지 않았다는 것을 알고 있다. 셀 수 없이 많은 국가 이전 사회에서도 노예와 속박은 있었을 것이다. 하지만 강압에 의한 노동에 체계적으로 기초한 대규모 사회는 분명 국가에 의해 발명된 것이다. 아테네, 스파르타, 로마, 신아시리아제국보다 노예의 비율이 훨씬 작았을 때에도, 강제 노동과 노예의 역할은 국가 권력 유지에 너무나 결정적이고 전략적으로 중요했기에, 그것 없이 이들 국가가 오래도록 지속되었으리라고는 상상하기도 어렵다.

만약 우리가 노예는 일을 위한 도구이며, 그러하기에 황소와 같은 길들인 동물[가축]로 간주되어야 한다는 아리스토텔레스의 주장을 유익한 판단으로 진지하게 받아들인다면 어떨까? 무엇보다도 아리스토텔레스 자신이 진지했다. 우리가 전쟁 포로, 노예, 헬롯 등을 우리의 신석기 조상들이 양과 소를 길들인 것처럼 인간을 강제로 길들여 예속시키려던 국가 프로젝트로서 검토한다면 어떨까? 물론 이 프로젝트는 그렇게 실현되지는 못했지만, 이런 각도에서 상황을 보는 일이 전적으로 설득력이 없는 것도 아니다. 알렉시스 드 토크빌은 유럽의 세계 패권이 커지는 것을 보고 그와 같은 유사성을 규명하고자 했다. "우리는 거의 이렇게 말해야 한다. 다른 인종에 대한 유럽인의 관계는 하등한 동물에 대한 인간의 관계와 같다고. 자기가 이용할 수 있게 〔그 인종을〕 굴종시키고, 굴종시킬 수 없을 때는 〔그 인종을〕 말살한다고."[41]

"유럽인"의 자리에 "초기 국가"를 넣고 "다른 인종"의 자리에 "전쟁 포로"를 넣어도 이 프로젝트를 크게 왜곡하는 것은 아니라고 나는 생각한다. 포로는 개인적으로나 집단적으로나 국가라는 도무스의 가축 및 곡물 경작지와 함께 국가의 생산과 번식 수단의 필요불가결한 부분이 되었다.

더 멀리까지 밀어붙여 본다면, 나는 이런 유사성에 분명한 이해를 돕는 힘이 있다고 믿는다. 번식의 문제를 들여다보자. 길들이기 과정의 핵심은 식물이나 동물의 번식에 대한 인간의 통제다. 여기에는 공간 제한이 뒤따르며, 선택적 육종과 번식 비율에 대한 관여 역시 뒤따르기 마련이다. 포로들의 경우에, 생식 가능 연령의 여성 포로가 강하게 선호되었다는 사실은 그들의 노동만큼이나 그들의 생식 능력에 관심이 있었음을 보여준다. 초기 국가 중심의 역학적疫學的 문제들을 고려할 때 노예 여성들의 생식 능력이 인구 안정과 국가 성장에 얼마나 중요했는지를 아는 것은 매우 유익할 것이나, 안타깝게도 가능하지 않다. 초기 곡물 국가에서 노예가 아닌 여성을 길들이는 과정 역시 같은 관점에서 볼 수 있을 것이다. 토지 소유, 가부장제 가정, 도무스 내 분업, 인구 최대화에 대한 국가의 우선적 관심이 결합되어 여성의 생식 능력 일반을 길들이는 효과를 낳았다.

길들어 땅을 갈거나 짐을 나르는 동물이나 짐승은 인간의 수고를 많이 덜어주었다. 노예들 또한 그러했다고 분명히 말할 수 있다. 경작, 군사, 예식, 그 밖에 신생 국가 중심이 된 도시의 수요는 이전에 없던 종류와 규모의 노동 형태를 요구했다. 돌을 캐고, 광석을 캐고, 갤리선의 노를 젓고, 도로를 놓고, 나무를 베고, 수로를 파는 등 여러 고되고 비천한 일들은, 오늘날에 더욱 그러하듯, 죄수, 고용된 인부, 또는 절박한 무산자에 의해 수행되었다. 이 일들은 도무스에서도 멀리 떨어져 있는, 소농을 포함한 '자유로운' 사람들이 기대하는 일이었다. 그러나 그렇게 위험하고 고된 일들은 초기 국가의 생존에 필수적이었다. 한 국가가 도주나 폭동의 위험 없이 자국 내 농경 인구를 시켜 이 일들을 해낼 수 없다면, 포획해 길들인 외지 출신의 인구에게 그 일들을 시켜야만 했다. 이런 인구는 노예제를 통해서만 획득될 수 있었다. 아리스토텔레스의 인간 도구라는 비전을 실현하려는, 오래도록 계속되었지만 궁극적으로는 성공하지 못한 마지막 시도 말이다.

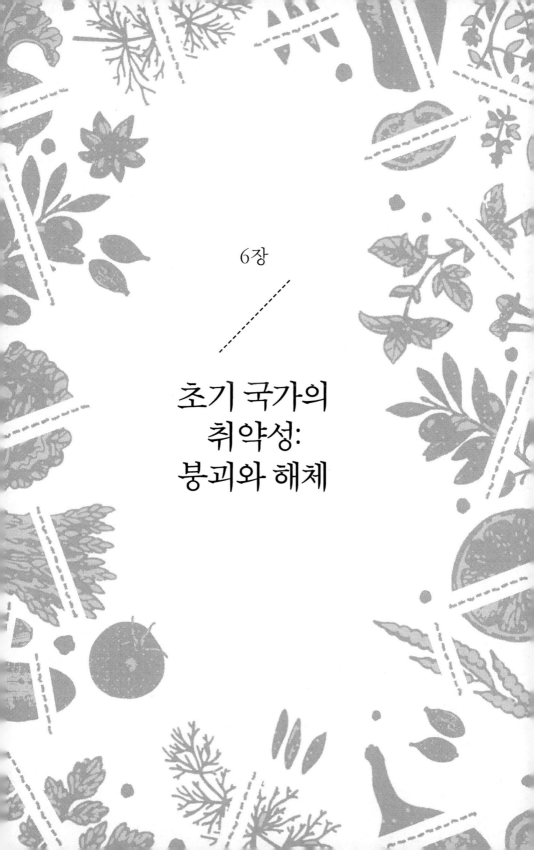

6장

초기 국가의
취약성:
붕괴와 해체

초기의 국가들에 대해 더 많이 읽어볼수록, 처음 국가를 존재하게 한 국정 운영 기술의 특징과 즉흥적 임기응변에 더욱 놀라게 된다. 초기 국가들의 취약성은 너무나 분명히 드러나서 국가의 출현과 장기지속이 왜 그렇게 드문 현상이었는지 굳이 설명하지 않아도 될 정도다. 초기 국가 건설의 이미지는 어린 학생들이 만들어보려 시도하는 4, 5층짜리 인간 피라미드 같다. 보통은 완성되기도 전에 무너지고 마는 것이다. 어려움을 이겨내고 꼭대기까지 완성되더라도 불안하게 흔들리기 마련이고, 그럴 때마다 관중은 숨을 멈추고 지켜보면서 어쩔 수 없이 곧 무너질 거라고 예상한다. 운이 좋을 경우에도 아주 짧은 순간 동안만 꼭꼭대기의 마지막 학생이 관중 앞에서 승리의 포즈를 취할 수 있을 뿐이다. 이 이미지를 조금 더 밀고 나가 살펴보자면, 인간 피라미드의 개별적 부분들은 각기 상당히 안정되어 있음을 알 수 있다. 이것들을 가리켜 기본 단위elementary unit 또는 구성요소building block라 부를 수 있겠다. 하지만 이것들이 공들여 만들어낸 구조는 불안정하게 흔들린다. 금방 무너져 내린다 해도 놀랄 게 없다. 오히려 그 구조가 어떻게든 완성되었다는 게 놀라울 따름이다.

안정적으로 정착된 농경 공동체 위에 조립된 정치구조인 국가는 정착 곡물 공동체의 일반적 취약성을 모두 공유했다. 정착생활은, 앞서 살펴보았듯, 한 번에 모든 것을 이룬 성과물은 아니었다. 국가 형성 이전에도 산발적 정착생활은 5000년에 걸쳐 (일본과 우크라이나의 농경 이전 정착지까지 포함한다면 7000년에 걸쳐) 이어졌다. 고고학자들은 여러 곳에서 사람들이 정착했다 그곳을 포기하고 다시 다른 곳에 정착했다 그곳을 포기한 흔적들을 발견했다. 이처럼 포기하고 다시 정착하기를 반복한 까닭은 대개 분명하지 않다. 기후변화, 자원 고갈, 질병, 전쟁, 더 나은 곳으로의 이주 등이 생각해볼 수 있는 원인이다. 기원전 1만 500년경에 일정한 정착지들이 전반적으로 감소한 것은 영거 드라이아스기의 갑작스러운 '큰 추위' 때문이었음이 분명하다. 기원전 6000년경엔 선先토기 신석기 문화B PPNB라고 알려진, 정착지와 결부된 문화적 복합체가 갑작스레 소멸한 흔적이 요르단강 유역에서 발견되는데, 기후변화, 질병, 지력 소모, 수자원 감소, 인구압 등 다양한 현상이 그 원인으로 언급되고 있다. 여기서 핵심은, 정착 곡물 공동체의 한 아종으로서 국가역시 다른 정착 공동체들이 일반적으로 겪었던 해체의 위험에 종속되어 있었으며, 또한 정치체로서 국가에만 특별히 적용되는 취약성을 가지고 있었다는 사실이다.

최초의 고대국가들이 허약했다는 데는 이견이 없다. 하지만 이 허약함의 원인에 대해서는 의견이 분분하다. 우리에겐 증거가 거의 없을 뿐아니라 있는 증거 중에도 결정적 방향을 제시해주는 것은 매우 드물다. 초기 메소포타미아 국가들에 대한 지식 면에서 타의 추종을 불허하는 로버트 애덤스는 우르 제3왕조에 대해 놀라움을 표현하고 있는데, 100년에 걸쳐 5명의 왕이 연이어 왕위에 올랐기 때문이다. 이후에 우르 역시 붕괴되긴 했지만, 다른 왕국들이 어지러울 만큼 빨리 생겨났다 사라졌던 것과 비교하면 거의 기록적일 만큼 안정적 모습을 보여준 셈이었다. 애덤스는 자원의 집중화 뒤에 불규칙하지만 불가역적 쇠락이 이어지는 순환 주기를 파악하고, 여기에 탈집중화와 '지역적 자급자족'을 향한 압력을 결부시킨다.[1] 다른 이들보다 '붕괴'라는 개념을 훨씬 더 많이 재검토한 노먼 요피, 퍼트리샤 매카나니, 조지 카우길은 "초기 문명의 집중된 권력들은 대체로 허약하고 단명했다"라고 본다.[2] 메소포타미아, 레반트, 지중해 연안의 정치체들을 조사한 사이프리언 브러드뱅크는 더욱 개괄적으로 같은 결론을 내리면서 "지역적이거나 더 광범위한 기회들과 역경에 좌우된 설립, 포기, 팽창, 축소의 당혹스러운 패턴"을 지적하고 있다.[3]

하여간 '붕괴collapse'가 의미하는 것—기원전 2000년경 '우르 제3왕조의 붕괴', 기원전 2100년경 이집트 고왕국의 붕괴, 기원전 1450년경 크레타의 미노아 궁정 정권의 붕괴 등등에서—은 무엇일까? 최소한 그것은 기념비적 궁정 중심지의 포기 그리고/또는 파괴를 의미한다. 이것은 대개는 단지 인구의 재배치만이 아닌, 사회적 복잡성의 실질적 상실—재앙적 상실까지는 아니라 해도—을 의미한다. 인구는 제자리에 그대로 유지될 경우에도 더 작은 정착지와 촌락으로 분산되었을 것이다.[4] 지배층은 사라진다. 기념비적 건축 활동도 멈춘다. 행정과 종교를 목적으로 한 문해력도 증발할 것이다. 보다 큰 규모의 교역과 유통은 급격히 줄어든다. 지배층의 소비와 교역 용도의 전문 공예품 생산도 감소하거나 없어진다. 이러한 변화는 보다 문명화된 문화로부터 멀어지는 통탄할 만한 퇴행이라 이해되는 경우가 많다. 이 측면에서 보자면, 이와 같은 사건이 필연적으로 의미하는 것이 아닌 의미들을 강조하는 일 또한 매우 중요하다. 이 사건들은 해당 지역의 인구 감소를 필연적으로 의미하지는 않는다. 인류의 건강이나 복지 혹은 영양 상태의 악화를 필연적으로 의미하지도 않으며, 오히려 향상을 의미할 수도 있다. 결국, 중심에서의 '붕괴'란 문화의 소멸이 아니라 문화의 재공식화와 탈중심화를 의미할 가능성이 더 크다.

'붕괴'라는 용어의 역사와 그와 결부된 우울한 의미들은 다시 숙고해볼 만하다. 고대국가에 대한 우리의 초기 지식과 경이는 20세기로 넘어올 무렵의 이른바 고고학의 영웅적 시대 곧 초기 문명들의 기념비적 중심의 위치가 확인되고 발굴되었던 시대로부터 비롯한다. 이 초기 문명들의 문화적·미학적·건축학적 성과물에 대한 정당화된 경외감과는 별개로, 이 문명들의 위대함과 그 가공품의 혈통을 전유하려는 근대 제국들의 쟁탈전 같은 것도 있었다. 결국, 교과서와 박물관을 통해, 초기 국가들의 지배적 표준 이미지들은 일종의 아이콘이 되었다. 이집트의 피라미드와 미라, 아테네의 파르테논, 캄보디아의 앙코르와트, 시안西安의 병마용兵馬俑 등이 대표적이다. 그래서 이런 고고학계의 슈퍼스타들이 증발해버렸을 때는 마치 전全 세계의 종말이 온 듯 보였을 것이다. 실제로 상실된 것은 고전고고학classical archaeology〔고대 그리스, 고대 로마 문명의 연구〕에서 사랑하던 대상들이었다—다시 말해, 상대적으로 드문 집중화된 왕국들의 폐허와 거기서 나온 성문 기록 및 사치품이었다. 잠시앞서 언급했던 인간 피라미드의 비유로 돌아가보면, 그것은 모든 관심이 집중되었던 결합체의 꼭대기가 갑자기 사라져버린 것과 같았다.

그 꼭대기가 사라지고 나면, 사람들은 꼭대기가 아니라 바닥과 그 구성단위들에 관심을 기울이고 있던 점점 늘어나는 일군의 고고학자들에게 특별히 감사하게 된다. 정착지 이동 패턴, 교역 및 교환 구조, 강우량, 토양구조, 생계 전략의 변화 등에 관한 그들의 축적된 지식을 통해, 중력에 저항하는 꼭대기보다 더 많은 것을 볼 수 있게 된 때문이다. 그들이 발견한 내용들로부터 우리는 개연성 있는 '붕괴'의 원인들을 식별해낼 수 있게 되었거니와 어떤 특별한 경우든 붕괴가 의미하는 바를 추궁할 수 있게 되었다. 그들의 핵심적 통찰 하나는 붕괴로 받아들여지는 많은 것을, 오히려, 더 크지만 더 허약한 정치적 단위들이 더 작지만 더 안정적 요소들로 분해된 걸로 본다는 점이다. '붕괴'란 사회적 복합성의 감소를 나타낸다. 하지만 이 더 작은 권력의 핵들—예컨대 충적토 지대의 작고 치밀한 정착지 같은 것들—이 그것들을 몰아 세워 견고한 왕국이나 제국으로 만들어낸 국정 운영 기술의 짧은 기적들보다 훨씬 더 오래 지속될 가능성이 크다. 요피와 카우길은 행정이론가 허버트 사이먼으로부터 '모듈성modularity'이란 용어를 적절하게 차용해 사용한다. 모듈성이란 더 큰 집합체의 단위들이 일반적으로 독립적이고 분리가능한 상태를 나타내는 말인데, 사이먼의 표현으로는 그 집합체가 '거의 분해가능한' 상태를 말한다.[5] 이런 상태에서 꼭대기의 중심이 사라진다는 것이 더 내구성 있고 자족적인 기초 단위들에 반드시 무질서를 의미하는 것은 아니며, 외상을 의미하는 것은 더더욱 아니다. 니센은 요피와 카우길의 견해를 반영해, "중앙집중 시기의 종말을 '붕괴'로"오해하지 말고, "한때 통일되어 있던 지역이 더 작은 부분들로 쪼

개지는 국면을 정치적으로 요동치는 시기로 여기지"말라고 우리에게 경고한다.[6]

정착생활이나 정착생활에 완전히 의존하는 국가 건설 모두 한 번에 이루어진 성과는 아니었다. 커다란 인구 집단이 사라져버리고 정착생활 자체가 그 이전 정착생활의 그림자에 지나지 않을 정도로 축소된 길고 긴 시기들이 있었다. 대략 기원전 1800년에서 700년까지 —1000년이 넘는 동안— 메소포타미아의 정착지들은 그 이전의 4분의 1도 되지 않았고, 도시 정착지들은 그 이전의 16분의 1에 지나지 않았다. 그에 따른 결과는 그 일대 전체에 끼칠 정도였고, 그래서 그 결과를 가혹한 통치자라든가, 지역적 전쟁, 특별한 흉작 같은 순전히 국지적인 우발 사건들하고만 결부시킬 수는 없다. 그렇게 규모가 큰 인구 분산이 일어나려면, 기후변화, 목축민의 침입이나 목축민에 의한 이동(추방), 교역의 중대한 중단 같은 보다 광범위한 지역 전반의 원인이라든가, 또는 느리게 진행됨에도 갑작스레 임계치에 이르는 지역 전반의 환경 파괴가 일어나야 한다. 그 가운데 어떤 것이 가장 주요한 원인이 되었는지에 대해서는 완전하게 합의된 의견이 없는 것 같지만, 우르 제3왕조의 몰락 이후 1000년이 넘는 동안 메소포타미아에서는 도시화보다는 전원화ruralization가 지배적이었으며, 이는 대체로 갑작스러운 목축민의 침입 때문이라고 하는 데는 의심의 여지가 없어 보인다.[7]

기원전 6200년에 시작된 대략 200년에서 400년에 걸친 영거 드라이아스기라고 하는 소빙기 같은 기후학적 데우스 엑스 마키나deus ex machina와는 별개로, 모든 초기 국가가 의존했던 곡물 복합체의 근본적이고 구조적인 취약성을 알고 인정하는 것은 무척이나 중요한 일이다

['데우스 엑스 마키나'는 고대 연극에서 갑자기 등장해 상황을 정리해버리는 신, 또는 그러한 힘이나 사건을 말한다]. 정착생활은 매우 특별하고 제한된 생태적 지위들에서 특히 충적토 지대나 풍적토 지대에서 등장했다. 그 이후에 —훨씬 더 이후에— 최초의 중앙집권화된 국가들이 훨씬 더 제한적인 생태적 환경에서 등장했다. 곧, 물이 적절히 공급되는 풍요로운 토양과 배를 띄울 수 있는 수로가 있어서 곡물을 재배하는 다수의 국민을 지탱할 수 있는 환경이 갖추어진 곳들이었다. 이 흔치 않은, 국가 형성에 유리한 환경 바깥에서는 수렵, 채집, 목축을 하는 사람들이 여전히 그들 나름대로 계속 번성했다.

국가 형성의 장소들은 통치자의 능력과 상관없이 생계수단이 실패했을 경우 붕괴되기 쉬운 구조적 취약성을 지니고 있었다. 그중에서도 가장 큰 구조적 문제는 1년에 1번 수확하는 1~2가지 주요 곡물에 대한 거의 전적인 의존이었다. 가뭄, 홍수, 병충해, 폭풍 등으로 흉년이 들 경우 그 지역 인구는 죽음에 처했다—이는 잉여 생산에 의존하는 통치자들 역시 마찬가지였다. 이들은 또한, 앞서 살펴보았듯, 분산되어 살았던 수렵·채집민들과 달리 과밀화된 생활공간에서 살았던 탓에 자신과 자신의 가족에 영향을 끼치는 전염성 질병의 훨씬 더 큰 위험에 노출되어 있었다. 그리고 마지막으로, 다시 살펴보겠지만, 국가의 지배층이 잉여 생산물과 더불어 운송 체계에 의존하고 있었다는 사실은 국가가 그 중심에 가장 가까이 위치한 인구와 자원에 훨씬 더 크게 의존하고 있었음을 의미하며, 이는 국가의 안정성을 약화시킬 수 있었다.

그렇다면 초기 국가들은 미묘한 균형 작용이었다. 이 균형이 유지되려면 수많은 조건이 맞아떨어져야 하지만, 그것이 그리 오래갈 순 없었다. 일례로, 옛 동남아시아에서는 한 왕국이 200~300년 넘게 지속되는 일이 드물었다. 왕국이 스스로 만들어낸 문제가 아니더라도 언제든 쉽게 왕국을 무너뜨릴 수 있는 문제들은 많았다. 대부분의 왕국이 거의 주기적으로 몰락한 것은 '중층결정되는' 일이었다. 그 왕국들이 직면해야 하는 문제들이 너무나 많고 다중적이었기 때문이다. 고고학자도 그 특정한 사망원인을 선별해 지목하는 데 애를 먹을 것이다.

초기 국가의 병적 상태: 급성질환과 만성질환

중동, 중국, 신대륙에 등장한 최초의 원초적 국가들은 인적미답의 전혀 새로운 영역에서 작동하고 있었다. 이들 국가의 창립자와 그 국민은 자신들을 기다리고 있던 생태적, 정치적, 역학적 위험들을 예상할 수 없었다. 그 문제들은 전례가 없던 것이라 가늠하기 어려웠기 때문이다. 이따금씩 발견될 뿐이지만, 성문 기록이 있는 경우, 한 국가가 몰락하는 원인은 상당히 분명하게 드러난다. 예를 들어보면, 자신의 적을 대체해버리는 또 다른 문화의 성공적 침입, 국가 사이의 파괴적 전쟁, 국가 내부의 내전이나 반란 등이다. 하지만 국가 소멸의 배후에 있는 원인들은 모호하고 잠행적이거나, 그렇지 않으면 홍수·가뭄·흉작처럼 재앙적 사건들인 경우가 더 많은데, 이것들은 더 깊고 누적적인 원인이 된다. 내가 생각하기에, 이러한 원인들이 우리에게 특히 더 흥미로운 까닭은 세 가지다. 첫째, 이들 원인은 외부의 침략과 같은 우발적 사건들과 달리 국가 과정에 직접 연결되어 있을 체계적 특징을 지니고 있다. 따라서 〔이들 원인은〕 고대국가의 구조적 모순들에 접근할 수 있는 유일한 창을 열어줄 수 있다. 둘째, 이들 원인은 대부분의 역사 분석에서 가볍게 다루어졌을 가능성이 크다. 직접적으로 관련된 인간 주체가 보이지 않고, 명확한 고고학적 흔적을 남기질 않기 때문이다. 〔셋째,〕 이들 원인이 국가 소멸에서 행한 역할은 정황적일뿐더러 추정에 근거하는 것이지만, 그 중요성이 대단히 과소평가되었다고 생각할 만한 이유는 충분하다.

질병: 과도한 정착, 이동, 국가

우리는 이미 가축을 길들이는 과정과 과밀화에 결부된 전염성 질병들을 상당히 길게 살펴보았다. 신석기 곡물-가축 복합체 꼭대기에 세워진 국가가 그 인구를 파멸적 전염병에 심각하게 노출시켰음을 믿을 만한 이유는 많다. 그 이유들은 국가의 규모, 교역, 전쟁과 관련되어 있다.

국가가 등장하기에 앞서 충적토 지대의 습지 주변부에 처음 등장한 도시들은 최전성기에 이르렀을 때 인구가 대략 5000명이었다. 반면에 초기 국가들은 보통 그보다 4배는 더 컸으며 10배가 넘는 경우도 있었다. 인구 규모가 증가함에 따라 위험의 규모 또한 증가했다. 선토기 신석기 문화B PPNB가 기원전 6000년경에 갑자기 사라진 것은, 일부 사람들이 믿고 있듯, 전염병 때문이었다. 2000년 넘게 지난 뒤에 초기 국가들의 규모가 더욱 커지자 전염병에 대한 취약성 또한 훨씬 더 커졌다. 인구가 더 많아졌다는 것은 인간 및 동물로 이루어진 감염원이 더욱 크고 견고해졌음을 의미했다. 인구 자체의 증가와 과밀화는 전파의 기하학적 논리에 근거해 병을 더욱 빠르게 퍼뜨리는 효과를 낳았다.

병균과 기생생물은 사람과 동물에 붙어 함께 이동한다. 국가가 등장하기 이전에는 원거리 교역이 제한적이었지만, 부를 극대화하고 그것을 과시하려는 더 크고 확장적인 지배층이 부상하자 교역의 규모와 지리적 범위는 기하급수적으로 팽창했다. 국가 자체는 이전 정착 공동체들보다 훨씬 더 큰 규모의 자원을 필요로 했고, 또한 다른 종류의 자원을 요구했다. 그 결과 육상 교역과 특히 수상 교역이 폭발적으로 증가했다. 옛 교역을 연구하는 알가제와 데이비드 웬그로는 기원전 3500년에서 기원전 3200년에 '우루크 세계체제Uruk world system'가 형성되었다고 말할 정도다. 당시 교역과 교환의 그물망은 북으로는 카프카스산맥, 남으로는 페르시아만, 동으로는 이란고원, 서로는 동지중해까지 펼쳐진 통합된 세계를 이루었다.[8] 우루크와 그 경쟁국들은 충적토 지대에서는 얻을 수 없는 자원을 먼 거리에서 구해 와야 했다. 구리와 주석은 연장·무기·갑옷을 만드는 데 필요했을 뿐 아니라 장식적 물건과 실용적 물건 모두에 쓰였다. 목재와 숯 또한 필요했고, 건축을 위해선 석회암과 채석장의 바위 또한 필요했다. 과시용 사치품을 위해선 은, 금, 보석이 필요했다. 이런 물품을 얻는 대가로 충적토 지대의 작은 국가들은 직물, 곡물, 토기, 수공예품을 교역 상대에 제공했다. 이처럼 상업적 권역이 광대하게 확장된 결과, 전염병의 권역 또한 비슷하게 확장되었다. 그때까지 서로 분리되어 있던 질병의 권역들이 처음으로 서로 접촉하게 된 것이다. 이런 측면에서 '우루크 세계체제'는, 용어 자체가 웅장하긴 하지만, 기원전 1년경에 중국·인도·지중해의 질병 권역들이 통합되어 사상 처음으로 세계적 규모의 전염병 사태가 촉발되는 사건들을 좀 더 작은 규모로 미리 예시한 셈이었다. 한 예로, 6세기에 발생한 유스티니아누스역병은 무려 3000만~5000만 명의 목숨을 앗아갔다. 교역은 충적토 지대 소규모 국가들의 기념비적 영광을 불러왔지만, 얄궂게도, 그 국가들의 소멸에도 그만큼 커다란 역할을 했다.

국가는 또 다른 활동 즉 전쟁으로도 악명이 높다. 전쟁은 거대하고 무시무시한 역학적 결과를 가져온다. 인구학 측면에서만 보더라도, 전쟁만큼 인구 집단들을 대규모로 이동시키고 재배치하는 일은 없다. 얘기가 나온 김에 말하자면, 군대, 또는 도망 난민, 또는 포로들이 전통적으로 전쟁과 관련이 있는 많은 질병—콜레라, 발진티푸스, 이질, 폐렴, 장티푸스 등—에 걸리고 이들 질병을 전염시키는 전염병의 이동 모듈이 된다. 군대나 난민이 지나간 경로는 오랫동안 전염병의 경로로 여겨졌고, 일반 민간인들은 할 수 있는 한 그로부터 멀리 달아나고자 했다. 고대 전쟁의 경우 주요 전리품은 승전국으로 끌고 온 포로들이어서, 전쟁은 교역과 똑같이 전염병을 일으키는 결과를 가져왔으나 아마도 그 규모는 훨씬 더 컸을 것이다. 물론 포로 가운데는 사람만이 아니라 적국의 네 발 달린 가축도 있었고, 가축 역시 그 나름의 질병과 기생생물을 승전국의 수도에 들여왔다.

교역과 전쟁으로 들어오게 된 질병이 초기 국가의 소멸에 얼마나 중요한 역할을 했을까? 고고학적 기록이 이러한 쪽으로는 많은 증거를 제시하지 못하기 때문에 그것에 대해 확실히 알기는 불가능하다. 나의 예감으로는, 고대 세계의 인구 집중 지역들이 달리 설명할 길 없이 갑자기 버려졌던 까닭은 바로 이런 질병 때문이었을 것이다. 로마와 중세 세계에서 발생한 전염병들에 대해 우리가 알고 있는 바를 바탕으로 추론해보면 이와 같은 나의 예감을 더욱 타당하게 만드는 데 도움이 될 것이다. 과밀화에 따른 질병은 전혀 새로운 것이었으므로 초기 인구 집단에서 그 전파 경로를 알 방법이 없었을 것이다. 그러나 치명적 전염병의 발생이 수상 교역과 육로 대상隊商, 군대와 그 포로에 결부되어 있음을 아는 데는 그리 오래 걸리지 않았을 것이다.[9] 위험에 처한 도시 주민은 본능적으로 최초 발병자들을 격리하고 성문을 모두 폐쇄해 예상되는 감염원의 추가 접촉을 막았을 것이다. 새롭고 공포스러운 전염병들이 발생할 때마다 해상 여행자들에 대한 검역과 격리가 (나중에 라자레토lazaretto라고 하는 격리병원 형태로 제도화되긴 하지만) 이러저러한 형태로 이루어졌을 것이다. 또한 최초의 도시 주민조차 치명적인 전염병 지역에서 벗어나 흩어지는 것이 전염을 피하는 가장 희망적인 방법임을 알고 있었을 게 틀림없다. 그들은 본능적으로 가능한 한 빨리 시골로 달아나려 했을 것이고 (물론 시골 지역에서는 그들을 두려워했겠지만), 초기 국가에서는 그들의 도주를 막으려 강하게 압박했을 것이다.

전염병에 대한 대응을 이러한 방식으로 이해하는 게 대체로 옳다면, 질병에 의한 주요 정착지들의 소멸을 설명하는 그럴듯한 시나리오를 제공할 수 있을 것이다. 전염병이 발생한 상황에서 도시 중심에 대규모 인구가 그대로 남아 있다고 하면 국가 중심으로서 도시의 생존력이 파괴될 만큼 많은 사람이 죽게 될 것이다. 이보다 훨씬 더 현실적인 가정을 해보자면, 인구의 거의 대부분이 도시에서 도망쳐 나올 것이고, 그 결과는 덜 참혹하겠지만, 어쨌든 국가가 의존하고 있던 도시 중심은 텅 비게 될 것이다. 어느 쪽 시나리오를 따르든 권력의 교점인 국가 중심은 금세 절멸한다. 하지만 두 번째 시나리오에서 총인구는 크게 줄어들지 않고 오히려 더 안전한 시골 지역으로 분산된다. 기록이 남아 있는 한 사례를 보면, 기원전 1320년대에 히타이트에서 이집트로 파괴적인 역병이 닥쳐왔는데, 이로 인해 기아가 발생했다. 그 결과, 살아남은 경작민은 조세에 저항했으며 많은 경우 경작지를 버려두고 도주했고 급료를 받지 못한 병사들은 강도가 되었다.[10] 전염병이 초기 국가들을 얼마나 빈번하게 무너뜨렸는지를 확실하게 알 길은 없다. 그러나 후기 로마제국과 중세 유럽에서는 전쟁, 침략, 교역에 의해 증폭된 질병이 탈도시화의 요인이 되었다. 166년 군사작전을 마치고 메소포타미아에서 회귀하던 로마 군단이 들여온 전염병은 로마 인구 4분의 1~3분의 1의 목숨을 앗아갔다.[11]

생태살해ecocide: 삼림파괴와 염류화

최초의 국가들이 원초적 창조물이었다는 사실은 국가의 흥망성쇠에 대한 어떠한 분석에서든 전면적으로 다루어질 가치가 있다. 앞서 언급했듯, 이 국가의 국민이나 지배층은 이 독특한 곡물, 사람, 동물의 결합체가 무시무시한 역학적 결과를 낳게 되리라고는 예상하지 못했을 것이다. 마찬가지로, 어느 누구도 이 결합체가 주변 환경에 특유의 지속불가능한 수요를 발생시키게 되리라고는 예상하지 못했을 것이다. 국가의 실존 자체를 위협할 가능성이 가장 큰 환경적 제약 중에서도 나는 가장 중요한 두 가지 즉 삼림파괴deforestation와 염류화salinization를 검토할 것이다.[12] 이 둘은 각기 고대 세계에서도 가장 이른 시기부터 증거자료가 각기 잘 남아 있는 편이다. 삼림파괴와 염류화는, 대부분, 장기간에 걸쳐 진행된다는 점에서 전염병과 다르다. 다시 말하자면 갑작스럽게 닥치지 않고, 보다 서서히 은밀하게 확산되는 현상이라는 것이다. 전염병은, 사람들이 상상하는 바대로, 몇 주 만에 한 도시를 초토화할 수 있다. 하지만 삼림이 파괴되어 장작이 부족해지거나 수로와 하천에 토사가 쌓이는 것은 매우 치명적이긴 하지만 그다지 극적이지는 않은, 점차적인 경제적 질식사라 할 수 있다.

남부 메소포타미아 충적토 지대 자체는 티그리스강과 유프라테스강에 의해 형성된 자연적 침식성 산물로, 상류의 토양이 강을 따라 이동해 하류의 범람원에 쌓인 것이다. 이와 같은 의미에서 초기 농경사회는 수천수만 년 동안 강이 운반해준 영양분에 의존했다. 하지만 대규모 정착지들이 성장하면서 이러한 과정은 새로운 국면에 접어들었는데, 충적토 지대의 습지에서는 구할 수 없는 목재와 장작에 대한 수요가 늘었기 때문이다. 기원전 제3천년기 목재와 장작을 얻기 위한 벌목과 과도한 방목이 결합되어 유프라테스강 상류 지역의 삼림이 파괴되었다는 증거는 매우 많다.[13]

초기 국가의 목재 수요는 거의 만족을 몰랐다. 초기 국가는 상당히 규모가 있는 정착 공동체보다 훨씬 더 많은 목재를 필요로 했다. 작물 경작과 가축 방목을 위한 토지 정리, 조리, 난방, 가마, 주거 건축에 더해, 초기 국가에서는 금속 야금, 철 제련, 벽돌 제조, 소금 경화, 광산 건설, 선박 건조, 기념비적 건축, 석회 생산을 위해 엄청난 양의 장작과 목재가 필요했다. 목재를 원거리에서 운반하기에는 여러 어려움이 많았으므로, 국가 중심은 핵심 정착지 가까이에서 공급되는 많지 않은 목재를 금세 소진했을 것이다. 사실상 거의 모든 국가가 배를 띄울 수 있는

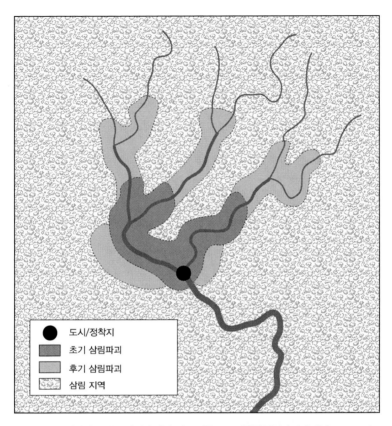

가상의 국가 중심에서 강의 상류 방향으로 진행된 삼림파괴의 패턴

수로 즉 대체로 강변에 위치해 있었기 때문에 목재의 부력과 강물의 흐름을 이용해 상류에서 벌채한 나무를 국가 중심으로 쉽게 띄워 보낼 수가 있었다.

벌목과 운송의 실제적 측면들 때문에, 할 수 있는 한 노동을 최소화하려면 강에서 가까운 나무를 우선적으로 베어야 했다. 상류 강둑에 가까운 삼림이 모두 파괴된 뒤에는 더 멀리 떨어진 상류 지역에서 그리고/또는 더 쉽게 운반될 수 있는 더 작은 나무에서 목재를 구해 와야 했다. 고대 세계에서 이루어진 삼림파괴에 대한 증거는 아주 많다. 아테네인들은 마케도니아에까지 가서 수로 운반이 가능한 목재를 찾았고, 공화정 로마에서도 목재 공급이 부족했다.[14] 그보다 훨씬 전인 기원전 6300년경 (지금의 요르단에 위치한) 아인 가잘의 신석기 도시에서는 정착지로부터 걸어서 도달할 수 있는 거리 안에 나무가 하나도 없었고, 장작도 매우 부족했다. 그 결과, 공동체가 여러 개의 산재한 작은 마을로 분산되었고, 요르단강 유역의 수많은 신석기 정착지 또한 주변 삼림의 수용능력을 넘어선 뒤 같은 길을 걸었다.[15]

한 도시국가에서 손쉽게 구할 수 있는 장작이 부족해졌다는 사실은 장작 대신 숯을 사용한 비율을 보면 거의 틀림없이 확인할 수 있다. 토기를 굽거나, 석회를 소화消和, slaking하거나, 금속을 제련하는 것처럼 고온의 열을 가해야 하는 일에는 반드시 숯이 필요했지만, 근처에서 쉽게 구할 수 있던 장작이 고갈되지 않는 한 숯이 가정용으로 사용될 가능성은 작았다. 숯의 유일한 장점은 가공하지 않은 장작보다 단위 무게 및 부피 당 열량이 훨씬 높고 그래서 훨씬 더 먼 거리까지 경제적으로 운송될 수 있다는 점이었다. 하지만 숯은 두 번이나 불에 구워 만들어야 했고 그래서 만드는 과정 중에 버려지는 목재도 너무 많았다. 이런 까닭으로, 가까이에서 구할 수 있는 장작이 줄어들어야 원거리에서 구해오는 숯의 비중이 더 커질 것이다.

장작이 부족해지면 도시국가의 성장이 제한될 수 있었지만, 상류 강변의 삼림파괴는 더 심각한 문제들을 초래한다. 이 문제들 가운데 첫째는 침식과 퇴적이다. 초기 국가들은 충적토 지대와 그 토사에서 나온

피조물이었지만, 강변에서 식생을 제거하거나 작물 재배를 위해 토지를 정리한 경우 쉽게 예견할 수 없었던 침식 증가에 따른 특유의 위험이 초래되었다. 최초 국가들은 매우 경사도가 낮은 충적토 지대에 자리를 잡고 있어서 연중 거의 모든 시기에 수로의 물이 천천히 흘렀다. 따라서 강물의 흐름이 더 늦춰지면 더 쉽게 토사가 퇴적되는 경향이 있었다. 도시국가가 관개에 크게 의존했다면, 유입된 토사가 수로를 막는 일이 잦고 그러면 유속이 더욱 느려질 것이라, 경작지의 생산 활동이 멈추지 않게 하려면 적어도 부역을 동원해 준설사업을 벌여야 했다.

삼림파괴의 또 다른 위협은 그것이 서서히 진행되지 않고 재앙처럼 덮쳐온다는 것이었다. 삼림은 —고대 메소포타미아의 삼림에는 특히 참나무, 너도밤나무, 소나무 등이 있었는데— 겨울철 말미에 내린 비를 가두어두었다가 5월이 되면 삼투압 현상에 의해 천천히 흘려보내는 효과가 있었다. 삼림이 파괴되거나 경작을 위해 토지를 정리할 경우, 하천 유역의 비는 더 빨리 흘러내리고 토사 역시 더 빨리 운반되어 더 빠르고 더 격렬한 홍수가 발생한다.[16] 이러한 현상은 한 도시국가의 생존을 위협하는 몇 가지 효과를 일으킬 수 있었다. 자주 그러하듯, 토사 유입과 퇴적이 진행되면 강바닥이 주변 지역만큼 높아져서, 강물은 토사에 의해 막힐 때마다 한쪽 지류에서 다른 쪽 지류로 건너뛰며 흐르게 된다. 점차적 토사 유입과 퇴적이 하천 범람 및 만조와 합쳐질 경우 재난적 홍수를 촉발할 수 있다. 역사적으로, 중국의 황허강은 대규모 범람을 일으키고 경로가 심하게 바뀌어 수백만 명의 인명을 앗아가기도 하는 대표적 하천이다. 국가 형성 이전의 신석기 정착지 가운데 가장 큰 곳 중 하나였던 예리코 역시 기원전 제9천년기〔기원전 9000~기원전

8001) 중반에 물에 잠기는 피해를 입었던 것 같다. "적敵은 바로 범람한 물과 흐르는 진흙이었다." 스티븐 마이튼은 이렇게 썼다. "예리코는 영구적 위험에 처했다. 강우량이 증가하는데 초목이 정리되어 사라지자 팔레스타인 지방 산간 지대의 퇴적물이 불안정해졌고 결국엔 주변 와디에 의해 촌락 가장자리에까지 밀려 내려올 수 있었기 때문이다."[17] 한 도시국가와 그 작물의 많은 부분을 파괴할 수 있는 재난적 홍수가 일어나지 않는 경우엔, 만조 때 강의 경로가 바뀌는 바람에 침수되지 않고 남아 있던 기존 도시가 수송과 교역의 주요 동맥으로부터 고립될 수 있었다.

삼림파괴와 토사 유입 및 퇴적의 최종적이자 더욱 위험한 결과는 말라리아의 증식이다. 말라리아는 '문명의 질병'이라고 생각되어왔는데, 말라리아가 주로 농경을 위해 정리된 토지에서 발생했다는 점에서다. J. R. 맥닐은 아주 흥미롭게도, 이것이 삼림파괴와 강의 형태 변화에 관련되어 있을 거라는 의견을 제시했다. 토사가 유입된 강이 경사가 낮은 해안의 평원을 지나면서 유속이 점점 느려짐에 따라 더 많은 토사가 침전된다. 이처럼 토사가 축적되면 자연 제방이나 장벽이 생기고, 바다로 향하는 강의 흐름이 막히면 강물이 역류되어 수평으로 넓게 펼쳐진다. 그러면 —인공적으로 개변된 것이든 인간이 거주할 수 없는 곳이든— 말라리아가 발생하기 좋은 습지가 형성된다.[18]

염류화와 지력 고갈은 곡물-관개 국가에서 발생해 국가의 생존을 위협하게 된 결과 중 더더욱 인간이 원인이 되어 발생한 두 재난이다. 모든 관개용수에는 용해된 염분이 들어 있다. 식물은 이 염분을 흡수하지 못하는 만큼, 시간이 흐름에 따라 토양에 축적된 염분이 씻겨 내려가지 않으면 죽게 된다. 단기적 해법은 토양의 염분을 물로 씻어내는 것인데, 그러면 지하수면이 높아지고, 염분이 계속 남아 있게 되면 결국엔 지하수면이 토양 표면에 가까워져서 염분이 식물의 뿌리에 닿는다. 보리는 밀보다 내염성耐鹽性이 크기 때문에, 증가하는 염류화에 적응하는 한 가지 방법은 일반적으로 선호되는 밀 대신에 보리를 심는 것이다. 하지만 지하수면이 높아져서 염분이 토양 표면에 가까워지면 보리의 소출 역시 급격히 줄어든다.[19] 남부 메소포타미아는 경사도가 낮고 강우량도 적은 만큼 이 문제가 더 심각하다. 이 분야의 전문가인 애덤스는 기원전 2400년경 이 지역에서 발생한 생태적 몰락의 주요 원인은 점증하는 염분이었다고 확신한다.[20] 메소포타미아의 농경민은 생존가능한 생산성을 유지하려면 2년이나 3년 주기로 아무것도 기르지 않고 곡물 경작지를 그냥 묵혀두어야 했다. 우르 제3왕조 시기에 나온 농경 관련 텍스트에서는 곡물 생산량이 적은 이유를 설명하면서 주변 경작지들이 '짠 장소'나 '짠 토양'이나 '소금기 있는 물가에 위치해' 있고 그 경작지들에 '소금 무더기'가 들어 있다고 언급한다.[21]

관개용수에 의한 염류화가 주요 문제가 되지 않는 풍요로운 충적토 지대에서조차 곡물 생산량은 시간의 흐름에 따라 지속적으로 줄어들었을 가능성이 크다. 무엇보다도 이때까지 같은 땅에서 매년 같은 작물을 계속 재배한 경험이 없었기 때문이다. 아인 가잘에서는 최초의 국가들이 등장하기 전부터 곡물 수확이 감소했다. 곡물 국가의 핵심에서 집약적 곡식 재배가 이루어졌음을 고려하면, 평균 수확량이 같은 방식으로 줄어들었을 것으로 생각된다. 초원 지대에서는 과도하게 방목이 이루어진 결과 가축에 대한 수용능력이 줄어들었을 것이다.

초기 국가들의 취약성과 소멸 원인을 이해하려 할 때, (예를 들면, 기원전 1720년의 라르사[고대 수메르의 주요 도시 중 하나]의 소멸 같은) 갑작스러운 '돌연사'의 사례들과 차츰 쇠약해진 뒤에 결국 종말에 이른 사례들을 구분하는 것이 유용하다. 전염병과 홍수는 축적된 근원적 문제들 때문에 발생하긴 하지만 전자에 해당하는 사례들이다. 이런 방식으로 사라진 국가들은 마치 불빛처럼 꺼져버렸지만, 그 인구의 대부분은 탈출과 분산에 의해 살아남았을 것이다. 토사 유입, 수확 감소, 염류화로 소멸한 국가들은 역사 기록에서 꾸준하거나 불규칙적으로 점점 사그라진 것처럼 보인다. 인구 유출이 일어나거나, 흉년이 더 잦아지는 것이다. 그런 경우에는 어떤 극적인 반환점이 반드시 나타나지는 않고, 오히려 거의 감지할 수 없이 국가가 사라지는 것이다. 이런 과정에 적용하기에 '붕괴'란 용어는 너무 부자연스럽다. 그러한 과정은 그와 관련된 국가의 국민에게는 너무나 흔한 일이어서 정착지와 생계 방식의 분산과 재배치라는 익숙한 일상일 뿐이다 오직 국가 지배층에게만 '붕괴'라는 비극으로 경험되었을 것이다.

정치살해Politicide: 전쟁, 그리고 중심부의 착취

'붕괴'라는 문제는 여하튼 근본적으로는 기념비적 중심이 있고 성벽으로 둘러싸인 정착지들의 부상에서 비롯된 인공적 산물이다. 여기서 흔히 일어나는 오해는 그러한 중심들을 '문명' 그 자체라고 상정하는 것이다. 앞서 살펴보았듯, 국가 이전 정착 공동체들이 이러저러한 이유로 주민에 의해 일시적으로나 영구적으로 포기된 사례는 아주 많다. 고고학자들의 말을 따르면, 그런 사건에는 수많은 사람이 관여되지만, 그 공동체가 성벽으로 둘러싸인 국가 중심이 아닌 한 그 사건들이 '역사적 뉴스'가 될 가능성은 거의 없다. 허물어진 돌무더기가 중요한 것이다. 거기에서 인상적인 발굴 현장, 박물관에 전시될 유물, 한 민족의 영광스러운 과거 혈통 같은 것이 나오기 때문이다. 수마트라의 스리위자야와 같이 쉽게 상하거나 변하는 재료로 이루어진 문명은 이제 역사책에 거의 등장하지 않는 반면, 앙코르와트와 보로부두르〔1814년 인도네시아 자바섬에서 발견된 8~9세기의 불교 유적〕는 아주 선명한 문명의 중심지로 여전히 살아 있다.

국가가 노예제를 발명한 것이 아니듯 국가가 전쟁을 발명한 것도 아니다. 하지만 국가가 전쟁과 노예제의 규모를 늘려 주요한 국가 활동으로 실시했던 것은 사실이다. 이를 통해 그리 규모가 크지는 않았지만 꾸준히 이루어지던 노예 생포 활동이 같은 목적을 둔 국가 간 전쟁으로 변모했다. 포로를 잡아들이기 위한 두 국가 간 전쟁에서 패배한 쪽은 말 그대로 지상에서 지워져버렸다. 그래! '붕괴'가 일어난 것이다! 보통 승리한 국가에선 패배한 국가의 인구 대부분을 죽이거나 끌고 가고, 사원들을 파괴하고, 집과 작물을 불태우는 게 관례였다. 곧, 패배한 국가를 완전히 제거하는 것이었다. 한쪽이 평화로이 항복할 경우는 예외였는데, 이런 경우에는 종종 패배한 쪽에서 〔승리한 쪽에〕 공물을 바쳐야 했으며 때로는 승리한 국가에서 패배한 국가의 땅을 점령하거나 자기 국민들을 데려와 그곳에 정착시키는 일도 있었다—좀 더 부드러운 대안이긴 하지만 이 또한 결국엔 패한 국가를 완전히 없애버리는 것이었다. 메소포타미아 충적토 지대의 국가들이나 진秦 이전 중국의 '전국시대' 국가들, 혹은 그리스의 도시국가들과 마야문명의 국가들처럼, —이른바 '대등 정치체들'이라고 하는— 서로 인접한 상당한 규모의 많은 정치체가 전쟁을 벌일 경우 소국가들이 빠른 속도로 연이어 흥하고 연이어 망했다. 붕괴는 매우 흔한 일이었다.

지속되는 전쟁과 인력 확보를 위한 경쟁은 초기 국가들의 취약성을 더욱 심화시켰다. 첫째, 가장 분명한 사실은, 전쟁이 없었더라도 겨우 생계수준을 넘어설 정도의 식량을 생산하는 데 투입되었을 인적 자원이 성벽 건설, 방어 작업, 공격 작전 등에 투입되어야 했다는 점이다. 둘째, 도시국가의 창립자들과 건설자들은 장소를 선택할 때 물질적 풍요보다 군사적 방어를 우선시할 수밖에 없었다. 그 결과, 초기 국가들은 보다 쉽게 방어될 수 있었던 반면 경제적으로는 매우 불안정했다.

전쟁에는 승리하면 주어질 잠재적 보상이 많이 있었지만, 사망하거나 생포당할 위험도 상당했다. 대등 정치체들의 수많은 국민은 징병을 피하려 국가로부터 도주하는 것은 물론 할 수 있는 일은 무엇이든 하려 했을 것이다. 전쟁에서 패할 것 같은 국가에서는 인력이 새어나갈 수밖에 없었다. (1864년 미국 남북전쟁이 막바지에 이르렀을 때 가난한 백인들은 남부연합군에서 대규모로 탈영했다.) 투키디데스는 시라쿠사에 맞선 군사작전이 성공을 거두지 못해 아테네의 군사동맹이 와해되었다고 기술했다. "적이 우리와 팽팽하게 맞서자, 우리의 노예들이 탈영하기 시작했다. 우리 진영에 있는 외국인들의 경우, 징병당한 자들은 할 수 있는 한 빨리 자기들의 도시로 돌아가고 있다."[22] 이들 국가의 생명선은 인력인 만큼, 결정적 패배는 국가 자체의 붕괴로 이어지는 불길한 전조가 될 수 있었다.[23]

마지막으로, 도시국가는 권력 승계를 위한 투쟁, 내전, 반란 등 내부 분쟁에 의해서도 쉽게 무너졌을 것이다. 내부 분쟁의 특징은 아마도 받을 만한 가치가 있는 새롭고 귀중한 포상이 주어진다는 점이었을 것이다. 곧 성벽에 둘러싸인, 잉여생산이 가능한 곡물 경작 중심지에 더해 그 인구와 가축과 저장고까지 차지하게 되는 것이다. 유리한 위치를 장악하기 위한 고투는 절대 사소한 일이 아니었으며, 그건 국가 이전의 사회에서도 마찬가지였다. 하지만 초기 국가들이 도래하면서 도박의 판돈이 커진 셈이었다. 초기 국가들은 수로, 방어시설, 기록물, 저장고, 그리고 토양과 물과 교역로 확보에 유리한 위치를 갖추었고, 이는 일종의 축적된 고정자본을 이루었기 때문이다. 이와 같은 자산은 쉽사리 투항하지 않는 권력의 교점이 되었으며, 지역 권력을 향한 전면적 격렬한 투쟁을 촉발했다.

국가 간 전쟁으로 얻든 국가 안 내전으로 얻든 간에, 투쟁의 결과로 얻게 된 보상으로서 곡물-인구 복합체는 여전히 정치권력의 핵으로 남아 있었다. 국가 간 전쟁과 비국가 민족(종족)들의 습격에서 승리한 쪽은 이러한 복합체를 파괴하고 이동가능한 자산을 자신들의 중심지로 옮기거나, 그렇게 할 수 없을 경우 그 복합체를 조공 중심지로 만들고자 했다. 국가 내부에서 전쟁이 일어난 경우에는 그 중심이 대변하는 자원을 전유할 수 있는 권리를 독점하기 위한 싸움이 벌어졌다.

초기 국가가 궁궐 주변의 핵심부를 과도하게 착취함으로써 자기 무덤을 파게 된 까닭을 이해하려면, 운송과 전유의 기초적 제약들을 다시 살펴볼 필요가 있다. 앞서 설명했듯, 장작을 사용하는 비용이 가파르게 상승함에 따라 숯의 사용이 증가한 것과 마찬가지로, 부피와 무게가 큰 물품을 육로를 통해 전유하는 데 따르는 비용은 기하급수적으로 커지기 마련이라 거리가 멀어지면 육로 운송은 거의 엄두도 내지 못할 정도가 되었다. 따라서 운송 기술이 정체해 있는 한 국가의 실제적 범위는 제한될 수밖에 없었다. 평평한 충적토 평원에서 짐을 나르는 짐승과 수레를 가지고는 초기 국가들의 곡물 징발 범위는 대략 반경 48킬로미터를 넘기 어려웠을 것이다. 물론 물길을 통한 운송 방법은 결정적 예외였다. 물 위에서는 마찰력이 크게 감소하는 덕분에 수로를 이용할 경우 곡물 같은 대규모 물품의 운송 범위가 획기적으로 확장된다. 이렇게 되면 농경 핵심부agrarian core는 운송비용이 지나치게 올라가는 현상 없이도 대규모 물품을 집산할 수 있는 중심으로 정의될 수 있다. 하지만 가장 중요한 사실은 가장 수익성이 좋은 지역은 여전히 수도에 가까운 곳이거나 수로를 통해 쉽게 접근할 수 있는 곳이라는 점이다. 그러므로 이런 지역 안에는 권력을 드러내는 상징과 자원—곡물 저장고, 주요 사원, 행정 관료, 치안 경찰, 중앙 시장, 가장 생산적이고 가장 관개가 잘되는 경작지, 그리고 특히 궁궐 및 신전의 지배층이 자리하던 주거지 등—이 있기 마련이다.

국가 권력과 응집에 열쇠가 된 것은 바로 이와 같은 핵심 지역이었다. 하지만 그곳은 국가의 아킬레스건이기도 했는데, 위기가 닥칠 때면 이 지역에 가장 먼저 가장 심한 압박이 가해질 가능성이 컸기 때문이다.[24] 이들 지역은 가장 가까웠거니와, 값어치 있는 자원이 밀집되어 있어서 살짝만 쥐어짜도 가장 많은 인력과 곡물을 산출해낼 것이었다. 군사적 업적이나 기념비적 건설 사업에 야망이 있는 통치자든, 외부의 침략이나 내부의 적으로부터 위협을 받는 통치자든, 대담한 통치자들은 저항을 최소한으로 하기 위해서라도 이 핵심부로부터 자원을 끌어내려는 유혹을 받았을 것이다. 하지만 이러한 시도는 두 가지 사실 때문에 국가를 무너뜨릴 수도 있는 매우 위험한 도박이 되었다. 첫째, 강우량, 날씨, 역병, 인간 및 작물의 질병 등의 변수에 늘 노출되어 있는 농경국가의 경우, 국가가 가장 신뢰할 만한 농생태 안에 있다 하더라도 그 연간 소출은 극도로 심하게 변할 수 있었다. 보통 환경에서는 이 핵심부에서 지배층이 끌어낼 수 있는 '소출'이 큰 폭으로 변화한다. 지배층이 이 구역으로부터 점점 더 많은 양의 곡물과 노동을 끌어내려 하지 않더라도 —일반적 산출량 변동을 고려하지 않은 채— 꾸준하게 일정한 양을 끌어내려고만 한다면 핵심부의 농경 인구는 매우 빈궁하게 살아가면서 수확량 변동의 엄청난 타격을 감당해야 했을 것이다. 모든 농경제에서 계층관계의 핵심 쟁점은 어느 계층이 불가피한 흉년의 충격을 흡수하느냐다—달리 말하자면, 어느 계층이 다른 어느 계층을 희생시켜 자신들의 경제적 안정을 보장하느냐 하는 것이었다.

원초적 국가들의 경우에서 기억해야 할 두 번째 요소는 국가가 밀과 보리의 실제 경작지와 그 경작지에서 가능한 소출 및 실제 소출에 대해 구역 단위로 가지고 있던 매우 기본적인 지식이다. 국가에서는 주변 지역보다는 필수 핵심부에 대해 훨씬 더 많은 것을 알고 있었음에도, 흉년에도 너무 많은 곡물을 거두어들여 그 국민을 굶주림으로 내몰았을 가능성이 상당히 크다. 다시 말해, 탐욕의 문제를 떠나, 최초의 국가들은 국가가 징발하는 양을 국민의 역량에 따라 쉽게 조절할 수 있을 만큼의 지식은 없었다. 이 국가들은, 내 한 동료가 말하길, "세세하게 조절하기에는 엄지손가락만 있고 다른 손가락은 없는 듯" 서툴렀다.[25] 게

다가 이들 국가의 오판에서 비롯된 결과는 자기 배를 불리려는 세금징수원들의 탐욕을 감시할 능력이 부재한 탓에 더욱 심해졌다.

비상시에는 세수를 최대화하는 것이 생존의 문제가 되었으므로, 국민의 도주 그리고/또는 폭동을 촉발할 위험이 있음에도 〔국가는〕 핵심 지역을 쥐어짜지 않을 수 없었다. 국가의 외곽 지역은 실제적 대안이 될 수 없었다. 농경 면에서 외곽 지역의 소출은 더 적고 더 변동이 심한 주변부에 머물렀을 것이다. 외곽 지역 세수의 일부는 운송비용에 의해 상쇄되었다. 그리고 이들 자원에 대한 지식과 그 자원들을 전용하는 행정기구에 대한 통제력은 중심에서 멀어질수록 급속히 약해졌다. 죽을 위험에 처해 있다고 생각하고 있거나 혹은 하늘에 닿을 듯한 야망에 사로잡힌 지배층 인물이라면 황금알을 낳는 거위를 곧 곡물 경작의 핵심부를 죽일 위험이 있는 생존 전략을 채택하면서 별다른 거리낌을 느끼지 못했을 것이다. 회고적 입장에서 '붕괴'라고 해석되는 사건들은 사실 이러한 상황에서 자포자기한 핵심부 국민들의 저항과 도주에 의해 촉발된 경우가 많았을 것이다.

기원전 제3천년기 메소포타미아 지역 국가들에 '붕괴'라는 것이 실제로 무엇을 의미했는지를 연구한 학자들 역시 누가 위험 부담을 감수해야 하는가 하는 동일한 쟁점을 지적한다. "사회의 어떤 요소들로부터 획득한 수입이 감소한 비율에 맞추어 중앙 당국이 그 비용을 삭감하려 할 가능성은 거의 없는 만큼, 남아 있는 이들에게는 세금 부담이 더욱 가중했을 것이다."[26] 후기 아카드 왕조(기원전 2200년경)에서 나온 증거에 따르면, 왕국의 핵심부는 가장 풍요롭고 이용하기 가까운 세입원이었으므로 주기적으로 재정적 압박을 경험했다. 핵심부 관리들은 장기간 생산성을 희생하면서도 즉각적 수익을 최대화하기 위해 더 많은 곡식을 파종하고 휴한기를 줄이게끔 요구할 수 있었고 실제로 그렇게 했다. 200년 뒤, 우르가 아모리인의 침입으로 위협을 당했을 때, 국가를 방어해야 하는 장군들은 우르의 경작민을 지나치리만큼 압박했고 그 결과 경작자들은 저항하거나 도망쳤다. 인력-곡물 국가의 붕괴는 그 유명한 〈우르 애가Lamentation over Ur〉에 잘 포착되어 있다. "굶주림이 물처럼 도시를 가득 채웠으니 (…) 왕은 궁궐에서 홀로 무겁게 숨을 쉬고 백성은 무기를 떨구었네."[27]

기원전 제3천년기 말 이집트는 메소포타미아에서 서로 겨루고 있던 20개 정도의 대등 정치체들보다 훨씬 더 크고 견고한 왕국이었지만, 마찬가지로 곡물과 노동을 얻기 위해 핵심부 농경 인구를 가차 없이 압박하면서 그들의 생활수준을 침체시켰다.[28] 나일강을 따라 좁고 길게 형성된 비옥한 토양은 사막에 둘러싸여 있어, 소농들이 달아날 여지가 있는 경우보다 더 강하게 국민을 압박할 수 있었다. 어떤 해설자들은 농경을 하는 국민에게 아주 빈약한 '장비'밖에 주어지지 않았다는 사실과 사치를 규제하는 법에 따라 90퍼센트에 이르는 국민에게 특정한 옷을 입거나 특권적 물품을 소유하지 못하게 하고, 지배층에게만 한정되는 의례들을 행하지 못하게 했다는 사실을 강조한다.[29]

인구 이동을 추적할 수 있는 인구학적 자료가 부족하기 때문에, 국가가 그 주민에게서 뽑아가는 곡물과 노동의 양이 증가함에 따라 그 핵심부로부터 도주한 인구가 얼마나 되었는지를 알아내기란 불가능하다. 도주가 가능했고 또 흔하게 일어나는 일이었다고 상정하면, 국가는 전쟁 포로들을 획득하고 그들을 다시 핵심부에 정착시킴으로써 핵심부에서 압박당하다 도주한 국민의 유출을 —빠르든 느리든— 상쇄할 수 있었을까?

붕괴를 기뻐하며

왜 '붕괴'를 개탄해야 하는가? 붕괴가 그려내는 상황이 보통 억압적이고 연약한 복합체인 국가가 더 작고 탈중심화된 파편들로 분해되는 것이라면, 국가의 붕괴를 한탄해야 할 이유가 있을까?[30] 국가의 붕괴를 개탄하는 단순하면서도 전적으로 피상적인 이유 하나는, 고대 문명들에 관한 자료를 모아 정리해야 하는 사명을 띤 모든 학자와 전문가가 필요로 하는 가공되지 않은 1차 자료들이 국가의 붕괴 탓에 사라지기 때문이다. 국가의 붕괴로 고고학자들에게 중요한 발굴 장소도 줄어들고, 역사학자들에게 중요한 기록과 문헌도 줄어들며, 박물관 전시실을 채울 —크고 작은— 장신구들도 줄어드는 것이다. 고대 그리스, 이집트 고왕국, 기원전 제3천년기 중반의 우루크에 대한 멋지고 유익한 자료들은 많지만, 그 뒤에 이어지는 그리스 '암흑기', 이집트 '제1중간기', 아카드제국 아래에서 진행된 우루크 쇠락기 자료들은 찾아봐야 헛수고다. 그러나 이 '텅 빈' 시기들이 짧으나마 수많은 국민이 자유를 만끽한 시기이며 인류 복지가 개선된 시기였다는 강력한 주장이 있다.

내가 도전하려는 것은 이제껏 거의 검토된 적이 없는 한 가지 선입견이다. 이 선입견에 따르면, 국가 중심이 절정에 이르러 인구가 집결되어 있던 것은 문명의 승리인 반면, 이 인구가 탈중심화되어 더 작은 단위들로 나뉘는 것은 정치 질서의 좌절이나 실패다. 나는 이 선입견에 도전하려 한다. 나는 우리가 붕괴를 '정상화'하고 오히려 그것을 정치 질서의 주기적이며 어쩌면 유익하기까지 한 재공식화라고 보아야 한다고 믿는다. 우르 제3왕조, 크레타, 진秦과 같이 더욱 집중화된 명령 및 배급 경제 체제들에서는, 문제가 더욱 복합적이었고 집중화에서 탈집 중화 그리고 재결집으로 이어지는 순환이 흔하게 일어났던 것 같다.[31]

고대 국가 중심의 '붕괴'는 수많은 인명이 희생되는 것과 같은 인류의 비극들과 은연중에 연결되지만, 그 연결이 잘못된 경우도 많다. 물론 침략, 전쟁, 전염병은 대규모의 인명 피해를 유발한다. 하지만 국가 중심을 버리고 떠났을 때 오히려 인명 손실이 따르지 않은 경우는 매우 흔하다. 이 경우는 인구의 재분배라고 보는 편이 더 낫다. 전쟁이 발발하거나 전염병이 돌 때 도시를 버리고 시골로 떠나는 것이 많은 생명을 구하기도 한다. 사람들이 국가의 '붕괴'에 마음을 빼앗기는 것은 대체로 에드워드 기번의 《로마제국 쇠망사 Decline and Fall of the Roman Empire》 같은 책 때문이다. 하지만 로마제국이 쇠망한 경우에도, 인구 손실은 없었으며, 다만 고트족 같은 비非라틴계 민족들이 흡수되면서 인구의 재분배가 일어났을 뿐이라는 주장이 계속 제기되었다.[32] 더 넓은 시각에서 보자면, 로마제국의 '몰락'은 제국이 성립되기 전 유럽을 지배했던 '조각보 같은 옛 지도'를 회복한 것이었다.[33]

커다란 국가 중심이 버려지거나 파괴되었을 때 문화적 손실이 일어났다는 주장에는 실증적 차원에서 의문이 제기된다. 물론 분업, 교역 규모, 기념비적 건축 사업에 영향이 있었을 것이다. 반면에, 문화는 더 이상 중심에 속박되지 않는 다수의 더 작은 중심에서 살아남았을 —그리고 발전했을— 가능성이 크다. 문화를 국가 중심과 혼동하거나, 문화의 폭넓은 토대를 최상위 궁정문화와 혼동해서는 안 된다. 무엇보다도, 한 인구 집단의 안녕을 궁정이나 국가 중심의 권력과 혼동해서는 안 된다. 초기 국가의 국민이 세금, 징병, 전염병, 압제를 피하기 위해 농경과 도시 중심을 모두 버리고 떠난 경우는 드물지 않다. 한 가지 관점에서 보자면, 그들은 채집이나 목축과 같이 더 기초적인 형태의 생계 방식으로 퇴보했다고 볼 수도 있을 것이다. 하지만 내가 더 폭넓다고 생각하는 다른 관점에서 보자면, 그들은 부역과 세금을 면했고, 전염병을 피했고, 억압적 구속에서 벗어나 더 큰 자유와 물리적 이동성을 확보했고, 어쩌면 전쟁터에서의 죽음을 모면한 것이었다. 이와 같은 경우에 국가를 버리고 떠난 일은 해방으로 경험되었을 것이다. 물론 이 관점이 국가 밖에서의 삶이 다른 종류의 위험과 폭력으로 특징지어지는 경우도 많음을 부정하는 것은 절대 아니다. 도시 중심을 포기하는 것 그 자체가 폭력과 만행으로 몰락하는 일이라고 상정할 확실한 근거는 전혀 없음을 주장하려는 것이다.

결집과 분산의 불규칙한 순환은 국가의 최초 등장 이전에 존재하던 생계 방식들을 상기시킨다. 예를 들어, 영거 드라이아스기의 훨씬 더 춥고 건조했던 환경은 인구를 더 따뜻하고 습한 저지대로 분산시켰고, 사람들은 더 많은 식량이 공급되는 이점을 누리고자 그곳에서 결집했다. 하지만 이와 대조적으로, 기원전 7000년경(선토기 신석기문화A 말기) 메소포타미아에서는 소출이 감소되어, 그리고 어쩌면 전염병이 돌면서 전반적인 인구 분산이 촉발되었다. 강우 시기와 강우량이 계절에 따라 매우 크게 달랐다는 사실을 고려하면, 농사를 짓던 사람들도 굶주림이 계속되는 시기에는 상황이 나아질 때까지 큰 정착지들을 떠나 흩어지는 일을 주기적으로 반복했으리라고 생각할 이유는 아주 많다.[34] 메소포타미아학을 연구하는 한 학자는 농경민과 목축민 사이에 놓인 신성한 불가침의 경계를 가로지르는 양서류 소농amphibious peasantry이라는 개념이 확장되어야 한다고 제안하기도 했다. 애덤스는, 래티모어가 중국의 한족-몽골족 관계에 대해 비슷하게 급진적 제안을 했던 것처럼, "유목민과 정착민 사이의 관계는 개인들과 집단들이 환경적·사회적 압력에 대한 대응으로 이러한 연속체를 따라 오고간 양방향 도로였다"라고 믿는다.[35] 많은 이의 눈에 문명의 퇴보이며 이단으로 보이는 것이, 좀 더 면밀히 검토해보면, 환경의 변화에 대응하기 위해 오랫동안 실행된 신중한 적응 방법이었을 수 있다.

예컨대 가뭄에 대응하기 위해 고안된 적응 방법들은 이 시기 정착 농경 공동체의 성격을 결정지었을 것이다. 이 적응 방법들을 국가에 의한 효과들로부터 구분하려면 비국가 관련 진동oscillation이라고 불러도 좋을 것이다. 초기 국가들이 등장하던 시대에는 중심을 버리고 떠나는 일이, 가장 흔하게 일어나는 국가 형성의 직간접적 효과였다고 생각된다. 작물과 사람과 가축이 전례 없이 집중화되고 도시 경제 활동이 국가에 의해 촉진되었다는 사실을 고려하면, 국가 형성에 따른 일련의 효과는 —지력 소모, 토사 유입과 퇴적, 홍수, 염류화, 전염병, 화재, 말라리아 등 국가 형성 이전에는 그 정도 수준에 이르기까지 존재하지 않았지만 점차적으로나 갑작스럽게나 한 도시를 비우고 한 국가를 파괴할 수도 있던 효과들은— 훨씬 더 흔한 일이 되어 있었다.

마지막으로, 아마도 우리가 지향하는 목적에 가장 중요한 것은 국가 소멸의 직접적인 정치적 원인 즉 정치살해politicide다! 곡물과 노동 형태로 강요되는 살인적 세금, 내전, 수도 내부의 왕위 계승 쟁탈전, 도시 간 전쟁, 억압적 체형體刑과 자의적 학대 등을 가리켜 국가의 효과라고 부를 수 있을 텐데, 이것들은 단독 형태로나 결합 형태로 국가의 붕괴를 일으킬 수 있다. 어려운 시기가 닥쳐올 때 곡물 핵심부의 인구가 유실되고 '산으로 도망'가 목축생활을 하는 패턴이 끊이지 않고 계속되는 것이 항상성 유지 도구로서 인력을 필요로 하는 국가의 우선적 우려 사항이 되었을 것이다. 짐작하건대, 국민의 다수가 무단이탈하고 있다는 사실을 알게 되었다면 국가에선 아마도 국민의 부담을 덜어주고 인구 유실을 막으려는 조치를 취했을 것이다. 하지만 국가가 빈번하게 붕괴되었던 것을 보면 그러한 신호들은 수신되지 않거나 무시되었던 것 같다.

국가 붕괴 뒤에는 '암흑기'라고 알려진 시기가 이어지는 일이 많았다. 붕괴라는 말의 의미가 면밀하고 비판적인 점검을 거쳐야 할 가치가 있듯이, '암흑기dark age'라는 말에 대해서도 의문이 제기되어야 한다. 대체 누구에게, 무슨 측면에서 '암흑'이었다는 말인가? 암흑기는 왕조의 전성기만큼이나 보편적으로 존재한다. 암흑기라는 말은 중앙집중화된 왕조에서 그 이전의 분열과 탈집중화를 〔현〕 왕조의 업적과 대조하려는 정치선전의 한 형태로 쓰이는 일이 많다. 하지만 적어도, 국가 중심의 인구가 사라지고 기념비적 건물과 궁정의 기록이 부재한다고 해서 그 시기를 암흑기라 부르고 문명의 빛이 꺼져버린 시기로 이해하는 건 부당해 보인다. 물론 침략, 전염병, 가뭄, 홍수가 수천수만의 사람들을 죽이고 생존자들을 흩어버린 (혹은 노예로 만든) 시기들이 있었다. 이런 경우의 '암흑기'란 말은 출발점으로서 적절해 보인다. 이러한 시대의

'암흑'이란, 어떤 경우에도, 실증적 탐구의 대상이 되는 문제일 뿐 당연히 여길 수 있는 이름표는 절대 아니다. 이 어두운 시대를 밝히고자 하는 역사학자나 고고학자 앞에 놓인 문제는 그에 대한 우리의 지식이 너무나 제한되어 있다는 점이다. 결국, 그 시기가 '암흑기'라고 불리는 것도 그 때문이다. 적어도 두 장애물이 우리의 시야를 가린다. 첫째 장애물은 스스로에 대해 보고하고 스스로를 과장하는, 도시적 정치구조의 정점이 제거되었다는 사실이다. 무슨 일이 벌어지고 있는지 알기를 원한다면, 변방의 더 작은 도시, 촌락, 목축민 야영지를 수색해야 할 것이다. 둘째 장애물은 성문 기록과 부조 기록이 소멸되진 않았더라도 줄어들었기 때문에, 우리가 정확히 '암흑기'에 남겨진 것은 아니지만 추적이 어려운 구전문화의 영역에 들어서게 되었다는 사실이다. 스스로에 대한 자료를 남겼고 그래서 역사학자들과 고고학자들에게 한 번에 모든 걸 구할 수 있는 일종의 백화점이 되어준 궁정 중심은 이제 분산되고 파편화되어 대체로 자료가 남아 있지 않은 '암흑기'로 대체되었다.

기원전 제3천년기 말 우르 제3왕조의 '붕괴' 이후 수메르의 충적토 지대가 '암흑기'에 들어갔다는 데는 전반적으로 의견이 일치하지만, 그 기간에 대해선 의견이 분분하다. 수많은 정착 공동체가 버려졌다. "정착생활이 거의 순식간에 사라질 뻔했다. 이 과정을 기록했을지도 모를 지역 연보와 기록보관소들이 모두 함께 사라져버린 듯 보인다."[36] 대규모 인구 감소가 일어났다는 데는 의심의 여지가 없다. 브러드뱅크는 다음처럼 쓴다. "한 추정치에 따르면, 남부 레반트의 인구는 이전에 비해 10분의 1에서 20분의 1 수준까지 떨어졌다." "큰 정착지들은 대부분 텅 비었고, 그 자리에는 작고 수명이 짧은 정착지들이 산재되어

들어섰다."[37]

붕괴에 대한 이유로는 아모리인의 '침략'이 주로 이야기된다. 목축을 하던 아모리인이 가뭄 때문에 고향 땅을 떠날 수밖에 없었다. 그러나 이 과정에서 —당시에 인력이 매우 중요했음을 염두에 두고 생각해보면— 많은 이가 피를 흘리지는 않았던 것 같다. 그리고 아모리인의 헤게모니 장악은 점차적 과정으로 진행된 듯하다. 그곳 주민에게 무슨 일이 일어났는지는 미스터리로 남아 있다. 아마도 그들은 멀리, 그리고 넓게 분산되었을 것이다. 사람들이 살육당했다는 증거는 없다. 가뭄 때문에 그리고/또는 전염병 때문에 많은 이가 목숨을 잃었고, 살아남은 이들은 흩어졌을 가능성도 있다. 아모리인의 통치는 우르 제3왕조의 통치보다 온화했다. 아모리인 통치자들은 —아마도 인구 유출을 막기 위해— 세금과 강제노역의 대부분을 폐지했으며, 대농, 상인, 자유민의 사회를 장려했다. 이는, 어떤 경우든, 야만적 노략질과 잔혹 행위와는 거리가 멀었다.

우리에게 전해진 메소포타미아 역사의 대부분은 우르 제3왕조, 아카드, 바빌로니아가 짧게나마 헤게모니를 장악했던, 그래서 방대한 자료가 남아 있는 불과 300년 동안의 '고등국가high-state' 시대에서 나온 것이다. 하지만 세스 리처드슨은 이 시기가 매우 이례적이었음을 상기해주는데, 그에 따르면 기원전 2500년에서 기원전 1600년까지의 900년은 분열과 탈집중화의 시기였다.[38] 이 시기가, 스스로 연대기를 남긴 빛나는 국가가 없었다는 점에서 '암흑기'였는지는 몰라도, 기아와 폭력의 시대라는 의미의 '암흑기'였다는 증거는 어디에도 없다.

제1중간기라고 불리는 이집트의 첫 '암흑기'는 고왕국과 중왕국 사이의 100년이 조금 넘는 (기원전 2160~기원전 2030) 기간이었다. 이 기간에 인구가 줄었다거나 정착지가 급격히 분산되었던 것 같지는 않다. 단지 연속적인 중앙의 통치에 일시적 중단이 일어났던 듯하다. 그에 따른 뚜렷한 결과는 노마르크nomarch라는 지방 주지사들이 일어났다는 것이다[노마르크는 파라오를 대리해 고대 이집트의 행정구역 노모스nomos를 관리했던 행정관을 말한다]. 그들은 이제 중앙 정부에 명목적 충성만을 바쳤다. 세금은 줄었을 것이고, 반면에 지방 지배층에서는 이전에 중앙 지배층에게만 유보되어 있던 의례들을 따라 행하는 권리를 누렸을 것이다. 이건 문화가 적게나마 민주화되었음을 의미했다. 요컨대, 이집트의 제1 중간기는 암흑기라기보다는 나일강의 수위 저하로 시작된 게 거의 분명한 짧았던 탈집중화의 시기로 보인다. 나일강의 수위 저하는 흉작으로 이어졌고, 국민에 대한 중앙 정부의 장악력이 느슨해지는 결과를 낳았다. 이 시기의 명문銘文들은 일반적 결핍 상태만큼이나 사회관계에서 일어난 혁명에 대해 —노략질, 곡물 저장고 약탈, 가난한 이들의 지위 상승과 부유한 이들의 궁핍에 대해— 이야기하고 있다.[39]

그리스의 암흑기는 대략 기원전 1100년에서 기원전 700년까지 지속되었다. 여러 궁정 중심이 포기되었고, 불타고 파괴된 경우도 많았다. 교역은 막대하게 감소했고 선문자B로 쓰인 글도 사라졌다. 도리아인들의 침입, 신비에 싸인 지중해 '바다 민족'의 침략, 가뭄, 질병 등 추정되는 원인은 다양하지만 정확히 입증된 원인은 없다. 문화의 측면에서 보면, 이 시기는 영광스러운 그리스 고전기 이전의 암흑기처럼 보인다. 하지만 살펴보았듯, 구전 형태의 〈오디세이아〉와 〈일리아스〉는 바로 이 그리스의 암흑기부터 시작되었으며, 오늘날 우리가 알고 있는 이 두 작품은 구전되던 서사시를 이후에 글로 옮겨 적은 것일 뿐이다. 반복적 공연과 기억을 통해 살아남은 구전 서사시가, 공연보다는 글을 읽을 수 있는 소수의 지배층에 더 의존하는 성문화된 텍스트에 비해 훨씬 더 민주적 문화의 형태를 이룬다고 주장할 수 있을 것이다. 그리스 암흑기는 그 이전 시기 도시국가들이 오랫동안 완전히 사라졌음을 의미하지만, 우리는 그 이후에도 살아남은 더 작고 파편화된 자율적 공동체에서의 삶에 대해 거의 아무것도 알지 못하며, 그 공동체들이 이후 번창하는 고전기 그리스의 토대를 놓는 데 했던 역할에 대해서도 알지 못한다.

인류의 안녕이라는 측면에서 고전적 암흑기들에 대해 이야기해야 할 게 무척 많을 것이다. 이 시기들을 특징짓는 인구의 분산은 전쟁, 세금, 전염병, 흉작, 징병을 피하기 위한 도주였을 것이다. 그렇다면 그것은 국가의 통치 아래 집중화된 정착생활에서 비롯된 최악의 손실들을 막아주었을 것이다. 탈집중화는 국가가 지운 부담을 덜어주었을뿐더러 무난한 수준의 평등주의를 도입했을 것이다. 결국, 우리가 문화의 창조를 오직 국가 중심과 동일시해야 할 필요가 없다는 점을 고려하면, 탈중심화와 분산은 문화 생산의 다양성과 재공식화를 촉진했을 것이다.

나는 국가 중심으로부터 멀리 떨어져 있어 별로 인식되지도 않고 기록되지도 않은 또 다른 참된 암흑기를 향해 적어도 약간의 몸짓을 해보려고 한다. 초기 국가 시대에 세계 인구의 대부분은 국가에 속하지 않고 수렵과 채집으로 살아갔다. 윌리엄 맥닐은 이들이 곡물 핵심부의 집중화에 의해 발생한 새로운 질병들에 —도시의 인구에는 고유의 풍토병으로 정착되어 덜 치명적이었을 질병들에— 접촉하게 되었을 때 인구학적으로 철저하게 파괴되었을 것으로 추측한다.[40] 그러했다면, 신대류 주민이 유럽인들의 눈에 띄기도 전에 먼저 내륙 깊숙이 퍼져나간 질병들에 굴복했듯, 이 비국가 인구에 속한 많은 사람은 아무런 기록이나 흔적을 남기지 못하고 죽었을 것이고 그래서 역사에 남지 못했을 것이다. 그런 질병에 의한 사망자 기록에 19세기까지 지속된 노예 같은 비국가 주민을 추가한다면, 역사 그 자체에 의해 간과된 '역사 없는' 사람들에게는 방대한 비율의 '암흑기'가 존재하는 셈이다.

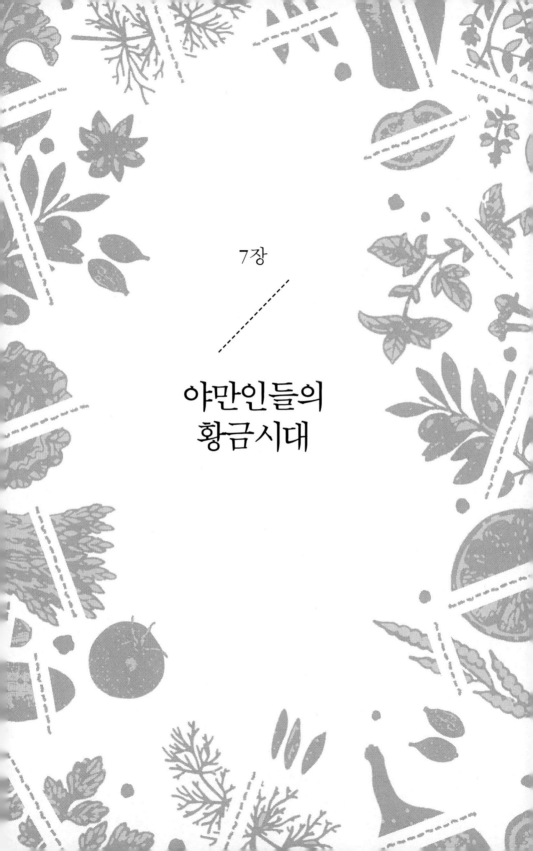

7장

야만인들의
황금시대

시골 사람들의 역사는 도시 사람들이 쓰고

유목민의 역사는 정착민이 쓰고

수렵·채집민의 역사는 농경민이 쓰고

비국가 민족[종족]들의 역사는 궁정 필경사들이 쓰고

이 모든 역사는 '야만인들의 역사'라는 목록으로 정리되어 문서고에 보관된다.

기원전 2500년에 우주에서 지구를 바라보았다면, 메소포타미아, 이집트, 인더스강 유역(예를 들면 하라파)의 초기 국가들은 거의 보이지 않았을 것이다. 기원전 1500년이라 해도 몇 개의 〔국가〕 중심이 더 생겼을 뿐(마야와 황허강 유역), 초기 국가들의 지리적 규모는 실제로 줄어들었을 것이다. 로마와 초기 한漢조차 실제 통제할 수 있었던 지역은 그렇게 크지 않았을 것이다. 인구 측면에서도 이 시기 전체에 걸쳐 (그리고 적어도 기원전 1600년까지는) 거의 대다수가 비국가 민족〔종족〕들이었다. 이들은 수렵과 채집을 하고, 해산물을 수집하고, 채소나 과일을 기르고, 화전을 일구고, 목축을 하는 사람들이었다. 농사를 짓는 사람들 중에서도 상당수는 사실상 국가의 지배를 받는다거나 세금을 납부하지는 않았다.[1] 변경 지방은, 구대륙에서조차, 국가와 거리를 두기 바랐던 이들을 손짓해 부를 만큼 충분히 광대했다.[2]

국가는, 대체로 농경에 의해 출현한 현상이기 때문에, 몇몇 예외적 산간 계곡을 제외하곤, 몇 안 되는 주요 하천의 범람원에 위치한 작은 충적토 군도처럼 보였을 것이다. 그런 국가는 나름대로 강력한 권력을 가졌겠지만, 권력의 범위는 생태적으로 관개가 잘되는 비옥한 토양이 있는 지역으로 한정되었을 것이다. 그래야만 국가 권력의 기초가 되는 집중화된 노동과 곡물을 지탱할 수 있었기 때문이다. 이 생태적 '스위트 스폿 sweet spot〔가장 좋은 지점 혹은 최고의 상황〕'에서 벗어난 건조 지대, 늪지대와 습지대, 산간 지대에서는 국가의 통치가 불가능했다. 힘들게 원정대를 파견해 한두 번 교전에서 승리할 수 있을지는 몰라도 그런 곳들을 지속적으로 통치하는 것은 또 다른 문제였다. 어느 정도 지속된 초기 국가들 대부분은 아마도 직접 통치를 받는 핵심부 지역과, 국가의 힘과 부에 따라 국가에 편입된 정도가 달라지는 반영半影 지역, 국가의 힘이 미치지 않는 외곽 지역으로 구성되었을 것이다. 대부분의 경우, 국가는 핵심부 지역 바깥에 놓인 재정적 불모지들을 굳이 통치하려 들지 않았는데, 이들 지역은 보통 통치에 필요한 비용조차 회수하기가 어려웠기 때문이다. 그 대신, 국가는 배후지에서 군사적 연합관계나 대리 관계를 맺고자 했으며, 교역을 통해 구하기 어려운 원자재들을 얻고자 했다.

배후지는 단지 통치되지 않는 —더 잘 표현하자면 아직 통치되지 않는— 지역이 아니라 국가 중심의 관점에서 보기에 '야만인barbarian' 또는 '미개인savage'이 통치하는 지역이었다. 정확하지 않은 분류 방법이긴 하지만 엄격히 구분하자면, '야만인'이란 국가에 군사적 위협을 가하곤 하지만 어떤 상황에서는 국가에 편입될 수도 있는 적대적 목축민을 의미하는 경우가 많았다. 반면에 '미개인'이란 주로 수렵·채집 생활을 하는 군집들로 국가에 편입되기에는 적합하지 않게 여겨졌고, 그래서 국가에 의해 무시되거나 살해되거나 노예화되어도 좋다고 생각되었다. 아리스토텔레스가 노예를 도구라고 했을 때, 그는 모든 야만인(일례로 페르시아인)을 떠올린 것이 아니라 미개인들을 떠올렸다고 할 수 있겠다.

'야만인들'을 국가 중심의 관점에서 바라보고 이해하는 데는 '길들이기'라는 렌즈가 매우 유용하다. 국가 핵심부state core에서 곡물 경작민과 노예는 길든 국민이었다. 반면에 채집민, 수렵민, 유목민은 길들지 않은 야생과 야만의 사람들이었다. 이들 길든 국민과 야만인 사이 관계는 마치 길든 가축과 야생동물, 해충, 해로운 들짐승 사이 같은 관계였다. 그들 야만인은 최소한 잡아들일 수 없는 존재들이었고, 최악의 경우엔 반드시 제거해야 할 골칫거리나 위협이었다. 마찬가지로, 경작지의 잡초와 길든 작물 사이 관계 또한 야만인과 문명인 사이 관계와 같았다. 잡초는 큰 골칫거리였고, 이 잡초 말고도, 수확기 경작지에 인간의 부름 없이 출몰하는 새, 생쥐, 쥐 등은 국가와 문명에 큰 위험이 되었다. 잡초, 해충, 해로운 들짐승, 야만인 등 모든 '길들지 않은' 존재들은 곡물 국가의 문명을 위협했다. 그러므로 그것들을 정복해 길들이거나, 그렇지 못할 경우엔 그것들을 전멸시키든지 아니면 도무스에서 철저하게 쫓아내야 했다.

나는 여기에서 다시 한 번 명확히 밝히고자 한다. 나는 '야만인'이라는 말을 반어적 농담투로 사용하고 있다. '야만', 그리고 그 사촌격의 것들—'미개인', '야생인wild people', '날것의 사람들raw people', '숲 사람들forest people' 등은 국가 중심에서 아직 국가의 국민이 되지 않은 사람들을 묘사하고 낙인찍고자 만들어낸 표현들이다. 명明에서는 '익은[熟]' 사람들이라는 말이 야만인들을 동화시킨다는 의미에서, 실제로는 이미 정착해 살고 있으면서 조세 명부에 등록되어 있는 사람들과 원칙적으로 한족 관리들의 통치를 받는 사람들—요컨대, '지도 안으로 들어왔다'고 이야기되는 사람들—을 나타냈다. 언어와 문화가 동일한 하나의 집단조차 '익은[熟]' 이들과 '날것[生]'인 이들로 나뉘는 경우가 많았는데, 이는 전적으로 그들이 국가 행정 영역의 안에 있느냐 밖에 있느냐에 따른 것이다. 로마인들에게 그러했듯이, 중국인들에게도 야만인들과 그 부족들의 영역은 조세권과 통치권이 멈추는 지점에서 시작되었다. 그렇다면 이후로 내가 '야만인'이라는 말을 사용할 때는 '비국가 민족[종족]들'을 반어적으로 약칭한 것이라 이해해주길 바란다.

문명과 문명의 반영半影

우리는 초기 국가가 내부의 구조적, 역학적, 정치적 이유 때문에 얼마나 근본적으로 불안정했는지를 자세하게 살펴보았다. 초기 국가는 다른 국가들의 공격에도 취약했다. 그러나 나는 여기에서 야만인들이 가한 위협이 아마도 수백 년이 아니라 수천 년에 걸쳐 국가의 성장을 제한한 가장 중요한 단일 요소라고 주장하고자 한다. 아모리인이 메소포 타미아에 침입한 사건으로부터 그리스 '암흑기'를 지나 로마제국의 분열과 원元(몽골)의 성립에 이르기까지, 그리고 그 이후에도 이어지는 야만인의 존재는 국가의 실존에 가해진 가장 큰 위협이었으며, 최소한의 경우에도 국가의 성장을 저해하는 결정적 요인이었다.[3] 나는 지금 야만인들의 '스타들'—몽골족, 만주족, 훈족, 무굴제국, 오스만제국—이 아니라 곡물을 재배하는 정착 공동체들을 끊임없이 습격하며 물어뜯었던 셀 수 없이 많은 비국가 민족(종족)의 군집을 말하는 것이다. 국가에 습격을 가하던 비국가 민족(종족) 가운데 다수는 적어도 반쯤 정착생활을 하던 이들이다—예컨대 파탄족, 쿠르드족, 베르베르족 등이다.

내가 생각하기에, 이러한 활동을 가장 잘 개념화할 수 있는 방법은 그것을 수렵과 채집의 형태 가운데 발전되고 효과적인 한 가지 형태라고 보는 것이다. 이동하며 채집생활을 하던 이들에게 정착 공동체들은 채집할 거리가 한곳에 몰려 있어 그냥 지나칠 수 없는 장소였다. 정착 공동체에서 무엇을 채집해 갈 수 있었는지는 식민지 시대 말기에 서부 인도의 저지대 정착지에 대한 산간 민족(종족)의 대규모 습격 사례(결국 엔 실패하고 말았지만!)를 보면 대강 알 수 있을 것이다. 당시에 나온 약탈 목록을 보면 수소 72마리, 암소 106마리, 송아지 55마리, 암물소 11마리, 놋쇠 및 구리 냄비 54개, 의복 50벌, 이불 9채, 철제 쟁기 19개, 도끼 65개, 여러 장신구와 곡물이 포함되어 있다.[4]

국가가 처음 등장했을 때로부터 비국가 민족(종족)들에 대한 헤게모니를 장악할 때까지의 기간은 '야만인들의 황금시대' 같은 것이었다고 나는 믿는다. 내가 말하려는 바는, 국가들이 있었기 때문에 —그 국가들이 너무 강하지 않는 한— 야만인이 되는 것이 여러 면에서 '나았다'는 것이다. 국가는 약탈을 하거나 조공을 요구할 수 있다는 측면에서 야만인들이 군침을 흘릴 만한 장소다. 국가에서 곡물을 재배하는 정착민을 필요로 하듯, 정착민이 그들의 곡물·가축·인력·물품과 함께 집중되어 있던 지역은 이동생활을 하는 더 많은 포식자들에게 좋은 적출 장소로 기능했다. 게다가 이러한 포식자들의 이동성이 낙타와 말, 등자, 바닥이 얕고 빠른 배를 통해 더욱 향상되자 습격의 범위와 효율이 크게 확장되었다. 야만인들의 생활은 이 집중화된 채집 장소에서 수익을 올릴 수 없었더라면 훨씬 덜 매력적이었을 것이다. 야만인들의 생태가 지닌 수용능력을 생각해보면, 그들의 생활이, 야생 곡식이 잘 자라는 지역이 있다거나 사냥감들이 규칙적으로 이동하는 길목이 있어서 향상되었던 것과 마찬가지로 이 소형 국가들에 의해서도 향상되었을 것이라는 것이 나의 주장이다. 정착 공동체들의 미세한 기생생물들과 자주 습격해오는 이 거대한 기생생물들 중 어느 쪽이 국가 성장과 인구 증가에 더 많은 제약을 가했는지를 분명히 말하기란 쉽지 않다.

'야만인들의 황금시대'의 연대를 정확히 설정하려는 것은 분명 무척이나 어리석은 일이다. 어떤 특정 지역이든 그곳의 역사와 지리에 따라 국가-야만인 관계의 양상은 달라지며, 이는 시간에 따라 변하기 마련이다. 기원전 2100년 무렵 아모리인이 메소포타미아를 '급습'한 일들이 '골칫거리' 야만인들의 뚜렷한 절정기를 대표하는 사건일 수도 있겠지만, 메소포타미아 도시국가들이 그들의 배후지로부터 문제를 겪어야 했던 유일한 사건은 아니었던 게 분명하다. 여기서 우리가 상기해야 할 사실은 야만인들의 '위협'에 관한 지식의 출처가 국가라는 것이다. 이 출처에서 나온 자료들은 국가 스스로의 이익을 위해 야만인의 위협을 대단치 않게 처리하거나, 혹은 그보다는 과도하게 극적으로 기술하고 '야만인'이란 말의 뜻을 좁거나 넓게 사용했을 가능성이 다분하다.

이와 같은 복잡한 문제들을 의식하고 있는 배리 컨리프는 적어도 지중해 지역에서 야만인이 고대국가 세계를 혼란시킨 시기가 기원전 200년까지 1000년 넘게 계속되었다고 대담하게 주장한다. 그는 이 시기 중에서도 기원전 1250년에서 기원전 1150년에 이르는 100년 정도를 "궁정에 기초한, 집중화되고 관료적인 교환의 체계 전체가 무너져 내렸던" 시기라고 규명했다.[5] 많은 국가 중심이 이 시기에 사실상 버려졌던 것은 아마도 미케네와 필리스티아에서 발원한 듯한 이른바 바다 민족의 침입 때문이고 하는데, 이들에 대해 알려진 바는 거의 없다.[6] 이들은 기원전 1224년에 이집트를 습격했고, 기원전 1186년에 재차 습격했는데 주변 사막에서 온 유목민과 함께 나일강의 서안 지역까지 진출했다. 거의 같은 시기에 북부 지중해 지역에서는 육지와 바다에서 이동해오는 습격자들을 막아내기 위한 것으로 보이는 성채와 첨탑들이 우후죽순 생겨났다. 이 길고 긴 1000년의 시간이 흐르는 동안 지중해 지역 인구의 상당 부분이 여러 차례에 걸쳐 원래 살던 곳에서 쫓겨나야 했다. 컨리프의 판단에 따르면, 기원전 2세기에 이르러서야 "만연해 있던 습격의 기세가 대체로 잦아들었다." 하지만 그것은 어디까지나 켈트인이 저 멀리 델포이까지 습격한 뒤에야 일어났던 일이었다.[7]

이 시기가 끝날 무렵, 유라시아대륙의 다른 쪽에서는 진秦 및 한漢이 황허강의 '오르도스 분지'를 두고 흉노 부족 연합체와 갈등을 빚었다. 베넷 브론슨은 상대적으로 인도아대륙〔인도반도〕에 강력한 국가가 등장하지 못한 건 대체로 강력한 유목민의 습격이 이어지면서 국가들이 견고해지지 못했기 때문이라 주장한다. 기원전 4세기에서 기원후 1600년까지 "인도아대륙 북부 3분의 2 지역에서는 적당히 오래가면서 그 지역 전체를 포괄하는 국가를 정확히 2개 산출했다. 하나는 (찬드라) 굽타이고 다른 하나는 무굴이다." 브론슨은 이어서 다음처럼 기술한다. "이 두 국가는 물론 북부의 더 작은 다른 국가들도 2세기 이상 지속되지 못했다. 통치자가 부재하는 무정부적 기간은 길었고 혹독했다."[8]

강력하게 무장한 북부 변방의 유목민과 중국의 관계라는 맥락에서 접경 연구를 개척한 래티모어는 보다 일반적이고 대륙적인 패턴이 있다고 본다. 그는 비국가 민족[종족]들을 막아내기 위한 국가의 성벽과 성채가 서유럽과 중앙아시아 전역을 거쳐 중국에서까지 솟아올라 13세기 몽골의 유럽 침략 때까지 유지되었음을 지적한다. 이것은 다소 과장된 주장처럼 보이긴 하지만 래티모어에게서 나온 주장인 만큼 숙고해볼 가치는 있다. 고대 문명 세계의 북부 변경은 태평양에서 대서양에 이르기까지 요새화된 사슬로 연결되었다. 최초의 변방 성벽은 이란 지역에 있었던 것으로 보인다. 오늘날의 브리튼섬과 라인강 및 다뉴브강에 건설된 로마제국 서부의 변방 성벽은 이제 유목민이 되어 있던 숲과 고지대와 초원의 부족들을 맞대고 있었다."[9]

하지만 새로이 출현한 국가들은 야만인들에게 약탈 장소로서보다는 교역 장소로서 더 큰 혜택을 주었다. 국가는 매우 편협한 농생태를 이루고 있었기에 생존을 위해서는 충적토 지대 외부의 많은 생산물에 의지했다. 국가 안의 사람들과 국가 밖의 사람들은 자연스레 서로 교역 상대가 되었다. 한 국가의 인구와 부가 늘어남에 따라 근처 야만인들과의 상업적 교류도 함께 늘어났다. 기원전 제1천년기는 지중해에서 해상무역이 정말 폭발적으로 증가한 시기였다. 이 시기에는 교역의 물량과 가치가 모두 기하급수적으로 증가했다. 이 맥락에서 '야만인 경제barbarian economy'의 가장 큰 부분은 저지대 시장에 원재료와 물품을 공급하는 데 할애되었으며, 이들 원재료와 물품의 많은 부분은 다른 항구를 향해 재수출될 것들이었다. 야만인 경제가 공급한 것들 중에서는 아주 넓은 의미에서의 소와 양 같은 가축은 물론이거니와 무엇보다도 노예가 큰 부분을 차지했다. 야만인들은 직물, 곡물, 철과 구리 제품, 토기, 사치품 등을 공급받았는데, 이것들 역시 많은 부분이 '국제' 교역을 통해 온 것들이었다. 주요 저지대 중심부로 연결되는 교역로를 하나 이상 통제하고 있는 야만인 집단은 큰 수익을 올릴 수 있었고, 따라서 사치와 재능이 말하자면 '문명'이 모여드는 이채로운 현장이 되었다.

국가에 대한 약탈과 국가와의 교역은 국가 주변 지역 경제생활의 활기와 수익성을 모두 북돋아주었고, 이는 이런 국가와의 관계가 없었더라면 불가능했을 일이다. 그러나 약탈과 교역은 단순히 전유의 대안적 방식이었던 것은 아니다. 뒤에서 다시 보겠지만, 약탈과 교역은 여러 면에서 국정 운영 기술의 어떤 형태들과 비슷하게 매우 효과적으로 결합되었다.

야만인들의 지리, 야만인들의 생태

'야만인들'은 확실히 하나의 문화를 이루지 못했거나 문화가 결여되어 있었다. 그들은 국가에서 납세자로 살아가는 삶을 최고 단계로 여기는 역사적 진보나 진화의 어떤 '단계'를 이루고 있던 것도 아니다. 이러한 진보란 결국 로마인들과 중국인들이 공유하고 있던 역사적 편입 담론과 궤를 같이하는 것이다. 이와 같은 편입이 의미한 바는, 카이사르의 경우엔 ([한 부족이] 호의적이거나 적대적인) 부족에서 '속주민'으로 넘어와 결국엔 로마인이 되는 것이었다. 한漢의 경우엔 '날것[生]'(적대적)으로부터 '익은 것[熟]'(우호적)으로 바뀌고 아마도 마침내는 한족이 되는 것이었다. '속주민'과 '익은 것'이라는 중간 단계는 행정적·정치적 편입 과정의 특정한 범주였으며, 이상적 환경에서라면 그 뒤에 문화적 동질화가 뒤따랐을 것이다. 임상적으로나 구조적으로나, '야만인'이란 국가나 제국에 맞댄 지위로 이해하는 것이 가장 좋다. 야만인들은 국가에 인접한 사람들이었지만 그 안에 있는 사람들은 아니었다. 브론슨이 표현한 대로, 야만인들은 단지 "밖에서 안을 들여다보고 있었다."[10] 야만인들은 세금을 내지 않았다. 그들이 국가와 재정적 관계를 갖고 있었다 해도, 그건 한 집단으로서 [국가에] 조공을 바쳐야 하는 정도였을 것이다.

고대 세계에서 국가의 지리와 생태에 대해 기술하기는 상대적으로 쉬운 일인데, 국가 형성에는 농경과 인구 측면에서 필요조건들이 있었기 때문이다. 국가는 오직 관개가 잘되는 저지대의 비옥한 토양 위에서만 생겨날 수 있었다. 보다 큰 범선이 더 큰 화물을 더 멀리까지 운송하게 된 기원전 제1천년기 후반기가 오기까지 국가는 곡물 핵심부를 무척 단단하게 끌어안고 있어야 했다. 반면에, 야만인의 지리와 생태는 간결하게 기술하기가 훨씬 더 어려운데, 야만인의 지리와 생태는 국가를 제외하고 남은 커다란 범주이기 때문이다. 기본적으로 국가 형성에 적합하지 않은 모든 지리 영역이 그 범주에 포함된다. 야만인의 구역들이라고 자주 언급되는 곳들은 산간 지대나 초원 지대다. 사실, 접근하기 어렵고, 알아보기 어렵고, 찾아가기 어렵고, 집약적 농경에 적합하지 않은 곳이라면 어디든지 야만인 구역이라고 할 만하다. 그래서 국가 담론에서는 정리되지 않은 빽빽한 삼림, 늪, 습지, 삼각주, 소택지, 황야, 황무지, 사막, 건조한 불모지 지대, 그리고 바다 그 자체까지도 이 범주 안에 던져 넣었다. 아주 많은 민족[종족]과 부족의 이름을 문자 그대로 번역해보면, 그것은 그들이 살던 지리적 환경에 대한 묘사를 국가 담론에 의해 그들에게 적용한 것일 뿐이다. 곧 '산 사람들hill people', '늪 사람들swamp dwellers', '숲 사람들', '초원 지대 사람들people of the steppes' 등이 그러하다. 그중에서도 초원 지대 유목민, 산 사람들, 바다 사람들이 야만인들에 대한 국가 담론에서 두드러지게 등장하는 유일한 이유는 그러한 사람들이 국가의 영역 바깥에 있었거니와 국가 자체에 군사적 위협을 가할 가능성이 가장 컸기 때문이다.

국가 범위의 비유적 한계이며 문자 그대로의 한계이기도 했던 경계는 국가가 '문명인'의 구역과 '야만인'의 구역 사이에 세워놓은 물리적 경계에 의해 표시되는 일이 많았다. 국가가 세운 최초의 거대 성벽은 기원전 2000년경 수메르의 왕 술기의 명령으로 티그리스강과 유프라테스강 사이에 건설된 250킬로미터에 달하는 '육지의 벽wall of the land'이었다. 이 성벽은 보통은 아모리인의 침입을 막기 위한 것으로 설명되지만(이 목표는 달성되지 못했다), 포터를 비롯한 여러 학자는 이 성벽이 메소포타미아에서 농사를 짓고 세금을 내면서 살고 있는 경작민들을 가두어두기 위한 부가적 목적도 있었다고 믿는다.[11] 초기 로마제국의 입장에서 야만인들은 라인강 동안에 살기 시작했는데, 로마의 군단은 토이토부르크숲전투(9)에서 참패를 겪은 뒤로는 라인강을 넘어서는 모험을 절대 감행하지 않았다('토이토부르크숲전투'는 지금의 독일 노르트라인베스트팔렌주 토이토부르크 숲에서 게르만족 연합군과 로마군 사이에 벌어진 싸움이다. 전투에서 게르만족 연합군이 크게 승리하면서, 로마 황제 아우구스투스는 게르마니아 공략을 단념하게 된다). "넓은 평지라곤 거의 없는, 셀 수 없이 많은 하천으로 잘린 산과 계곡의 땅"이라는 발칸 지역 또한 마찬가지로 요새화된 경계(석회암)에 의해 구분되었다.[12]

야만인들의 지리는 미개인들의 생태와 인구의 특징적 부분들과 상응했다. 야만인들의 지리는 일종의 잔여 범주로서 국가의 곡물 핵심부와는 다른 생계와 정착 방식들을 기술한다. 수메르의 한 신화를 보면, 아드니그키두 여신은 유목민의 신 마르투와 혼인하지 말라는 충고를 듣는다. "산에 사는 그는 (…) 많은 갈등을 일으켰으며 (…) 굴복할 줄을 모르고, 익히지 않은 음식을 먹고, 살 집도 없고, 죽으면 땅에 묻히지도 않는다…." 이런 삶의 모습은 곡물을 생산하며 도무스를 기초로 하는 국가 국민의 삶과는 정반대다.[13] 주周의 의례를 기록한 《예기禮記》는 문명인의 '곡물 음식' 대신 고기를 (익힌 것이든 날것이든) 먹는 야만인 부족들을 대비한다. 로마인들 사이에서는 자신들의 곡물 식단과 갈리아 사람들의 고기 및 유제품 식단을 대비하는 것이 스스로의 문명인 지위를 주장하는 핵심 표지였다. 야만인들은 흩어져 있었고, 이동이 매우 자유로웠으며, 소규모 정착지에서 살았다. 그들은 이동식으로 경작하거나, 소나 양을 치고, 물고기를 잡거나, 수렵과 채집을 겸하거나, 소규모로 수집한 물건들을 소규모로 교환하는 이들이었을 것이다. 그들은 어떤 곡물을 길러서 먹었을지도 모르지만, 국가의 국민처럼 곡물을 그들의 지배적인 주식으로 삼지는 않았을 것이다. 그들은 이동성, 다양한 생계 방식, 분산된 거주지 때문에 국가 건설에 적합한 구성원이 될 수 없었고, 바로 이러한 이유로 야만인이라 불렸다. 하지만 이런 특징들에는 정도의 차이가 있었고, 국가의 입장에서는 그 정도에 따라 문명의 후보자가 될 수 있어 보이는 야만인들과 그럴 가능성이 전혀 없어 보이는 야만인들을 구분했다. 로마인들의 눈에는 땅을 정리해서 약간의 곡물을 기르고 교역 도시(오피둠)를 세웠던 켈트인들이 '최상위' 야만인이었다. 반면에 지도자도 없고, 이리저리 이동을 하며 사냥을 하는 군집들은 구제할 길이 없어 보였다. 야만인 사회들은 켈트인의 오피둠처럼 상당히 위계적일 수도 있었지만, 그들의 위계는 일반적으로 상속받은 재산에 기초하지 않았으며 농경왕국에 세워진 위계보다는 대체로 더 수평적이었다.

지리적 변동 때문에, 이를테면 산과 늪에 의해, 곡물 핵심부의 영역이 여러 조각으로 나뉘어 있는 경우도 많았다. 이런 경우엔 국가 핵심부에 '편입되지 않은' 야만인 지역들이 포함될 수 있었고, 그러면 국가에서는 경작가능한 주변 지역들을 한데 엮는 과정에서 다루기 어려운 구역들을 그냥 지나치거나 뛰어넘었다. 일례로, 중국인들은 그런 격리된 지역 안에 있는 '내부 야만인들'과 국가의 변경에 있는 '외부 야만인들'을 구분했다. 초기 국가의 문명에 관한 서사들에는, 직접 언급하지는 않더라도, 어떤 원시인들이 우연한 행운이나 스스로의 기지를 통해 식물과 동물을 길들이고 정착 공동체를 만들고 계속해서 도시와 국가를 건설했다는 이야기들이 담겨 있다. 그들은 원시생활을 버리고 국가와 문명을 향해 나아갔다. 이런 설명에 따르자면, 야만인들은 그러한 변화를 시행하지 않고 국가와 문명 바깥에 남은 사람들이다. 이 커다란 분기分岐 이후 두 세계가 존재하게 되었다. 하나는 정착생활과 도시 및 국가로 이루어진 문명 세계고, 다른 하나는 이동하며 흩어져 사는 수렵민, 채집민, 목축민으로 이루어진 원시 세계다. 이 두 세계 사이의 막은 상호 침투가 가능했지만 한쪽 방향으로만 가능했다. 원시인들은 문명의 세계로 들어갈 수 있었지만 —그리고 그것은 결국 웅장한 대서사가 되었지만— '문명인'이 원시의 세계로 돌아가는 것은 생각할 수도 없는 일이었다.

우리는 이러한 관점이 역사적 증거에 기초할 때 근본적으로 그릇된 것임을 이제 알게 되었다. 그렇게 오해된 데는 세 가지 이유가 있다. 첫째, 이런 관점은 수천 년 동안 정착생활과 비정착생활의 생계 방식들 사이에 끊임없는 교류와 변화가 있었다는 사실, 그리고 그 중간에 혼합된 여러 선택지가 함께 있었다는 사실을 무시한다. 일정한 정착지와 쟁기를 이용한 농경은 국가 형성에 필수적이었지만 상황이 변화함에 따라 택할 수도 있고 버릴 수도 있는 다양한 생계 방식 가운데 일부일 뿐이었다. 둘째, 국가를 세우고 이를 확장하는 행위 자체는 대체로 퇴거 행위였다. 그 이전에 그곳에 존재했던 인구 집단 중 일부는 [국가에] 흡수되었겠지만 아마도 다수는 [국가] 바깥으로 쫓겨났을 것이다. 국가에 인접한 야만인 집단들은 실제로는 국가 형성 과정 자체로부터 떨려난 난민이었을 가능성이 높다. 셋째, 국가는 한번 만들어지고 나면, 우리가 살펴본 대로, 국가 안으로 들어가야 할 이유만큼이나 국가 밖으로 달아나야 할 이유도 많았다. 표준서사에서 암시하듯, 사람들은 국가가 제공하는 기회와 안전 때문에 국가에 이끌려 들어왔다. 그럼에도 국가로부터 도주하는 사람도 많았고, 국가 안에서 질병으로 인한 사망률도 높았기 때문에 인구는 늘지 않았다. 따라서 많은 인력을 필요로 하는 초기 국가에서는 본질적으로, 노예를 잡아오고, 전쟁에서 포로를 끌어오고, 사람들을 강제로 이주시키는 활동을 하지 않을 수 없었다.

우리의 목적에 맞는 핵심 사항은, 국가란 일단 설립되고 나면 국민들을 내부로 편입하거니와 밖으로 토해내기도 한다는 것이다. 국민의 도주를 촉발하는 이유는 전염병, 흉작, 홍수, 토양의 염류화, 세금, 전쟁, 징병 등 대단히 다양하다. 이런 이유들이 꾸준한 인구 유출을 유발했고 때로는 대규모 [인구] 탈출을 촉발하기도 했다. 도주하는 이들 가운데 일부는 이웃 국가로 가기도 했지만, 대다수는 —특히 포로와 노예는 아마도— 변방으로 떠나 다른 형태의 생계 방식을 취했을 것이다. 그들은 사실상 의도적으로 야만인이 되었다. 시간이 흐르자 비국가 민족[종족] 가운데, 완고하게 도무스를 거부하는 '원초적 원시인pristine primitives'이 아닌 사람들의 비율이 점점 더 늘어났다. 옛 국가의 국민이었던 사람들은 많은 경우 절망적 환경에서 살면서도 국가와 어느 정도 거리를 두려고 했다. 이와 같은 과정은 많은 인류학자에 의해 자세하게 이야기되었고, 아마 그중에서도 피에르 클라스트르가 가장 유명할 텐데, 그들은 이 과정을 가리켜 '2차적 원시생활secondary primitivism'이라 불렀다.[14] 국가가 오래 존재할수록 국가에서 쏟아져 나와 변방으로 향하는 난민들도 더 많아졌다. 그리고 시간이 흐르면서 그들이 점점 더 많이 모여들게 된 피난처들은 '파편 구역shatter zones'이 되었다. 이들 구역이 언어적으로나 문화적으로 무척 복잡했다는 사실은 오랜 기간에 걸쳐 국가로부터 도주한 다양한 피난민이 그곳에 살았던 현실을 반영했다.

2차적 원시생활의 과정 혹은 '야만인으로 전향하기'라고도 할 수 있는 이 과정은 표준 문명 서사에서 인정하는 것보다 훨씬 더 흔한 일이었다. 이런 일은 전쟁, 전염병, 환경 파괴 등으로 국가가 실패하거나 지도자가 부재하는 시기에는 특히나 더욱 두드러지게 일어나는 과정이었다. 그러한 환경에서 국가를 떠나 원시생활로 돌아가는 것은 유감스러운 퇴락이나 상실로 여겨지지 않았고 오히려 안전, 영양, 사회적 질서 면에서 괄목할 개선이 이루어지는 것으로 경험되었다. 야만인이 된다는 것은 한 사람의 운명을 개선하기 위한 노력인 경우가 많았다.

크리스토퍼 벡위드는 다음과 같이 말한다.

(유목민은) 일반적으로 큰 농경국가들의 주민보다 훨씬 더 잘 먹고 더 편안하고 더 오래 살았다. 중국에서는 국가에서 달아나 동부 초원 지대로 향하는 인구의 유출이 끊임없이 이어졌다. 그들은 그곳에서 유목민 스타일의 우수성을 망설임 없이 선포했다. 마찬가지로 수많은 그리스인과 로마인이 훈족을 비롯한 중앙유라시아 민족[종족]들에게 합류했다. 그들은 고향 땅에서보다 그곳에서 더 잘 살았고 더 잘 대우받았다.[15]

그와 같은 자발적 유목민화는 드문 일도 아니었고 고립된 일도 아니었다. 중국의 몽골 변방 지역에 대해 래티모어는, 앞서 언급했듯, 만리장성은 미개인들의 침입을 막기 위한 것만큼이나 중국인 납세자들을 가두기 위한 것이었으며, 그럼에도 세금을 납부하던 수많은 한족 경작민이 국가의 공간으로부터 ―특히 정치적으로나 경제적으로 무질서한 시기에— "스스로 멀리 떨어져 나갔으며" "야만인 통치자들에게 기꺼이 들러붙었음"을 강력하게 주장했다.[16] 래티모어는 변경 일반에 관해 연구한 학자로서 말기 서로마제국을 연구하며 같은 패턴을 발견한 다른 학자의 말을 인용하고 있다. "가혹한 세금 징수, 그리고 부유한 범법자들 앞에서 겪는 무력감"이 로마의 시민들을 내몰아 아틸라의 훈족에게서 도움을 구하게 했다.[17] 래티모어는 이에 다음처럼 덧붙이고 있다. "달리 말하자면, 야만인들의 법과 질서가 문명의 법과 질서보다 우월할 때가 있었다."[18]

다시 야만인이 되는 관행은 문명의 '반듯한' 이야기에 정면으로 덤벼드는 것이라 궁정의 연대기와 공식적 역사책에서는 그에 관한 이야기를 찾아보기가 어렵다. 그건 가장 근원적인 의미에서 체제전복적이다. 6세기 고트족의 매력은 적어도 그 이전 훈족의 매력만큼이나 강력했다. 토틸라(동고트족의 왕, 재위 541~552)는 노예들과 식민지 주민들을 고트족의 군대에 받아주었을뿐더러 그들에게 자유와 토지 소유권을 약속함으로써 그들이 옛 주인들한테 등을 돌리게끔 했다. "그렇게 함으로써 그는 로마의 하위계층이 3세기 이래 하고자 했던 일을 허가하고 그에 대한 구실을 제공했다." 그 일이란 바로 "그들의 경제적 상황에 대한 절망에서 벗어나 고트족이 되는 것"이었다.[19]

그렇다면, 수많은 야만인은 뒤처진 원시인들이 아니라 오히려 국가가 유발한 빈곤, 세금, 속박, 전쟁으로부터 벗어나기 위해 변방으로 도주한 정치적·경제적 난민이었다. 시간이 흐름에 따라 국가가 늘어나고 성장하자, 국가는 이전보다 훨씬 더 많은 사람을 압박했고 그 결과 그들은 국가를 떠남으로써 국가에 대한 감정을 표시했다. 넓은 변경 지대가 존재한다는 것은 그들에게 —19세기에서 20세기 초에 가난한 유럽인들이 이주한 신대륙과 같이— 폭동보다는 덜 위험한 구제의 방법을 제공하는 셈이었다.[20] 야만의 주변부에서의 삶을 낭만화하지 않으면서도 백위드와 래티모어를 비롯한 여러 학자는 국가 공간을 떠나 변방으로 향하는 것이 외부의 암흑으로 옮겨가는 것이라기보다, 해방은 아니었다 하더라도, 더 편안한 환경으로 옮아가는 것으로 경험되었음을 명확히 밝힌다. 이런 시나리오는 크레타와 미케네의 집중화된 궁정국가의 붕괴(기원전 1100년경)에 대한 부분적 원인이 되었던 것 같다. "소출을 늘리라는 관료제의 압력 아래서 절망한 소농들은 스스로 살아가기 위해 멀리 떠나곤 했다. 이 때문에, 고고학적 증거들이 암시하듯, 궁정이 지배하는 영역은 인구가 줄었다." 컨리프는 계속해서 적고 있다. "붕괴가 빠르게 뒤따르곤 했다."[21]

인력의 필요성을 잠시 되짚어볼까 한다. 초기 국가는 곡물 재배민을 생산력 높은 토양에 한데 모아들여 전유 구역을 형성할 정도까지는 성공을 거두었다. 일정한 인구를 한곳에 유지하는 일, 그리고 그렇지 못했을 경우 손실된 인구를 보충하는 일이 국정 운영의 핵심이었다. 영역을 제한하는 것은 도움이 될 수 있었다. "중앙유라시아에서 인구와 권력과 부를 잃지 않는 유일한 방법은 성벽을 쌓고, 변경 도시의 교역을 제한하고, 초원 지대 종족들을 완전히 파괴하거나 멀리 떨어뜨려놓기에 반드시 필요할 만큼 그들을 자주 공격하는 것이다."[22]

무엇보다도, 부족tribe이란 국가의 행정이 만들어낸 허구다. 국가가 끝나는 곳에서 부족은 시작된다. '부족'의 반대말은 '소농peasant'이다—즉 국가의 국민이다. 부족성tribality이란 것이 무엇보다도 국가에 대한 한 가지 관계라는 사실은, 로마로부터 떨어져 나갔거나 로마에 맞서 저항했던 속주의 인구 집단들을 묘사할 때 이전의 부족 이름들을 되돌려 사용하던 로마의 관행에 아주 잘 포착된다. 국가와 제국을 위협하고, 그래서 역사에 남은 야만인들이 —아모리인, 스키타이, 흉노, 몽골족, 알라만족〔게르만족의 일족〕, 훈족, 고트족, 준가르족〔서몽골족의 일족〕등의— 뚜렷한 이름을 가졌다는 사실은 〔그들에게〕 문화적 정체성과 응집력이 있었다는 인상을 주지만, 이는 대체로 사실에 부합되지 않는다. 이 집단들은 모두 이질적인 사람들이 군사적 목적을 위해 잠시 한데 모인 연맹체들이었다. 이들을 하나의 '민족〔종족〕 people'으로 특징지은 것은 그들에게서 위협을 받은 국가였다. 특히 목축민들은 두드러지게 유연한 친족구조를 가지고 있어서, 목초지, 가축 수, 군사적 문제를 포함한 당면한 문제와 같은 조건에 따라 집단 구성원을 쉽게 합칠 수도 쉽게 나눌 수도 있다. 그들 역시 국가와 같이 대체로는 인력이 부족했고, 따라서 난민이나 포로를 자신들의 친족구조 안으로 편입시킨다.

로마와 당唐에서는, 부족은 영역적 행정 단위였으며 그 안에 배속된 사람들의 특성들과는 별다른 상관이 없었다. 부족의 이름은 상당수가 특정한 계곡, 산맥, 강, 숲 같은 지명에 지나지 않았다. 집단의 특징을 가리키는 말들이 부족 이름이 되는 경우가 있기는 했다. 일례로 로마 사람들이 킴브리족이라 부르는 무리가 있었는데, 킴브리Cimbri란 '강도들robbers' 혹은 '산적들brigands'을 뜻한다. 로마인들과 중국인들이 겨냥한 목적은 자기 밑에 속한 사람들의 처신에 책임을 질 지도자나 우두머리를 찾아내거나, 그렇지 못할 경우엔 그런 지도자나 우두머리를 직접 지명하는 것이었다. "오랑캐를 이용해 오랑캐를 다스린다"라고 하는 중국의 체제(토사土司) 아래서 조공을 바치는 부족장은 한漢의 관리들에 의해 지명되어 작위와 특권을 부여받고 '그의 종족'에 대한 책임을 졌다〔'토사'는 원元 이후 중국의 중앙 정부가 중국 서남 지방 국내 소수민족(소수종족)의 토착 지배자들에게 부여했던 관직에 대한 총칭을 말한다. 세습을 허용했다. 직접 통치가 어려운 원거리 또는 오지에 대한 간접 통치 방식이었다〕. 물론, 시간이 흐름에 따라 그러한 행정적 허구도 자체적인 자주적 실존의 형태를 띨 수 있었다. 이 허구들은 한번 제자리를 잡고 나면 법원, 조공 체계, 토착 하급 관리, 토지 대장, 공공사업에 의해 제도화되었으며, 국가와의 접촉을 수반하는 원주민 생활의 일부를 구조화했다. 원래 행정적 지시에 의해 마법처럼 날조된 하나의 '민족〔종족〕'이란 바로 그 허구를 의식적이고 저항적이기까지 한 정체성으로 차용하게 될 수도 있었다. 앞서 기술한, 카이사르의 진화론적 체계에서 부족은 국가에 앞선다. 이제 우리가 알고 있는 것들을 고려한다면, 국가가 부족에 앞설 뿐 아니라 사실은 국가가 통치 도구로서 부족을 발명해낸 것이라고 말하는 편이 보다 정확할 것이다.

습격

우르의 한 유복한 주민은 충적토 지대 너머에 사는 사람들의 습격을 당한 뒤에 다음과 같이 한탄했다.

고지대에서 온 그가 나의 재산을 고지대로 가져갔다. (…) 늪이 나의 재산을 삼켜버렸다. (…) 은銀을 알지 못하는 이들이 나의 은으로 자기 손을 채웠다. 보석을 알지 못하는 이들이 나의 보석을 자기 목에 둘렀다.[23]

집중화된 공간 안에서 곡물과 인구와 가축의 밀도는 국가 권력의 원천이 되는 한편으로, 이동하는 습격자들에 대해 잠재적으로 치명적일 만큼 취약해지는 원인이 되기도 한다.[24] 확실히, 국가는 그 변방에 비해 더 부유하지 못한 경우가 많았는데, 하지만 우리가 이미 보았듯, 결정적 차이는 국가나 여느 정착 공동체의 부는 모두 제한된 공간 안에 편리하게 쌓여 있었다는 점이다. 이동하는 습격자들은, 특히 말을 잘 타는 경우, 군사적 주도권을 쥐고 있다. 그들은 자신들이 선택한 시간과 장소에 도착해서 충분한 인원을 동원해 정착 공동체의 가장 약한 지점을 공략하거나 교역용 운반 수레들을 가로챌 수 있다. 인원이 충분히 많을 경우, 그들은 요새화된 공동체를 공격할 수도 있다. 그들의 강점은 번개 같은 습격에 있다. 예컨대, 그들은 요새화된 도시를 포위하지 않을 것이다. 그들이 움직이지 않고 오래 머물수록 국가에서도 그들에 맞서 더 오래 전시체제를 유지해야 하는 만큼 그들의 전략적 이점은 무화되고 만다. 근대 이전의 환경에서는, 그리고 아마도 대포를 사용하던 시대까지도 목축민의 유동적 군대는 귀족 및 소농으로 이루어진 국가의 군대보다 일반적으로 더 뛰어났다.[25] 목축민과 말이 없던 지역에서도 유동적 민족[종족]들이 —수렵과 채집으로 사는 사람들, 화전을 일구는 사람들, 배 위에서 생활하는 사람들이— 정착생활을 하는 농경민들을 지배하고 그들로부터 조공을 받는 것이 일반적 패턴인 듯하다.[26]

"습격이야말로 우리의 농사다"라는 베르베르족의 유명한 속담은 의미심장하다. 내가 생각하기에, 이 속담에는 습격에 내재된 기생적 성격에 관한 중요한 진실을 드러내는 무언가가 들어 있다. 정착 공동체의 곡물 저장고는 1, 2년 힘들게 농사지은 결과물이었겠지만 습격자들은 번개같이 달려들어 이를 전유할 수 있다. 축사나 울타리 안에 있는 가축들은 그런 의미에서 쉽게 몰수할 수 있는 살아 있는 곡물 저장고인 셈이다. 게다가 습격의 노획물에는 대체로 노예들이 포함되어 있고, 이 노예들은 몸값을 받고 돌려주거나, 그냥 소유하거나, 내다 팔 수 있으므로, 이들 노예 역시 —직접 길러내려면 상당한 비용이 들지만— 단하루 만에 낚아챌 수 있는 축적된 가치와 생산력의 저장고였다. 하지만훨씬 더 넓은 관점에서 보자면, 습격자들이 그때까지 배타적으로 국가에만 유보되어왔던 전유의 집중화된 장소에서 축적된 자산을 몰수하고분산하고 있었던 것을 고려한다면, 그건 다만 하나의 기생생물이 다른기생생물을 쫓아내고 있었던 것뿐이라고 말할 수도 있다.[27]

　야만인 습격자들은 국가의 보복으로부터 상대적으로 안전했다. 그들은 유동적이고 분산되어 있어서 보통은 산, 늪, 자취를 찾을 수 없는 초원으로 숨어들었다. 국가의 군대가 그곳까지 따라오려면 목숨을 걸어야만 했다. 국가의 군대는 고정된 목표물과 정착 공동체들에 맞설 때는효과적일지 몰라도, 함께 협상하거나 혹은 전투에서 패배시킬 중앙의지휘권도 없고 지도자도 없는 군집과 맞설 때는 대체로 무력해지기 마련이다.

　예컨대 몽골의 습격자들은 상대적으로 중국의 반격으로부터 자유로웠는데, 래티모어가 그러했듯, 초원 지대에는 중추부가 없다는 것에 주목하면 이를 잘 알 수 있다.[28] 헤로도토스가 스키타이의 입을 빌려 말하는 내용이 믿을 만한 것이라면, 유목민 습격자들은 고정된 자산이 없다는 점이 군사적으로 매우 유리하다는 사실을 의식하고 있었다. "우리 스키타이에게는 도시나 경작지가 없으므로 우리는 너희와 더 빨리 대전對戰할 수 있다. (도시나 경작지가 있다면) 하나는 빼앗기고 다른 하나는 짓밟힐까 두려울 것이다."[29]

　기원전 제2천년기 후반 지중해 지역 국가에서는 사막과 초원으로부터 오는 위험보다 바다에서 오는 위험이 더 컸다. 초원이나 사막처럼, 배를 띄울 수 있는 바다에서는 해상 습격자들이 해안 공동체들을 기습해 약탈하고, 어떤 경우에는 통치자로서 이 공동체들을 차지해버렸다. 육지 목축민들이 육로를 통한 대상隊商을 먹이로 삼았듯, 바다 유목민들은 해적질을 통해, 크게 성장한 지중해 무역을 먹이로 삼았다. 오늘날 시리아의 라타키아 근처에 있던 우가리트의 왕은 자신의 병거와 선박이 부재한 틈에 자기 왕국이 겪어야 했던 공격에 대해 기술하고 있다. "보라, 적의 배들이 이곳에 왔다. 나의 도시들은 불탔고 그들은 내 왕국에 사악한 짓들을 저질렀다." "이곳에 온 일곱 척의 적선敵船이 우리에게 많은 피해를 입혔다."[30] 이러한 바다의 습격자들은 이집트와 레반트에 공격을 가한 것으로도 유명하지만, 그들은 크레타의 궁정과 히타이트제국의 심장부를 파괴하는 데 큰 역할을 했을 것이다.[31] 그들은 바이킹과 '바다 집시들sea gypsies'(오랑라우트orang laut〔말레이어로 말레이반도와 인도네시아 군도 주변 바다에서 살아가는 '바다 민족'이다〕) 같은 다른 유명한 해상 습격자들의 선도자였다. 오늘날 아라비아해에서 벌어지는 해적질을 보면 현대에도 속도, 유동성, 불시의 기습이 '반쯤 정주하고 있는' 컨테이너 선박들 위에서 적어도 한동안은 전술상 우위를 차지할 수 있음을 알 수 있다.

'바다 해적들 sea pirates'에 대해서는 알려진 바가 거의 없다. 그들은 키프로스에서 나와 활동하는 경우가 많았고, 한 세기가 넘는 동안 4~5차례 주요 공격을 감행했다. 그들 또한, 목축민 습격자들과 마찬가지로, 문화적으로나 언어적으로나 극도로 이질적이었다. 국가의 문헌과 연대기에서 그들은 공포와 염려의 근원으로 등장한다. 하지만 현대에 이루어진 연구조사에서는 그들이 단지 국가를 습격했을 뿐만 아니라 그들이 장악한 많은 영역에서 도시를 건설하기도 했음을 새롭게 밝혀냈다.

습격에는 깊고 근원적인 한 가지 모순이 있어서, 이 모순을 파악하고 나면 습격이 왜 근본적으로 불안정한 생계 방식인지, 결국 왜 대부분의 환경에서 습격이 무척이나 다른 무언가로 진화될 수밖에 없는 생계 방식인지를 짐작할 수 있다. 습격은, 그 자체의 논리를 따라 결론에 이르자면, 스스로를 청산해버리는 것이다. 습격자들이 정착 공동체를 공격해 그곳의 가축, 곡물, 사람, 귀중품을 가져가버리고 나면, 그 정착지는 파괴된다. 그런 운명을 알고 있다면, 다른 이들은 그곳에 정착하기를 꺼려 할 것이다. 습격자들이 그런 공격을 관습으로 삼고자 했고, 그래서 성공을 거두었다면 습격자들은 인근의 모든 '사냥감'을 죽였을 것이다. 달리 말하자면, '황금알을 낳는 거위를 죽였을 것이다.' 대상隊商이나 화물선을 공격한 습격자들이나 해적들 또한 마찬가지다. 그들이 모든 것을 빼앗아버리면, 교역은 소멸되거나, 좀 더 가능성 있게는, 좀 더 안전한 다른 교역로를 찾아낼 것이다.

습격자들은 이러한 사실을 알고 오늘날 폭력배들의 '보호비 갈취

protection racket'처럼 보이는 방향으로 전략을 바꾸었을 것이다. 습격자들은 교역 물품, 수확 작물, 가축, 그 밖의 여러 귀중품에서 일정 부분을 받는 대가로 무역 상인과 공동체를 다른 습격자들은 물론 그들 자신으로부터도 보호해주는 것이다. 이 관계는 병원체가 그 숙주를 완전히 죽여 없애기보다는 그 안에 꾸준히 기생하는 풍토병의 경우와 유사하다. 습격 집단들은 여럿이었으므로 각 집단은 '세금'을 받고 지켜주는 특정 공동체를 거느리고 있었을 것이다. 때로 엄청난 손실을 입히는 습격이 여전히 발생하기도 했지만, 이와 같은 습격은 대체로 한 습격 집단의 보호를 받는 공동체를 또 다른 습격 집단이 공격한 경우였다. 이런 공격이 벌어졌다는 사실은 경쟁하는 습격 집단 간에 간접적 전쟁이 일어났음을 의미한다. 일상이 되어 지속되는 보호비 갈취는 1회성 약탈보다는 장기적 전략이고, 따라서 상당히 정치 및 군사 환경에 의존한다. 정착 공동체들로부터 계속해서 잉여 생산물을 뽑아내고 그 기반을 보호하기 위해 외부 공격을 막아낸다는 점에서, 안정적 보호비 갈취란 고대국가 자체와 구별하기가 쉽지 않다.[32]

하나의 전체로서 고대국가들은 성벽을 건설하고 자신들의 군대를 육성했거니와, 강력한 야만인들을 매수해 자신들을 습격하지 않게 하는 방법에 의지하는 경우도 많았다. 매수 방법에는 여러 가지가 있었을 것이다. 공식적 굴종과 공물 대신 '선물'이라고 포장해 체면을 살리고자 했을 수도 있다. 특정 지역이나 특정 물품의 교역 독점권을 습격 집단에 주었을 수도 있다. 국경의 평화를 보장하는 민병대에 급료를 지급하는 형태를 취했을 수도 있다. 이에 대한 응답으로 습격자들은 자신들과 연합한 국가의 적들만 골라서 약탈하는 데 동의했을 것이고, 국가는 특정 영역 안에서 습격자들의 독립을 인정해주었을 것이다. 시간이 흐름에 따라 이런 합의안이 계속 유지되었다면 습격자들의 보호 구역은 반#자율적으로 통치되는 속주와 비슷해졌을 것이다.[33]

200년경 한과 그 유목민 이웃 흉노 사이의 관계는 정치적 협상을 잘 보여주는 사례다. 흉노는 번개처럼 습격을 가한 뒤 국가의 병력이 반격하기 전에 초원 지대로 물러가곤 했다. 그리고 이내 한 조정에 사절단을 보내 평화를 약속하고 그 보답으로 유리한 조건에 따라 국경 무역이나 직접적 원조를 허락받았다. 이와 같은 협상은, 유목민들이 조공을 바치는 속국으로서 적절한 방식에 따라 충성하면 그 보답으로 많은 원조를 받는다는 조약으로 확정되었다. 이것은 일종의 '역逆'조공이었고 그 양은 어마어마했다. 연간 한 정부 수입의 3분의 1이 유목민을 매수하는 데 쓰였을 정도다. 7세기 뒤, 당의 관리들은 매년 비슷한 조건에 따라 위구르에 비단 50만 필을 제공하고 있었다. 서류상으로는 유목민이 당 황제보다 열등한 것처럼 보이겠지만, 실제 수입과 물품의 흐름을 보면 사실은 그 반대임을 알 수 있다. 유목민은 당으로부터 뇌물을 받고 그 대가로 [당에] 공격을 가하지 않고 있었던 것이다.[34]

이러한 보호비 갈취가 완전히 세상에 드러난다면 국민에게 알려진 전능한 국가의 이미지와 상충될 위험이 있는 만큼, 보호비 갈취는 국가의 비밀이 되었을 테고, 이 점을 고려하면 보호비 갈취는 문헌에 나오는 사례보다 훨씬 더 만연했을 것이다. 헤로도토스는 페르시아의 왕들이 키시아인들(메소포타미아 충적토 지대 끝자락의 자그로스산맥 기슭에 살던 수사의 주민)에게 페르시아의 심장부를 습격하지 않고 자신들의 육로 대상 교역을 위협하지 말 것을 당부하며 매년 공물을 제공했다고 기록했다. 로마인들은 기원전 4세기에 4~5차례 패배를 경험한 뒤 켈트인에게 금 1000파운드〔약 454킬로그램〕를 제공함으로써 〔켈트인의〕 습격을 방지했다. 이와 같은 관행은 훈족과 고트족에 대해서도 반복되곤 했다.

우리가 한 걸음 뒤로 물러나 시야를 넓혀본다면, 야만인-국가 관계는 정착지의 곡물-인력 모듈로부터 잉여 생산물을 전유할 수 있는 권리를 쟁취하려는 양쪽의 경합이라 볼 수도 있다. 이 모듈이야말로 국가 형성의 기초인 동시에 야만인들의 자원 축적의 핵심을 이루었다. 정착지의 곡물-인력 모듈은 이 경합의 승자에게 주어지는 상이었다. 한 번에 모든 것을 약탈하는 습격은 황금알을 낳는 거위를 죽이는 일이 될 수 있었지만, 보호비 갈취는 국가의 전유 과정을 흉내 내어 곡물 핵심부의 장기적 생산성 유지와 양립할 수 있었다.

교역 경로와 과세가능한 곡물 핵심부

견고한 초기 공동체들은 다른 생태 지역과의 교역과 교환에 의존하고 있었다. 보다 큰 국가들이 공고화되는 과정에서도 이런 의존성은 더욱 증대되기만 했다. 초기 단계에서 운송에 제약이 많았으리라는 점을 고려하면, 메소포타미아와 비옥한 초승달 지대의 고원, 산, 산간 계곡, 산기슭의 초원 지대, 충적토 지대에서는 선박 운항이 가능한 수로와 나란히 자리한 지형 덕에 '수직적 경제vertical economy'를 통해 수익성 있는 교환이 이루어질 수 있었다.[35] 우르와 우루크는 석재, 광물, 기름, 목재, 석회석, 동석凍石, 은, 납, 구리, 맷돌, 보석, 금, 특히 노예와 포로 등 고도가 높은 지역의 산물 덕분에 성립되고 유지될 수 있었다. 이와 같은 산물은 대부분 하천에 띄워져 물길을 따라 내려왔다. 강이 길고 배가 운항하기에 용이할수록 강변에 형성될 수 있는 잠재적 정치체의 규모 또한 더욱 커졌다. 보다 작은 지중해 연안의 정치체들은 이러한 패턴의 축소 모형이었다. 이 국가들은 보통 해안에 가까우면서도 고지대에 인접한 강의 충적토 지대에 위치해 있어서 강물이 닿는 전체 지역의 교역과 교환을 지휘할 수 있었다. "이러한 조합은 시간이 흐를수록 선호되었다. 육지와 바다 양쪽으로 난 통로를 획득함으로써 식량과 재물을 통제·통합할 수 있다는 면에서 타의 추종을 불허했기 때문이다."[36]

역사에 가장 잘 알려진 야만인 '스타들'은 더 이른 시기의 더 작은 비국가 민족(종족)들과 전혀 다르지 않았다. 그들 모두 수렵을 하고 채집을 했으며, 화전을 일구거나 해안에서 수산물을 채취하고 가축을 치는 사람들이었다. 또한 작은 국가들을 습격하고 그들과 교역을 하기도 했다. 그들이 독특했던 것은 전례 없이 (그 집단의) 규모가 커졌기 때문이었다. 그들은 기마 전사들의 연맹체를 이루었고, 저지대 국가들의 부는 크게 늘었으며, 교역의 규모와 범위 또한 훨씬 커지고 넓어졌다. 대부분의 역사 기록에서 이들의 습격을 강조하는 것은 위협당한 국가 지배층의 공포라는 관점에서 보자면 이해할 만한 일이다. 우리에게 성문 자료를 제공하는 것은 결국 국가 지배층이기 때문이기도 하다. 하지만 이런 관점에서만 볼 경우 교역의 중심성을 간과하게 되고, 습격 그 자체가 목적이기보다 수단이었음을 간과하게 된다. 크리스토퍼 벡위드가 교역 경로를 강조하는 내용은 우리의 이해에 도움이 된다.

중국, 그리스, 아랍의 역사 자료들은 초원 지대의 민족[종족]들이 무엇보다도 교역에 관심이 많았다는 데서 내용이 일치한다. 중앙유라시아 사람들이 일반적으로 점령지들을 인수했던 신중한 방식은 흥미로운 사실을 보여준다. 그들은 충돌을 피하고자 노력했고 도시들을 평화롭게 굴복시키고자 애를 썼다. 도시에서 저항을 하거나 반란을 일으켰을 때만 반드시 응징할 필요가 있었다. (…) 중앙유라시아 사람들의 정복 활동은 교역 경로나 교역 도시를 획득하기 위해 계획된 것이었다. 그러나 그 취득의 이유는 통치자들의 사회-정치적 기반시설의 비용을 지불하기 위해 세금을 거두어들일 수 있는 점령된 영토를 안전하게 확보하려는 것이었다. 이 모든 것이 정확히 주변부 정착 국가들이 하고 있던 일처럼 들린다면, 그 둘은 정말로 똑같은 일이었기 때문이다.[37]

초기 농경국가들과 야만인 정치체들은 대략 비슷한 목적을 겨냥하고 있었다. 둘 다 곡물-인력 핵심부를 장악하고 그 잉여 생산물을 전유하고자 한 것이다. 습격 활동을 벌인 유목민들 가운데 몽골족은 농경민들을 라아야ra'aya 즉 '짐승 떼'에 비교했다.[38] 양쪽 다 힘이 미치는 범위 안에서 일어나는 교역을 장악하고자 했다. 양쪽 다 노예를 매매하고 국가들을 습격했다. 전쟁의 주된 전리품과 교역의 주요 상품은 인간이었다. 이런 측면에서 보면 그들은 서로 경쟁하는 보호비 갈취단이었던 셈이다.

습격과 교역의 연결은 로마 주변 켈트인이 있던 곳 특히 갈리아에서 잘 드러났다. 공화정 시절의 로마에서는, 앞서 언급했듯, 켈트인을 금으로 매수해 [로마를] 습격하지 않게끔 하는 일이 많았다. 시간이 흐르자 켈트인의 도시(오피둠)들은 제국을 향해 강을 따라 늘어선 다민족 교역장이 되어 그 구역의 교역을 지배했다. 그들은 곡물, 기름, 포도주, 고급 직물, 위풍재威風財. prestige goods〔소비자의 사치심이나 과시욕에 의해 가격이 높아질수록 수요가 증가하는 재화〕를 공급받고 원자재, 양모, 가죽, 염장 돼지고기, 훈련된 개, 치즈를 로마인들에게 공급했다.³⁹

교역 자체가 기하급수적으로 팽창하자 육로 교역 및 수로 교역을 지배하는 데서 오는 잠재적 수익 역시 같은 방식으로 팽창했다. 그와 같은 팽창은 부분적으로 배를 건조하는 기술, 화물을 배에 올리는 장비, 해안이 보이지 않는 곳에서의 항해 기술 따위의 기술적 요소들과 관련이 있었다. 물론, 무엇보다도 지중해, 흑해, 그리고 이들 바다로 흘러드는 주요 하천 주변에 인구와 정치체들이 상당히 성장한 데 따른 것이기도 했다. 교역의 팽창 시기를 가늠하는 것은 상대적으로 자의적이다. 하지만 컨리프는 기원전 1500년에 이르면 이집트·메소포타미아·아나톨리아의 주요 인구 중심지들은 원거리 시장 상품의 주요 소비지가 되었으며, 크레타는 그러한 무역에 기초해 지중해의 주요 해상 강국이 되었다고 말한다.⁴⁰ 300년 뒤에, 악명 높았던 '바다 민족'은 키프로스 해안의 도시 중심들을 지배하고 교역을 통제하던 이전 농경국가들을 무색하게 만들었던 것으로 보인다. 금, 은, 구리, 주석, 보석, 고급 직물, 삼나무, 상아 등 귀중한 물품들을 거래하는 교역은 본래 농경국가들의 지배층에 의해 가능한 한 독점되었다. 하지만 기원전 1500년에 이르자 그러한 독점 구조가 깨어졌고, 어찌 되었든 상품의 물량과 종류는 알아볼 수 없을 만큼 팽창했다.

원거리 교역이 새로운 것은 아니었다. 신석기시대 이전에도 가치 있는 물품들은 작고 가벼운 것이라면 무척이나 먼 거리에서도 교환되었다. 흑요석, 보석과 준보석, 금, 홍옥수 구슬 등이 그러했다. 새로운 것은 교역의 범위가 아니라 크고 무거운 물품들이 지중해 전역을 가로지르는 먼 거리를 이동해 거래되는 경우가 점점 더 늘어났다는 점이다. 이집트는 동지중해 지역의 '빵바구니breadbasket'가 되어 그리스와 로마에까지 곡물을 배송했다. 또한 결정적으로 중요한 것은 농경 핵심부 외부에서 길러지고, 수집되고, 채집된 상품들이 기하급수적으로 성장하는 더 큰 잠재적 시장을 갖게 되었다는 점이다. 산, 고원, 해안, 습지에서 나온 상품들은 이전엔 그 지방에서만 유통되었지만 이제는 '세계 전역에서' 거래되었다. 배의 구멍을 메우는 데 쓰인 밀랍과 역청은 수요가 많았다. 녹나무와 백단나무와 같이 향 좋은 목재는 물론이거니와 유향과 몰약과 같이 향이 좋은 수지 또한 매우 귀중하게 여겨졌다. 이러한 변화의 중요성은 과대평가하기가 어려울 정도였다. 초기 국가들의 변방과 준변방이 갑작스레 귀중한 물품을 구할 수 있는 현장이 되었는데, 이제는 주목할 만한 시장이 있었기 때문이다. 채집과, 수렵과, 해산물 수집은 수익성이 좋은 상업 활동이 되었다.

몇 가지 간단한 유추를 살펴보면, 이와 같은 변화가 의미하는 바를 명확히 밝히는 데 도움이 될 것 같다. 9세기에 중국과 동남아시아 사이 교역관계가 성장함에 따라 보르네오 삼림에서 이루어지는 수렵과 채집이 폭발적으로 증가했다. 그때까지 사실상 사람이 살지 않던 이 섬에 교역의 기회를 잡아보려는 사람들이 녹나무, 금, 코뿔새의 상아, 코뿔소의 뿔, 밀랍, 희귀 향신료, 깃털, 식용 새둥지, 거북 등딱지 등을 구하려 모여들었다고 주장하는 이들도 있다. 두 번째 유추는 이보다 훨썬 후에 일어난 세계적 상아 수요 급증 현상이 될 것이다. 북대서양 지역에서 주로 피아노 건반과 당구공 제작에 상아가 필요했는데, 상아 수요가 급증하자 상아 교역 통제권을 둘러싸고 부족 간 전쟁이 수없이 일어났으며, 필연적으로 코끼리 개체수도 크게 줄었다. 오늘날 중국과 일본 시장에서 인삼·동충하초·송이버섯 수요 때문에 기존의 채집 활동이 상업 활동으로 바뀌었는데, 때로는 클론다이크 골드러시Klonedike Gold Rush[1896년 캐나다 북서부 클론다이크 지역에 금광이 발견되어 2~3년 새에 약 10만 명의 광부가 이 지역에 이주했던 현상]와 비슷해 보일 정도다.[41] 이보다 작은 규모이긴 했지만 당시로서는 거의 혁명적이었던 규모로, 농경국가들의 다양한 변방 지역이 귀중한 —어떤 면에서는 충적토 지대보다 더 귀중한— 상업 경관commercial landscapes으로 변모했으며, 지중해 전역에 걸친 교역망을 촘촘하게 엮어놓았다. 수렵, 채집, 수산물 수집을 하던 사람들에게 주어진 가능성은 그 어느 때보다도 유망했다.

중앙유라시아는 농경국가에서 나오는 물품과 교환할 수 있는 생산물이 풍부했다. 특히 운송수단이 발달해 원거리 시장이 열리고 나서는 더욱 그러했다. 백위드는 옛 여행자들이 기록한 길고 긴 목록을 제공하고 있다. 실제로는 정말 방대한 목록이 있지만, 간단하게만 언급하더라도 당시 교역 물품의 다양성을 잘 볼 수 있을 것이다. 이 목록에는 구리, 철, 말, 노새, 모피, 피혁, 밀랍, 호박, 검劍, 갑옷, 직물, 목화, 양모, 양탄자, 담요, 펠트, 천막, 등자, 활, 고급 목재, 아마씨, 견과류 등이 있었고, 무엇보다도 절대 빠질 수 없는 노예도 포함되었다.[42] 유목민 집단의 습격 활동은, 농경국가의 전쟁과 닮았지만, 조공을 바치는 공동체를 획득하고 그 공동체를 통해 순환되는 교역을 지배하려는 수단으로 이해하는 것이 좋다. 그것은 유목생활의 빈곤에서 비롯한 결과가 아니며 반짝거리는 물건을 가지고 싶은 욕망 때문에 비롯한 결과도 아니다. 모든 유목사회는 가축을 치는 일뿐 아니라 농사를 짓기도 했다는 의미에서 복합적이었으며, 상당한 장인 계층 또한 있었다. 따라서 보통은 농경국가에서 나오는 주요 곡물이나 전문적 기술이 필요하지 않았다.

대략적으로 이해하자면, 야만인들은 아마도 폭발적으로 증가하는 교역을 이용할 수 있는 —많은 경우에 교역을 직접 통제할 수 있는— 독특한 위치에 자리를 잡고 있었다. 결국 그들은 몇 가지 생태 구역에 걸쳐 분산되어 이동하며 살아가는 생활 방식 덕분에 다양한 곡물 집약적 정착 국가들 사이의 연결 조직이 되었다. 교역이 증가하자, 이동하며 생활하는 비국가 민족〔종족〕들은 교역의 동맥과 모세혈관을 지배하고 조공을 받아낼 수 있었다. 지중해의 해상 교역에서는 이동성이 더욱 결정적으로 중요했다. 한 고고학자의 설명에 따르면, 이 바다의 유목민은 원래 '공식 무역'에서 기성 농경왕국에 용역을 제공했던 선원들이었을 거라고 한다. 교역의 규모와 그 기회가 늘어나자 그들은 점점 더 독립적인 세력으로 성장해 해안 지방의 정치체로서 육지 유목민의 모델을 따라 습격과 교역과 조공 수납 활동을 벌였다.[43]

어둠의 쌍둥이

국가를 이루고 사는 사람들과 국가를 이루지 않고 사는 사람들, 농경민과 채집민, '야만인'과 '문명인'은 현실적으로나 기호학적으로나 쌍둥이다. 한쪽 집단의 구성원은 다른 쪽 집단의 상대방을 상기시킨다. 그리고 역사적 반대 증거가 많이 있음에도, 역사 속에서 자신을 표면적으로 더 '진화한' 쪽의 ―국가, 농경, 문명의― 구성원이라고 규정한 민족〔종족〕들은 자신의 신분을 더 중요하고 영구적이며 우월한 것으로 여겼다. 이 중에서도 가장 극단적인 문명인-야만인 대립쌍은 쌍둥이로 태어났다. 래티모어는 '어둠의 쌍둥이dark twin'라는 주제를 매우 분명하게 설명한다.

문명과 야만 사이의 변경邊境뿐 아니라 야만인 사회 자체가 상당 부분 위대한 고대 문명의 성장과 지리적 팽창에 의해 창조되었다. 야만인들을 '원시적'이라고 말하는 것은 문명이 전혀 존재하지 않았고 문명인의 선조들 또한 원시적이었을 때만 적절하다. 문명은 진화를 시작한 그 순간부터 (…) 땅을 가진 사람들 일부를 모집해 문명 안으로 편입시켰고, 다른 사람들은 퇴거시켰다. 퇴거당한 사람들은 그 영향으로 (…) 경제적 관행들을 바꾸고 새로운 종류의 전문화specialization를 실험했다. 또한 새로운 형태로 결합된 사회와 정치 조직으로 진화하고 새로운 방식의 싸움을 발전시켰다. 문명이 바로 야만이라는 성가신 골칫거리를 창조했다.[44]

래티모어는 목축을 하지 않고 이동 경작과 해산물 수집으로 살았던 수백만의 비국가 채집민들을 간과하고 있지만, 그는 유목생활과 국가의 평행진화parallel evolution 과정을 포착해낸다〔'평행진화'란 밀접하게 관련되어 있지는 않지만 같은 조상을 가진 종 또는 가까운 종들 사이에서 개별적으로 유사한 특성이 발전하는 것을 말한다〕. 유목민은, 그중에서도 특히 말을 타고 다니던 이들은 국가 중심을 '성가시게 괴롭혔다.' 이들은 농경 잉여 생산물의 통제권을 둘러싼 국가의 가장 강력한 경쟁자들이라고 이해된다.[45] 수렵민과 채집민 또는 화전민은 국가에 조금 흥미를 보였을 것이다. 하지만 말을 타는 목축민은 정착 국가의 부를 뜯어내기 위해 정치적으로 동원된 대규모 연맹체를 기획해냈다. 이들은 '대기 중인 국가'였으며, 혹은 바필드가 말한 대로 '그림자 제국shadow empire'이었다.[46] 세계사에서 가장 큰 연속된 제국이 된 칭기즈칸의 이동식 국가와 신대륙의 '코만치제국Comanche Empire'과 같은 가장 강건한 사례들을 보면 이들을 '기마국가horseback state'라고 생각하는 편이 더 낫지 않을까 한다('코만치'는 미국 서부의 넓은 지역에 퍼져 살며 강한 세력을 형성했던 아메리카원주민의 한 부족이다).[47]

유목민 변방 지역과 인근 국가 사이 관계는 다양한 형태를 띨 수 있었고 어쨌든 변동이 매우 심했다. 서로 먹고 먹히는 관계일 때는 유목민이 이따금씩 습격을 가하면 국가의 군대에서 한두 번씩 반격을 가하는 게 전부였다. 카이사르가 갈리아 지방에서 펼쳤던 가혹한 군사작전은 원정이 성공한 매우 드문 사례였다. 뒤이어 많은 반란이 일어나긴 했지만 그럼에도 로마의 통치권을 확장했기 때문이다. 흉노, 위구르, 훈족과 같은 경우엔, 유목민과 국가 사이 관계에 뇌물, 보조금, 일종의 역전된 조공 등이 포함되었을 것이다. 습격하지 않는 데 대한 대가로 야만인들이 곡물 핵심부의 수익 일부를 받게 된 이런 협약들은 국가와 야만인들에 의한 사실상의 합동 주권이라 생각해도 될 것이다. 상대적으로 안정적인 환경 조건에서 그러한 평형 상태는 앞서 설명한 보호비 갈취 모델에 가까웠을 것이다. 하지만 국가 운영 면에서나, 곧잘 파편화되어 있던 성마른 유목민의 정치체 면에서나, 환경 조건이 안정된 경우는 매우 드물었다.

다른 두 '해결책'도 있었다. 각각의 해결책은 사실상 이분법적 체계 자체를 해체해버리는 것이다. 첫째는 유목민 야만인들이 국가나 제국을 정복하고 새로운 통치계층이 되는 것이었다. 중국 역사에서는 이런 일이 적어도 2번 일어났고 그 결과 몽골족의 원과 만주족의 청淸이 세워졌다. 다른 지역에서는 오스만이 오스만제국을 세운 일이 있었다. 야만인들은 정착 국가의 새로운 지배층이 되었고 수도에 살면서 국가기구를 작동했다. 다음과 같은 중국 속담이 표현한 그대로였다. "말을 타고 왕국을 정복할 수는 있지만, 왕국을 통치하려면 말에서 내려야 한다." 둘째 대안은 훨씬 더 흔하게 일어났지만 덜 주목을 받았다. 유목민이 국가의 기병/용병이 되어 국경을 순찰하고 다른 야만인들을 저지하는 것이다. 사실, 교역의 특권과 지역적 자율권을 대가로 내걸고 야만인들 사이에서 용병을 모집하지 않는 국가나 제국은 드물었다. 카이사르의 갈리아 평정은 대체로 갈리아 병력에 의해 이루어졌다. 이 경우엔 야만인들이 국가를 정복하기보다는 카자크〔러시아 서남부의 자치 민족 집단으로 차르의 기병대를 구성했다〕 또는 구르카족〔18세기에 지금의 네팔 왕국을 건설한 지배 부족. 용병으로 유명하다〕처럼 기존 국가의 군대에 편입되었다. 식민지에서 이러한 패턴은 '토착 아亞제국주의indigenous sub-imperialism' 라고 불렸다.[48] 용병을 대규모로 쓰게 되면 정착 국가에도 위험 부담이 발생한다. 당에서는 안녹산의 난〔755~763, 안사의 난〕을 진압하기 위해 위구르를 고용했을 때 그러한 사실을 발견했다.

대부분의 '야만인 전문가들' 사이에서는 유목하는 목축민이 교역 시장으로서만이 아니라 인력과 수익의 창고로서 정착 공동체들을 필요로 했다는 데 의견이 일치하는 것으로 보인다. 유목하는 목축민은 그러한 창고를 만들기 위해 농경 인구 집단을 강압적으로 이주시켜 다시 정착시킨 것으로 알려져 있다. 게다가, 이러한 견해에 따르면, 야만인 연맹체는 '그림자 제국'으로서 커다란 정착 정치체에 붙어서 기생했다. 반쯤 파생적인 그들의 지위는 그들의 숙주가 붕괴되면 그들 또한 사라지는 경향이 있었다는 사실에 의해 더욱 두드러진다. 니콜라이 크라딘은 다음처럼 말한다. "유목민 사이에서 이루어진 집중화의 정도는 이웃 농경 문명의 범위와 정비례한다."

제국적 조직이든 반半제국적 조직이든 유라시아 유목민의 조직이 처음 발전한 것은 '축軸의 시대axial age'가 끝나고 기원전 제1천년기 중반, 강력한 농경 제국들(중국의 진, 인도의 마우리아제국, 소아시아의 헬레니즘 국가들, 유럽의 로마제국)의 시대에 (…) 유목민이 대단히 조직화된 농경 도시 사회와 강제적으로 접촉해야만 했던 지역이었다.[49]

크라딘을 비롯한 여러 학자는 함께 흥하고 함께 망한 쌍으로 흉노와 한, 돌궐 카간국과 당, 훈족과 로마, '바다 민족'과 이집트, 그리고 어쩌면 아모리인과 메소포타미아 지역 도시국가들을 꼽는다. 아마도 원과 청은 이 계열에 들지 못할 텐데, 이 두 경우는 함께 사라지기보다는 정착 왕국을 삼켜버렸기 때문이다.

야만인 국가와 야만인 국가가 괴롭힌 제국에 대해 기술하기 위해 이처럼 많은 잉크가 사용되었다는 것은 너무나 독특한 일이긴 하지만, 그

만큼 개탄스러운 일이기도 하다. 한 국가의 수도가 뉴스를 지배하듯이, 그들이 역사 기록을 지배한다. 보다 공평한 역사 기록이라면 수백 개 소형 국가가 수천 개 인근 비국가 민족(종족)과 맺은 관계를 연대순으로 기록했을 것이다. 그러한 비국가 민속(종족) 사이의 약탈과 연합에 대한 건 말할 것도 없다. 일례로, 투키디데스는 펠로폰네소스전쟁을 벌인 아테네에 대해 이야기하면서 여러 산간과 계곡 지역에 사는 수십 개 민족(종족)에 대해 논한다. 왕이 있는 민족(종족), 왕이 없는 민족(종족), 아테네와 연합관계에 있는 민족(종족), 아테네에 조공을 바치는 민족(종족), 아테네와 적대관계인 민족(종족) 등 다양하다. 이들의 역사가 알려져 있다면 국가와 비국가 이웃의 관계에 대한 우리의 이해에 아주 큰 도움이 되었을 것이다.

황금시대?

'야만인들의 황금시대golden age', 일반적으로는 비국가 민족(종족)들의 황금시대라 불릴 수 있는, 100년이 아니라 1000년 단위로 측정되어야 할 기나긴 시기가 있었다고 나는 믿는다. 그 대부분의 기간에는 근대 민족국가에 의해 대변되는 정치적 엔클로저 운동enclosure movement은 아직 존재하지 않았다. 물리적 이동, 끊임없는 변화, 개방된 변경, 혼합된 생계 전략들이 이 시대 전체의 특징이었다. 단명하는 경우가 많았던 예외적인 이 시대의 제국들(로마제국, 한, 명, 그리고 신대륙 마야의 대등 정치체들과 잉카제국)은 그들의 정치적 궤도 안과 밖을 넘나드는 대규모 인구 이동을 막지 못했다. 수백 개 작은 국가들이 생겨났다가 잠시 동안 번성한 뒤에 촌락, 일족, 또는 군집의 기초 단위들로 분해되었다. 인구 집단들은 환경이 요구하는 대로 생계 전략을 수정하는 데 아주 능숙했다. 때로는 쟁기를 버리고 숲으로 들어갔고, 숲을 버리고 화전을 일구기도 했으며, 화전을 버리고 목축을 하기도 했다. 인구 증가는 그 자체로 더욱 집약적인 생계 전략을 촉진하긴 했지만, 국가가 매우 취약했고, 전염병 발병 가능성도 높았으며 거대한 비국가 변방 지역이 존재했다는 사실을 보면 1600년경까지 국가가 헤게모니를 장악했다고 말하기는 어려울 것이다. 그때까지 세계 인구의 대부분은 (정례적) 세금징수원을 전혀 보지 못했고, 보았다 하더라도 [대부분의 사람들은] 재정적으로 투명인간 같은 존재가 될 수 있는 선택지가 여전히 남아 있었다.

반半자의적으로 선택한 1600년이라는 시기를 굳이 고집해야 할 특별한 이유는 없다. 1600년은 8세기에서 11세기까지 이동한 해상의 바이킹, 14세기 후반 티무르의 위대한 왕국[1370~1507년에 중앙아시아를 지배하던 왕조], 오스만의 정복 활동과 그 후계자들로 이어지던 거대한 유라시아 야만인들의 파도가 잦아든 시점이다. 그들은 수백 개 크고 작은 정치체들을 파괴하고 약탈하고 정복했으며, 수백만 명을 내쫓았다. 또한 그들은 노예를 잡아들이기 위한 원정대이기도 했다. 그러한 군사작전의 주요 성과물은 귀금속과 매매용 인간이었다. 교역과 혼합된 습격 활동은 1600년 이후에 사라졌다기보다는 더 파편화되었다. 이교도들을 위해 무언가 말할 것을 가지고 비교적 드문 목소리를 낸 기번은 18세기 후반 유럽에는 왜 '야만인들이' 전혀 남아 있지 않은가를 궁금해 했다. (아마도 그는 바르바리 해적[바르바리 해안이라 불리던 북아프리카 지중해 연안의

해적)이나 마케도니아, 스코틀랜드 고지대의 사람들을 생각했을 것이다. 아니면 유럽인들이 아랍인들에게 합류해 노예를 찾아 아프리카대륙의 노예 무역항을 찾아다녔던 것을 고려했을 것이다) 유럽과 지중해 바깥에서는 말레이와 동남아시아 고지대 산간 민족 사이에서 습격, 교역, 노예 거래의 패턴이 남아 있었다. 국가들과 오래 견딜 만큼 강한 화약제국gunpowder empires들이 성장함에 따라 비국가 민족(종족)들이 작은 국가들을 습격하고 지배할 수 있는 능력도 줄어들었는데 그 속도는 해당 지역과 지리에 따라 크게 달랐다.

초기 국가들은 습격과 보호비 갈취에 더해 교역의 기회들을 열었기 때문에 비국가 민족(종족)들에게는 질적으로 새로운 환경을 제시한 셈이었다. 이제 비국가 민족(종족)들 주변 세계의 많은 부분이 귀중해졌다. 그들은 국가의 국민이 되지 않고도 새로운 교역의 기회들에 완전히 참여할 수 있었다. 국가 국민이 쟁기를 버려두고 채집과 목축과 해산물 수집을 시작하는 것이 자유를 향한 도피이거니와 합리적인 경제적 계산의 결과였을 시기도 있었을 것이다. 그런 시기에는 변방 지역이 더욱 매력적으로 변했을 것이므로 국가 국민 대비 야만인의 비율이 늘었을 것이다.

'후기 야만인들late barbarians'의 삶은 모든 것을 감안해볼 때 그럭저럭 좋았을 것이다. 그들의 생계수단은 여전히 몇 가지 먹이그물에 걸쳐 있었다. 그들은 분산되어 살았던 만큼 1가지 식량 공급원이 잘못되더라도 영향을 덜 받았을 것이다. 그들은 더 건강하고 더 오래 살았을 가능성이 많다―특히 여성들이 그러했을 것이다. 더 유리한 교역을 하게 되어 더 많은 여가 시간이 생겼을 테고, 노동 대비 여가 시간의 비율은 채집민과 농경민 사이에서 더 크게 벌어졌을 것이다. 마지막으로, 결코 사소하지 않은 사실 하나는 야만인들이 정착 농경생활과 국가의 위계적 사회질서에 예속되거나 길들지 않았다는 것이다. 그들은 거의 모든 면에서 그 유명한 요먼yeoman[영국에서 14~15세기의 봉건사회 해체기에 출현한 독립 자영농]보다 더 자유로웠다. 이것은 야만인들에게 나쁘지 않은 손익계산서였고, 역사의 물결은 이미 오래전에 이 계산서를 청산해주었어야 했다.

하지만 야만인들의 황금시대에도 깊이 암울한 두 측면이 있다. 그 각각의 측면은 생태적으로 주어진 야만인 생활의 정치적 파편화와 직접적으로 관련된다. 교역 국가에 들어온 상품 가운데는 물론 속박되어 국가 핵심부로 팔려갈 수 있는 비국가 민족[종족]들이 많았다. 동남아시아 본토에서는 이러한 관행이 너무나 만연해 있어서 약탈의 사슬 같은 걸 발견할 수 있을 것이다. 그 안에서는 더 전략적으로 유리한 위치에 있는 강력한 집단들이 더 약하고 더 분산되어 있는 이웃 집단들을 습격했다. 그렇게 함으로써 그들은 동료 야만인들을 희생시켜 국가 핵심부를 강화했던 셈이다.

국가가 변방 지역에서 제공했던 새로운 생계 방식의 두 번째 암울한 측면은, 앞서 언급했듯, 용병으로서 자신들의 군사기술을 국가에 팔아야 했다는 것이다. 비국가 민족[종족]들을 —때로는 도매로— 군대에 입대시켜서 도망간 노예를 잡아오게 하고 반항적인 인구 집단에서 일어난 폭동을 진압하게 하지 않은 초기 국가를 찾아보기란 쉽지 않다. 야만인 징병은 국가 약탈만큼이나 국가 건설과 관계가 있었다. 노예로서 국가의 인력 기초를 체계적으로 다시 채우고 병역을 통해 국가를 보호하고 확장함으로써 야만인들은 스스로 자기 무덤을 팠던 셈이다.

서론

1. 인류세Anthropocene라는 용어는 2001년 네덜란드 기후학자 폴 크루첸에 의해 처음 만들어졌다.
2. 연대 추정에 관한 정보는 데이비드 웬그로에게 개인적으로 문의해 얻었다.
3. 스스로에게 다음과 같은 질문을 하지 않기란 어려운 일이다. "우리는 어디에서 길을 잘못 들었기에 결국 이곳에 이르게 되었을까?" 이 질문은 너무 어마어마한 것이라 내가 감히 다룰 수는 없다. 하지만 한 가지 사실은 분명하다. 우리가 겪는 문제란 대체로 우리 스스로 만들어낸 것이란 사실이다. 그리고 이런 사실은 의학과 유비적으로 비슷하다. 산업화된 국가에서 입원 환자의 3분의 2는 의사에게 원인이 있는 질환으로 인한 경우라고 한다. 즉, 이전에 이루어진 의학적 처치나 치료에서 기인한 의학적 문제 때문에 입원하게 되었다는 이야기다. 오늘날 우리가 겪고 있는 환경문제들 또한 대부분 이와 비슷한 경우라 할 수 있다. 그렇다면 아마도 오늘날 우리가 겪는 질환들의 기원을 거슬러 올라가 찾아내는 데 도움이 될 길고 깊은 의료 기록을 끌어내는 것이야말로 가장 먼저 취해야 할 조치일 것이다.
4. 내가 초점을 맞추는 시기보다 더 뒤에 오는 기원전 제1천년기〔기원전 1000~기원전 1〕이후부터는 유목생활과 말 사육과 결합되어, 정착생활을 하지 않는 새로운 형태의 초원 제국이 가능해진다. 몽골족의 제국이 그 대표적 사례며, 그보다 훨씬 후대에 북아메리카에서 등장한 코만치의 제국 또한 비슷한 사례다. 이런 독특한 정체政體에 대해서는 다음을 참조하기 바란다. Pekka Hämäläinen, "What's in a Concept? The Kinetic Empire of the Comanches," *History and Theory* 52, no. I(2013): 81-90; Mitchell, *Hors Nations*.
5. 내가 아는 한 이 주제를 예리하게 연구한 성과물에는 브루스 채트윈이 오스트레일리아에 관해서 쓴 다음밖에 없다. Bruce Chatwin, *The Songlines*(London:

Cape, 1987) [한국어판. 브루스 채트윈, 김희진 옮김, 《송라인》, 현암사, 2012]. 집 시들은 현대 문명 속에서도 확고하게 이동생활을 선택한 대표적 사례다. 노르웨이의 유명한 외교관 프리드쇼프 난센은 제2차 세계대전 이후 집시에게 최초의 '유럽인' 여권을 발행해주자고 제안했다.

6. 19세기 중반 위생에 혁명적 변화(하수 처리와 깨끗한 식수 공급)가 일어나고 예방 접종과 항생제가 나오기 전까지 도시 주민은 일반적으로 사망률이 매우 높았다. 따라서 도시 인구가 증대한 것은 오직 시골 인구가 대규모로 이주했기 때문이다.

7. 사실, 그러한 자생지에서나 경작지에서 자란 야생 곡물을 주기적으로 수확해 저장하는 일은 무척이나 흔했기 때문에 영구 정착생활을 하는 공동체에서 완전히 길들인 작물을 재배한 것으로 곡해되었다. 이와 관련해서는 다음을 참조하라. Asouti and Fuller, "Emergence of Agriculture in Southwest Asia."

8. 아마도 현재까지 알려진 지식을 가장 훌륭하게 자세히 요약해놓았다고 할 수 있는 자료는 다음과 같다. Asouti et al. "Cultivation and Domestication Has Multiple Origins"; Asouti and Fuller, "Emergence of Agriculture in Southwest Asia.

9. Algaze, "Initial Social Complexity in Southwestern Asia."

10. 매우 많은 유목 민족이 (정착 민족들에게서 빌려온 경우가 많긴 했지만) 글자를 가지고 있었다. 그러나 보통은 부패하기 쉬운 재료(나무껍질, 대나뭇잎, 갈대) 위에 (주문이나 연애시 같은) 비국가적 용도로 글자를 썼다. 메소포타미아 남부 충적토 지대의 무거운 점토판은 확실히 정착 민족이 사용한 쓰기 도구였으며, 정착 민족의 글이 그토록 많이 남아 있게 된 원인이다.

11. Carneiro, "A Theory of the Origin of the State."

12. McAnany and Yoffee, *Questioning Collapse* 참조

13. Thomas J. Barfield, *The Perilous Frontier: Nomadic Empires and China* (Oxford: Blackwell, 1992) 참조. [한국어판. 토마스 바필드, 윤영인 옮김, 《위태로운 변경: 기원전 221년에서 기원후 1757년까지의 유목제국과 중원》, 동북아역사재단, 2009]

1장 길들이기: 불, 식물, 동물, 그리고… 우리

1. C. K. Brain, *The Hunters or the Hunted: An Introduction to African Cave Taphonomy* (Chicago: University of Chicago Press, 1981), 다음에서 인용, Goudsblom, *Fire and Civilization.*

2. Cronon, *Changes in the Land*.

3. 여전히 논쟁 중인 이러한 주장에 대해서는 다음을 참조하라. William Ruddiman, "The Anthropogenic Greenhouse Era Began Thousands of Years Ago," *Climatic Change* 16(2003): 261-293; R. J. Nevle, et al., "Ecological Hydrological Effects of Reduced Biomass Burning in the Neo-Tropics After AD 1600," *Geological Society of America Meeting*, Minneapolis, October II, 2011, abstract.

4. Zeder, "The Broad Spectrum Revolution at 40." 나는 여기서 경관 변용, 사냥, 조리에 쓰인 도구로서 불에 주목하고 있지만, 불은 신석기혁명 훨씬 이전부터 목재 연장을 강화하고, 돌을 쪼개며, 무기를 만들거나, 벌집을 습격하는 데 쓰이는 도구였다. 이와 관련해서는 다음을 참조하라. Pyne, *World Fire*.

5. Jones, *Feast*, 107.

6. Wrangham, *Catching Fire*, 40-53. [한국어판. 리처드 랭엄, 조현욱 옮김, 《요리 본능: 불, 요리, 그리고 진화》, 사이언스북스, 2011]

7. 이 지점에서 독자는 왜 불을 사용했고 조리도 할 줄 알았던 호모네안데르탈렌시스가 아니라 호모사피엔스가 더 성공적인 침입자[고유종, 자생종이 아닌, 원래 그 지역에 속하지 않는 침입종]가 되었는지 물을 것이다. 팻 시프먼은 [호모사피엔스의] 번식력이 더 좋았기 때문이라는 것 말고 다른 답안을 제시하고 있다. 그녀는 두 원시인류 사이에 결정적 차이를 가져온 것은 불 이외의 또 다른 도구 즉 길들인 늑대였다고 말한다. 길들인 늑대 덕분에 호모사피엔스는 대체로 죽은 동물을 먹어치우는 동물이기보다는 큰 짐승을 수렵하는 훨씬 더 효율적인 사냥꾼이 되었다는 것이다. 그녀는 두 원시인류가 근접해 살고 있던 3만 6000년 전에 '[늑대도 개도 아닌 중간 지대의] 늑대-개wolf-dog'가 호모사피엔스에게 길들었다고 —아니면 들러붙게 되었다고— 설득력 있게 주장한다. 그녀의 주장에 따르자면, 그 시기에는 호모사피엔스가 사냥에 개를 사용한 탓에 사냥감이 되는 커다란 짐승들이 급격히 줄어들거나 사라지고 있었다. 그녀가 주장하는 많은 부분이 두 원시인류가 시공간적으로 공존했으며 사냥터를 두고 경쟁했다는 이론의 여지가 있는 내용에 근거하고 있긴 하다. 왜 당시에 호모 네안데르탈렌시스는 늑대를 길들이지 못했는지가 내게는 의문으로 남는다. 다음을 참조하라. Pat Shipman, *The Invaders*. [한국어판. 팻 시프먼, 조은영 옮김, 진주현 감수, 《침입종 인간》, 푸른숲, 2017]

8. 불과 조리에 대해서는 다음을 참조하라. Goudsblom, *Fire and Civilization*; Warngham, *Catching Fire*. [한국어판. 리처드 랭엄, 조현욱 옮김, 《요리 본능: 불, 요리, 그리고 진화》, 사이언스북스, 2011]

9. Anders E. Carson, "What Caused the Younger Dryas Cold Event." *Geology* 38, no. 4(2010): 383-384, http://geology.gsapubs.org/content/34/4/383.short?rss=Issource=mfr. 영거 드라이아스기가 시작된 시점과 애거시호가 미시시피강으로부터 동쪽으로 빠져나간 시기가 별로 일치하지 않지만, 그럼에도 빙하가 녹아서 갑작스레 흘러든 엄청난 양의 차가운 물이 일시적 한랭기를 만들어냈다는 것은 개연성이 있어 보인다.

10. Zeder, "The Origins of Agriculture."

11. Pournell, "Marshland of Cities." 차후에 축약 버전으로 나온 퍼넬의 연구 성과를 보고 싶다면 다음을 참조하라. Pournell, Darweesh, and Hritz, "Resilient Landscapes"; Hritz and Pournelle, "Feeding History." 퍼넬에 비하면 구체적 증거가 부족하긴 하지만, 퍼넬 이전에 비슷한 논지를 전개한 이들도 있다. 한 예로서 다음을 참조하라. Pollock, *Ancient Mesopotamia*, 65-66; Matthews, *The ARchaeology of Mesopotamia*, 86. 더 깊은 역사적·지리적 관점에서 보고자 한다면 고든 차일드의 '문명의 오아시스 이론oasis theory of civilization' 외에 다음을 참조하라. Rose, "New Light on Hunan Prehistory."

12. 다음을 참조하라. Pollock, *Ancient Mesopotamia*, 32-37.

13. 이 과정에 대해서는 아잠 아와시가 훌륭하게 설명한 바 있다. "소택지를 둘러싼 초원의 자연적으로 재생가능한 비옥함 속에서 농경이 처음 발전하기 시작했다는 것은 우연이 아니었다. 수메르인들이 했던 일은 그들의 후계자인 습지대 아랍인들까지 계속 사용한 독창적 관개 체계를 발명한 것이었다. 그들은 홍수가 최고조에 이른 다음 강물이 물러가기 시작하면 가장 먼저 드러나는 높은 땅에 씨앗을 뿌렸다. 페르시아만의 조수 때문에 이 높은 땅은 하루에 2차례씩 물에 잠기며, 티그리스강과 유프라테스강의 유속은 느려져서 강물의 '체증'이 유발된다. 따라서 그곳에 심은 씨앗들은 수로를 건설하거나 물을 퍼 올리지 않더라도 자동으로 관개가 된다. 하지만 새싹이 자라날 때는 강물이 너무 많이 물러나 자연에 의한 관개가 이루어지지 않으므로 새싹은 높은 땅에서 낮고 평평한 밭/초원으로 이식된다. 초여름까지는 관개 체계가 계속해서 하루에 2차례씩 물을 공급한다. 범람한 물이 완전히 물러갈 무렵에는 새싹의 뿌리가 자라나 지하수에 닿기 때문에 힘들여 관개 사업을 벌일 필요가 없다." Awash, "The Mesopotamian Marshlands: A Personal Recollection," in Crawford, The Sumerian World, 640.

14. 라틴아메리카 전문가들이라면 이웃한 생태학적 지대들과 생계의 안정성 사이에 형성되는 이러한 패턴이, 존 V. 무라에 의해 널리 알려진 안데스산맥 국가의 생태학적 지대들에 관한 '수직적 군도vertical archipelago'라는 개념과 유사한 점들을 인지할 것

이다. 다음을 참조하라. Rowe and Murra, "An Interview with John V. Murra."

15. Sheratt, "Reviving the Grand Narrarive," 13.

16. Heather, *The Fall of the Roman Empire*, III. 〔한국어판. 피터 히더, 이순호 옮김, 《로마제국 최후의 100년: 문명은 왜 야만에 압도당하였는가》, 뿌리와이파리, 2008〕

17. H. R. Hall, *A Season's Work at Ur, Al-Ubaid, Abu-Shahrain(Eridu) and Elsewhere...*, 다음에서 재인용, Pournelle, "Marshland of Cities," 129.

18. 이 과정과 논리에 대한 통찰력 있는 분석을 보려면 다음을 참조하라. D'Souza, *Drowned and Dammed*.

19. Smith, "Low Level Food Production."

20. Zeder, "Introduction," 20.

21. Zeder, "After the Revolution," 99.

22. Endicott, "Introduction: Southeast Asia." 275. 엔디콧과 제프리 벤저민은 이러한 변화를 가리켜 '재再전문화respecialization'라는 용어를 사용한다.

23. Febvre, *A Geographical Introduction to History*, 241.

24. 이 용어는 다음 책에서 사용되었다. Ian Hodder, *The Domestication of Europe*. 나는 이언 호더의 '도무스domus'라는 개념이 생각에 도움이 된다고 보긴 하지만, 작고한 앤드루 셰라트는 '정착생활을 향한 의지'가 인간사에 작용하는 평범한 힘으로 상정될 수 없다고 말했는데, 이는 매우 옳은 지적이다. 다음을 참조하라. Andrew Sherratt, "Reviving the Grand Narrative," 9-10.

25. Porter, *Mobile Pastoralism*, 351-393.

26. 가변적 환경에 대처하는 수단으로서 '사회적 저장'과 호혜성을 포함하는 '저장'의 문제는 여러 각도에서 검토되었다. Halstead and O'Shea, *Bad Year Economics*.

27. 신중한 분석을 원한다면 다음을 참조하라. Rowley-Conwy and Zvelibil, "Saving It for Later."

28. Park, "Early Trends Toward Class Stratification."

29. 다른 많은 아이디어와 마찬가지로, 나는 이 아이디어 역시 내게는 독창적 아이디어가 아님을 발견했다! 다음을 참조하라. Manning, *Against the Grain*, 28.

2장 경관 조성: 도무스 복합체

1. Zeder, "Introduction," 8. 제더는 인류가 "아부 후레이라와 그 인근의 무레이베트 양쪽 지역 모두에서 아亞구석기시대 후기인 기원전 1만 5000~1만 3000년에 적극

적으로 땅을 갈고 외알밀과 호밀을 길렀다"는 증거가 있다고 주장한다. 수렵·채집에서 일정한 경작지의 농경으로 이행한 과정에 관해 풍부한 자료를 가지고 기존 견해를 타파하는 새로운 견해를 알고자 한다면 다음을 참조하라. Moore, Hillman, and Legge, *Village on the Euphrates*.

2. Moore, Hillman, and Legge, *Village on the Euphrates*, 387. 이 저자들은 "오늘날 마른 곡식dry cereal 재배에서 우성偶性인 잡초들"—클로버, 개자리〔콩과의 두해살이풀〕, 야생 호로파葫蘆巴〔콩과의 한해살이풀〕류의 식물, 보리풀, 소립종 잔디, 개밀〔볏과의 여러해살이풀〕, 개지치(지칫과〔쌍떡잎식물 갈래꽃류의 한 과科〕) 등—이 중동 지방의 고대 유적에서 많이 발견된다는 사실을 지적하고, 여기에 농경의 확실한 표징이라는 이름표를 붙인다.

3. 이러한 영웅적 활동을 호모사피엔스만 한 것이라고 생각해서는 안 된다. 물고기를 잡아먹는 바다쇠오리는 북부 그린란드에 대량으로 서식하면서 배설물과 폐기물을 통해 충분한 양의 토양을 형성했다. 이 토양이 작은 포유류를 이 지방으로 유인했으며, 이들에 이끌린 북극곰 같은 대형 포식자들도 이 지방에 몰려들었다.

4. 다음을 참조하라. Catherine Fowler, "Ecological/Cosmological Knowledge and Land Management Among Hunter-Gatherers," in Lee and Daly, *The Cambridge Encyclopedia of Hunters and Gatherers*, 419~425.

5. Boserup, *The Conditions of Agricultural Growth*.

6. 교역에 중점을 두고 농경의 기원을 훌륭하게 설명한 주목할 연구 성과를 찾는다면 다음을 참조하라. Sherratt, "The Origins of Farming in South-West Asia."

7. 이러한 맥락에서 나는 돼지처럼 도무스 바깥에서도 번성할 수 있게 된 다시 말해 도무스에서 벗어나 잡초처럼 잘 자라게 된 귀리, 호밀, 살갈퀴, 아마, 당근, 무, 해바라기 같은 종들은 무시하기로 했다.

8. Diamond, *Guns, Germs, and Steel*, 172-174. 〔한국어판. 재레드 다이아몬드, 김진준 옮김, 《총 균 쇠: 무기·병균·금속은 인류의 운명을 어떻게 바꿨는가》(개정증보판), 문학사상사, 2013〕

9. 최초로 길들인 네발동물 가운데, 돼지와 염소는 쉽게 도무스의 영역을 벗어나 '다시 야생으로' 돌아갈 수 있었고, 실제로 매우 성공적으로 그렇게 해왔다.

10. 유럽이라는 맥락에서 도무스의 발전 과정을 확장해서 보고자 한다면 다음을 참조하라. Hodder, *The Domestication of Europe*.

11. 은빛여우 길들이기 실험에 대해서는 다음을 참조하라. Trut, "Early Canine Domestication."

12. Zeder, "Pathways to Animal Domestication."

13. Zeder et al., "Documenting Domestication,"; Zeder, "Pathways to Animal Domestication."

14. R. J. Berry, "The Genetical Implications of Domestication in Animals," in Ucko and Dimbleby, *The Domestication and Exploitation of Plants and Animals*, 207-217.

15. 다음을 참조하라. T. I. Molleson, "The People of Abu Hureyra" in Moore, Hillman, and Legge, *Village on the Euphrates*, 301-324.

16. Leach, "Human Domestication Reconsidered."

17. 농경사회의 핵심이 되는 사회적 기본 단위로서 도무스에 관한 가장 탁월한 이론가는 이언 호더다. 그는《유럽의 길들이기 과정 The Domestication of Europe》에서 길들이기 과정의 핵심 역할을 도무스에 돌리고 있다. 이러한 도무스의 역할은 다음 책에서 이미 예시된 것이있다. Peter J. Wilson, *The Domestication of the Human Species*.

18. Leach, "Human Domestication Reconsidered," 359.

19. 공통의 적응 사례가 될 수 있는 두 후보는, 경작된 경관 속에서 인류의 변화 덕분에 전염병이 된 말라리아에 대한 보호책으로서 겸상鎌狀적혈구체질[낫적혈구체질] sickle cell trait이 등장한 것, 그리고 젖당내성[유당내성]이 특히 유목민족 사이에서 높아진 것이다. A, B, AB 혈액형이 언제 생겼으며 혈액형이 등장해 어떤 전염병에 대한 보호책을 제공하는지에 대해서는 훨씬 더 논란이 많다. 이에 관한 개괄적 정보에 대해서는 다음을 참조하라. Boyden, *The Impact of Civilisation on the Biology of Man*.

20. Pollan, *The Botany of Desire*, xi-xiv. 〔한국어판. 마이클 폴란, 이경식 옮김,《욕망하는 식물: 세상을 보는 식물의 시선》, 황소자리, 2007〕

21. Evans-Pritchard, *The Nuer*, 36.

22. 다음을 참조하라. Conklin, *Hanunóo Agriculture*; Lévii-Strauss, *La Pensée sauvage*. 〔한국어판. 레비-스트로스, 안정남 옮김,《야생의 사고》, 한길사, 1996〕

23. 오언 래티모어는 몽골족 목축민을 한족 농경민과 비교하면서, 변변찮은 농부로서 농사라는 게 통달하기에 복잡한 것인가를 이해한 나보다 이 문제를 더 강력하게 제기한다. "사실 몽골족은 유년기부터 독립적이며 온갖 일을 스스로 하게끔 훈련된다. 그들은 가죽과 펠트를 만들고, 수레를 몰고 대상隊商을 다루며, 어떤 날씨에도 밖으로 나가 멀리에서도 길을 찾아내고, 무엇보다도 스스로 자신의 결정을 내릴 수 있게끔 훈련된다. 그래서 몽골족은 어떤 환경에서도, 평생 진흙 오두막에 살면서 주도권을 전혀 행사하지 못한 채 재배와 수확의 작업을 변함없이 반복할 뿐이며 지주

와 책력이 그에 관한 결정들까지 모두 대신 해주는 식민지 소농과의 경쟁에서 즉
각적으로 유리한 위치에 놓일 수밖에 없다." Lattimore, "On the Wickedness of
Being Nomads," 422쪽에서 인용.

24. Elias, *The Civilizing Process*. [한국어판. 노르베르트 엘리아스, 박미애 옮김. 《문
명화과정 Über den Prozeß der Zivilisation》(전 2권), 한길사, 1996, 1999]

25. Tocqueville, *Democracy in America*, 2 : 1067. [한국어판. 알렉시 드 토크빌, 이
용재 옮김, 《아메리카의 민주주의 De la démocratie en Amérique》(전 2권), 아카넷,
2018]

3장 인수공통전염병: 완전한 역학 폭풍

1. Moore, Hillman, and Legge, *Village on the Euphrates*, 393. 이 책은 메소포타
미아에서 가장 풍부한 유적지에 관한 놀라울 만큼 종합적이고 가치가 큰 연구 성과
물이다.

2. Burke and Pomeranz, *The Environment and World History*, 91, 다음에서 인
용, Peter Christensen, *The Decline of Iranshahr*. 크리스텐슨이 말하고 있는 것
은 더 나중에 오는 시기다. 하지만 그는 그러한 질병의 기원이 되는 시점을 신석기
시대 과도기로 잡고 있다. 같은 책의 7장과 75~76쪽을 참조하라.

3. 유전학적 자료를 복원하는 기술이 발전해 그러한 의혹들에 대한 확고한 증거를 머
지않아 더 많이 제공하게 될 것이다.

4. 다음을 참조하라. Porter, *Mobile Pastoralism*, 253-254 ; Radner, "Fressen und
gefressen werden" ; Karen Radner, "The Assyrian King and His Scholars :
The Syrio-Anatolian and Egyptian Schools," in W. Lukic and R. Mattila,
eds., *Of Gods, Trees, Kings, and Scholars : Neo Assyrian and Related Studies
in Honour of Simo Parpola, Studia Orientalia 106*(Helsinki, 2009), 221-
233 ; Walter Farber, "How to Marry a Disease : Epidemics, Contagion, and a
Magic Ritual Against the 'Hand of the Ghost,'" in H. F. J. Horstmanshoff and
M. Stol, eds., *Magic and Rationality in Ancient Near Eastern and Graeco-
Roman Medicine*(Leiden : Brill, 2004), 117-132.

5. Farber, "Health Care and Epidemics in Antiquity." 여기에 사용된 증거는 대부
분 대략 기원전 제2천년기 초반 유프라테스강 중류의 마리와 하류의 우루크에서 나
온 것들이다.

6. Nemet-Rejat, *Daily Life in Ancient Mesopotamia*, 80.

7. 같은 책, 146. 네메트-레자트는 다음과 같이 덧붙이고 있다. "한 예언에서는 역병의 신들이 군대를 이끌고 행군하고 있다고 알리고 있는데, 이는 티푸스를 가리킬 가능성이 크다."

8. 특별히 다음을 참조하라. Groube, "The Impact of Diseases"; Burnet and White, *Natural History of Infectious Disease*, especially chapters 4-6; and McNeill, *Plagues and People*. [한국어판. 윌리엄 맥닐, 김우영 옮김, 《전염병의 세계사》, 이산, 2005]

9. McNeill, *Plagues and People*, 51. [한국어판. 윌리엄 맥닐, 김우영 옮김, 《전염병의 세계사》, 이산, 2005]

10. 소아마비는 과도한 위생과 관련된 전염병의 사례다. 뭄바이 같은 글로벌 사우스global south[아시아, 아프리카, 중남미의 저소득국가]의 주요 도시에 사는 5세 미만 아동 가운데 소아마비 항체를 보유하고 있는 아동의 비율은 압도적일 만큼 높다. 이는 그곳 아이들이 이 질병에 노출된 적이 있다는 사실을 보여준다. 소아마비는 주로 배설물에 의해 전파되며 유아에게 치명적으로 발병하는 경우는 거의 없다. 하지만 어린 시절에 노출된 적 없이 이후에 감염될 경우에는 매우 심각한 질병이 된다.

11. Moore, Hillman, and Legge, *Village on the Euphrates*, 369.

12. Roosevelt, "Population, Health, and the Evolution of Subsistence."

13. Nissen and Heine, *From Mesopotamia to Iraq*.

14. Dark and Gent, "Pests and Diseases of Prehistoric Crops."

15. 같은 책, 60.

16. 다음을 참조하라. "Population Growth and the Beginnings of Sedentary Life."

17. 다음을 참조하라. Redman, *Human Impact on Ancient Environments*, 79, 169. 여기에서 레드먼은 최초 회태연령이 조금만 낮아지거나, 회태 간격이 3, 4개월만 줄어들더라도 오랜 시간이 지나고 나면 인구성장률에 거대한 차이가 발생한다는 사실을 언급하고 있다. 인구 100명이 연간 1.4퍼센트의 비율로 증가한다면 인구는 50년마다 2배가 되고, 그 결과 850년 뒤에는 1300만 명이 된다.

18. 유럽 안에서는, 초기 농경민들의 유전자 가운데 오직 20퍼센트 내지 28퍼센트만이 농경의 요람이었던 중동 지방으로부터 온 이주민에게로 거슬러 올라갈 수 있다. 이 것이 함의하는 바는 초기 농경민 가운데 상당수가 현지 원주민 곧 수렵·채집민의 후손이었다는 점이다. 다음을 참조하라. Morris, *Why the West Rules—for Now*, 112. [한국어판. 이언 모리스, 최파일 옮김, 《왜 서양이 지배하는가: 지난 200년 동안 인류가 풀지 못한 문제》, 글항아리, 2013]

제사題詞: 수메르 텍스트는 다음에서 인용했다. Tate Paulette, "Grain, Storage, and State-Making," 85. D. H. 로런스는 다음에서 인용했다. Lawrence, Preface to Dostoevsky's "The Grand Inquisitor."

1. Pournelle, "Marshland of Cities," 255.

2. Pournelle, "Physical Geography," 28.

3. Pournelle and Algaze, "Travels in Edin," 7-9.

4. 수메르의 관개 사업은 이전에 생각했던 것보다 훨씬 덜 집중화되어 있던 것으로 판단된다. 보다 짧은 수로 작업이 지역 공동체들에 의해 손쉽게 조직되어 있었던 것이다. 다음을 참조하라. Wilkinson, "Hydraulic Landscapes and Irrigation Systems," 48. 이집트에서도 상황은 똑같았던 것 같다.

5. 정확히 군대를 구성하는 것이란 무엇인가는 그렇게 단순하지 않다. 옛날 메소포타미아에서는 전투와 무기와 갑옷, 그리고, 당연히, 군사 활동에서 얻은 전리품과 포로를 묘사하는 이야기들이 있다. 징병제가 실시되고 있었을 뿐 아니라 일반적으로 사람들은 징병을 피하기 위해 애썼음을 분명하게 알려주는 문헌들도 있다. 하지만 확실하게 상비군의 존재를 언급하는 최초의 문헌은 훨씬 더 후대인 아카드왕조의 사르곤 왕(재위 기원전 2334~기원전 2279) 대에나 나온다. Nemet-Rejat, *Daily Life in Ancient Mesopotamia*, 231.

6. Nissen, *The Early History of the Ancient Near East*, 127. 최상위 계층의 매장에 관한 확실한 고고학적 증거는 이보다 더 늦은 기원전 2700년경에 나오고, 왕과 상비군의 존재에 관한 증거는 기원전 2500년경에야 나온다. 기원전 2700년 이전에 매장을 했다는 기록은 거의 없긴 하지만, '증거의 부재가 부재의 증거는 아니다'라는 격언은 여기서도 유효하다.

7. Nissen and Heine, *From Mesopotamia to Iraq*, 42.

8. Postgate, "A Sumerian City," 83.

9. Nissen, *The Early History of the Ancient Near East*, 130.

10. Nemet-Rejat, *Daily Life in Ancient Mesopotamia*, 100.

11. 이후 기원전 제2천년기에 교역이 발달함에 따라, 육로와 수로의 교역로에 위치한 전략적 관문關門들이, 농촌 배후지 없이도, 국가 형성의 장소로 이용될 수 있었다. 이보다 훨씬 뒤에는, 상품을 대량으로 수송할 수 있는 해상교통에 힘입어 교역 특권 교점 지역(베네치아, 제노바, 암스테르담)에서 국가가 형성됨으로써, 상당히 먼 거리로부터 해상을 통해 식량 공급의 많은 부분을 조달하는 해양국가가 탄생할 수 있

었다.

12. Owen Lattimore, "The Frontier in History," 475.

13. 구리와 주석은 반半가공되어 공급되었을 것이다. 충적토 지대에는 제련에 필요한 고급 연료가 부족했기 때문이다.

14. 육상 교역로에서 고개, 여울, 오아시스 등 피해가기 어려운 자연적 '관문들'은 분명히 예외적인 곳들이다. 동남아시아에서 국가 형성의 주요 교점이 된 믈라카해협은 수상 교역로와 관문 양자 모두의 고전적 본보기가 된다. 이곳은 초기 인도-중국 해상 교역로를 장악할 수 있는 위치였다.

15. 내가 19세기 영국 역사책에서 읽었다는 게 분명히 기억나긴 하지만, 이러한 주장에 대해 독자 한 사람이 일종의 '도시 전설'이 아니냐며 이의를 제기했다. 본래 출처를 찾아낼 수 없긴 했지만, 이 주장을 보다 견고한 방식으로 뒷받침할 수는 있다. 이 주장은 완전히 사실은 아니지만 거의 사실이다! 상대적으로 빠른 승합마차[역마차]는 (쇄석도로가 나오기 전까지!) 평균적으로 하루에 20마일[약 32킬로미터] 정도를 갔다. 런던에서 에든버러까지는 대략 400마일[약 644킬로미터]이므로, 승합마차를 탈 경우 20일 정도가 걸렸을 것이다. 다시 말하지만, 이것은 새로운 도로가 건설되고 도로 유지가 완벽해지기 이전이었으므로, 실제 속도는 느렸고 야간 여행은 기피되었다. 하지만 1830년에 이르면 도로 사정이 좋아지고 주야간 무정차 여행으로 50번 말을 바꾸어가며 번개 같은 속도로 달릴 수 있게 되면서 런던에서 에든버러까지 48시간 만에 주파할 수 있게 되었다. 그런데 대부분의 여행자들은 런던-에든버러 해상항로가 있다면 그것을 선호했을 것이다. 사우샘프턴에서 케이프타운 사이 거리는 7000해리[약 13킬로미터] 정도다. 1800년에 가장 빠른 쾌속 범선은 하루에 최대 460해리[약 852킬로미터]를 갈 수 있었으니까, 실제 평균 속도는 하루에 300해리[약 555킬로미터] 정도였을 것이다. 그 속도로 여행한다면 사우샘프턴에서 케이프타운까지는 23~24일이 걸린다. 한 권위자의 추산에 따르면, 일반적으로 산업화 이전 유럽에서 수상 운송비용은 육상 운송비용의 20분의 1이었던 것으로 추산된다. 일례로, 16세기에 석탄을 육로로 운송할 경우 그 가치가 1마일[약 1.6킬로미터]마다 10퍼센트씩 감소했다. 따라서 육로로 10마일 이상은 운송할 수가 없었다. 단위 무게와 부피당 가치가 더 나가는 곡물 운송은 1마일마다 0.4퍼센트씩 가치가 감소했다. 따라서 수지가 맞으려면 대략 최대 250마일[약 402킬로미터]까지만 운송될 수 있었다. 물론 운송 중에 (노상강도, 산적, 해적에 의한) 약탈 가능성과 그에 따른 무장 경비 비용은 이런 대략적인 경제학적 계산치들을 상당히 축소시킬 것이다. 다음을 참조하라. Meir Kohn, "The Cost of Transportation in Preindustrial Europe," chapter 5 of *The Origins of Western Economic Success*:

Commerce, Finance, and Government in Pre-industrial Europe, January 2001, http://www.dartmouth.edu/~mkohn/orgins.html,50-51 : http://ports.com/sea-route/port-of-southampton,united-kingdom/port-of-cape-town,south-africa/.

16. 지리적 장벽들은 또 다른 측면에서도 여전히 중요하다. 국가는 많은 인구—경작자, 인부, 병사, 납세자 등—를 필요로 하는 만큼, 사람들이 국가에 불만족하더라도 도망갈 곳이 없는 것이 도움이 된다. 로버트 카르네이로는 메소포타미아에 대해, 그곳의 인구가 습지, 바다, 건조 지대, 산으로 이루어진 경계에 막혀 있었기에, 그의 말대로 하자면 둘러싸여 있었기에 —혹은 갇혀 있었기에— 곡물 농경민은 국가에서 벗어나 어디로도 쉽게 갈 수 없었다고 주장한다. 이후 국가 건설자가 될 이들은, 카르네이로에 따르면, 거의 포로나 다름없었다. 아마존 유역이나 북아메리카 동부의 삼림과 비교해보면, 사막으로 둘러싸인 이집트와 황하의 초기 국가들도 마찬가지였다. 농경을 버리고 목축, 화전, 수산, 이뿐 아니라 수렵·채집으로까지 옮겨간 사람들에 관한 역사적 증거가 매우 많긴 하지만, 지리적 장벽과 생태적 장벽, 그리고 아마도 적대적 민족들이 존재한 덕분에 원초적 국가들은 충적토 지대에서 인구를 그대로 유지하기가 쉬웠을 것이다. 메소포타미아 경우의 문제점은 농경민이 자신들에게 적절할 때에 목축생활로 이동하기가 비교적 쉬웠고, 그러기 위해서는 티그리스강 그리고/또는 유프라테스강 유역을 따라 있는 충적토 지대에서 북쪽으로 이동하기만 하면 되었다는 점이다. Valleys. Carneiro, "A Theory of the Origin of the State."

17. 다시 말하지만, 내가 여기서 거론하는 것은 단순히 최초의 정착지가 아니라 이후에 최초의 국가들을 낳은, 인구가 많고 오래 지속된 최초의 정착지들이다. 충적토 지대에 등장한 최초의 정착지들은, 다른 곳에서와 마찬가지로, 자원이 풍부한 인접 생태계들의 경계선에서 이루어지는 수렵·채집 생활에 기초한 비농경 정착지들이었다. 아마도 세계 최초의 정착 공동체들은 기원전 1만 2000년경 일본 북동부 해안 지방의 조몬문화繩文文化에서 형성되었던 것 같다[조몬문화는 일본의 선사문화이고, 조몬은 '줄무늬'란 뜻이다]. 이는 비옥한 초승달 지대의 나투프기와 같거나 더 이른 시기다. 퍼넬이 묘사한 생태계처럼, 조몬인들이 채집생활을 했던 풍요로운 해양과 삼림은 태평양 연안 북서부의 아메리카 원주민의 환경만큼이나 손쉽게 접근할 수 있는 것이었다.

18. Pournelle, "Marshland of Cities," 202.

19. '유사곡류pseudocereals'로 분류되는 안데스산맥 지역의 아마란스와 퀴노아는 주요 조세 작물로 취급되지 않았던 것 같다. 아마도 이 두 작물의 씨는 장기간에 걸

처 불규칙하게 여물기 때문일 것이다. 올더 켈러만Alder Keleman과의 개인적 대화. 2015년 9월.

20. Febvre, *A Geographical Introduction to History*, part III, 171-200.

21. 다음을 참조하라. Manning, *Against the Grain*, chapters 1 and 2.

22. 수도水稻[물을 대어 심는 벼]의 식물성 영양소는 대부분 토양이 아니라 관개용수에 의해 산출되므로, 쌀 재배는 장기간 지속가능한 경작을 위해서도 밀이나 옥수수 재배에 비해 휴한기를 두거나 동물성 거름을 줄 필요가 많지 않다.

23. 나는 서류薯類[감자·고구마 등의 작물로서 덩이줄기나 덩이뿌리를 이용하는 작물] 경작과 곡류 경작의 정치적 함의들에 관한 이와 같은 주장을 다음에 기초해서 길게 상술했다. Scott, *The Art of Not Being Governed*, 64-97, 178-219. [한국어판. 제임스 C. 스콧, 이상국 옮김, 《조미아, 지배받지 않는 사람들: 동남아시아 산악지대 아나키즘의 역사》, 삼천리, 2015] 여기서 나는 쌀 같은 '국가' 작물과 카사바·감자 같은 '국가 기피' 작물을 구분했다. 나는 국가가 고정된 경작지에서 재배되는 곡물에 의존했다고 주장하며, 또한, 세금 징수와 국가 통제를 피하고 싶었던 인구 집단들이 스스로를 국가의 통제 밖에 두기 위해 뿌리 작물[근채류根菜類] 재배, 화전, 수렵, 채집 등의 생계 전략을 채택했다고 주장한다. 보다 최근에 이와 비슷하지만 동일하지는 않은 주장이 J. 메이샤 등에 의해 제기되었다. J. Mayshar et al., "Cereals, Appropriability, and Hierarchy." 이 논문의 저자들은 곡류와 서류 사이 핵심적 전용성의 차이에 주목했다. 하지만 많은 경우에 재배 작물을 결정하는 것은 정치적 선택의 결과이며, 배아 상태 국가들은 곡물 재배를 촉진했고 종종 명령하기까지 했음을 간과했다. 메이샤 등이 곡물을 국가 및 위계와 연결하고, 뿌리 작물을 비국가, 평등한 사회에 연결한 것은 옳지만, 생계 전략들을 정치적 제도들과 정치적 선택의 산물이 아니라 본래부터 주어진 것이라고 본 것은 잘못이다. 적절한 물과 괜찮은 토양만 있으면 어디서든 선택지는 다양하다. 메이샤 등은 더 나아가 ─공공재 공급에 관한 제도경제학의 이론에만 기초한 것이 분명해 보이는데─ 공동체의 저장된 곡물을 '도둑들'에 맞서 지키기 위해서 상류층이 의도적으로 주도해 순조롭게 국가를 창조한 것이라고 주장한다. 나의 견해는 이와는 정반대다. 국가는 한 무리의 도둑들이 장악한 갈취 행위에서 비롯되었다. 다른 저자들이 재배 작물의 품종과 국가 사이 중요한 관계를 추적하고 있어서 기쁘긴 하지만, 이미 6년 전에 내가 이러한 주장을 분명히 표명했음을 모르고 있는 듯하니, 마음이 좁아 보이는 위험을 감수하고라도 나는 이러한 주장의 저작자는 바로 나임을 주장해야겠다.

24. McNeill, "Frederick the Great."

25. Adams, "An Interdisciplinary Overview of a Mesopotamian City."

26. Lewis, *The Early Chinese Empires*, 6.

27. Heather, *The Fall of the Roman Empire*, 56. [한국어판. 피터 히더, 이순호 옮김, 《로마제국 최후의 100년: 문명은 왜 야만에 압도당하였는가》, 뿌리와이파리, 2008]

28. Lindner, *Nomads and Ottomans in Medieval Anatolia*, 65.

29. Yoffee and Cowgill, *The Collapse of Ancient States*, 49. 세스 리처드슨은 (나와의 개인적 대화에서) 여기 인용된 텍스트가 신들을 향한 문학적 텍스트의 한 부분이긴 한데, 아마도 전형적 표본은 아닐 거라고 말했다.

30. Porter, *Mobile Pastoralism*, 324. '성벽wall'이라는 용어는, 정치적 통제권의 한계를 표시하며 국가의 경계 또는 둘레로서 개념화된 한 줄로 늘어선 정착지들을 — 요새화된 것이든 그렇지 않은 것이든— 지칭할 수도 있는 만큼 다소 오해의 소지가 있다.

31. Wang Haicheng, Writing and the Ancient State, 98.

32. 국가 형성 이전 몇 세기 동안 규모가 큰 도시의 기관에서 —아마도 신전에서— 거래와 분배를 기록하는 데 사용한 원시 설형문자proto-cuneiform가 있었다고 한다. 데이비드 웬그로와의 개인적 대화(2015년 5월).

33. Nissen, "The Emergence of Writing in the Ancient Near East." 니센은 이렇게 덧붙이고 있다. "여기서 보듯 정교하게 고안된 글이 등장했다고 해서 글의 발명을 인류가 내디딘 위대한 지적 발걸음의 하나라고 선언해서는 안 된다. 글이 지적 생활에 끼친 영향은 암흑의 '선사'시대를 광명의 역사시대로부터 구별 짓는 일을 정당화할 만큼 그렇게 갑작스럽지 않았다. 글이 등장한 것은 인류가 이미 더 높고 문명화된 형태의 삶을 향한 걸음들을 대부분 내디딘 다음이었다. 글은 다만 도시와 국가 안에서의 복잡한 삶을 향한 급속한 발전 과정에서 나타난 부산물이었다"(360). 폴록 역시 설형문자는 적어도 기원전 2500년까지는 성가, 신화, 금언, 봉헌 따위에 쓰이지 않았다고 주장한다. 다음을 참조하라. Pollock, *Ancient Mesopotamia*, 168.

34. Crawford, *Ur*, 88.

35. Algaze, "Initial Social Complexity in Southwestern Asia."

36. 중국의 글에 관한 설명은 주로 다음에서 가져온 것이다. Wang Haicheng, *Writing and the Ancient State*; Lewis, *The Early Chinese Empires*.

37. Lewis, *The Early Chinese Empires*, 274.

38. Algaze, "Initial Social Complexity in Southwestern Asia," 220-222, 다음에서 인용 C. C. Lambert-Karlovsky. 다음을 참조하라. Scott, *The Art of Not Being Governed*, 220-237. [한국어판. 제임스 C. 스콧, 이상국 옮김, 《조미아, 지배받지 않는 사람들: 동남아시아 산악지대 아나키즘의 역사》, 삼천리, 2015]

1. Steinkeller and Hudson, "Introduction: Labor in the Early States: An Early Mesopotamian Perspective," *Labor in the Ancient World*, 1-35.

2. Sahlins, *Stone Age Economics*. 〔한국어판. 마셜 살린스, 박충환 옮김, 《석기시대 경제학: 인간의 경제를 향한 인류학적 상상력》, 한울(한울아카데미), 2014〕

3. Chayanov, *The Theory of Peasant Economy*, 1-28. 빈번하게 관찰되는 '노동의 후방굴절 공급곡선backward bending supply curve'의 배후에도 같은 논리가 있다. 자본주의 이전의 사람들은 특정한 한 가지 목적(때로 '목표 소득target income'이라 불리는 것)을 염두에 두고 임노동에 참여하려 하는데, 표준적 미시경제 논리와는 반대로 임금이 올라가면 그만큼 목적을 더 빨리 달성하게 되므로 일을 더 적게 하려 한다.

4. Boserup, *The Conditions of Agricultural Growth*, 73.

5. 농경사회에서 가부장적 가족은 이러한 상황의 소우주 같은 것이다. 가족 안에서 자녀의 노동뿐 아니라 여성의 육체적 노동과 생식적 노동을 그러쥐고 있는 것이, 특히 그 가족의 CEO인 가부장에게, 성공의 열쇠다.

6. Thucydides, *The Peloponnesian War*, 221. 〔한국어판. 투퀴디데스, 천병희 옮김, 《펠로폰네소스 전쟁사》, 도서출판 숲, 2011〕

7. Richardson, "Early Mesopotamia," 9, 20. 여기서 '떼 짓다to herd'라는 동사가 사용된 것은 우연이 아닌 것 같다. 국가에서 이탈한 국민을 '흩어진 소 떼'에 비유하기 때문이다(29). 주요 국가들 사이에서 벌어진 전쟁조차 그 목적은 국정 운영 기술의 핵심인 적의 인력을 줄이는 데 있었다(21-22).

8. Santos-Granero, *Vital Enemies*.

9. Hochschild, *Bury the Chains*, 2.

10. 국가 형성과 노예제도 및 노예사냥의 관계에 대해서는 다음을 참조하라. James C. Scott, *The Art of Not Being Governed*, 85-94. 〔한국어판. 제임스 C. 스콧, 이상국 옮김, 《조미아, 지배받지 않는 사람들: 동남아시아 산악지대 아나키즘의 역사》, 삼천리, 2015〕

11. Finley, "Was Greek Civilization Based on Slave Labour?"

12. 같은 책, 164.

13. 바로 아래에 있는 설명은 다음에서 이끌어낸 것이다. Yoffee, *Myths of the Archaic State*; Yoffee and Cowgill, *The Collapse of the Ancient States and Civilizations*; Adams, "An Interdisciplinary Overview of a Mesopotamian

City"; Algaze, "Initial Social Complexity in Southwestern Asia"; McCorriston, "The Fiber Revolution."

14. 그러나 나의 독해와 일맥상통하는 견해에 대해서는 다음을 참조하라. Diakanoff, *Structure of Society and State in Early Dynastic Sumer*.

15. Gelb, "Prisoners of War in Early Mesopotamia."

16. 테이트 폴레트는, 특히 기원전 제3천년기의 충적토 지대 정착지 파라에서 이루어 진, 이러한 조사, 수거, 저장의 과정을 면밀히 검토한다. Tate Paulette, "Grain, Storage, and State-Making in Mesopotamia."

17. Algaze, "The End of Prehistory and the Uruk Period," 81. 여기서 알가제 는 다음 자료에 의지하고 있다. R. K. Englund, "Texts from the Late Uruk Period," in Josef Bauer, Robert K. Englund, and Manfred Krebernik, eds., *Mesopotamien: Spaturuk-Zeit und frubdynastische Zeit*(Freiburg: Universitätsverlag, 1998), 236.

18. Algaze, "The End of History and the Uruk Period," 81.

19. 이 설형문자 용어를 로마자로 표기할 때는 전통적으로 '[e₂asīrī]'라고 표기했다.

20. Seri, *The House of Prisoners*, 259. 이때는 우르 제3왕조 이후 2세기가 지났을 때 다. 당시 환경은 다소 예외적이었다. 하지만 나는 여기에 묘사된 많은 관례가 이전 의 관례들과 가족 유사성을 지니고 있다고 생각한다. 이 단락의 나머지 부분은 세리 의 설명에서 끌어낸 것이다.

21. Nissen and Heine, *From Mesopotamia to Iraq*, 31.

22. Gelb, "Prisoners of War in Early Mesopotamia," 90. 다음 자료는 더 후대에 관 한 것이지만 관련이 있다. Tenney, *Life at the Bottom of Babylonian Society*, 114, 133.

23. Tenney, *Life at the Bottom of Babylonian Society*, 105, 107-118.

24. Piotr Steinkeller, "The Employment of Labor on National Building Projects in the Ur III Period," in Steinkeller and Hudson, *Labor in the Ancient World*, 137-236. 스타인켈러를 비롯해 여러 학자는 주요한 기념비적 건설 프로젝 트들을 장밋빛 시각에서 바라보며 축제 같은 막간 에피소드처럼 다룬다. 그 기간 동 안 인류학 문헌에서 볼 수 있는 협동적 수확 의례에서처럼 노동자들은 잘 먹고 즐기 고 마셨다는 것이다.

25. 다음을 참조하라. Menu, "Captifs de guerre et dépendance rurale dans l' Égypte du Nouvel Empire"; Lehner, "Labor and the Pyramids"; and Goelet, "Problems of Authority, Compulsion, and Compensation."

26. 다음에서 재인용. Goelet, "Problems of Authority, Compulsion, and Compensation," 570.

27. Nemet-Rejat, *Daily Life in Ancient Mesopotamia*, 188.

28. 파업이 일어난 것은 람세스 3세 재위 기간이었다. 필경사의 글은 다음에서 재인용. Maria Golia, "After Tahrir," *Times Literary Supplement*, February 12, 2016, p. 14.

29. 바로 아래에 있는 설명은 많은 부분을 다음에 빚지고 있다. Lewis, *The Early Chinese Empires*; Keightley, *The Origins of Chinese Civilization*; and Yates, "Slavery in Early China."

30. 다음을 참조하라. Yates, "Slavery in Early China."

31. 자발적 이주이긴 했지만, 북유럽과 북아메리카로 향한 대규모 이민 또한, 다른 지역에서 양육되고 훈련받은 사람들의 생산 수명을 그들이 정착한 국가에서 사용가능하도록 제공했다는 점에서 같은 일을 이룬 셈이다.

32. Taylor, "Believing the Ancients." 이와 의견을 달리하는 것에 대해서는 다음을 보라. Scheidel, "Quantifying the Sources of Slaves."

33. 인류 최후의 전쟁을 뜻하는 '아마겟돈Armageddon'이란 말의 출처이긴 하지만, 카데시전투는 실제로 이집트의 승리라기보다는 양쪽의 교착상태에서 끝났던 것 같다.

34. Thucydides, *The Peloponnesian War*, 173. [한국어판. 투퀴디데스, 천병희 옮김, 《펠로폰네소스 전쟁사》, 도서출판 숲, 2011]

35. Cameron, "Captives and Culture Change."

36. 다음을 참조하라. Steinkeller, "The Employment of Labor on National Building Projects"; Richardson, "Building Larsa"; Dietler and Herbich, "Feasts and Labor Mobilization." 리처드슨은 도시 성벽을 건설하는 데 필요한 노동력이 흔히 생각하는 것보다 훨씬 적었음을 규명했다. 반면에 신전의 완성 때 '사람들'에게 호사스러운 잔치를 베풀었다고 하는 과장된 진술에 근거해서는 당시 일상의 노동조건이 어떠했는지 정확히 밝혀내기 어렵다. 이러한 주장의 사회적 기저는 불만이 많은 국민이 상대적으로 쉽게 도주했다는 사실에 근거한다. 이러한 관점은 도주를 막기 위해 취해진 수단들을 간과하거니와 도주한 국민은 전쟁이나 구매를 통해 쉽게 벌충할 수 있었다는 사실을 간과한다.

37. Algaze, "The Uruk Expansion."

38. Oded, *Mass Deportations and Deportees*. 초기 메소포타미아에서의 관행에 대해서는 다음을 보라. Gelb, "Prisoners of War in Early Mesopotamia."

39. Oded, *Mass Deportations and Deportees*, 20. 물론 제국의 허세로 크게 부풀려

진 수치이긴 하겠지만, 필경사들은 300년에 걸쳐 450만 명이 강제 추방 되었다고 보고하고 있다.

40. Nissen and Heine, *From Mesopotamia to Iraq*, 80.

41. Tocqueville, *Democracy in America*, 544. [한국어판. 알렉시 드 토크빌, 이용재 옮김, 《아메리카의 민주주의De la démocratie en Amérique》(전 2권), 아카넷, 2018] 다음에서 재인용. Darwin, *After Tamerlane*, 24. 토크빌은 다음과 같이 덧붙이고 있다. "압제는 아프리카인 후손들에게서 거의 모든 인간의 특권들을 단번에 빼앗았 다." 동물 길들이기와 인간 길들이기의 유사성에 대해서는 다음을 참조하라. Reviel Netz, *Barbed Wire*, 15. 미국 남북전쟁 이전 미국 남부의 노예와 길들인 동물 사 이 유사성에 관한 분석에 대해서는 다음을 참조하라. Jacoby, "Slaves by Nature."

6장 초기 국가의 취약성: 붕괴와 해체

1. Adams, "Strategies of Maximization, Stability, and Resilience."

2. Yoffee and Cowgill, *The Collapse of Ancient States and Civilizations*; McAnany and Yoffee, *Questioning Collapse*.

3. Broodbank, *The Making of the Middle Sea*, 356.

4. 데이미드 스몰은 미케네문명에 대해 "붕괴collapse"란 실제로 "이양devolution'이었 다고 주장한다. 손상되지 않고 그대로 남아 있으면서 더 큰 정치체제 형성을 위한 구성요소가 되었던 소규모 가계lineage들의 더 작고 더 안정적인 단위들로 권력이 이양된 것이었다. David Small, "Surviving the Collapse."

5. Yoffee and Cowgill, *The Collapse of Ancient States and Civilizations*, 30, 60.

6. Nissen, *The Early History of the Ancient Near East*, 187.

7. Brinkman, "Settlement Surveys and Documentary Evidence."

8. Algaze, "The Uruk Expansion,"; Wengrow, *What Makes Civilization*, 75-82.

9. 검역 격리에 대해서는 다음을 참조하라. Harrison, *Contagion*.

10. Morris, *Why the West Rules—for Now*, 217. [한국어판. 이언 모리스, 최파일 옮김, 《왜 서양이 지배하는가: 지난 200년 동안 인류가 풀지 못한 문제》, 글항아리, 2013]

11. 안토니우스역병으로 더 잘 알려져 있다. Cunliffe, *Europe Between the Oceans*, 393.

12. 다음을 참조하라. Radkau, *Nature and Power*; Meiggs, *Trees and Timber in the Ancient Mediterranean World* [한국어판. 요하임 라트카우, 이영희 옮김, 《자

연과 권력: 인간과 자연, 갈등과 개입 그리고 화해의 역사Natur und Macht》, 사이언스북스, 2012); Hughes, *The Mediterranean*.

13. McMahon, "North Mesopotamia in the Third Millennium BC." 유프라테스강 상류 삼림 지대 집합체의 세부사항에 대해서는 다음을 참조하라. Moore, Hillman, and Legge, *Village on the Euphrates*, 51-63.

14. Deacon, "Deforestation and Ownership."

15. Mithen, *After the Ice*, 87. [한국어판. 스티븐 마이든, 성춘택 옮김,《빙하 이후: 수렵채집에서 농경으로, 20,000-5000 BC》, 사회평론아카데미, 2019]

16. '나지裸地', '서곡 재배지', '초지', '비非방목지 덤불' 각각에 대한 상대적 토양 유실과 지표地表 강우량의 비교가능한 수치에 대해서는 다음을 참조하라. Redman, *Human Impact on Ancient Environments*, 101.

17. Mithen, *After the Ice*, 50. [한국어판. 스티븐 마이든, 성춘택 옮김,《빙하 이후: 수렵채집에서 농경으로, 20,000-5000 BC》, 사회평론아카데미, 2019]

18. McNeill, *Mountains of the Mediterranean World*, 73-75.

19. Artzy and Hillel, "A Defense of the Theory of Progressive Salinization."

20. Adams, "Strategies of Maximization, Stability, and Resilience."

21. Nissen and Heine, *From Mesopotamia to Iraq*, 71.

22. Thucydides, *The Peloponnesian War*, 485. [한국어판. 투키디데스, 천병희 옮김,《펠로폰네소스 전쟁사》, 도서출판 숲, 2011] 투키디데스는 또한 싸우지 않고도 군사작전에서 돈을 벌 수 있을 거라던 믿음이 환상이었음을 깨닫고 탈영한 병사들에 대해서도 언급하고 있다.

23. 아테네의 군사동맹은 이미 10년도 더 전에 될 대로 되라는 식의 조치들 때문에 위험에 빠졌다고 할 수도 있겠다. 기원전 425년 아테네는 속국들의 물자와 인력 부담을 3배로 올렸으며, 이러한 조치가 탈퇴를 부추겼다.

24. 이러한 통찰은 빅터 리버만에게서 빌려온 것이다. 다음을 참조하라. Victor Lieberman, *Strange Parallels*, 1: 1-40.

25. 나의 옛 동료인 에드 린드블롬이 사용한 유명한 비유다.

26. Yoffee and Cowgill, *The Collapse of Ancient States and Civilizations*, 260.

27. 다음에서 재인용. Morris, *Why the West Rules—for Now*, 194. [한국어판. 이언 모리스, 최파일 옮김,《왜 서양이 지배하는가: 지난 200년 동안 인류가 풀지 못한 문제》, 글항아리, 2013]

28. David O'Connor, "Society and Individual in Early Egypt," in Richards and van Buren, *Order, Legitimacy, and Wealth in Ancient States*, 21-35.

29. 같은 책. Broodbank, *The Making of the Middle Sea*, 277.

30. 여기서 내가 자세히 설명한 내용은 본래 다음에서 전개된 회의주의의 일반적 노선이다. Yoffee and Cowgill, *The Collapse of Ancient States and Civilizations*; McAnany and Yoffee, *Questioning Collapse*.

31. Tainter, *The Collapse of Complex Societies* [한국어판. 조지프 A. 테인터, 이희재 옮김, 《문명의 붕괴》, 대원사, 1999]

32. G. W. Bowersock, "The Dissolution of the Roman Empire," in Yoffee and Cowgill, *The Collapse of Ancient States and Civilizations*, 165-175. 바워속은 로마제국이 소멸한 것은 이후에 아랍이 침략했을 때라고 주장한다.

33. Cunliffe, *Europe Between the Oceans*, 364.

34. Riehl, "Variability in Ancient Near Eastern Environmental and Agricultural Development."

35. Adams, "Strategies of Maximization, Stability, and Resilience," 334.

36. Adams, *The Land Behind Bagdad*, 55.

37. Broodbank, *The Making of the Middle Sea*, 349.

38. Richardson, "Early Mesopotamia," 16.

39. "정말로, 마치 옹기장이의 돌림판처럼 땅이 돌아간다. 강도가 부를 소유하고 ……." Bell, "The Dark Ages in Ancient History," 75.

40. McNeill, *Plagues and People*, 58-71. [한국어판. 윌리엄 맥닐, 김우영 옮김, 《전염병의 세계사》, 이산, 2005] 웬그로(개인적 대화)는 해당 지역 전역에서 이루어진 교역과 교환을 통한 접촉이, 면역학적으로 '순수한' 인구 집단들 사이에서 전염병을 가능하게 하는 고립화를 막았다고 믿는다. 주요 인구 중심지들과 그 중심지들을 잇는 교역로 가까이에 사는 사람들에게는 확실히 그러했을 것이다. 하지만 주요 교역로에서 멀리 떨어져 있고 작은 집단을 이루어 살고 있던 비국가 민족[종족]들의 경우엔 그 가능성이 더 작다. 흔한 전염병들이 그들에게는 풍토병이 되지 못했을 것이다. 맥닐의 추측은 그저 거기에 머물러 있으며 추가적 검토와 조사를 기다리고 있다.

7장 야만인들의 황금시대

1. '조세taxation'라는 어휘를 통해 내가 의미하려는 바는 국민에게서 거의 주기적으로 걷어가는 생산물, 노동력, 수입 등이다. 초기 국가에서 '세금'은 현물(일례로 경작자의 수확물)이거나 노동력(부역)의 형태로 징수되었다.

2. 나의 동료인 피터 퍼듀(개인적 대화)는 중국 변방과 비국가 민족[종족]에 관한 전문가로서 이러한 시기가 끝난 때를 18세기 말로 잡는다. 18세기 말에 이르러서야 "지구상의 거의 모든 변방 지역이 정착민과 상인에 의해 점유되었으며 지구적 물품 교역상들이 모든 주요 대륙으로부터 자원을 채취했다."

3. J. N. 포스트게이트는 메소포타미아의 경우에서 '산간' 습격자들과 그에 대비되는 '목축' 습격자들을 구분한다. 그는 후자가 국가를 파괴할 가능성이 더 높았다고 말한다. J. N. Postgate, *Early Mesopotamia*, 9.

4. Skaria, *Hybrid Histories*, 132.

5. Cunliffe, *Europe Between the Oceans*, 229.

6. 우리가 '바다 민족'에 대해 알고 있는 바와 논쟁 중에 있는 바를 유용하게 요약한 내용에 대해서는 다음을 참조하라. Gitin, Mazar, and Stern, *Mediterranean Peoples in Transition*.

7. Cunliffe, *Europe Between the Oceans*, 331.

8. Bronson, "The Role of Barbarians in the Fall of States," 208.

9. Lattimore, "The Frontier in History," 486.

10. Bronson, "The Role of Barbarians in the Fall of States," 200.

11. Porter, *Mobile Pastoralism*, 324. 포터가 보여주었듯, 아모리인은 '야만인'이기보다는 메소포타미아 지역 사회의 한 분파였다. 아모리인은 확실히 도전자들이자 강탈자들이었지만 '국외자들'은 아니었다(61).

12. Burns, *Rome and the Barbarians*, 150.

13. 다음에서 재인용. Coatsworth et al., *Global Connections*, vol.1, 76.

14. Clastres, *La Société contre l'État*. [피에르 클라스트르, 홍성흡 옮김, 《국가에 대항하는 사회: 정치인류학 논고》, 이학사, 2005]

15. Beckwith, *Empires of the Silk Road*, 76. [크리스토퍼 벡위드, 이강한·류형식 옮김, 《중앙유라시아 세계사: 프랑스에서 고구려까지》, 소와당, 2014]

16. Lattimore, "The Frontier in History," 476-481.

17. 같은 책에서 재인용. E. A. Thompson, *A History of Attila and the Huns*(Oxford: Oxford University Press, 1948), 185-186.

18. Lattimore, "The Frontier in History," 481.

19. Herwig Wolfram, *History of the Goths*, trans. Thomas J. Dunlap(Berkeley: University of California Press, 1988), 8. 다음에서 재인용. Beckwith, *Empires of the Silk Road*, 333. [크리스토퍼 벡위드, 이강한·류형식 옮김, 《중앙유라시아 세계사: 프랑스에서 고구려까지》, 소와당, 2014]

20. 스파르타쿠스와 그를 따른 반역자들이 이탈리아를 떠나려고 했지만 계략에 의해 계획이 중단되고, 결국엔 술라의 군대에 의해 끝장이 났다는 사실을 주목할 필요가 있다. 동남아시아 고지대에서 실행된 국가로부터 도주하는 관행들에 관한 역사에 대해서는 졸저 *The Art of Not Being Governed*를 참조하라. [한국어판. 제임스 C. 스콧, 이상국 옮김, 《조미아, 지배받지 않는 사람들: 동남아시아 산악지대 아나키즘의 역사》, 삼천리, 2015]

21. Cunliffe, *Europe Between the Oceans*, 238.

22. Beckwith, Empires of the Silk Road, 333-334. [크리스토퍼 벡위드, 이강한·류형식 옮김, 《중앙유라시아 세계사: 프랑스에서 고구려까지》, 소와당, 2014]

23. Wengrow, *What Makes Civilization*, 99.

24. 마찬가지로, 큰 무리를 이루는 동물은 연중 특정한 때에 상대적으로 '정착'해 있고 한꺼번에 수많은 개체가 모여 있기 때문에 '습격'에, 달리 말하면 개와 창과 활을 동원한 호모사피엔스의 '사냥'에 유달리 취약했고, 그래서 그러한 사냥꾼들의 수가 많아지자마자 멸종 위기에 처하는 최초의 종이 될 가능성이 많았다.

25. Beckwith, Empires of the Silk Road, 321. [크리스토퍼 벡위드, 이강한·류형식 옮김, 《중앙유라시아 세계사: 프랑스에서 고구려까지》, 소와당, 2014]

26. Santos-Granero, *Vital Enemies*.

27. 퍼듀는 나에게 이동생활을 하며 습격하는 사람들과 정착생활을 하는 사람들 사이의 관계가 동물과 곤충 왕국에서도 발견될 수 있을 거라는 사실을 상기시켜준다. 그것들은 서로 다른, 어느 정도는 경쟁적인 생계 전략들이다.

28. Owen Lattimore, "On the Wickedness of Being Nomads."

29. 다음에서 재인용. Beckwith, *Empires of the Silk Road*, 69. [크리스토퍼 벡위드, 이강한·류형식 옮김, 《중앙유라시아 세계사: 프랑스에서 고구려까지》, 소와당, 2014]

30. Paul Astrom, "Continuity and Discontinuity: Indigenous and Foreign Elements in Cyprus Around 1200 BC," in Gitin, Mazar, and Stern, *Mediterranean Peoples in Transition*, 80-86, 83쪽에서 인용.

31. Susan Sherratt, "'Sea Peoples' and the Economic Structure of the Late Second Millennium in the Eastern Mediterranean," in Gitin, Mazar, and Stern, *Mediterranean Peoples in Transition*, 292-313, 305쪽에서 인용.

32. 이러한 논리는 다음에 멋지게 정리되어 있다. Charles Tilly, "War Making and State Making as Organized Crime."

33. William Irons, "Cultural Capital, Livestock Raiding."

34. Barfield, "Tribe and State Relations," 169-170.

35. Flannery, "Origins and Ecological Effect of Early Domestication.

36. Broodbank, *The Making of the Middle Sea*, 358. 이러한 논리를 말레이 세계의 전통적 강변 소국가들에 유려하고 체계적으로 적용한 사례를 다음에서 참조하라. Bronson, "Exchange at the Upstream and Downstream Ends."

37. Beckwith, *Empires of the Silk Road*, 328-329. [크리스토퍼 벡위드, 이강한 · 류형식 옮김, 《중앙유라시아 세계사: 프랑스에서 고구려까지》, 소와당, 2014] 또한 다음을 보라. Di Cosmo, *Ancient China and Its Enemies*. [니콜라 디코스모, 이재정 옮김, 《오랑캐의 탄생: 중국이 만들어 낸 변방의 역사》, 황금가지, 2005]

38. Fletcher, "The Mongols," 42.

39. Cunliffe, *Europe Between the Oceans*, 378.

40. 같은 책, 특히 7장.

41. Tsing, *The Mushroom at the End of the World*.

42. Beckwith, Empires of the Silk Road, 327-328. [크리스토퍼 벡위드, 이강한 · 류형식 옮김, 《중앙유라시아 세계사: 프랑스에서 고구려까지》, 소와당, 2014]

43. Artzy, "Routes, Trade, Boats and 'Nomads of the Sea,'" 439-448.

44. Lattimore, "The Frontier in History," 504.

45. 플레처는 정착생활을 하는 민족들[종족들] 및 농경국가들과 훨씬 적게 접촉한 '스텝 지대' 유목민들을, 정착 공동체 및 도시 사회와 일상적 교역관계를 맺고 있었을 '사막 지대' 유목민들과 구분한다. Fletcher, "The Mongols," 41.

46. Barfield, "The Shadow Empires."

47. 다음을 참조하라. Ratchnevsky, *Genghis Khan*; Hämälääinen, *Comanche Empire*.

48. Ferguson and Whitehead, "The Violent Edge of Empire," 23.

49. Kradin, "Nomadic Empires in Evolutionary Perspective," 504. 유사한 관점에 대해서는 다음을 참조하라. Barfield, "Tribe and State Relations."

| 참고문헌 |

Adams, Robert McC. "Agriculture and Urban Life in Early Southwestern Iran." *Science* 136, no. 3511 (1962): 109 –122.

_____. *The Land Behind Bagdad: A History of Settlement on the Diyala Plains*. Chicago: University of Chicago Press, 1965.

_____. "Anthropological Perspectives on Ancient Trade." *Current Anthropology* 15, no. 3 (1974): 141 –160.

_____. *Heartland of Cities: Surveys of Ancient Settlements and Land Use on the Central Floodplain of the Euphrates*. Chicago: University of Chicago Press, 1974.

_____. "Strategies of Maximization, Stability, and Resilience in Mesopotamian Society, Settlement, and Agriculture." *Proceedings of the American Philosophical Society* 122, no. 5 (1978): 329 –335.

_____. "The Limits of State Power on the Mesopotamian Plain." *Cuneiform Digital Library Bulletin* 1 (2007).

_____. "An Interdisciplinary Overview of a Mesopotamian City and Its Hinterland." *Cuneiform Digital Library Journal* 1 (2008): 1 –23.

Algaze, Guillermo. "The Uruk Expansion: Cross Cultural Exchange in Early Mesopotamian Civilization." *Current Anthropology* 30, no. 5 (1989): 571 –608.

_____. "Initial Social Complexity in Southwestern Asia: The Mesopotamian Advantage." *Current Anthropology* 42, no. 2 (2001): 199 –233.

_____. "The End of Prehistory and the Uruk Period." In Crawford, *The Sumerian World*, 68 –94.

Appuhn, Karl. "Inventing Nature: Forests, Forestry, and State Power in

Renaissance Venice." *Journal of Modern History* 72, no. 4(2000): 861 – 889.

Armelagos, George J., and Alan McArdle. "Population, Disease, and Evolution." *Memoirs of the Society of American Archaeology*, no. 30(1975), *Population Studies in Archaeology and Biological Anthropology: A Symposium*, 1 – 10.

Armelagos, George J., et al. "The Origins of Agriculture: Population Growth During a Period of Declining Health." *Population and Environment: A Journal of Interdisciplinary Studies* 13, no. 1(1981): 9 – 22.

Artzy, Michal. "Routes, Trade, Boats and 'Nomads of the Sea.'" In Gitin et al., *Mediterranean Peoples in Transition*, 439 – 448.

Artzy, Michal, and Daniel Hillel. "A Defense of the Theory of Progressive Salinization in Ancient Southern Mesopotamia." *Geo-archaeology* 3, no. 3(1988): 235 – 238.

Asher-Greve, Julia M. "Women and Agency: A Survey from Late Uruk to the End of Ur III." In Crawford, *The Sumerian World*, 345 – 358.

Asouti, Eleni, and Dorian Q. Fuller. "A Contextual Approach to the Emergence of Agriculture in Southwest Asia: Reconstructing Early Neolithic Plant-food Production." *Current Anthropology* 54, no. 3(2013): 299 – 345.

Axtell, James. "The White Indians of Colonial America." *William and Mary Quarterly* 3rd ser. 32(1975): 55 – 88.

Bairoch, Paul. *Cities and Economic Development: From the Dawn of History to the Present*. Trans. Christopher Braider. Chicago: University of Chicago Press, 1988.

Baker, Paul T., and William T. Sanders. "Demographic Studies in Anthropology." *Annual Review of Anthropology* 1(1972): 151 – 178.

Barfield, Thomas J. "Tribe and State Relations: The Inner Asian Perspective." In Philip S. Khoury and Joseph Kostiner, eds., *Tribes and State Formation in the Middle East*, 153 – 182. Berkeley: University of California Press, 1990.

―――. "The Shadow Empires: Imperial State Formation Along the Chinese Nomad Frontier." In Susan E. Alcock, Terrance N. D'Altroy, et al., eds. *Empires: Perspectives from Archaeology and History*, 11 – 41.

Cambridge: Cambridge University Press, 2001.

Beckwith, Christopher. *Empires of the Silk Road: A History of Central Eurasia from the Bronze Age to the Present*. Princeton: Princeton University Press, 2009. [크리스토퍼 벡위드, 이강한·류형식 옮김, 《중앙유라시아 세계사: 프랑스에서 고구려까지》, 소와당, 2014]

Bell, Barbara. "The Dark Ages in Ancient History: 1. The First Dark Age in Egypt." *American Journal of Archaeology* 75, no. 1 (1971): 1–26.

Bellwood, Peter. *First Farmers: The Origins of Agricultural Societies*. Oxford: Blackwell, 2005.

Bennet, John. "The Aegean Bronze Age." In Scheidel et al., *Cambridge Economic History*, 175–210.

Berelov, Ilya. "Signs of Sedentism and Mobility in Agro-Pastoral Community During the Levantine Middle Bronze Age: Interpreting Site Function and Occupation Strategy at Zahrat adh-Dhra 1. *Journal of Anthropological Archaeology* 25 (2006): 117–143.

Bernbeck, Reinhard. "Lasting Alliances and Emerging Competition: Economics Developments in Early Mesopotamia." *Journal of Anthropological Archaeology* 14 (1995): 1–25.

Blanton, Richard, and Lane Fargher. *Collective Action in the Formation of Pre-Modern States*. New York: Springer, 2008.

Blinman, Eric. "2000 Years of Cultural Adaptation to Climate Change in the Southwestern United States." *AMBO: A Journal of the Human Environment* 37, sp. 14 (2000): 489–497.

Bocquet-Appel, Jean-Pierre. "Paleoanthropological Traces of a Neolithic Demographic Transition." *Current Anthropology* 43, no. 4 (2002): 637–650.

_____. "The Agricultural Demographic Transition (ADT) During and After the Agricultural Inventions." *Current Anthropology* 52, no. S4 (2011): 497–510.

Boone, James L. "Subsistence Strategies and Early Human Population History: An Evolutionary Perspective." *World Archaeology* 34, no. 1 (2002): 6–25.

Boserup, Ester. *The Conditions of Agricultural Growth: The Economics of Agrarian Change Under Population Pressure*. Chicago: Aldine, 1965.

Boyden, S. V. *The Impact of Civilisation on the Biology of Man*. Toronto: University of Toronto Press, 1970.

Braund, D. C., and G. R. Tsetkhladze. "The Export of Slaves from Colchis." *Classical Quarterly* new ser. 39, no. 1 (1988): 114 – 125.

Brinkman, John Anthony. "Settlement Surveys and Documentary Evidence: Regional Variation and Secular Trends in Mesopotamian Demography." *Journal of Near Eastern Studies* 43, no. 3 (1984): 169 – 180.

Brody, Hugh. *The Other Side of Eden: Hunters, Farmers, and the Shaping of the World*. Vancouver: Douglas and McIntyre, 2002.

Bronson, Bennett. "Exchange at the Upstream and Downstream Ends: Notes Toward a Functional Model of the Coastal State in Southeast Asia." In Karl Hutterer, ed., *Economic Exchange and Social Interaction in Southeast Asia: Perspectives from Prehistory, History, and Ethnography*, 39 – 52. Ann Arbor: Center for South and Southeast Asian Studies, University of Michigan, 1977.

_____. "The Role of Barbarians in the Fall of States." In Yoffee and Cowgill, *Collapse of Ancient States*, 196 – 218.

Broodbank, Cyprian. *The Making of the Middle Sea: A History of the Mediterranean from the Beginning to the Emergence of the Classical World*. London: Thames and Hudson, 2013.

Burke, Edmund, and Kenneth Pomeranz, eds. *The Environment and World History*. Berkeley: University of California Press, 2009.

Burnet, Sir MacFarlane, and David O. White. *Natural History of Infectious Disease*, 4th ed. Cambridge: Cambridge University Press, 1972.

Burns, Thomas S. *Rome and the Barbarians, 100 BC – AD 400*. Baltimore: Johns Hopkins University Press, 2003.

Cameron, Catherine M. "Captives and Culture Change." *Current Anthropology* 52, no. 2 (2011): 169 – 209.

Cameron, Catherine M., and Steve A. Tomka. *Abandonment of Settlements and Regions: Ethnoarchaeological and Archaeological Approaches*. New Directions in Archaeology. Cambridge: Cambridge University Press, 1996.

Carmichael, G. "Infection, Hidden Hunger, and History." In "Hunger and

History: The Impact of Changing Food Production and Consumption Patterns on Society." *Journal of Interdisciplinary History* 14, no. 2(1983): 249–264.

Carmona, Salvador, and Mahmoud Ezzamel. "Accounting and Forms of Accountability in Ancient Civilizations: Mesopotamia and Ancient Egypt." Working Paper, Annual Conference of the European Accounting Association, Goteborg, Sweden, 2005.

Carneiro, R. "A Theory of the Origin of the State." *Science* 169(1970): 733–739.

Chakrabarty, Dipesh. "The Climate of History: Four Theses." *Critical Inquiry* 35(2009): 197–222.

Chang, Kwang-chih. "Ancient Trade as Economics or as Ecology." In Jeremy Sabloff and C. C. Lamberg-Karlovsky, eds., *Ancient Civilization and Trade*, 211–224. Albuquerque: School of American Research, University of New Mexico Press, 1975.

Chapman, Robert. *Archaeology of Complexity*. London: Routledge, 2003.

Chayanov, A. V. *The Theory of Peasant Economy*. Ed. Daniel Thorner, Basile Kerblay, and R. E. F. Smith. Homewood, Ill.: Richard D. Irwin for the American Economic Association, 1966.

Christensen, Peter. *The Decline of Iranshahr: Irrigation and Environments in the History of the Middle East, 500 BC to AD 1500*. Copenhagen: Museum Tusculanum, 1993.

Christian, David. *Maps of Time: An Introduction to Big History*. Berkeley: University of California Press, 2004.

Clarke, Joanne, ed. *Archaeological Perspectives on the Transmission and Transformation of Culture in the Eastern Mediterranean*. Levant Supplementary Series 2. Oxford: Oxbow, 2005.

Clastres, Pierre. *La Societe contre l'Etat*. Paris: Editions de Minuit, 1974. [피에르 클라스트르, 홍성흡 옮김, 《국가에 대항하는 사회: 정치인류학 논고》, 이학사, 2005]

Coatsworth, John, Juan Cole, et al. *Global Connections: Politics, Exchange, and Social Life in World History, vol. 1, To 1500*. Cambridge: Cambridge University Press, 2015.

Cockburn, I. Aiden. "Infectious Diseases in Ancient Populations." *Current*

Anthropology 12, no. 1 (1971): 45 –62.

Conklin, Harold C. *Hanunóo Agriculture: A Report on an Integral System of Shifting-Agriculture in the Philippines*. Rome: Food and Agriculture Organization of the United Nations, 1957.

Cowgill, George L. "On Causes and Consequences of Ancient and Modern Population Changes." *American Anthropologist* 77, no. 3 (1975): 505 – 525.

Crawford, Harriet, ed. *The Sumerian World*. London: Routledge, 2013.

_____. *Ur: The City of the Moon God*. London: Bloomsbury, 2015.

Cronon, William. *Changes in the Land: Indians, Colonists, and the Ecology of New England*, rev. ed. New York: Hill and Wang, 2003.

Crossley, Pamela Kyle, Helen Siu, and Donald Sutton, eds., *Empire at the Margins: Culture and Frontier in Early Modern China*. Berkeley: University of California Press, 2006.

Crouch, Barry A. "Booty Capitalism and Capitalism's Booty: Slaves and Slavery in Ancient Rome and the American South." *Slavery and Abolition: A Journal of Slave and Post-Slave Studies* 6, no. 1 (1985): 3 –24.

Crumley, Carol L. "The Ecology of Conquest: Contrasting Agropastoral and Agricultural Societies' Adaptation to Climatic Change." In Carol L. Crumley, ed., *Historical Ecology: Cultural Knowledge and Changing Landscapes*, 183 –201. School of American Research Advanced Seminar Series. Santa Fe, N.M.: School of American Research Press, 1994.

Cunliffe, Barry. *Europe Between the Oceans: Themes and Variations: 9000 BC – AD 1000*. New Haven: Yale University Press, 2008.

Dalfes, H. Nüzhet, George Kukla, and Harvey Weiss. *Third Millennium BC Climate Change and Old World Collapse*. NATO Advanced Science Institutes Series, Series I, Global Environmental Change 49 (2013).

Dark, Petra, and Henry Gent. "Pests and Diseases of Prehistoric Crops: A Yield 'Honeymoon' for Early Grain Crops in Europe?" *Oxford Journal of Archaeology* 20, no. 1 (2001): 59 –78.

Darwin, John. After Tamerlane: *The Rise and Fall of Global Empires, 1400 – 2000*. London: Penguin, 2007.

Deacon, Robert T. "Deforestation and Ownership: Evidence from Historical

Accounts and Contemporary Data." *Land Economics* 75, no. 3(1999): 341 – 359.

Diakanoff, M. *Structure of Society and State in Early Dynastic Sumer*. Malibu, Calif.: Monographs of the Ancient Near East, 1, no. 3(1974).

Diamond, Jared. *Guns, Germs, and Steel: The Fates of Human Societies*. New York: Norton, 1977. [한국어판. 재레드 다이아몬드, 김진준 옮김, 《총 균 쇠: 무기·병균·금속은 인류의 운명을 어떻게 바꿨는가》(개정증보판), 문학사상사, 2013]

Dickson, D. Bruce. "Circumscription by Anthropogenic Environmental Destruction: An Expansion of Carneiro's(1970) Theory of the Origin of the State." *American Antiquity* 52, no. 4(1987): 709 – 716.

Di Cosmo, Nicola. "State Formation and Periodization in Inner Asian History." *Journal of World History* 10, no. 1(1999): 1 – 40.

_____. *Ancient China and Its Enemies: The Rise of Nomadic Power in East Asian History*. Cambridge: Cambridge University Press, 2011. [니콜라 디 코스모, 이재정 옮김, 《오랑캐의 탄생: 중국이 만들어 낸 변방의 역사》, 황금가지, 2005]

Dietler, Michael. "The Iron Age in the Western Mediterranean." In Scheidel et al., *Cambridge Economic History*, 242 – 276.

Dietler, Michael, and Ingrid Herbich. "Feasts and Labor Mobilization: Dissecting a Fundamental Economic Practice." In M. Dietler and Brian Hayden, eds., *Feasts: Archaeological and Ethnographic Perspectives on Food, Politics, and Power*, 240 – 264. Washington, D.C.: Smithsonian Institution Press, 2001.

Donaldson, Adam. "Peasant and Slave Rebellions in the Roman Republic." Ph.D. diss., University of Arizona, 2012.

D'Souza, Rohan. *Drowned and Dammed: Colonial Capitalism and Flood Control in Eastern India*. New Delhi: Oxford University Press, 2006.

Dyson-Hudson, Rada, and Eric Alden Smith. "Human Territoriality: An Ecological Reassessment." *American Anthropologist* new ser. 890, no. 1(1973): 21 – 41.

Eaton, S. Boyd, and Melvin Konner. "Paleolithic Nutrition." *New England Journal of Medicine* 312, no. 5(1985): 283 – 290.

Ebrey, Patricia Buckley. *The Cambridge Illustrated History of China*. Cambridge: Cambridge University Press, 1996.

Elias, Norbert. *The Civilizing Process: Sociogenic and Psychogenic Investigations*, rev. ed. Oxford: Blackwell, 1994. [한국어판. 노르베르트 엘리아스, 박미애 옮김. 《문명화과정Über den Prozeß der Zivilisation》(전 2권), 한 길사, 1996, 1999]

Ellis, Maria de J. "Taxation in Ancient Mesopotamia: The History of the Term Miksu." *Journal of Cuneiform Studies* 26, no. 4(1974): 211–250.

Elvin, Mark. *Retreat of the Elephants: An Environmental History of China*. New Haven: Yale University Press, 2004.

Endicott, Kirk. "Introduction: Southeast Asia." In Richard B. Lee and Richard Daly, eds., *The Cambridge Encyclopedia of Hunters and Gatherers*, 275–283. Cambridge: Cambridge University Press, 1999.

Eshed, Vered, et al. "Has the Transition to Agriculture Reshaped the Demographic Structure of Prehistoric Populations? New Evidence from the Levant." *American Journal of Physical Anthropology* 124(2004): 315–329.

Evans-Pritchard, E. E. *The Nuer: A Description of the Modes of Livelihood and Political Institutions of a Nilotic People*. Oxford: Clarendon, 1940.

Evin, Allowen, et al. "The Long and Winding Road: Identifying Pig Domestication Through Molar Size and Shape." *Journal of Archaeological Science* 40(2013): 735–742.

Farber, Walter. "Health Care and Epidemics in Antiquity: The Example of Ancient Mesopotamia." Lecture, Oriental Institute, June 26, 2006, CHIASMOS, https://www.youtube.com/watch?v=Yw_4Cghic_w.

Febvre, Lucien. *A Geographical Introduction to History*. Trans. E. G. Mountford and J. H. Paxton. London: Routledge Kegan Paul, 1923.

Feinman, Gary M., and Joyce Marcus. *Archaic States*. Santa Fe, N.M.: School of American Research, 1998.

Fenner, Frank. "The Effects of Changing Social Organization on the Infectious Diseases of Man." In Boyden, *Impact of Civilisation*, 48–68.

Ferguson, R. Brian, and Neil L. Whitehead. "The Violent Edge of Empire." In R. Brian Ferguson and Neil L. Whitehead, eds., *War in the Tribal Zone*:

Expanding States and Indigenous Warfare, 1–30. Santa Fe, N.M.: School of American Research, 1992.

Fiennes, R. N. *Zoonoses and the Origins and Ecology of Human Disease*. London: Academic Press, 1978.

Finley, M. I. "Was Greek Civilization Based on Slave Labour?" *Historia: Zeitschrift fur alte geschichte* 8, no. 2(1959): 145–164.

Fiskesjo, Magnus. "The Barbarian Borderland and the Chinese Imagination: Travelers in Wa Country." *Inner Asia* 5, no. 1(2002): 81–99.

Flannery, Kent V. "Origins and Ecological Effect of Early Domestication in Iran and the Middle East." In Ucko and Dimbleby, *Domestication and Exploitation*, 73–100.

Fletcher, Joseph. "The Mongols: Ecological and Social Perspectives."*Harvard Journal of Asiatic Studies* 46, no. 1(1986): 11–50.

French, E. B., and K. A. Wardle, eds. *Problems in Greek Prehistory: Papers Presented at the Centenary Conference of the British School of Archaeology at Athens*. Manchester: Bristol Classical Press, 1986.

Friedman, Jonathan. "Tribes, States, and Transformations: An Association for Social Anthropology Study." In Maurice Bloch, ed., *Marxist Analyses and Social Anthropology*, 161–200. New York: Wiley, 1975.

Fukuyama, Francis. *The Origins of Political Order: From Prehuman Times to the French Revolution*. New York: Farrar, Straus and Giroux, 2011.

Fuller, Dorian Q., et al. "Cultivation and Domestication Has Multiple Origins: Arguments Against the Core Area Hypothesis for the Origins of Agriculture in the Near East." *World Archaeology* 43, no. 4, special issue, Debates in World Archaeology(2011): 628–652.

Gelb, I. J. "Prisoners of War in Early Mesopotamia." *Journal of Near Eastern Studies* 32, no. 12(1973): 70–98.

Gibson, McGuire, and Robert D. Briggs. "The Organization of Power: Aspects of Bureaucracy in the Ancient Near East." *Studies in Ancient Oriental Civilization*, no. 46. Chicago: Oriental Institute of the University of Chicago, 1987.

Gilbert, Allan S. "Modern Nomads and Prehistoric Pastoralists: The Limits of Analogy." *Journal of the Ancient Near Eastern Society* 7(1975): 53–71.

Gilman, A. "The Development of Social Stratification in Bronze Age Europe." *Current Anthropology* 22(1981): 1-23.

Gitin, Seymour, Amihai Mazar, and Ephraim Stern, eds. *Mediterranean Peoples in Transition: Thirteenth to Early Tenth Centuries BCE.* In Honor of Professor Trude Dothan. Jerusalem: Israel Exploration Society, 1998.

Goelet, Ogden. "Problems of Authority, Compulsion, and Compensation in Ancient Egyptian Labor Practices." In Steinkeller and Hudson, *Labor in the Ancient World*, 523-582.

Goring-Morris, A. Nigel, and Anna Belfer-Cohen. "Neolithization Processes in the Levant: The Outer Envelope." *Current Anthropology* 52, no. S4, The Origins of Agriculture: New Data, New Ideas(2011): S195-S208.

Goudsblom, Johan. *Fire and Civilization*. London: Penguin, 1992.

Graeber, David. *Debt: The First 5,000 Years*. London: Melville House, 2011. 〔한국어판. 데이비드 그레이버, 정명진 옮김, 《부채, 그 첫 5,000년: 인류학자가 다시 쓴 경제의 역사》, 부글북스, 2011〕

Greger, Michael. "The Human/Animal Interface: Emergence and Resurgence of Zoonotic Infectious Diseases." *Critical Reviews in Microbiology* 33(2007): 243-299.

Grinin, Leonid E., et al., eds. *The Early State, Its Alternatives and Analogues*. Volgograd: "Uchitel," 2004.

Groenen, Martien A. M., et al. "Analysis of Pig Genome Provides Insight into Porcine Domestication and Evolution." *Nature* 491(2012): 391-398.

Groube, Les. "The Impact of Diseases upon the Emergence of Agriculture." In D. R. Harris, ed., *The Origins and Spread of Agriculture and Pastoralism in Eurasia*, 101-129. Washington, D.C.: Smithsonian Institution Press, 1996.

Halstead, Paul, and John O'Shea, eds. *Bad Year Economics: Cultural Responses to Risk and Uncertainty*. Cambridge: Cambridge University Press, 1989.

Hämäläinen, Pekka. *Comanche Empire*. New Haven: Yale University Press, 2009.

Harari, Yuval Noah. *Sapiens: A Brief History of Humankind*. London: Harvill Secker, 2011. 〔한국어판. 유발 하라리, 조현욱 옮김, 이태수 감수, 《사피엔스: 유인원에서 사이보그까지, 인간 역사의 대담하고 위대한 질문》, 김영사, 2015〕

Harlan, Jack R. *Crops and Man*, 2nd ed. Madison, Wis.: American Society of Agronomy, Crop Science Society of America, 1992.

Harris, David R. *Settling Down and Breaking Ground: Rethinking the Neolithic Revolution*. Amsterdam: Kroon-Voordrachte 12, 1990.

Harris, David R., and Gordon C. Hillman, eds. *Foraging and Farming: The Evolution of Plant Exploitation*. London: Unwin Hyman, 1989.

Harrison, Mark. *Contagion: How Commerce Has Spread Disease*. New Haven: Yale University Press, 2012.

Headland, T. N., "Revisionism in Ecological Anthropology." *Current Anthropology* 38, no. 4 (1997): 43 –66.

Headland, T. N. and L. A. Reid. "Hunter-Gatherers and Their Neighbors from Prehistory to the Present." *Current Anthropology* 30, no. 1 (1989): 43 – 66.

Heather, Peter. *The Fall of the Roman Empire: A New History of Rome and the Barbarians*. Oxford: Oxford University Press, 2006. [한국어판. 피터 히더, 이순호 옮김, 《로마제국 최후의 100년: 문명은 왜 야만에 압도당하였는가》, 뿌리와이파리, 2008]

Hendrickson, Elizabeth, and Ingolf Thuesen, eds. *Upon This Foundation: The Ubaid Reconsidered*. Copenhagen: Museum Tusculanum Press, Carsten Niebuhr Institute of Ancient Near Eastern Studies.

Hillman, Gordon. "Traditional Husbandry and Processing of Archaic Cereals in Recent Time: The Operations, Products, and Equipment Which Might Feature in Sumerian Texts." *Bulletin of Sumerian Agriculture* 1 (1984): 114 –172.

Hochschild, Adam. *Bury the Chains: Prophets and Rebels in the Fight to Free an Empire's Slaves*. New York: Houghton Mifflin, 2015.

Hodder, Ian. *The Domestication of Europe: Structure and Contingency in Neolithic Societies*. Oxford: Blackwell, 1990.

Hole, Frank. "A Monumental Failure: The Collapse of Susa." In Robin A. Carter and Graham Philip, eds., *Beyond the Ubaid: Transformation and Integration of Late Prehistoric Societies of the Middle East*, 221 –226. *Studies in Oriental Civilization*, no. 653. Chicago: Oriental Institute of the University of Chicago, 2010.

Houston, Stephen. *The First Writing: Script Invention as History and Process*. Cambridge: Cambridge University Press, 2004.

Hritz, Carrie, and Jennifer Pournelle. "Feeding History: Deltaic Resiliene Inherited Practice and Millennia-scale Sustainability." In H. Thomas Foster II, David John Goldstein, and Lisa M. Paciulli, eds., *The Future in the Past: Historical Ecology Applied to Environmental Issues*, 59–85. Columbia: University of South Carolina Press, 2015.

Hughes, J. Donald. *The Mediterranean: An Environmental History*. Santa Barbara: ABC-CLIO, 2005.

Ingold, T. "Foraging for Data, Camping with Theories: Hunter-Gatherers and Nomadic Pastoralists in Archaeology and Anthropology." *Antiquity* 66(1992): 790–803.

Irons, William G. "Livestock Raiding Among Pastoralists: An Adaptive Interpretation." In *Papers of the Michigan Academy of Science, Arts, and Letters* 383–414. Ann Arbor: University of Michigan Press, 1965.

_____. "Cultural Capital, Livestock Raiding, and the Military Advantage of Traditional Pastoralists." In Grinin et al., *The Early State*, 466–475.

Jacobs, Jane. *The Economy of Cities*. New York: Vintage, 1969.

Jacoby, Karl. "Slaves by Nature? Domestic Animals and Human Slaves." *Slavery and Abolition* 18, no. 1(1994): 89–98.

Jameson, Michael H. "Agriculture and Slavery in Classical Athens." *Classical Journal* 73, no. 2(1977): 122–145.

Jones, David S. "Virgin Soils Revisited." *William and Mary Quarterly* 3rd ser. 60, no. 4(2003): 703–742.

Jones, Martin. *Feast: Why Humans Share Food*. Oxford: Oxford University Press, 2007.

Kealhofer, Lisa. "Changing Perceptions of Risk: The Development of Agro-Ecosystems in Southeast Asia." *American Anthropologist* new ser. 104, no. 1(2002): 178–194.

Keightley, David N., ed. *The Origins of Chinese Civilization*. Berkeley: University of California Press, 1983.

Kennett, Douglas J., and James P. Kennett. "Early State-Formation in Southern Mesopotamia: Sea Levels, Shorelines, and Climate Change." *Journal of*

Island and Coastal Archaeology 1(2006): 67–99.

Khazanov, Anatoly M. "Nomads of the Eurasian Steppes in Historical Retrospective." In Grinin et al., *The Early State*, 476–499.

Kleinman, Arthur M., et al. "Introduction: Avian and Pandemic Influenza: A Bio-Social Approach." *Journal of Infectious Diseases* 197, supplement 1(2008): S1–S3.

Kovacs, Maureen Gallery, trans. *The Epic of Gilgamesh*. Stanford: Stanford University Press, 1985.

Kradin, Nikolay N. "Nomadic Empires in Evolutionary Perspective." In Grinin et al., *The Early State*, 501–523.

Larson, Gregor. "Ancient DNA, Pig Domestication, and the Spread of the Neolithic into Europe." *Proceedings of the National Academy of Sciences* 104, no. 39(2007): 15276–15281.

_____. "Patterns of East Asian Pig Domestication, Migration, and Turnover Revealed by Modern and Ancient DNA." *Proceedings of the National Academy of Sciences* 107, no. 17(2010): 7686–7691.

Larson, Gregor, and Dorian Q. Fuller. "The Evolution of Animal Domestication." *Annual Review of Ecology, Evolution, and Systematics* 45(2014): 115–136.

Lattimore, Owen. "The Frontier in History" and "On the Wickedness of Being Nomads." In *Studies in Frontier History: Collected Papers, 1928–1958*, 469–491 and 415–426, respectively. London: Oxford University Press, 1962.

Leach, Helen M. "Human Domestication Reconsidered." *Current Anthropology* 44, no. 3(2003): 349–368.

Lee, Richard B. "Population Growth and the Beginnings of Sedentary Life Among the !Kung Bushmen." In Brian Spooner, ed., *Population Growth: Anthropological Implications*, 301–324. Cambridge: MIT Press, 1972. http://www.popline.org/node/517639.

Lee, Richard B., and Richard Daly. *The Cambridge Encyclopedia of Hunters and Gatherers*. Cambridge: Cambridge University Press, 1999.

Lefebvre, Henri. *The Production of Space*. New York: Wiley-Blackwell, 1992.

Lehner, Mark. "Labor and the Pyramids: The Hiet el-Ghurab 'Workers Town' at Giza." In Steinkeller and Hudson, *Labor in the Ancient World*, 396 – 522.

Lévi-Strauss, Claude. *La Pensée sauvage*. Paris: Plon, 1962. [한국어판. 레비-스트로스, 안정남 옮김, 《야생의 사고》, 한길사, 1996]

Lewis, Mark Edward. *The Early Chinese Empires: Qin and Han*. Cambridge: Belknap Press of Harvard University Press, 2007.

Lieberman, Victor. *Strange Parallels: Southeast Asia in Global Context, c. 800 – 1830*, vol. 1, *Integration on the Mainland*. Cambridge: Cambridge University Press, 2003; vol. 2, *Mainland Mirrors: Europe, Japan, China, Southeast Asia and the Islands*. Cambridge: Cambridge University Press, 2009.

Lindner, Rudi Paul. *Nomads and Ottomans in Medieval Anatolia*. Indiana University Uralic and Altaic Series 144, Stephen Halkovic, ed. Bloomington: Research Institute for Inner Asian Studies, Indiana University, 1983.

Mann, Charles C. 1491: *New Revelations of the Americas Before Columbus*. New York: Knopf, 2005. [한국어판. 찰스 만, 전지나 옮김, 《인디언(이야기로 읽는 인디언 역사): 그들은 어디서 왔으며 어떻게 살았을까》, 오래된 미래, 2005]

*Manning, Richard. *Against the Grain: How Agriculture Has Hijacked Civilization*. New York: Northpoint, 2004.

Marston, John M. "Archaeological Markers of Agricultural Risk Management." *Journal of Archaeological Anthropology* 30(2011): 190 – 205.

Matthews, Roger. *The Archaeology of Mesopotamia: Theories and Approaches*. Oxford: Routledge, 2003.

Mayshar, Joram, Omer Moav, Zvika Neeman, and Luigi Pascali. "Cereals, Appropriability, and Hierarchy." CEPR Discussion Paper 10742(2015). www.cepr.org/active/publications/discussion_papers/dp.php?dpno=10742.

McAnany, Patricia, and Norman Yoffee, eds. *Questioning Collapse: Human Resilience, Ecological Vulnerability, and the Aftermath of Empire*. Cambridge: Cambridge University Press, 2009.

McCorriston, Joy. "The Fiber Revolution: Textile Extensification, Alienation, and Social Stratification in Ancient Mesopotamia." *Current Anthropology* 38, no. 4(1997): 517 – 535.

McKeown, Thomas. *The Origins of Human Disease*. Oxford: Blackwell, 1988.

McLean, Rose B. "Cultural Exchange in Roman Society: Freed Slaves and Social Value." Ph.D. thesis, Princeton University, 2012.

McMahon, Augusta. "North Mesopotamia in the Third Millennium BC." In Crawford, *The Sumerian World*, 462 – 475.

McNeill, J. R. *Mountains of the Mediterranean World: An Environmental History*. Cambridge: Cambridge University Press, 1992.

_____. "The Anthropocene Debates: What, When, Who, and Why?" Paper Presented to the Program in Agrarian Studies Colloquium, Yale University, September 11, 2015.

McNeill, W. H. *Plagues and People*. New York: Monticello Editions, History Book Club, 1976. [한국어판. 윌리엄 맥닐, 김우영 옮김, 《전염병의 세계사》, 이산, 2005]

_____. *The Human Condition: An Ideological and Historical View*. Princeton: Princeton University Press, 1980.

_____. "Frederick the Great and the Propagation of Potatoes." In Byron Hollinshead and Theodore K. Rabb, eds., *I Wish I'd Have Been There: Twenty Historians Revisit Key Moments in History*, 176 – 189. New York: Vintage, 2007.

Meek, R. *Social Science and the Ignoble Savage*. Cambridge: Cambridge University Press, 1976.

Meiggs, Russell. *Trees and Timber in the Ancient Mediterranean World*. Oxford: Oxford University Press, 1982.

Menu, Bernadette. "Captifs de guerre et dépendance rurale dans l'Égypte du Nouvel Empire." In Bernadette Menu, ed., *La Dependance rurale dans l'Antiquite egyptienne et proche-orientale*. Cairo: Institut Français d' archéologie orientale, 2004.

Mitchell, Peter. *Horse Nations: The Worldwide Impact of the Horse on Indigenous Societies Post 1492. Oxford: Oxford University Press*, 2015.

Mithen, Steven. *After the Ice: A Global Human History, 20,000 – 5000 BC*. Cambridge: Harvard University Press, 2003. [한국어판. 스티븐 마이든, 성춘택 옮김, 《빙하 이후: 수렵채집에서 농경으로, 20,000-5000 BC》, 사회평론

아카데미, 2019]

Moore, A. M. T., G. C. Hillman, and A. J. Legge. *Village on the Euphrates*. Oxford: Oxford University Press, 2000.

Morris, Ian. "Early Iron Age Greece." In Scheidel et al., *Cambridge Economic History*, 211–241.

_____. *Why the West Rules—for Now: The Patterns of History and What They Reveal About the Future*. New York: Farrar, Straus and Giroux, 2010. [한 국어판. 이언 모리스. 최파일 옮김. 《왜 서양이 지배하는가: 지난 200년 동안 인 류가 풀지 못한 문제》, 글항아리, 2013]

Mumford, Jeremy Ravi. *Vertical Empire: The General Resettlement of the Andes*. Durham, N.C.: Duke University Press, 2012.

Nemet-Rejat, Karen Rhea. *Daily Life in Ancient Mesopotamia*. Peabody, Mass.: Hendrickson, 2002.

Netz, Reviel. *Barbed Wire: An Ecology of Modernity*. Middletown, Conn.: Wesleyan University Press, 2004.

Nissen, Hans J. "The Emergence of Writing in the Ancient Near East." *Interdisciplinary Science Reviews* 10, no. 4(1985): 349–361.

_____. *The Early History of the Ancient Near East, 9000–2000 BC*. Chicago: University of Chicago Press, 1988.

Nissen, Hans J., Peter Damerow, and Robert S. Englund. *Ancient Bookkeeping: Early Writing and Techniques of Administration in the Ancient Near East*. Chicago: University of Chicago Press, 1993.

Nissen, Hans J., and Peter Heine. *From Mesopotamia to Iraq: A Concise History*. Trans. Hans J. Nissen. Chicago: University of Chicago Press, 2009.

O'Connor, Richard A. "Agricultural Change and Ethnic Succession in Southeast Asian States: A Case for Regional Anthropology." *Journal of Asian Studies* 54, no. 4(1995): 968–996.

Oded, Bustenay. *Mass Deportations and Deportees in the Neo-Assyrian Empire*. Weisbaden: Reichert, 1979.

Ottoni, Claudio, et al. "Pig Domestication and Human-Mediated Dispersal in Western Eurasia Revealed Through Ancient DNA and Geometric Morphometrics." *Molecular Biology and Evolution* 30, no. 4(2012): 824–832.

Padgug, Robert A. "Problems in the Theory of Slavery and Slave Society." *Science and Society* 49, no. 1 (1976): 3 –27.

Panter-Brick, Catherina, Robert H. Layton, and Peter Rowley-Conwy, eds. Hunter-Gatherers: *An Interdisciplinary Perspective*. Cambridge: Cambridge University Press, 2001.

Park, Thomas. "Early Trends Toward Class Stratification: Chaos, Common Property, and Flood Recession Agriculture." *American Anthropologist* 94 (1992): 90 –117.

Paulette, Tate. "Grain, Storage, and State-Making in Mesopotamia, 3200 –2000 BC." In Linda R. Manzanilla and Mitchel S. Rothman, eds., *Storage in Complex Societies: Administration, Organization, and Control*, 85 – 109. London: Routledge, 2016.

Perdue, Peter C. *Exhausting the Earth: State and Peasant in Hunan, 1500 – 1850 AD*. Cambridge: Harvard University Press, 1987.

_____. *China Marches West: The Ching Conquest of Central Eurasia*. Cambridge: Harvard University Press, 2005.

Pinker, Steven. *The Better Angels of Our Nature: Why Violence Has Declined*. New York: Penguin, 2011. [한국어판. 스티븐 핑커, 김명남 옮김, 《우리 본성의 선한 천사: 인간은 폭력성과 어떻게 싸워 왔는가》, 사이언스북스, 2014]

Pollan, Michael. *The Botany of Desire: A Plant's-Eye View of the World*. New York: Random House, 2001. [한국어판. 마이클 폴란, 이경식 옮김, 《욕망하는 식물: 세상을 보는 식물의 시선》, 황소자리, 2007]

Pollock, Susan. "Bureaucrats and Managers, Peasants and Pastoralists, Imperialists and Traders: Research on the Uruk and Jemdet Nasr Periods in Mesopotamia." *Journal of World Prehistory* 6, no. 3 (1992): 297 –336.

_____. *Ancient Mesopotamia: The Eden That Never Was*. Cambridge: Cambridge University Press, 1999.

Ponting, Clive. *A Green History of the World: The Environment and the Collapse of Great Civilizations*. New York: Penguin, 1993. [한국어판. 클라이브 폰팅, 이진아 옮김, 《녹색세계사》(개정판), 그물코, 2010]

Porter, Anne. *Mobile Pastoralism and the Formation of Near Eastern Civilization: Weaving Together Societies*. Cambridge: Cambridge University Press, 2012.

Possehl, Gregory L. "The Mohenjo-Daro Floods: A Reply." *American Anthropologist* 69, no. 1 (1967): 32 –40.

Postgate, J. N. *Early Mesopotamia: Society and Economy at the Dawn of History*. London: Routledge, 1992.

_____. "A Sumerian City: Town and Country in the 3rd Millennium B.C." *Scienza dell'Antichita Storia Archaeologia* 6 –7 (1996): 409 –435.

Pournelle, Jennifer. "Marshland of Cities: Deltaic Landscapes and the Evolution of Early Mesopotamian Civilization." Ph.D. thesis, University of California at San Diego, 2003.

_____. "Physical Geography." In Crawford, *The Sumerian World*, 13 –32.

Pournelle, Jennifer, and Guillermo Algaze. "Travels in Edin: Deltaic Resilience and Early Urbanism in Greater Mesopotamia." In H. Crawford et al., eds., *Preludes to Urbanism: Studies in the Late Chalcolithic of Mesopotamia in Honour of Joan Oates*, 7 –34. Oxford: Archaeopress, 2010.

Pournelle, Jennifer, Nagham Darweesh, and Carrie Hritz. "Resilient Landscapes: Riparian Evolution in the Wetlands of Southern Iraq." In Dan Lawrence, Mark Altaweel, and Graham Philip, eds., *New Agendas in Remote Sensing and Landscape Archaeology in the Near East*. Chicago: Oriental Institute of the University of Chicago, forthcoming.

Price, Richard. *Maroon Societies: Rebel Slave Communities in the Americas*, 2nd ed. Baltimore: Johns Hopkins University Press, 1979.

Pyne, Stephen. *World Fire: The Culture of Fire on Earth*. Seattle: University of Washington Press, 1977.

Radkau, Joachim. *Nature and Power: A Global History of the Environment*. Cambridge: Cambridge University Press, 2008. [한국어판. 요하임 라트카우, 이영희 옮김, 《자연과 권력: 인간과 자연, 갈등과 개입 그리고 화해의 역사Natur und Macht》, 사이언스북스, 2012]

Radner, Karen. "Fressen und gefressen werden: Heuschrecken als Katastrophe und Delikatesse im altern Vorderen Orient." *Welt des Orients* 34 (2004): 7 –22.

Ratchnevsky, Paul. *Genghis Khan: His Life and Legacy*. Trans. T. N. Haining. London: Wiley-Blackwell, 1993.

Redman, Charles. *Human Impact on Ancient Environments.* Tucson: University of Arizona Press, 1999.

Reid, Anthony. *Southeast Asia in the Age of Commerce,* vol. 1, *The Lands Below the Winds.* New Haven: Yale University Press, 1988.

Renfrew, Colin, and John F. Cherry, eds. *Peer Polity Interaction and Socio-Political Change.* New Directions in Archaeology. Cambridge: Cambridge University Press, 1986.

Richards, Janet, and Mary van Buren. *Order, Legitimacy, and Wealth in Ancient States.* Cambridge: Cambridge University Press, 2000.

Richardson, Seth, ed. *Rebellions and Peripheries in the Cuneiform World.* American Oriental Series 91. New Haven: American Oriental Society, 2010.

_____. "Early Mesopotamia: The Presumptive State." *Past and Present,* no. 215(2012): 3−48.

_____. "Building Larsa: Labor-Value, Scale, and Scope-of-Economy in Ancient Mesopotamia." In Steinkeller and Hudson, *Labor in the Ancient World,* 237−328.

Riehl, S. "Variability in Ancient Near Eastern Environmental and Agricultural Development." *Journal of Arid Environments* 86(2011): 1−9.

Rigg, Jonathan. *The Gift of Water: Water Management, Cosmology, and the State in Southeast Asia.* London: School of Oriental and African Studies, 1992.

Rindos, David. *The Origins of Agriculture: An Evolutionary Perspective.* San Diego: Academic Press, 1984.

Roosevelt, Anna Curtenius. "Population, Health, and the Evolution of Subsistence: Conclusions from the Conference." In M. N. Cohen and G. J. Armelagos, eds., *Paleopathology and the Origins of Agriculture,* 259−283. Orlando: Academic Press, 1984.

Rose, Jeffrey I. "New Light on Human Prehistory in the Arabo-Persian Gulf Oasis." *Current Anthropology* 51, no. 6(2010): 849−883.

Roth, Eric A. "A Note on the Demographic Concomitants of Sedentism." *American Anthropologist* 87, no. 2(1985): 380−382.

Rowe, J. H., and John V. Murra. "An Interview with John V. Murra." *Hispanic*

American Historical Review 64, no. 4(1984): 633 –653.

Rowley-Conwy, Peter, and Mark Zvelibil. "Saving It for Later: Storage by Prehistoric Hunter-Gatherers in Europe." In Halstead and O'Shea, *Bad Year Economics*, 40 –56.

Runnels, Curtis, et al. "Warfare in Neolithic Thessaly: A Case Study." Hesperia 78(2009): 165 –194.

Sahlins, Marshall. *Stone Age Economics*. Chicago: Aldine, 1974. [한국어판. 마셜 살린스, 박충환 옮김,《석기시대 경제학: 인간의 경제를 향한 인류학적 상상력》, 한울(한울아카데미), 2014]

Saller, Richard P. "Household and Gender." In Scheidel et al., Cambridge *Economic History*, 87 –112.

Sallers, Robert. "Ecology." In Scheidel et al., *Cambridge Economic History*, 15 –37.

Santos-Granero, Fernando. Vital Enemies: *Slavery, Predation, and the Amerindian Political-Economy of Life*. Austin: University of Texas Press, 2009.

Sawyer, Peter. "The Viking Perspective." *Journal of Baltic Studies* 13, no. 3(1982): 177 –184.

Scheidel, Walter. "Quantifying the Sources of Slaves in the Early Roman Empire." *Journal of Roman Studies* 87, no. 19(1997): 156 –169.

_____. "Demography." In Scheidel et al., *Cambridge Economic History*, 38 –86.

Scheidel, Walter, Ian Morris, and Richard Saller, eds. *The Cambridge Economic History of the Greco-Roman World*. Cambridge: Cambridge University Press, 2007.

Schwartz, Glenn M., and John J. Nichols, eds. *After Collapse: The Regeneration of Complex Societies*. Tucson: University of Arizona Press, 2006.

Scott, James C. *The Art of Not Being Governed: An Anarchist History of Upland Southeast Asia*. New Haven: Yale University Press, 2009. [한국어판. 제임스 C. 스콧, 이상국 옮김,《조미아, 지배받지 않는 사람들: 동남아시아 산악지대 아나키즘의 역사》, 삼천리, 2015]

Seri, Andrea. *The House of Prisoners: Slaves and State in Uruk During the Revolt Against Samsu-iluna*. Boston: de Gruyter, 2013.

Sherratt, Andrew. "Reviving the Grand Narrative: Archaeology and Long-term

Change." *Journal of European Archaeology* (1995): 1-32.

_____. *Economy and Society in Prehistoric Europe: Changing Perspectives*. Edinburgh: Edinburgh University Press, 1997.

_____. "The Origins of Farming in South-West Asia." *Archatlas* 4.1 (2005), http://www.archatlas.dept.shef.ac.uk/OriginsFarming/Farming.php.

Shipman, Pat. *The Invaders: How Humans and Their Dogs Drove Neanderthals to Extinction*. Cambridge: Belknap Press of Harvard University Press, 2015. 〔한국어판. 팻 시프먼, 조은영 옮김, 진주현 감수, 《침입종 인간》, 푸른숲, 2017〕

Skaria, Ajay. *Hybrid Histories: Forests, Frontiers, and Wildness in Western India*. Oxford: Oxford University Press, 1999.

Skrynnikova, Tatanya D. "Mongolian Nomadic Society of the Empire Period." In Grinin et al., *The Early State*, 525-535.

Small, David. "Surviving the Collapse: The Oikos and Structural Continuity Between Late Bronze Age and Later Greece." In Gitin et al., *Mediterranean Peoples in Transition*, 283-291.

Smith, Adam T. "Barbarians, Backwaters, and the Civilization Machine: Integration and Interruption Across Asia's Early Bronze Age Landscapes." Keynote Presentation at Asian Dynamics Conference, University of Copenhagen, October 22-24, 2014.

Smith, Bruce D. *The Emergence of Agriculture*. New York: Scientific American Library, 1995.

_____. "Low Level Food Production." *Journal of Archaeological Research* 9, no. 1 (2001): 1-43.

Smith, Monica L. "How Ancient Agriculturalists Managed Yield Fluctuations Through Crop Selection and Reliance on Wild Plants: An Example from Central India." *Economic Botany* 60, no. 1 (2006): 39-48.

Starr, Harry. "Subsistence Models and Metaphors for the Transition to Agriculture in Northwestern Europe." *Michigan Discussions in Anthropology* 15, no. 1 (2005).

Steinkeller, Piotr, and Michael Hudson, eds. *Labor in the Ancient World*, vol. 5, International Scholars Conference on Ancient Near Eastern Economies. Dresden: ISLET Verlag, 2015.

Tainter, Joseph A. *The Collapse of Complex Societies*. Cambridge: Cambridge University Press, 1988. 〔한국어판. 조지프 A. 테인터, 이희재 옮김, 《문명의 붕괴》, 대원사, 1999〕

_____. "Archaeology of Overshoot and Collapse." *Annual Review of Anthropology* 35 (2006): 59 –74.

Taylor, Timothy. "Believing the Ancients: Quantitative and Qualitative Dimensions of Slavery and the Slave Trade in Later Premodern Eurasia." *World Archaeology* 33, no. 1 (2001): 27 –43.

Tenney, Jonathan S. *Life at the Bottom of Babylonian Society: Servile Laborers at Nippur in the 14th and 13th Centuries BC*. Leiden: Brill, 2011.

Thucydides. *The Peloponnesian War*. Trans. Rex Warner. New York: Penguin, 1972. 〔한국어판. 투퀴디데스, 《펠로폰네소스 전쟁사》, 천병희 옮김, 도서출판 숲, 2011〕

Tilly, Charles. "War Making and State Making as Organized Crime." In Peter Evans, Dietrich Rueschmeyer, and Theda Skocpol, eds., *Bringing the State Back In*, 169 –191. Cambridge: Cambridge University Press, 1985.

Tocqueville, Alexis de. *Democracy in America*, vol. 2. New York: Vintage, 1945. 〔한국어판. 알렉시 드 토크빌, 이용재 옮김, 《아메리카의 민주주의De la démocratie en Amérique》(전 2권), 아카넷, 2018〕

Trigger, Bruce G. *Understanding Early Civilizations: A Comparative Study*. Cambridge: Cambridge University Press, 2003.

Trut, Lyudmilla. "Early Canine Domestication: The Farm Fox Experiments." *Scientific American* 87, no. 2 (1999): 160 –169.

Tsing, Anna Lowenhaupt. *The Mushroom at the End of the World: On the Possibility of Life in Capitalist Ruins*. Princeton: Princeton University Press, 2015.

Ucko, Peter J., and G. W. Dimbleby, eds. *The Domestication and Exploitation of Plants and Animals*. Proceedings of a Meeting of the Research Seminar in Archaeology and Related Subjects held at the Institute of Archaeology, London University. Chicago: Aldine, 1969.

Vansina, Jan. *How Societies Are Born: Governance in West Central Africa before 1600*. Charlottesville: University of Virginia Press, 2004.

Walker, Phillip L. "The Causes of Porotic Hyperostosis and Cribra Orbitalia:

A Reappraisal of the Iron-Deficiency-Anemia Hypothesis." *American Journal of Physical Anthropology* 139(2009): 109 – 125.

Wang Haicheng. *Writing and the Ancient State: Early China in Comparative Perspective*. Cambridge: Cambridge University Press, 2014.

Weber, David. *Barbaros: Spaniards and Their Savages in the Age of Enlightenment*. New Haven: Yale University Press, 2005.

Weiss, H., et. al. "The Genesis and Collapse of Third Millennium North Mesopotamian Civilization," *Science* 261(1993): 995 – 1004.

Wengrow, David. *The Archaeology of Early Egypt: Social Transformation in North-East Africa, 10,000 to 2,650 BC*. Cambridge: Cambridge University Press, 2006.

_____. *What Makes Civilization: The Ancient Near East and the Future of the West*. Oxford: Oxford University Press, 2010.

Wilkinson, Toby C., Susan Sherratt, and John Bennet, eds. *Interweaving Worlds: Systemic Interactions in Eurasia, 7th to 1st Millennia BC*. Oxford: Oxbow, 2011.

Wilkinson, Tony J. "Hydraulic Landscapes and Irrigation Systems of Sumer." In Crawford, *The Sumerian World*, 33 – 54.

Wilson, Peter J. *The Domestication of the Human Species*. New Haven: Yale University Press, 1988.

Woods, Christopher. *Visible Writing: The Invention of Writing in the Ancient Middle-East and Beyond*. Chicago: University of Chicago Press, 2010.

Wrangham, Richard. *Catching Fire: How Cooking Made Us Human*. New York: Basic, 2009. [한국어판. 리처드 랭엄, 조현욱 옮김, 《요리 본능: 불, 요리, 그리고 진화》, 사이언스북스, 2011]

Yates, Robin D. S. "Slavery in Early China: A Socio-Cultural Approach." *Journal of East Asian Archaeology* 5, nos. 1 – 2(2001): 283 – 331.

Yoffee, Norman. *Myths of the Archaic State: Evolution of the Earliest Cities, States, and Civilizations*. Cambridge: Cambridge University Press, 2005.

Yoffee, Norman, and George L. Cowgill, eds. *The Collapse of Ancient States and Civilizations*. Tucson: University of Arizona Press, 1988.

Yoffee, Norman, and Brad Crowell, eds., *Excavating Asian History: Interdisciplinary Studies in History and Archaeology*. Tucson: University of Arizona Press, 2006.

Yoffee, Norman, and Andrew Sherratt, eds. *Archaeological Theory: Who Sets the Agenda*. Cambridge: Cambridge University Press, 1993.

Zeder, Melinda A. *Feeding Cities' Specialized Animal Economy in the Ancient Middle East*. Washington, D.C.: Smithsonian Institution Press, 1991.

_____. "After the Revolution: Post Neolithic Subsistence in Northern Mesopotamia." *American Anthropologist* new ser. 96, no. 1(1994): 97 – 126.

_____. "The Origins of Agriculture in the Near East." *Current Anthropology* 52, no. S4(2011): S221 – S235.

_____. "The Broad Spectrum Revolution at 40: Resource Diversity, Intensification, and an Alternative to Optimum Foraging Explanations." *Journal of Anthropological Archaeology* 321(2012): 241 – 264.

_____. "Pathways to Animal Domestication." In P. Gepts, T. R. Famula, R. L. Bettinger, et al., eds., *Biodiversity in Agriculture: Domestication, Evolution, and Sustainability*, 227 – 259. Cambridge: Cambridge University Press, 2012.

Zeder, Melinda A., Eve Emshwiller, Bruce D. Smith, and Daniel Bradley. "Documenting Domestication: The Intersection of Genetics and Archaeology." *Trends in Genetics* 22, no. 3(2016): 139 – 155.

번역자들이 하는 일 중에는 외국에서 새로 출간될 책들 중에서 국내에
소개할 만한 책을 발굴하는 일도 있다. 출판사의 카탈로그를 보고 괜찮
아 보이는 책이 있으면 에이전시를 통해 해외 출판사로부터 책을 미리
받아서 읽고 검토서를 작성해 국내 출판사에 출간을 제의하는 것이다.
별것 아닌 자기만족적 즐거움일 수도 있겠으나, 검토서를 작성할 때는
우리나라 최초의 독자가 된다는 기쁨 같은 것이 있고, 실제로 책의 국
내 출간이 성사되었을 때는 뿌듯함이 더해진다. 《농경의 배신》은 바로
그렇게 해서 국내에 출간되는 책이다.

　《농경의 배신》을 읽고 검토서를 쓰면서 우리나라 독자들이 이 책을
한번쯤 꼭 읽었으면 좋겠다는 생각을 했다. 시쳇말로 '국뽕'이라는 말
이 쓰일 만큼, 정치적 입장이나 사회적 계층을 뛰어넘어 '국가'가 마약
같이 강력한 하나의 이데올로기로 작동하는 우리 현실에서, 국가 자체
를 반성적으로 사고할 수 있는 기회를 충분히 제공하는 책이기 때문이

다. 사실, 나 자신이 국가라는 이데올로기에 어느 누구보다도 알레르기 반응을 보였지만, 국가가 없는 원시 혹은 야만의 상태와 비교할 경우엔 국가의 성립과 유지가 곧 발전과 진보라는 생각에서 자유롭지는 못했다. 인류가 수렵·채집에 의존하며 이동생활을 하다 농사를 짓게 되면서 비로소 정착생활을 하고, 잉여 생산물이 생겨남에 따라 자연스레 국가라 태동했다고 하는 '국사國史' 교과서의 설명을 아무런 비판 없이 받아들인 탓인 것도 같고, 소중화小中華를 자처하며 국가 경계 너머에서 이동생활을 하던 민족들을 오랑캐로 얕잡아 부른 조상들의 피가 내 몸에도 면면히 흐르고 있는 탓인 것도 같다. 그런 맥락에서 제임스 C. 스콧의 연구와 저작은 나를 비롯한 우리나라 독자들에게 국가에 대해 비판적으로 사고하게 하는 충분한 계기를 제공한다.

나는 20대 중반에 이태 동안 미얀마에 살면서 한국어 강사로 일했다. 대한민국에서 태어나 자라고 서구문학을 전공한 나에게 동남아시아는 전혀 새로운 세계였다. 생소한 언어와 문화에 익숙해지려고 애를 썼고, 책을 구해 읽으면서 역사를 공부했다. 그런데 미얀마를 비롯한 동남아시아의 역사에는 어딘가 '빈 구석'이 많아 보였다. 역사 연표에는 왕조와 왕조 사이에 빈 공간이 많았고, 여러 왕국의 영토 변화를 보여주는 역사 지도에도 빈 공간이 많았다. 애초에 역사를 '국사'라는 학과목으로 배웠던 나 같은 사람에게는 그런 빈 공간이 역사적·지리적 '공백空白'으로 여겨졌고, 그런 공백 속에서 사람들이 어떻게 살았을지 상상하기란 어려운 일이었다. 솔직히 고백하자면, 나는 그런 공백이야말로 그 지역 역사의 후진성을 드러내는 사실이라 쉽게 결론짓기도 했다. 30대 중반에 다시 미얀마에서 이태를 살게 되었을 때에도 그런 결론은 크게 달라지지 않았다. 이런 나의 인식에 변화가 왔던 것은 2015년 국내에서 번역·출간된 제임스 C. 스콧의 《조미아, 지배받지 않는 사람들》을 접한 뒤였다. 스콧은 내가 그저 공백으로 인식했던 것을 국가 외부의 대안적인 무정부 지역으로 파악한다. 그리고 그 안에서 살아온 사람들을 그저 미개한 '야만'으로 보지 않고, 국가의 속박으로부터 벗어난 삶을 위해 의도적으로 국가 없는 '야만'의 상태를 택한 것이라고 주장한다. 그 '야만'의 삶이란, 흔히 우리가 생각하는 것처럼 문화도 없고 질서도 없는 혼란스럽고 피폐한 삶이 아니라, 조세와 부역 같은 국가의 속박으로부터 자유로운 하나의 대안적 삶이라는 것이다. 결국, 내가 생각했던 역사적·지리적 공백은 국가의 영역에 상대되는, 훨씬 더 다채롭고 활기찬 '무정부' 영역이었다.

《농경의 배신》은 스콧이 역사의 시원始元으로 눈을 돌려 국가와 야만을 다시금 새롭게 파악하고자 하는 일관된 노력에서 나온 산물이다. 스콧은 원시인류가 불을 사용하면서 독보적인 생태적 지위를 확보했을뿐더러, 식물과 동물을 길들여 농경과 목축을 시작함으로써 더욱 풍요로운 생활을 영위할 수 있게 된 것은 사실이라고 인정한다. 하지만 그러한 성과가 곧바로, 수렵·채집을 병행하는 이동생활을 포기한 채 일정한 경작지에서 작물을 재배하며 가축을 기르는 완전한 정착생활로 자연스레 이어진 것은 아니며, 더욱이 그러한 정착생활이 이루어졌다고 해서 필연적으로 국가가 성립되었던 것은 아니다. 스콧은 주로 메소포타미아 지역 초기 국가들의 사례를 제시하는 한편, 그에 견줄 수 있는 세계 전역의 사례들을 함께 검토하면서, 국가의 건설과 유지·운영에 반드시 필요한 조건들이 소수의 지배층을 제외한 일반 '국민'에게는 자유를 제한하고 실질적 삶의 질을 악화시켰을 뿐 아니라, 때로는 생존 자체를 위협하는 것이었음을 입증한다. 그러한 초기 국가 성립의 필수조건을 집약적으로 보여주는 것이 바로 '곡물'이다. 쌀, 밀, 보리 등 소수의 곡물이 인류 대부분의 주식이 될 만큼 주요 작물로서 광대한 경작지에서 집중적인 노동력 투입을 통해 재배되어온 까닭은 모두 안정적인 조세 수입과 인력 동원을 전제로 해야만 성립될 수 있는 국가의 강제 때문이었다.

이 책의 원제 'Against the Grain'는 직역하면 '곡물에 반대하여'라는 뜻이지만, 사실은 관용어구로서 '정상적이거나 자연스러운 것이 아닌', '순리에 어긋난'과 같은 의미로 쓰인다. 즉 원제는 단순히 '곡물'에 반대한다는 것이 아니라, 농경을 중심으로 한 기존의 고대 문명 진화 서사에 반대한다는 의미다. 이것이 최신 연구 성과들을 집대성해 일관성 있게 정리한 저자의 결론이다.

책의 내용은 흥미로웠지만 책을 번역하는 과정은 결코 쉽지 않았다. 인류학은 물론, 여러 고고학적 사실들과 더불어 작물과 가축에 관련된 용어들이 많이 등장했고, 우리말에 정확히 자리 잡지 못한 개념들도 곳곳에 산재했다. 이 모든 것들을 꼼꼼하게 확인하고 교정해준 좌세훈 편집자에게 감사의 마음을 전하고 싶다. 또한 이 분야의 전문가가 아닌 일개 번역자의 검토서를 읽고 출간을 결정했을 뿐 아니라, 인내심을 가지고 완성된 번역 원고를 기다려준 도서출판 책과함께에도 감사의 인사를 전한다. 오랜 시간 여러 사람의 손을 거쳐 완성된 《농경의 배신》이 많은 독자들에게 의미 있는 책으로 오래 읽히기를 바란다.

농경의 배신

길들이기, 정착생활, 국가의 기원에 관한 대항서사

1판 1쇄 2019년 12월 24일
1판 2쇄 2020년 2월 17일

지은이 | 제임스 C. 스콧
옮긴이 | 전경훈

펴낸이 | 류종필
책임편집 | 좌세훈
편집 | 이정우, 정큰별
마케팅 | 김연일, 김유리
표지 디자인 | 석운디자인
본문 디자인 | 김성인

펴낸곳 | (주) 도서출판 책과함께
　　　　주소 (04022) 서울시 마포구 동교로 70 소와소빌딩 2층
　　　　전화 (02) 335-1982
　　　　팩스 (02) 335-1316
　　　　전자우편 prpub@hanmail.net
　　　　블로그 blog.naver.com/prpub
　　　　등록 2003년 4월 3일 제25100-2003-392호

ISBN 979-11-88990-53-5　　03900

이 도서의 국립중앙도서관 출판시도서목록(CIP)은
서지정보유통지원시스템 홈페이지(http://seoji.nl.go.kr)와
국가자료종합목록 구축시스템(http://kolis-net.nl.go.kr)에서 이용하실 수 있습니다.
(CIP제어번호 : CIP2019049573)